JN421210

# 머리말

우리는 오랫동안 민족적 동질성에 가치를 부여하며 단일민족임을 강조해 왔다. 역사적으로 인접 국가들로부터의 침공이 잦았고, 시기에 따라서 직접적인 지배를 받았음에도 불구하고, 우리 민족의 혈통과 고유한 문화를 지켜왔다는 자부심에서 비롯되었을 것이다. 그러나 한국사회는 지난 사반세기 동안 외국인 배우자의 지속적인 증가로 더 이상 단일민족으로 구성되었다고 주장할 수 없는 다문화사회로 변모하였다. 예를 들면, 1990-2013년에 외국인 배우자와 이루어진 혼인의 누적 규모는 50만 건에 육박했다. 또한 2013년 혼인신고자료를 분석해 보면, 전체 혼인에 대한 외국 여자의 혼인 점유율이 15%가 넘는 시·군·구 지역이 34개나 되는 것으로 집계되었다.

이러한 사실들은 외국인과의 혼인이 한국사회에서 더 이상 특수한 직업집단이나 지역, 혹은 일부 계층에만 국한되는 현상이 아니라는 것을 의미한다. 이제 국제결혼을 다양한 혼인형태의 하나로 인정하지 않을 수 없는 상황이 되었다. 또한 앞으로의 전망에 있어서도, 인종·국적·국경·문화의 장벽을 넘어 이루어지는 혼인(cross-border marriage)이 증가하는 전 지구적 추세에서, 한국이 예외 지역으로 남을 것으로는 생각되지 않는다.

외국인과의 혼인이 지속적으로 증가하면서 최근 한국사회에서도 외국인 배우자의 사회인구학적 특성, 결혼과정, 이주 후의 삶과 사회문화적 적응, 결혼만족도, 자녀 교육, 복지, 인권 그리고 사회통합이 주요한 학문적·사회정책적 관심의 대상으로 대두되고 있다. 다양한 학문적 관점에서 양적 및 질적 접근방법을 통해 이러한 주제들에 대해 많은 연구가 이루어졌고, 그 결과물들이 학술지 논문이나 연구보고서의 형태로 발표되었다. 여기에는 사회인구학적 분석을 시도한 연구들도 적지 않게 포함된다. 그런데 필자가 문득 깨달은 사실은 정작 인구학자에 의해서 저술된 국문 단행본을 거의 찾아볼 수 없다는 점이었다.

이 책은 외국인 배우자의 증가 추이 및 그 원인에 대한 분석과 아울러, 국제결혼 부부의 사회인구학적 특성, 외국인 배우자의 사회활동과 문화적 적응, 결혼안정성과 이혼, 출산력, 그리고 자녀 교육 등에 대한 사회인구학적 분석결과를 체계적으로 정리한 저작물이 필요하다는 생각에서 계획되었다. 다행히 아산사회복지재단의 재정적 지원을 받게 되어 2010년부터 2년간 집필 작업이 이루어졌고, 『외국인 배우자의 다양성과 국제결혼의 안정성』이라는 제목의 아산재단 연구총서로 출간되었다. 이 책은 2014년 대한민국학술원의 우수학술도서로 지정된 바 있다.

그러나 돌이켜 보면, 여러 가지 현실적인 제약으로, 원래의 집필 구상에 비해서 출간된 책의 체제나 내용이 많이 부족하다는 생각을 지울 수 없었다. 이에 2014년 우수학술도서로 지정된 것을 계기로 집문당의 임동규 사장님과 의논한 끝에, 대폭적인 보완 작업을 거쳐 새로운 단행본을 출간하기로 하였다. 보완 작업의 초점은 국제결혼에 관한 최신의 통계자료를 추가하고, 필자가 최근에 발표한 연구결과물들을 바탕으로 책의 체제와 내용을 보강하고 수정하는 데 맞추어졌다. 물론, 필자는 이 책이 아직도 미흡하거나 만족스럽지 못한 부분이 많다는 것을 인정하지 않을 수 없다. 특히, 외국인 배우자의 증가 현상을 사회 다른 부문의 변화와 연계하는 분석이 매우 미흡한 수준에 머물러 있다. 자료의 현실적인 제약으로 인하여, 혼인이주가 한국 사회에 미친 사회경제적 파급효과에 대해서 논의하지 못한 것도 커다란 아쉬움으로 남는다. 혼인이주 현상이 본격적으로 시작된 후 어느덧 사반세기라는 세월이 흘렀으나, 사회 여러 부분에 미친 파급효과를 검증하는 데는 그리 충분한 기간이 아니었다고 할 수 있다. 불과 몇 년 전까지만 하더라도 심층 분석을 위한 전국적 수준의 사회조사 자료들이 널리 가용하지 않았거나, 분석대상이 되는 사례수가 충분히 크지 않았다는 제한점도 지적할 수 있다. 그러나 이러한 아쉬움에도 불구하고 이 책의 부족한 내용을 추후 다른 기회를 통해 보완할 기회가 있을 것으로 믿고, 이제 이번 작업을 마무리하고자 한다.

필자가 국제결혼과 외국인 배우자를 대상으로 하는 인구학적 분석에 관심을 가지고 주위의 젊은 연구자들에게 동참할 것을 권유하기 시작한 지도 어느덧 10년에 가까운 세월이 지났다. 국제결혼과 국제이동을 주제로 하는 두 차례의 국제학술대회에서 발표되었던 논문들을 중심으로 2008년과 2012년에 두 권의 영문 단행본을 출간하여 국내외 연구자들에게 제공할 수 있었던 것을 커다란 보람으로 기억한다. 그리고 필자가 IUSSP (국제인구과학연맹)에서 2010-2013년의 기간에 국제결혼에 관한 학술위원회(Scientific Panel on the Process and Dynamics of Cross-Border Marriage)의 위원장을 맡아, 세계적으로 권위를 인정받는 다양한 학자 및 전문가들과 폭넓게 교류하는 과정에서 국제이동과 혼인이주자에 대한 이해의 폭과 깊이를 더할 수 있었다. 아울러 2013년부터 아시아인구학회(Asian Population Association) 부회장의 역할을 수행하면서 아시아 · 태평양 지역을 포함한 여러 국가의 학자 및 전문가들과 접촉할 기회를 가졌던 것 역시 커다란 행운이었다. 이러한 경험들이 이 책을 집필하는 과정에 많은 자극과 보탬이 되었음은 두말할 필요가 없다.

이 책의 편집을 마치면서 그동안 도움을 주신 기관과 주위 분들에게 이 자리를 빌려 고마움을 표시하지 않을 수 없다. 우선, 이 연구가 이루어질 수 있도록 2010년부터 2년간 재정적인 지원을 해 주신 아산사회복지재단과 관계자들에게 심심한 사의를 표한다. 이러한 재정적인 지원을 받지 못했다면 이 책의 구상과 집필이 적어도 몇 년은 더 지연되었을 것이다. 아울러, 이 책에는 필자가 2011년부터 3년간, 그리고 2014년 이후 정부 (교육과학기술부/교육부)의 재원으로 한국연구재단의 지원을 받아 수행한 두 연구과제 (NRF-2011-330-B00111; NRF-2014S1A3A2043476)의 결과물들이 수정과 보완 작업을 거쳐 수록되어 있음을 밝혀둔다.

이 책에는 필자가 국내외의 동료 연구자들과 의견을 나누고 대화하는 과정에서 아이디어를 얻거나 구체화시킨 내용이 상당 부분 포함되어 있다. 필자는 외국인 배우자와 국제이동을 주제로 삼아 2007년과 2011년 두 차례의 국제학술대회를 서울에서 개최한 바 있다. 그리고 그동안 개최해 온 월례 콜로키움이 2015년 2월로 어느덧 71회에 이르렀다. 이들 학술모임에 발표자, 사회자, 토론자, 그리고 청중으로 참여하여 뜻 있고 화목한 모임이 되도록 이끌어 주신 국내외 많은 연구자들께 다시 한 번 고마운 마음을 전하고 싶다. 그리고 필자가 지난 4년간 연구책임자의 역할을 수행해 온 한양대 SSK 다문화 사업단의 연구진과 연구보조원들에게도 감사드린다.

책을 출간하는 작업이 마지막 단계에 이르면 정신적 · 육체적으로 스트레스가 심해지기 마련이다. 필자의 까다로운 주문에도 불구하고,

원고의 편집과 교정 작업을 효율적으로 해 주신 데 대해 집문당의 임동규 사장님과 전정아, 이현정 씨를 비롯한 편집부 직원들, 그리고 표지디자인을 해주신 임용우 부장님에게 감사의 말씀을 드린다. 마지막으로, 이 책을 집필하는 과정에서 여러 가지로 도움을 준 한양대 대학원의 유정균 군에게도 감사드린다.

2015년 2월

김 두 섭

## | 차 례 |

## 제1장 서 론 · 21



## 제2장 국제결혼의 사회인구학적 이해 · 35

## 제3장 국제결혼 부부의 상이성과 결혼안정성 · 75



## 제4장 결혼지속기간과 이혼 확률의 분석 · 87



## 제5장 다문화사회 · 121

## | 표 차례 |

## | 그림 차례 |

# 제1장
# 서 론

1. 연구 배경
2. 연구의 목적
3. 연구의 내용과 방법

# 제1장 서 론

교통, 통신의 발달과 세계화의 흐름 속에서 물류와 자본뿐만 아니라 인력의 국제이동 및 교류가 급속한 속도로 증가하고 있다. 아울러 인종, 국경과 문화의 장벽을 넘어 이루어지는 결혼이 세계 각 지역에서 지속적으로 증가하는 추세를 보인다(The Economist, 2011). 이러한 결혼은 더 이상 특수한 사회계층이나 직업집단의 구성원에게만 국한되는 현상이 아니며, 다양한 혼인형태의 하나로 인정받을 수 있는 상황이 되었다.

혼인이주자[1])가 빠른 속도로 증가하는 동아시아의 일부 국가에서는 최근에 이르러 이들의 결혼과정, 이주 후의 삶과 사회문화적 적응, 결혼안정성, 그리고 사회통합이 주요 학문적·사회정책적 관심의 대상으로 대두되고 있다. EU 출범 이후 유럽 지역에서도 이주민의 사회경제적 적응과 통합을 도모하는 정책에 대한 높은 관심과 수요가 국제결혼에 대한 연구를 활성화하는 결과를 초래하고 있다(Poppel et

1) 이 책에서는 국제결혼의 증가 추세에 대한 설명이나 일반론적으로 언급되는 부분을 제외하고는 외국으로부터의 혼인이주 여성에 자료 분석과 논의의 초점이 맞추어져 있다. 이에 따라 문맥이나 대비 또는 강조의 필요성에 따라 혼인이주자, 혼인이주 여성, 외국인 배우자, 외국인 여자배우자, 외국인 아내, 외국 여자 등의 표현이 크게 구분되지 않고 사용되고 있음을 밝혀둔다.

al., 2001; Yu, 2001; Yang and Liu, 2005; Bélanger, 2007; Chen, 2008b; Kim, 2008a, 2009, 2012; Putte et al., 2009; Yang and Lu, 2010; The Economist, 2011; Bélanger and Wang, 2012; Chee et al., 2012; Jones, 2012; Koelet et al., 2012; Lanzieri, 2012; Maffioli et al., 2012; Ramos and Ferreira, 2012; Schans, 2012; Toyota and Thang, 2012). 그리고 출산력의 급속한 저하와 고령화를 경험하고 있는 일부 국가에서는 인구와 노동력의 잠재적 감소에 대한 대안으로 혼인이주자를 유입하는 이민정책을 적극적으로 고려하고 있다는 점도 지적할 수 있다(UNPD, 2001).

최근에는 센서스 등 여러 나라의 대규모 자료를 집적하여 데이터베이스(DB)나 아카이브를 구축하는 노력이 국제적으로 강화되고, 아울러 이러한 자료들을 국제결혼과 관련하여 횡단 및 종단적으로 분석하는 다양한 노력들이 이루어지고 있다(Kalmijn, 1993; Lievens, 1998; Esteve et al., 2012; Koelet et al., 2012; Lanzieri, 2012). 대규모 자료를 다루는 다양한 분석기법의 개발과 함께 앞으로 범지구적인 관점에서 국제결혼에 대한 국제교차분석(cross-national analysis)과 국제비교분석이 더욱 활성화될 것으로 예상된다.

## 1. 연구 배경

전통적으로 한국은 민족구성에 관한 한 매우 동질적인 사회로 간주되어 왔다. 그러나 지난 1990년대 초반 이래 임금 노동이나 결혼을 목적으로 아시아 여러 국가들로부터 한국으로 이주하는 인구의 규모가 빠르게 증가하고 있다. 그리고 최근으로 올수록 한국인과 결혼하는 외국인 배우자의 국적이 다양해지는 현상이 나타나고 있다. 한국인의 국제결혼은 1990년대 말의 외환위기 등, 시기에 따라 일시적으로 감소하기도 하였으나, 2000년대에 진입한 이후 다시 급격한 속도로 증가하는 추세를 보이고 있다. 국제결혼은 혼인신고를 기준으로 1990년에 4,710건에 불과하였으나 2005년 42,356건으로 정점에 도달하였으며, 그 후 약간씩 감소하는 추세로 반전되어 2010년 34,235건, 2011년 29,762건, 그리고 2013년에 25,963건을 기록하였다. 국제결혼의 건수는 1990-2005년의 기간에 무려 9배로 증가하였으며, 2005년에는 신고된 전체 혼인건수의 13.5%, 2011년 9.0%, 그리고 2013년에는 8.0%에 이르는 것으로 집계되었다(통계청, 2011a, 2011b, 2012a, 2014a, 2014b).

이제 한국사회에서 국제결혼은 일반화된 혼인형태의 하나로 자리잡았다고 할 수 있다. 최근 농촌지역에서 이루어지는 혼인에서 세 명이나 네 명의 신부 중 한 명은 외국으로부터 온 혼인이주자이다. 그렇다고 해서 국제결혼이 농촌의 노총각 위주로만 이루어지는 것도 아니다. 예를 들어, 2010년과 2013년에 혼인신고한 국제결혼 부부들의 각각 38.1%와 50.5%가 수도권에 거주하고 있으며, 이들의 직업분포 역시 다양해지는 경향이 발견된다(통계청, 2011a, 2011b, 2014a; 김두섭, 2006).

국제결혼 부부의 상당 부분은 연령이나 교육수준 등 사회인구학적 배경의 격차가 크며, 이로 인한 긴장, 갈등, 차별, 그리고 문화적 충격은 이혼을 촉진시킬 개연성을 지닌다. 국제결혼 부부의 급격한 증가 추세에 수반하여 최근에 이르러서는 이들의 이혼이 증가하는 경향도 관찰된다. 국제결혼 부부들이 신고한 이혼 건수는 2002년 1,744건에 불과하였으나 2010년 11,088건, 2011년 11,495건, 그리고 2013년에는 10,480건으로 집계되었으며, 전체 이혼에 대한 비중도 각각 9.5% 10.1%와 9.1%로 높아졌다(통계청, 2012a, 2014b).

특히 심각하게 제기되는 문제는 이들 이혼 부부의 결혼지속기간이 매우 짧다는 사실이다. 예를 들어, 2010년과 2012년에 외국인 아내와의 이혼을 신고한 부부의 평균 결혼지속기간은 각각 4.3년과 4.9년으로 집계되었다(통계청, 2011a, 2013b). 그러나 이를 외국인 아내의 출신국가에 따라 세분해보면, 일부 국가의 경우에는 그 평균 기간이 1년을 조금 넘는 수준에 불과하다.

혼인이주는 국제결혼으로 인구가 유입되는 국가와 송출국가 모두에 상당한 파급효과를 초래하기 마련이다. 혼인이주가 이루어지는 두 사회의 혼인시장의 혼란, 혼혈 자녀의 등장, 그리고 이러한 가족의 구성과 해체는 다양한 사회문제로서 부각된다. 혼인으로 이주한 여성은 새로운 가족생활에 적응해야 할 뿐만 아니라, 혼인이주 여성과 관계를 맺게 되는 가족 및 세대의 입장에서도 새로운 도전이며 해결과제라는 점에서 쌍방향의 적응을 요구한다. 따라서 혼인이주와 그 적응과정 및 결혼안정성에 관한 탐색은 타 문화 간의 융합과 새로운 가치의 창출과정에서 어떠한 도전과 한계가 있는지를 살펴볼 수 있다는 점에서 매우 유용하다.

최근에 이르러 인구유입이 이루어지는 아시아와 유럽의 일부 국가에서는 저출산, 인구 고령화와 노동력 감소를 상쇄할 수 있는 국제결혼의 효과에 주목하고 있다(United Nations, 2000; Héran, 2005; Kim, 2008b). 혼인이주자는 출산과 경제활동을 통해 이주사회의 생존력을 높이고 경제적으로도 긍정적 효과를 초래하는 것으로 인식된다(Jean, 2005; Yang and Schoonheim, 2006에 인용; Kim, 2008b).

그런데 한국사회에서 외국인 배우자에 대한 지원과 배려는 아직 매우 미흡한 수준에 머물러 있다. 외국인 배우자들의 상당 부분은 경제적 어려움과 아울러 신분상의 불안정을 감수하여야 하고, 사회복지 혜택도 제한되어 있는 실정이다. 외국인 배우자에 대한 문화적 편견과 차별로 인하여 이주 후 적응에 어려움이 가중되거나 건강을 유지하지 못하는 경우도 적지 않다. 이들의 사회경제적, 문화적 적응을 돕고, 가정생활과 일터에서의 차별대우로부터 보호하는 제도적 장치와 다양한 프로그램이 조속히 마련되어야 할 것으로 판단된다.

한국인의 국제결혼이나 외국인 배우자의 혼인이주를 대상으로 이루어진 국내의 기존 연구는 크게 다음의 몇 가지로 분류될 수 있다. 우선 혼인과 이혼신고자료, 또는 센서스 자료를 활용하여 한국인 국제결혼의 증가추이와 다양성, 그리고 배우자들의 사회인구학적 특성을 파악하고자 시도한 연구들이 있다(김두섭, 2006, 2011b; 김두섭 · 이명진, 2007; Kim, 2007; Kim, 2008b, 2010; Kim and Lee, 2008; Kim et al., 2012). 국내 조사자료나 국제비교자료를 활용하여 외국인 이주자들에 대한 태도를 비교분석한 연구도 있다(Song, 2007; 이명진 외, 2010; 김석호 · 신인철, 2011; 민지선 · 김두섭, 2013; 송유진, 2013). 그리고 혼인이주자의 결혼과정과 결혼 후의 갈등과 적응, 결혼의 질이나 만족도, 그리고 건강을 주제로 하는 연구들도 이루어졌다(김숙자, 1998; 강유진, 1999; 윤형숙, 2004a, 2004b; 이혜경, 2005; 김현숙, 2006; 박정숙 외, 2007; 차승은 · 김두섭, 2008; 서혜정 · 김형모, 2009; 김정석, 2009; 김한성 · 이유신, 2013; Lee and Kim, 2014). 이들의 일부는 여성학적 관점에서 성의 상품화, 가정폭력 등 국제결혼의 부정적 측면을 강조하는 경향이 강하다(홍기혜, 2000; 박현정, 2004; 윤정숙 · 임유경, 2004; 장온정 · 박정윤, 2010). 국가기관과 지방자치단체에서 혼인이주자들의 실태를 파악하고 적응을 지원하기 위한 목적에서 이루어진 연구도 적지 않다(김애령, 1998; 민경자, 2003; 이윤애, 2004; 설동훈 외, 2005; 고령화및미래사회위원회, 2005; 조경욱 · 조무현, 2010; 김현지 · 최혜영, 2010). 그리고 최근에는 혼인이주자를 대상으로 하는 사회통합정책을 모색하는 성격의 연구도 증가하는 추세를 보인다(설동훈, 2006, 2011; 김혜순, 2010; 이상림 · 김혜진, 2010; 이삼식, 2011, 2012).

그동안 대부분의 연구들은 국제결혼의 증가추세를 개괄하거나 혼인이주 여성들의 상황을 파악하고, 생활환경 또는 사회문화적 적응의 어려움에 초점을 맞추거나 이에 관련되는 제도적 장애요인을 강조하는 성격이 강했다고 할 수 있다. 지금까지 국내외에서 혼인이주와 관련해서 수행된 기존 연구들은 몇 가지 중요한 제한점을 지닌다.

첫째, 외국인 배우자에 대한 연구가 지역적으로 편중되어 있다. 기존 연구에서 확인할 수 있는 중요한 제한점의 하나는 외국인 배우자의 다양한 사회문화적 배경을 고려한 연구가 아직 초기단계에 머무르고 있다는 사실이다. 그동안의 국내 연구들은 주로 중국, 베트남, 필리핀 등의 특정 지역으로부터 혼인이주한 여성들을 대상으로 이루어졌다. 이에 비해, 몽골과 우즈베키스탄을 비롯한 중앙아시아로부터 혼인이주한 여성들을 대상으로 이루어진 체계적인 연구는 거의 이루어지지 못한 실정이다. 외국인 배우자들은 출신국가에 따라 문화적 · 사회경제적 · 인구학적 조건들이 다르기 마련이며, 이에 따라 적응하는 방식과 결혼안정성에 있어서 커다란 차이를 나타낸다. 이러한 다양성을 인지하고 외국인 배우자에 대한 연구의 지역적 지평을 확대할 필요가 있다.

둘째, 혼인이주 현상을 인과적으로 조명한 연구는 매우 드물었다. 그동안 이루어진 연구에 비해 축적된 지식 또는 정보의 양과 깊이가 매우 미흡하다는 것을 지적할 수 있다. 기존 연구들의 주제 역시 제한된 영역에 머물러 있으며, 실태조사 수준에 머무르는 연구결과들이 산발적으로 제시되어 왔다. 예를 들어, 혼인이주 여성의 사회인구학적 적응이나 결혼안정성 등을 주제로 하여 인과적 분석을 시도한 체계적 연구는 매우 부족한 실정이다. 우리는 아직도 국제결혼 부부들에게 어떠한 출산력 인과기제가 작동하고 있는지에 대해 만족스러운 설명을 하지 못하고 있다. 가용한 자료의 부족으로 인해 한국에 거주하는 외국인 아내들이 한국인 아내들에 비해 출산수준이 상대적으로 더 높거나 낮은지도 충분히 확인되지 않은 실정이다. 이들을 대상으로 효율적인 사회 및 인구정책을 입안하고 시행하기 위해서는 외국인 배우자들의 사회인구학적 적응 양상과 결혼안정성에 대해서 보다 체계적인 연구결과가 축적될 필요가 있다.

셋째, 거시와 미시수준의 다양한 자료를 활용하는 접근이 요구된다. 지금까지 국제결혼이나 혼인이주 여성에 관한 연구들은 대부분 소수의 조사대상자로부터 얻은 자료의 분석이 주류를 이루어 왔다. 개인의 서술과 경험에 치중한 질적 분석은 혼인이주 여성의 적응 형태나 결혼안정성에 대한 인과적 모형이나 이론적 설명들의 구축에 소홀해지는 결과를 초래했다. 이는 물론 가용한 전국 규모의 양적 자료가 제한되어 있다는 사실에도 그 원인이 있다. 앞으로 국제결혼에 대한 보다 효과적인 정책을 수립하기 위해서는 거시와 미시수준에서 외국인 배우자들의 이주 후 적응과 결혼생활의 다양한 측면들을 파악할 수 있는 다양한 자료가 수집되고, 이에 대한 체계적 분석이 이루어져야 한다.

## 2. 연구의 목적

이 연구의 주된 목적은 국제결혼 부부의 결혼안정성의 수준을 파악하고 그 인과구조를 밝히기 위한 것이다. 특히 혼인이주자의 사회인구학적 지위와 부부의 상이성이 결혼안정성에 미치는 영향력을 분석하는 데 그 초점을 맞춘다. 아울러, 혼인이주자의 사회참여와 사회적 적응의 수준을 파악하고 그 설명기제에 대한 논의를 시도한다. 혼인이주자의 경제활동, 사회활동과 국적 취득의 수준을 파악하고, 이들의 사회연결망과 문화정체성에 대한 논의를 토대로 적응 유형을 네 가지로 나누어 설명을 시도한다. 그리고 거주지역 민족구성의 주변효과(neighborhood effect)와 아울러 혼인이주 여성의 출산수준, 건강인식, 다문화가족 청소년의 일탈 등 다양한 주제에 대한 논의도 이루어진다. 이 연구의 보다 구체적인 목표는 다음과 같이 크게 네 가지로 정리될 수 있다.

1. 이 연구는 외국인 배우자의 이주 현상을 한국이 다문화사회로 이행하는 과정의 중요한 단면으로 인식하고, 그 전반적인 전개과정과 주요 양상을 파악하는 것을 일차적인 목적으로 삼는다. 지난 1990년 이후의 혼인신고자료를 활용하여 국제결혼의 증가추이 및 그 원인과 아울러 국제결혼 부부의 사회인구학적 특성, 그리고 외국인 배우자의 출신국가에 따른 다양성에 대한 설명을 시도한다. 이혼신고자료를 활용하여 국제결혼 부부의 이혼추세와 그 특성에 관한 논의도 이루어진다.
2. 혼인이주와 정착과정의 인과구조 파악과 결혼안정성의 이론적

분석틀(theoretical framework)을 정립하고자 시도한다. 혼인이주 후 사회인구학적 적응과 결혼안정성의 인과구조를 밝히기 위한 이러한 노력은 지금까지 실태조사 수준에 머물러 있던 기존 연구와 차별성을 지닌다. 예를 들어, 결혼의 안정성 분석에 부부상이성(spousal dissimilarity)의 개념을 도입하고, 동질적 선택혼(positive assortative marriage)의 이론에 반하는 국제결혼개방성 가설(the transnational openness hypothesis)을 도출하여 검증한 것은 결혼에 관한 기존 이론의 지평을 확장하는 데 중요한 시사점을 줄 것으로 기대한다.

3. 국제결혼을 통해 한국에 이주한 여성들을 대상으로 사회적 자본(social capital)의 형성과정과 적응의 실태를 실증적으로 파악하고자 한다. 특히 혼인이주자의 정착과정에서 사회연결망(social network)의 구성과 그 기능에 설명의 초점을 맞춘다. 아울러 혼인이주 여성들의 경제활동, 사회활동, 국적취득 및 주관적 건강인식의 수준을 파악하고, 이들의 사회연결망과 문화정체성에 대한 논의를 토대로 주된 적응 형태를 유형화하고자 시도한다.
4. 국제결혼 부부의 출산수준을 내국인 부부와 비교하여 분석하는 작업과 자녀의 교육, 다문화청소년의 자살에 대한 논의도 이루어진다. 그리고 지역사회 수준의 다문화 관련 변수들을 창출해내고, 이러한 변수들을 활용하여 거주지역의 민족구성이 혼인이주 여성의 출산수준, 적응 형태와 건강인식에 미치는 주변효과(neighborhood effect)를 검증하는 작업도 이루어진다.
5. 대표성과 객관성이 향상된 조사의 원자료(raw data)를 심층분석함으로써 혼인이주자를 대상으로 한 논의의 수준과 깊이를 제고한다. 국제결혼에 관한 기존 연구들은 적절한 자료가 가용하

지 않아 많은 제약을 받아왔다. 혼인이주의 역사가 매우 짧기 때문에 정밀한 분석을 하기에는 분석대상자의 사례수를 충분히 확보하기 어려운 경우도 많았다. 이 연구에서 주요 분석자료의 하나로 활용한 『2009년 전국 다문화가족 실태조사』는 외국인 배우자 모집단의 약 55.9% (73,669명)를 포함하고 있다는 점에서 커다란 강점을 지닌다.[2] 아울러 이 연구에서는 1990-2013년 기간의 혼인신고 및 이혼신고 전수자료(全數資料)와 2010년 인구주택총조사 자료를 활용한 분석도 이루어진다.

## 3. 연구의 내용과 방법

이 연구는 국제결혼의 추이에 대한 통계분석, 선행연구 고찰과 이를 토대로 한 논의, 그리고 인과모형과 이론적 설명틀을 구축하여 검증하는 단계로 요약될 수 있다.

이 연구는 우선 1990-2013년의 혼인신고와 이혼신고자료를 분석하여, 국제결혼 및 이혼의 증가추이를 살펴본다.[3] 국제결혼과 혼인이

---

2) 이 실태조사 이후, 2012년에는 여성가족부(2013)의 주관으로 『2012년 전국 다문화가족 실태조사』가 이루어진 바 있다. 그러나 이 조사자료의 원자료는 석연치 않은 이유로 공개 시점이 매우 지연되었을 뿐만 아니라, 응답자의 시·군·구 거주지역에 관한 정보를 제외한 상태로 공개되는 등의 문제점을 지닌다. 필자는 2012년 실태조사 원자료의 활용 가치가 크게 떨어진다고 판단하였으며, 이에 따라 이 자료를 분석한 결과를 제시하지 않기로 하였다.

3) 통계청(2014b)의 2013년 혼인 및 이혼통계는 이 책의 보완 작업이 진행 중이던 2014년 4월 22일에 보도자료의 형태로 공표되었다. 이에 따라 이 연구의 분석대상 기간을 2013년까지로 연장하였으며, 여기에 수록된 표와 그림들을 수정하는 작업이 이루어졌다. 그러나 2013년 자료는 일부 통계자료만 공표되었을 뿐이고 2014년

주 여성의 증가에 영향을 미친 한국사회의 사회인구학적 변화에 대한 설명들도 제시된다. 그리고 국제결혼 부부의 사회인구학적 특성과 다양성에 대한 논의가 이루어진다. 또한, 『2009년 전국 다문화가족 실태조사』와 『아시아 여성의 한국으로의 혼인이주와 정착과정에 관한 조사』를 비롯한 각종 사회조사 자료와 아울러 『2010년 인구주택총조사』 자료에서 추출한 외국인 배우자를 대상으로 하는 통계분석 결과도 제시된다.

제2단계에서는 국제결혼, 동질적 선택혼, 부부의 다양성과 결혼안정성, 외국인에 대한 사회적 거리감, 사회적 자본과 사회연결망, 문화정체성, 소수민족의 이주 후 사회참여와 적응 등에 관한 국내외 선행연구들을 검토하여 주요 쟁점들을 정리하고 논의하는 작업을 중심으로 구성된다. 그리고 혼인이주자의 사회참여와 문화정체성에 관한 논의를 바탕으로 혼인이주자의 적응 형태를 네 가지로 유형화한다. 아울러 동질적 선택혼의 개념과 궤적을 달리하는 국제결혼개방성 가설(the transnational openness hypothesis)의 도출이 이루어진다.

이 연구의 제3단계에서는 국제결혼 부부의 결혼안정성 및 이혼과 혼인이주 여성의 사회적 적응을 주제로 하는 두 가지 분석결과가 제시된다. 국제결혼의 안정성 및 이혼과 혼인이주 여성의 사회적 적응의 인과구조를 밝히는 분석을 위해 위에 언급된 조사자료들이 그대로 활용된다. 이들 자료에서 가용한 정보들을 활용하여 부부의 거리를 비롯한 부부 상이성(spousal dissimilarity)의 지표와 결혼만족도, 결혼지속기간, 이혼 확률, 문화정체성, 사회연결망, 사회적 적응 유형, 자녀

12월까지 외국인 배우자의 국적 정보 등이 포함된 완전한 형태의 원자료가 아직 가용하지 않았기 때문에, 일부 표와 그림들의 경우에는 통계자료가 2012년까지 수록되었음을 밝혀둔다.

의 수 등의 변수들을 계산해내고 분석의 출발점으로 삼는다. 인과구조를 밝혀내기 위한 통계기법으로는 분산분석(ANOVA), 회귀분석(regression analysis), 이항로짓분석(binomial logit analysis)과 아울러 다범주 로지스틱분석(multinomial logistic analysis)이 시도된다. 그리고 이러한 분석의 결과를 바탕으로 국제결혼의 안정성과 혼인이주 여성의 사회적 적응에 관한 이론적 설명틀을 구축하고자 시도한다.

이 책의 마지막 단계에서는 외국인에 대한 사회적 거리감, 태도, 차별과 아울러 혼인이주자의 생활만족도, 사회참여, 사회문화적 적응 등, 다문화사회로의 진입 이후 중요한 관심의 대상으로 부각되고 있는 주제들에 대한 논의가 이루어지고 경험적 자료들이 소개된다. 그리고 혼인이주 여성의 사회문화적 적응, 출산력 및 건강인식과 거주지역 민족구성의 주변효과(neighborhood effect), 다문화가족 청소년의 자살 등을 주제로 하여 필자가 최근에 분석을 완료하였거나 국내외 정기학술지에 출간한 연구결과물들을 재구성하여 제시한다.

제2장

# 국제결혼의 사회인구학적 이해

1. 국제결혼 증가의 배경과 설명틀
2. 국제결혼의 증가추세
3. 국제결혼 부부의 지역적 분포
4. 국제결혼 부부의 사회인구학적 특성
5. 국제결혼 부부의 이혼

# 제2장 국제결혼의 사회인구학적 이해[4)]

이 연구는 우선 한국인 국제결혼의 규모와 그 추이, 그리고 이에 관련되는 한국사회의 구조적 배경을 파악하는 것을 분석의 출발점으로 삼는다. 한국 남자의 국제결혼과 한국 여자의 국제결혼이 그 원인, 전개과정, 규모와 사회인구학적 특징에 있어서 뚜렷하게 구분되기 때문에, 두 집단으로 구분하여 분석이 진행된다. 이 장에서는 국제결혼 부부의 지역적 분포와 사회인구학적 특성 및 그 다양성에 대한 분석도 이루어진다. 여기에는 국제결혼 부부의 이혼과 결혼지속기간의 변화추세, 그리고 이혼한 부부의 사회인구학적 특성에 대한 논의도 포함된다.

4) 이 장의 논의는 김두섭(2006, 2010, 2011a, 2011b), Kim(2005a, 2010)과 권태환·김두섭(2002)을 바탕으로 하여 이루어졌다.

## 1. 국제결혼 증가의 배경과 설명틀

배우자의 결정은 지극히 개인적인 차원에서 이루어진다. 그러나 한국사회의 국제결혼 증가추세는 상당 부분이 사회구조적인 요인으로 설명이 가능하다. 국제결혼의 급격한 증가는 결국 혼인적령인구의 불균형으로 인해 초래된 현상으로 이해할 수 있다. 〈그림 2-1〉은 혼인적령인구의 불균형을 초래한 주요 사회구조적 요인을 크게 두 가지, 즉 인구의 성 및 연령구성의 변화와 가치관의 변화로 구분하여 제시하고 있다. 그리고 인구의 성 및 연령의 구성변화를 초래할 수 있는 네 가지 사회구조적 요인으로 출산력의 지속적인 저하, 출생성비의 상승, 성별 차별사망력, 성 선택적 농촌-도시 인구이동을 제시하고 있다. 가치관의 변화를 통해 국제결혼의 증가를 초래한 원인으로는 양성평등관념의 확산과 세계화의 역할이 강조되었다.

〈그림 2-1〉 국제결혼 증가의 배경과 설명틀

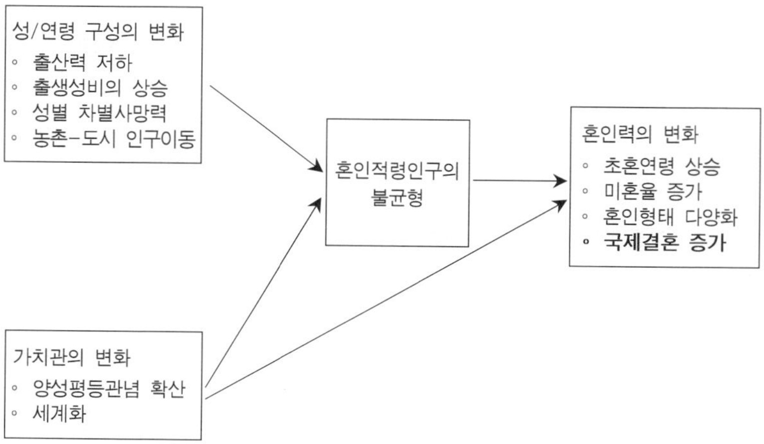

### 1) 인구의 성 및 연령구성의 변화

#### (1) 출산력의 지속적 저하

한국의 출산력 변천은 1960년대 초반 이후 다른 사회에서 비슷한 유례를 찾을 수 없을 정도로 매우 급격하게 진행되었다. 출산력이 대체수준 (합계출산율 2.1) 이하로 낮아진 1980년대 중반 이후에도 급격한 저하는 지속되었다. 특히 2000년대에 진입한 이후에는 세계적으로 가장 낮은 초저출산 상태에 도달하였으며, 2005년과 2010년에 합계출산율이 각각 1.08과 1.19로 집계되었다. 출산수준이 지속적으로 저하하면 연도별 출생코호트의 규모가 점점 작아지게 된다. 예를 들어, 1981년의 출생아 수는 86.7만 명이었으나 2013년에는 그의 50.3%에 불과한 43.6만 명으로 감소하였다 (통계청, 2011c, 2014d). 그런데 한국사회에서는 전통적으로 남자가 자신보다 3-4년 아래의 여자배우자를 선호하는 경향이 있다. 따라서 출산력의 급격하고 지속적인 저하는 해당 출생코호트가 혼인적령기에 이르렀을 때 여자인구가 남자인구보다 작아져 불균형을 초래하게 된다.

#### (2) 출생성비의 상승

혼인적령인구의 남녀불균형을 초래하는 가장 중요한 요인으로 출생성비의 상승을 지적할 수 있다. 한국에서는 출산력이 대체수준 이하로 낮아진 1980년대 중반 이후에도 남아를 선호하는 경향이 강하게 유지되었다. 이러한 상황에서 태아의 성을 판별하는 의료장비와 기술이 전국적으로 보급됨에 따라, 남아의 선별출산과 여아의 인공임신중절로 인해 출생성비가 매우 높아졌다. 출생성비는 1990년, 1993년과 1994년에 115를 상회하는 최고점에 이르렀다. 그러나 그 후 정부의 적극적인 성감별 및 인공임신중절의 억제, 대중매체를 통한 홍보, 여성지위의 향상에 힘입어 출생성비는 지속적으로 낮아졌으며, 2007년 이후에는 정상 성비라 할 수 있는 107 이하의 수준을 유지하고 있다(Kim, 2004a, 2004b; 통계청, 2011c, 2014d).

한국사회에서는 출생성비가 높은 수준을 유지하였던 1980년대 후반 이후 약 10여 년간의 출생코호트가 혼인시장에 진입하는 단계에 이르렀으며, 따라서 당분간 혼인적령인구의 불균형이 심화될 것으로 예상된다. 다른 국가로부터 인구이동을 통해 여자인구가 유입되지 않는 한, 출생성비가 일정 기간 높게 유지되면 혼인적령기에 도달하는 남자인구의 규모는 여자인구보다 현저하게 커지게 된다. 예를 들어 남자와 여자의 초혼연령을 각각 26-30세와 24-28세로 가정할 때, 1995년에 101.9로 비교적 균형상태를 유지하던 혼인적령인구의 성비가 2000년에는 110.5로 높아졌으며, 2020년에는 112.5에 도달할 것으로 추계된다(통계청, 2010a).

이처럼 혼인적령기의 남자인구가 여자인구를 현저하게 초과하는 상태가 일정 기간 지속되면, 배우자 선택과정에서 과부족현상이 나타나 초혼연령이 상승하고 미혼율이 높아지는 등의 혼인력 변화가 불가피해진다. 이러한 상황에서 배우자 선택에 불리한 사회경제적 조건을 가지고 있는 남자들은 결혼 시기가 늦어지거나 독신자로 남게 될 가능성이 높다. 국제결혼의 증가 역시 이러한 상황에서 나타나는 혼인형태 다양화의 한 단면으로 이해할 수 있다.

### (3) 성별 차별사망력

일반적으로 남자의 사망력 수준은 거의 모든 연령층에서 여자 사망력보다 높게 나타나는 경향을 보인다. 의료환경이 열악하거나 남아에 대한 선호가 강한 일부 지역사회에서 남자가 여자보다 낮은 수준의 사망력을 나타내는 예외적인 경우도 간혹 관찰된다. 이론적으로, 남녀 사망력의 편차가 일정수준 이상으로 오랫동안 지속되면 혼인적령인구의 남녀 균형에 영향을 미칠 수 있다. 그러나 이러한 설명은 한국의 상황에 적용되기 어렵다.

한국에서는 지난 반세기 동안의 경제발전과 생활수준의 향상으로 사망률이 꾸준히 저하하여 세계적으로 매우 낮은 수준에 도달하였다. 조사망률은 2004-2009년의 기간에 세계적으로 가장 낮은 5.0의 수준을 유지해 왔으며, 2012년과 2013년에는 5.3으로 집계되었다.[5] 남녀의 기대수명 역시 세계에서 가장 빠른 속도로 증가하여 2012년 각각 78.0세와 84.6세로 늘어났다(통계청, 2014a). 그리고 사망력이 지속적으로 저하하는 과정에서 사망률의 남녀 격차가 점진적으로 축소되었다고 할 수 있다.[6] 따라서 남녀 사망수준의 격차가 혼인적령기의 남녀 인구구성에 의미 있는 영향을 미친 것으로 판단되지 않는다.

### (4) 성 선택적 농촌-도시 인구이동

인구이동이 대규모로 이루어지고 사회구조적 요인에 의하여 이동의

5) 조사망률의 수준은 인구연령구조의 영향을 받기 때문에 고령화 추세에 따라 앞으로 점차 높아질 것으로 예상된다.

6) 남자 사망률은 2010년과 2013년 현재 여자 사망률보다 각각 1.3배와 1.2배 정도 높다. 남녀의 사망률 격차는 연령이 높아질수록 상대적으로 벌어지며, 50대에서 정점에 도달한 후 점차 감소하는 경향을 보인다(통계청, 2011d, 2014a).

성 선택성이 커지면, 이동의 출발지와 도착지 모두에서 혼인적령인구의 남녀 불균형을 초래하게 되고 혼인력에 영향을 미칠 수 있다. 한국에서는 지난 반세기 동안의 산업화와 도시화 과정에서 농촌지역의 젊은 여자인구가 대규모로 도시로 빠져나가는 현상이 지속되었다. 이는 농촌지역에서 혼인적령기 남녀인구의 균형을 무너뜨렸고, 1980년대 후반부터 농촌지역의 남자 초혼연령이 지속적으로 상승하고 노총각이 많이 발생하는 결과를 초래하였다(Kim and Kim, 2004).

국제인구이동으로 인하여 혼인적령기 남녀인구의 균형이 깨어지는 경우도 있다. 대표적인 예로, 과거 화교들의 동남아시아 국가로의 이동을 들 수 있다. 남자 위주로 이루어진 화교들의 대규모 국제이동으로 인하여 이동의 출발지와 도착지 모두에서 인구의 남녀균형이 파괴되었고, 이는 이들의 결혼을 지연시키고 유배우율을 낮추는 결과를 초래하였다. 한국의 경우에는 지난 반세기 동안 국제인구이동이 비교적 미미한 수준을 유지하였기 때문에 혼인적령기의 남녀 인구구성에 의미 있는 영향을 미쳤다고 할 수 없다.

### 2) 결혼에 대한 태도와 가치관의 변화

최근에 이르러 국제결혼이 증가한 주요 원인의 하나로 양성평등관념의 확산과 세계화로 인한 가치관의 변화를 지적할 수 있다. 양성평등관념의 확산과 세계화의 추세에 따라 젊은 여성들이 결혼을 연기하거나 회피하는 경향이 강해졌다. 그리고 이에 따른 혼인시장의 압박은 국제결혼의 증가를 포함하여 혼인 양상의 변화를 가속화하는 결과를 초래하고 있다.

한국에서는 지난 수십 년간의 사회발전과정에서 여성의 교육수준이 급속하게 팽창하였다. 그리고 이 과정에서 법적 · 제도적으로 여성에 대한 차별이 개선되고 여성지위의 향상이 이루어졌으며, 양성평등관념이 널리 확산되는 추세를 보이고 있다. 그러나 결혼 후의 가족생활과 육아에 관련되는 성 역할에 관해서는 사회적으로 아직도 엄격한 차별이 존재한다(McDonald, 2000; Kim, 2005b). 결혼을 하면 가족생활과 출산, 육아 등으로 인해 여성들이 자신의 일과 자아실현을 추구하기가 어려워지는 것이 현실이다. 노동시장 역시 기혼여성들의 일과 가정을 양립시킬 수 있는 환경을 제공하지 못하고 있다.

이에 따라 젊은 여성들이 결혼과 출산을 과거와 달리 '필수과정'이 아닌 하나의 '선택사양'으로 간주하는 경향이 높아지고 있다. 이러한 경향은 학력수준이 높거나 전문직에 종사하여 경제적 자립능력을 지닌 젊은 여성들의 경우에 특히 강하게 나타난다. 여성 교육수준의 급속한 향상과 양성평등관념의 확산에서 비롯된 이러한 경향은 혼인시장에서 남녀인구의 불균형을 초래하는 중요한 압박요인으로 작용하였다.

아울러 교통, 통신의 발달과 세계화의 거대한 흐름에 따른 국제인구이동의 급격한 증가도 혼인력의 변화를 초래한 중요한 요인으로 지적될 수 있다. 세계화의 추세에 따라 유학, 방문 및 경제활동의 기회 확대로 외국인과의 접촉기회가 많아졌다. 국제 인적교류가 확대되고 체류기간이 길어지면 혈연, 지연과 학연을 연결망으로 활용하는 국제결혼이 증가하기 마련이다. 노동이주자가 유입되고 이들의 체류기간이 길어지면 이들과의 국제결혼뿐만 아니라, 이들의 연결망을 활용하여 이들의 고향이나 출신지역으로부터 혼인이주가 이루어질 개연성이 높아진다.

오늘날의 젊은이들은 혼인 시기, 배우자의 조건, 혼인 절차 등에 관련되는 전통적 규범이나 가치관으로부터 상대적으로 자유롭다. 국제 인적교류의 확대에 따라 국제결혼에 대한 거부감도 현저하게 약화되었다. 인터넷과 범국가적 대중매체의 확산 역시 결혼 및 가족생활에 관련되는 규범, 가치관과 태도를 급속하게 변화시켰다. 그리고 이러한 변화는 국제결혼의 증가를 포함하여 혼인 양상의 변화를 직접적으로 촉진시키는 결과를 초래하였다.

### 3) 혼인 양상의 변화

〈그림 2-1〉에 제시된 것처럼, 최근 한국사회 혼인 양상의 주요 변화로 국제결혼의 증가를 포함하여 초혼연령의 상승, 미혼율의 증가, 그리고 혼인형태의 다양화를 지적할 수 있다.

혼인적령기 남녀인구의 불균형은 초혼연령을 상승시키고 미혼율을 낮추는 파급효과로 이어진다. 한국사회의 초혼연령은 급격한 상승을 지속하여 현재 세계적으로 가장 높은 수준에 도달해 있다. 예를 들어, 2013년 남녀의 평균초혼연령(SMAM)은 각각 32.2세와 29.6세로 집계되었다. 이는 1975년 이후 불과 38년 동안에 남녀 각각 4.8세와 5.9세가 상승한 것이다(통계청, 2010a, 2014a, 2014b). 이러한 상승추세는 그동안 사회경제적 발전에 수반하여 대학교육의 급격한 팽창, 도시로의 인구이동 및 여성의 결혼 이전 취업이 증가함에 따라 이루어진 것으로 해석된다. 그런데 대학교육의 팽창, 도시화, 여성의 취업이 이미 상당히 높은 수준에 도달하였음에도 불구하고, 1990년에 진입한 이후 평균초혼연령이 두드러지게 빠른 상승추세를 보인다. 특히, 젊은 여자의 도시이주로 인하여 성비불균형의 상황이 심각했던 농촌지역에서 남자의 평균초혼연령이 도시지역보다 더욱 빠르게 상승한 것은 주목할 만하다. 이러한 현상의 상당 부분은 혼인적령기 남녀인구의 불균형에 기인하는 것으로 판단된다.

대부분의 사회에서는 초혼연령이 상승하면 미혼율도 증가하는 경향이 나타나기 마련이다. 일반적으로 초혼연령의 상승은 20대와 20대 초반의 연령층에서 미혼율이 높아지고 유배우율이 낮아지는 데 기인한다. 예를 들어, 25-29세 집단의 미혼율은 1990년 남녀 각각 57.3%와 22.1%로 집계되었으나, 2010년 센서스에서는 각각 85.5%와 69.3%로 상승하였다(통계청, 2010c, 2011e). 최근에는 경기침체에 따른 만혼화 현상으로 30세 이후의 연령층에서도 유배우율이 낮아지고 미혼율이 상승하고 있다. 결혼에 대한 규범, 가치관, 태도의 변화와 아울러 독신자도 편리하게 생활할 수 있는 환경이 조성됨에 따라 결혼의 지연과 기피현상이 가속화되고 있는 것으로 판단된다.

또한, 혼인적령인구의 남녀불균형과 결혼 가치관 및 태도의 변화로 혼인형태가 다양해지는 현상이 나타나고 있다. 혼인시장의 구조적 불균형이 심화되면 배우자 선택의 기존 관행이 약화되고 혼인 양상의 변화가 불가피해진다. 최근에 이르러 신랑과 신부의 연령 차이에 대한 인식이 변화하고, 배우자의 과거 결혼경험에 대한 거부감도 현저하게 줄어드는 경향이 관찰된다. 통계청(2014b)의 혼인신고자료에 의하면, 2013년 혼인 건수의 11.2%가 남녀 모두 재혼자이며, 총각과 재혼녀의 혼인도 5.6%를 차지하고 있다. 그리고 여성 연상 또는 동갑의 초혼 비중도 꾸준히 증가하여 2013년 전체 혼인의 32.4%를 점유하기에 이르렀다.

그러나 혼인형태의 다양화 현상에도 불구하고 상대적으로 열악한 사회인구학적·경제적 조건을 지니고 있는 사람들은 배우자를 구하는 데 여전히 어려움을 겪게 마련이다. 현실적으로 이들이 취할 수 있는 선택은 크게 두 가지이다. 즉, 미혼자로 남거나 외국에서 배우자를 구해오는 것이다. 지난 1980년대 후반 이후 대만과 한국에서 관찰되는 국제결혼의 꾸준한 증가추세에도 이러한 설명이 적용될 수 있다 (Tsay, 2004).

## 2. 국제결혼의 증가추세

한국사회는 전통적으로 민족적 동질성을 추구하는 경향이 강해서 외국인과의 결혼이 문화적 지지를 받지 못했다. 한국에 주둔하던 미국 군인과 결혼한 경우를 비롯하여 한국 여성들의 해외혼인이주가 일정한 규모로 지속되었으나, 외국인의 한국으로의 혼인이주는 1970년대 말에 이르기까지 미미한 수준을 유지하였다. 외국인의 혼인이주가 사회적 주목을 받기 시작한 것은 1980년대 초반부터라고 할 수 있다. 당시 통일교도와 결혼하여 한국으로 이주한 외국인은 일본 여성들이 주축을 이루었다. 그리고 1988년의 서울올림픽을 계기로 외국인의 혼인이주가 이루어졌으나 그 규모는 그리 크지 않았다.

한국인의 국제결혼이 뚜렷하게 증가하는 계기는 1992년 한국과 중국의 외교관계 수립으로 이루어졌다. 이를 계기로 중국 국적의 조선족에게 친척 방문과 문화교류의 기회가 확대되었고, 한국 농촌으로 조선족 여성들의 대규모 혼인이주가 이루어졌다. 아울러 교통, 통신의 발달과 세계화의 거대한 흐름에 따라 1990년대 진입 이후 국제인력교류가 확대된 것도 국제결혼 증가의 중요한 요인으로 지적할 수 있다. 이주노동자들의 유입이 지속되고 체류기간이 길어지면서, 이들

〈그림 2-2〉 한국인 국제결혼의 추이, 1990-2013

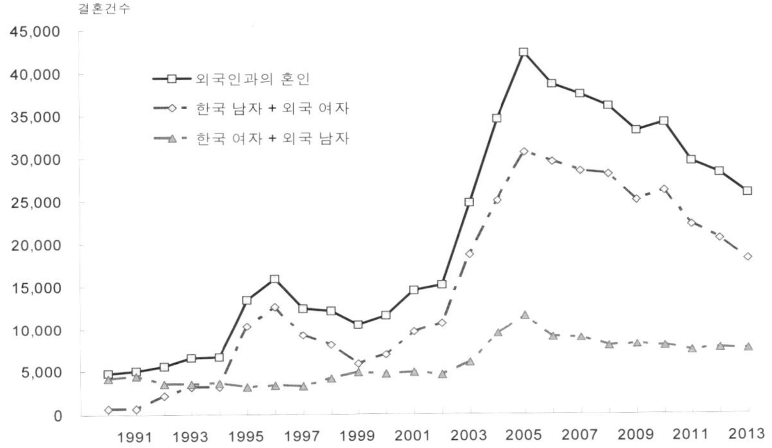


자료: 통계청 (2009a, 2010a, 2010d, 2011a, 2014b).

과의 결혼 또는 이들을 연결망으로 활용한 국제결혼이 증가하기 시작했다.

〈그림 2-2〉는 1990년 이후 한국인의 국제결혼 증가추이를 보여준다. 한국인이 외국인 배우자와 결혼하여 신고한 건수는 1990-2013년의 기간에 총 50.0만 건으로 집계되며, 이는 같은 기간 전체 혼인 848.5만 건의 5.9%에 해당된다. 한국인의 국제결혼 건수는 2005년에 4.2만 건으로 정점에 도달했으며, 2010년과 2013년에는 각각 3.4만 건과 2.6만 건으로 기록되었다. 정점에 도달했던 2005년의 국제결혼 건수는 1990년에 비해 9.0배, 그리고 2000년에 비해서도 3.6배로 증가한 수준이다 (통계청, 2011a, 2014a, 2014b).

〈그림 2-2〉에서 보는 것처럼, 한국 남자의 국제결혼은 1990년대 말의 외환위기를 겪으면서 일시적으로 감소하기도 하였다. 그러나 2000년대에 진입한 이후 외국인 배우자의 출신국가가 동남아시아와

중앙아시아로 확산되면서 2005년에 이르기까지 급속한 속도로 증가하였다. 국제결혼 건수가 2005년 이후 감소추세로 반전된 것은 농촌인구의 감소추세와 아울러 중국 조선족에 대해 방문취업을 허용한 것과도 관련이 있다. 즉, 중국 조선족이 친지방문의 목적으로 입국하여 취업이 가능해짐에 따라 한국인과의 결혼에 대한 수요가 일시적으로 감소한 것으로 판단된다. 혼인신고를 기준으로 할 때, 2005년과 2013년의 국제결혼 건수는 해당 연도 전체 결혼의 각각 13.5%와 8.0%에 해당된다. 이제 한국사회에서 국제결혼은 더 이상 특이한 혼인행위로 간주되지 않으며, 다양한 혼인형태의 하나로 자리 잡았다고 할 수 있다. 앞으로 세계화의 거대한 흐름 속에서 국제결혼의 기회는 더욱 확대되고 다인종, 다문화사회의 도래는 더욱 가속화될 것으로 전망된다.

### 1) 한국 남자의 국제결혼

한국인의 국제결혼은 남녀 간에 그 성격과 사회인구학적 특성에 있어서 뚜렷하게 대비된다. 한국 남자와 외국 여자의 결혼은 한국 여자와 외국 남자의 결혼에 비해 상대적으로 그 증가의 폭이 현저하게 빠르다. 한국 남자의 국제결혼은 1992년에 이르기까지 한국 여자의 국제결혼보다 그 규모가 현저하게 작았으나, 1995년부터 대폭 역전된 이후 그 격차가 점차 확대되는 추세에 있다. 참고로 2013년 한국 남자와 외국 여자의 국제결혼은 1.8만 건으로 같은 해 전체 국제결혼의 70.5%를 점유하고 있다. 반면, 한국 여자의 국제결혼 구성률은 1990년 86.9%를 차지하였으나, 2000년과 2013년에는 각각 40.2%와 29.5%로 급격하게 감소하는 경향을 나타낸다(통계청, 2014b).

〈그림 2-3〉 외국인 여자배우자의 주요 출신국가별 추이, 1990-2013

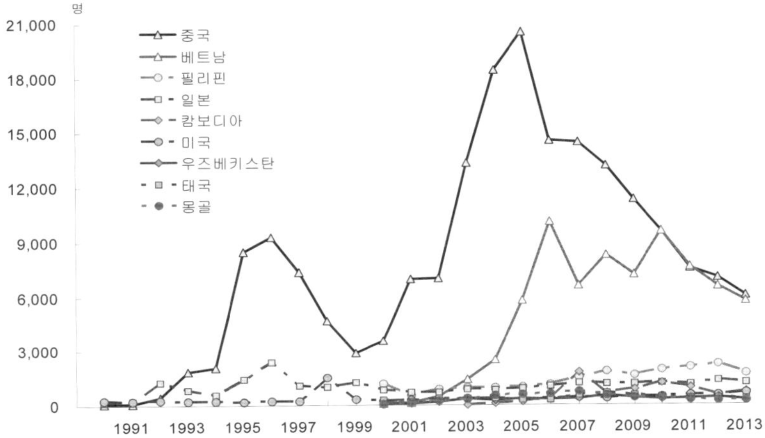


자료: 통계청 (2009a, 2010a, 2010d, 2011a, 2014b).

〈그림 2-3〉은 한국 남자와 결혼한 외국 여자의 주요 출신국가별 변화추이를 보여준다. 외국인 여자배우자의 출신국가는 2009년까지 중국이 절대다수를 차지하였으나, 2010년 혼인신고에서 중국과 베트남 여자가 각각 9,623명을 기록하였다. 그리고 2011년에는 베트남 여자가 7,636명, 중국 여자가 7,549명으로 그 순서가 일시적으로 뒤바뀌기도 하였다. 한국 남자와 중국국적 여자의 결혼은 1990-2013년의 기간 동안 19.1만 건이 신고되었으며, 2005년 20,582건으로 정점에 도달한 이후 점차 감소하는 추세를 보이고 있다(통계청, 2012b, 2014a). 지난 1990년대 중반까지 한국으로 혼인이주한 중국국적의 여자는 연변을 포함한 만주지역에 거주하던 조선족이 주류를 이루었으나, 최근에는 조선족의 점유율이 점차 낮아지고 한족의 점유율이 높아지는 추세가 관찰된다.

아울러 2000년대 진입 이후 외국인 여자배우자의 출신국적이 동남아시아 및 중앙아시아 국가들로 급격하게 확산되는 경향이 나타났다. 특히 베트남 여자와의 결혼은 2000년 77건에 불과했으나 2006년에는 10,128건으로 급격하게 증가하였고, 2011년에는 중국보다도 많은 결혼건수(7,636)를 기록하였다. 캄보디아 여자와의 결혼이 2006년 394건에서 2007년 1,804건으로 증가하여 세 번째 국가가 된 것도 마찬가지이다. 동남아시아 및 중앙아시아 국가 여자와의 결혼이 이처럼 단기간에 급증한 것은 이러한 결혼의 대부분이 결혼중개업자의 대단위 알선에 의해서 이루어졌기 때문이다. 외국인 여자배우자의 출신국적은 2013년 혼인신고를 기준으로, 중국(6,058명)과 베트남(5,770명)이 가장 많았고, 그 다음으로 필리핀(1,692명), 일본(1,218명), 캄보디아(735명), 미국(637명), 태국(291명), 우즈베키스탄(269명), 몽골(193명)의 순서로 나타났다(통계청, 2014b).

### 2) 한국 여자의 국제결혼

한국 여자의 국제결혼 건수는 한국 남자의 국제결혼에 비해 현재 그 사례수가 현저하게 작다. 그리고 한국 남자와 외국 여자의 결혼에 비해 상대적으로 그 증가의 폭이 완만하다는 것을 지적할 수 있다. 〈그림 2-2〉에서 보는 것처럼, 1991년에 이르기까지는 한국 여자의 국제결혼이 한국 남자의 국제결혼보다 월등하게 많았다. 그러나 1995년부터 이러한 상황이 역전되어 현재까지 지속되고 있으며, 그 격차가 점차 확대되는 경향을 보인다. 참고로, 2013년에 신고된 국제결혼 25,963건 중에서 한국 남자와 외국 여자의 결혼은 18,307건이었고 한국 여자와 외국 남자와의 결혼은 7,656건이었다(통계청, 2014b).

〈그림 2-4〉 외국인 남자배우자의 주요 출신국가별 추이, 1990-2013

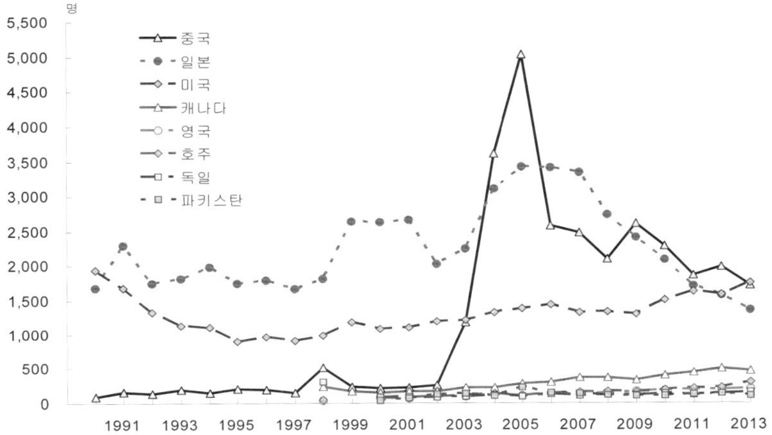


자료: 통계청(2009a, 2010a, 2010d, 2011a, 2014b).

한국 여자와 외국 남자의 국제결혼은 1990-2013년의 기간 동안 14.4만 건이 신고되었으며, 2005년 11,637건으로 정점에 도달한 이후 약간씩 감소하는 추세로 반전되었다. 단지 2009년과 2012년에는 중국 남자와의 혼인 증가로 전년도보다 각각 117건과 191건이 증가한 8,158건과 7,688건으로 집계되었으며, 2013년에는 7,656건을 기록하였다. 외국인 남자배우자의 출신국적 역시 소수의 국가에 집중되어 있다. 예를 들어, 2013년에 혼인을 신고한 외국인 남편의 국적은 미국(1,755명), 중국(1,727명), 일본(1,366명), 캐나다(475명)의 순이었으며, 이들 네 국가가 전체의 69.5%를 점유하고 있는 것으로 나타났다. 외국인 남편의 국적 빈도는 2003년까지 일본이 가장 많았으나 2004년에 이르러 중국에 역전되었으며, 2013년에는 미국이 가장 많았다(통계청, 2011a, 2014b). 〈그림 2-4〉를 보면, 미국인 남편의 빈도가 1990년보다 오히려 낮은 수준을 유지하고 있는 것을 확인할 수 있다.7) 또한 외국인 아내의 절대다수가 중국, 동남아시아 및 중앙아시아 출신인 데 비해, 외국인 남편은 일본, 미국, 캐나다, 영국, 호주, 독일 등 선진국의 비중이 상대적으로 높다는 특징을 지닌다.

## 3. 국제결혼 부부의 지역적 분포

국제결혼 부부들은 대체로 절반 이상이 서울, 인천과 경기도를 포함하는 수도권에 거주하는 것으로 나타난다(김두섭, 2006; 김두섭 외, 2008; 보건복지부 외, 2010; 통계청, 2014b). 이는 국제결혼이 초기와는 달리 농촌의 노총각 위주로만 이루어지는 것이 아니며, 서울을 비롯한 대도시 지역으로 이미 광범위하게 확산되었음을 의미한다.

그런데 국제결혼 부부들의 거주지는 외국인 배우자의 성과 출신국가에 따라 커다란 차이를 보인다. 예를 들어, 한국 여자와 결혼한 일본, 미국, 캐나다, 영국, 호주, 독일 출신의 남편들은 전문직, 관리직, 사무직 종사자의 비중이 높으며, 따라서 서울을 비롯한 대도시 거주자가 많다. 이와는 대조적으로 베트남과 필리핀으로부터 아내를 맞은 한국인 남편들은 농어업과 단순노무직 종사자의 비중이 상대적으로 높다. 따라서 이들 부부들은 과반수가 농촌지역에 거주하며, 서울을

7) 통계청은 2000년 이후 자료부터 외국 영사관에 신고된 국제결혼을 제외하여 발표하고 있다. 따라서 미국이나 일본 등의 국가에 거주하는 한인동포가 현지에서 외국인과 결혼하고 한국영사관에 신고한 경우는 2000년부터 국제결혼 통계에 포함되지 않는다. 〈그림 2-4〉에서 2000년 이후 미국인 남편의 빈도가 1990년대 초반보다 오히려 낮아진 것은 이러한 집계기준의 변화에 의해서도 영향을 받았을 것으로 판단된다.

비롯한 대도시에 거주하는 비율이 두드러지게 낮다. 중국 출신의 조선족 여자와 1990년대 중반 이전에 결혼한 한국인 남편들은 농촌지역에 거주하는 농업 종사자가 대부분이었다. 그러나 그 후 서비스와 판매직에 종사하는 한국인 남편들이 많아지고, 한족 여자배우자의 비율이 점차 높아지면서 한국인과 중국인 부부들의 도시 거주자 비중이 높아지는 추세가 관찰된다.

〈표 2-1〉에는 한국인과 외국인의 혼인 건수와 국제결혼의 비중이 행정구역별로 제시되어 있다. 외국인과의 혼인 건수는 동(도시) 지역이 절대다수를 점유하고 있고, 이는 외국인 배우자의 성별에 관계없이 그러하다. 통계청(2013b, 2014a)의 2013년 혼인신고자료에 의하면, 외국인과의 혼인 25,963건 중에서 72.8%에 해당하는 18,888건이 동 지역에서 이루어졌다. 외국 여자와의 혼인은 면 지역이 2,716건으로 읍 지역의 1,836건보다 현저하게 많으나, 외국 남자와의 혼인은 각각 372건과 385건으로 그 편차가 그리 크지 않다. 그러나 전체 혼인에서 외국인과의 혼인이 차지하는 비중을 살펴보면, 외국 여자와의 혼인은 면 지역에서 점유율이 높고, 외국 남자와의 혼인은 동 지역에서 높다(통계청, 2013b, 2014a).

외국인과의 혼인 건수는 시·도에 따라 뚜렷한 차이를 보인다. 외국인과의 혼인의 50.5%에 해당하는 13,103건이 서울, 인천과 경기도를 포함하는 수도권에서 이루어졌다. 여기에 부산대도시권(부산과 경상남도)에서 이루어진 국제결혼을 합치면 그 비중이 61.2%에 달한다. 이를 좀 더 자세히 살펴보면, 외국 여자와의 혼인은 경기도에서 가장 많은 4,373건이 이루어졌으며, 그 다음으로 서울 3,223건, 경상남도 1,101건, 부산 1,029건, 인천 1,007건의 순이다. 외국 남자와의 혼인은 서울이 2,336건으로 가장 많고, 경기도가 1,843건이다.

〈표 2-1〉 행정구역별 외국인과의 혼인 건수 및 비중, 2013

| 시도 | 총혼인 건수 (A) | 외국인과의 혼인 | | 외국 여자와의 혼인 | | 외국 남자와의 혼인 | |
|---|---|---|---|---|---|---|---|
| | | 건수(B) | %(B/A) | 건수(C) | %(C/B) | 건수(D) | %(D/B) |
| 전 국[1] | 322,807 | 25,963 | 8.0 | 18,307 | 70.5 | 7,656 | 29.5 |
| 읍 부 | 26,476 | 2,221 | 84 | 1,836 | 82.7 | 385 | 17.3 |
| 면 부 | 24,430 | 3,088 | 12.6 | 2,716 | 88.0 | 372 | 12.0 |
| 동 부 | 263,992 | 18,888 | 7.2 | 13,196 | 69.9 | 5,692 | 30.1 |
| 서 울 | 68,819 | 5,559 | 8.1 | 3,223 | 58.0 | 2,336 | 42.0 |
| 부 산 | 20,734 | 1,414 | 6.8 | 1,029 | 72.8 | 385 | 27.2 |
| 대 구 | 13,601 | 867 | 6.4 | 676 | 78.0 | 191 | 22.0 |
| 인 천 | 18,010 | 1,328 | 7.4 | 1,007 | 75.8 | 321 | 24.2 |
| 광 주 | 8,820 | 537 | 6.1 | 462 | 86.0 | 75 | 14.0 |
| 대 전 | 9,621 | 537 | 5.6 | 436 | 81.2 | 101 | 18.8 |
| 울 산 | 7,998 | 465 | 5.8 | 361 | 77.6 | 104 | 22.4 |
| 세 종 | 743 | 62 | 8.3 | 51 | 82.3 | 11 | 17.7 |
| 경 기 | 77,649 | 6,216 | 8.0 | 4,373 | 70.4 | 1,843 | 29.6 |
| 강 원 | 7,946 | 591 | 7.4 | 509 | 86.1 | 82 | 13.9 |
| 충 북 | 9,307 | 725 | 7.8 | 617 | 85.1 | 108 | 14.9 |
| 충 남 | 12,482 | 1,049 | 8.4 | 868 | 82.7 | 181 | 17.3 |
| 전 북 | 9,823 | 934 | 9.5 | 818 | 87.6 | 116 | 12.4 |
| 전 남 | 9,995 | 1,058 | 10.6 | 978 | 92.4 | 80 | 7.6 |
| 경 북 | 15,421 | 1,111 | 7.2 | 935 | 84.2 | 176 | 15.8 |
| 경 남 | 20,291 | 1,379 | 6.8 | 1,101 | 79.8 | 278 | 20.2 |
| 제 주 | 3,638 | 365 | 10.0 | 304 | 83.3 | 61 | 16.7 |
| 국 외 | 7,909 | 1,766 | 22.3 | 559 | 31.7 | 1,207 | 68.3 |

주: 1) 국외 영사관에 신고된 결혼 포함.
 2) 이 표는 한국인 배우자의 주소지를 기준으로 작성되었음.
자료: 통계청(2014a, 2014b).

〈표 2-2〉에는 외국 여자와 혼인 건수가 많은 상위 15개 시·군·구 지역이 제시되어 있다.

그러나 외국인과의 혼인 건수에 대한 비중을 기준으로 살펴보면

〈표 2-2〉 외국 여자와의 혼인 건수가 많고 국제결혼의 비중이 높은 상위 15개 시·군·구 지역, 2013

| 순위 | 외국 여자와의 혼인 | | 외국 여자와의 혼인 | |
|---|---|---|---|---|
| | 지 역 | 건 수 | 지 역 | 비중(%)[1)] |
| 1 | 경기도 안산시 | 408 | 전라북도 임실군 | 26.6 |
| 2 | 경기도 수원시 | 345 | 경상북도 청송군 | 26.2 |
| 3 | 경상남도 창원시 | 317 | 전라남도 진도군 | 24.8 |
| 4 | 경기도 부천시 | 303 | 전라남도 함평군 | 23.8 |
| 5 | 경기도 성남시 | 287 | 전라남도 영암군 | 23.5 |
| 6 | 경기도 고양시 | 273 | 전라북도 부안군 | 23.4 |
| 7 | 경기도 용인시 | 273 | 전라남도 고흥군 | 22.4 |
| 8 | 경기도 시흥시 | 242 | 전라남도 완도군 | 21.5 |
| 9 | 경기도 화성시 | 235 | 전라북도 고창군 | 20.8 |
| 10 | 안산시 단원구 | 232 | 충청북도 보은군 | 19.8 |
| 11 | 서울특별시 관악구 | 221 | 충청남도 부여군 | 18.6 |
| 12 | 제주특별자치도 제주시 | 220 | 강원도 화천군 | 18.4 |
| 13 | 서울특별시 구로구 | 210 | 전라북도 순창군 | 18.3 |
| 14 | 서울특별시 영등포구 | 208 | 경상북도 고령군 | 18.2 |
| 15 | 인천광역시 부평구 | 205 | 충청남도 서천군 | 18.1 |

주: 해당 시·군·구 여자의 전체 혼인에 대한 외국 여자의 점유율을 백분율로 계산하였음.
자료: 통계청(2010d, 2014a).

양상이 확연하게 달라진다. 외국 여자와의 혼인의 점유율은 전라남도 지역이 92.4%로 가장 높고, 그 다음으로 전라북도(87.6%), 강원도(86.1%), 광주(86.0%)의 순이다. 외국 여자와의 혼인 점유율은 서울(58.0%), 인천(75.8%), 경기도(70.4%)를 포함하는 수도권 지역과 부산(72.8%)에서 상대적으로 낮게 나타나는 경향을 보인다. 이와는 대조적으로, 외국 남자와의 혼인이 차지하는 점유율은 서울과 경기도에서 각각 42.0%와 29.6%로 가장 높게 나타난다(통계청, 2014a).[8)]

8) 〈표 2-1〉을 보면, 국외 영사관에 신고된 혼인 7,909건 중에서 한국 여자와 외국 남자와의 혼인이 차지하는 비중이 15.3%(1,207건)로 매우 높은 것을 알 수 있다.

〈그림 2-5〉 시·군·구 지역별 외국 여자와의 혼인의 비중, 2012

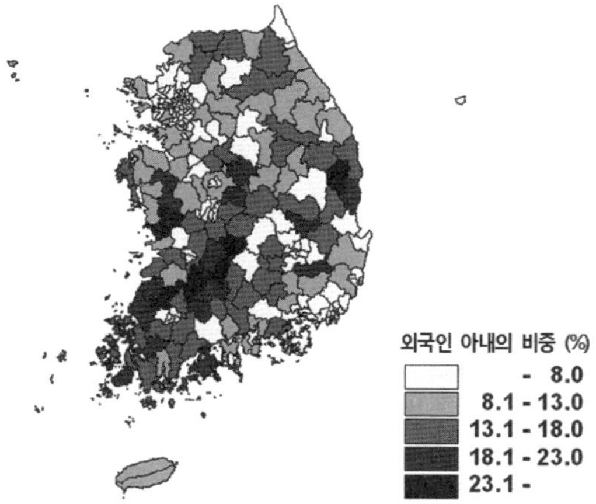


자료: 통계청(2012b); 김두섭(2014a: 72).

외국 여자와의 혼인이 차지하는 점유율을 시·군·구별로 보면 그 편차의 폭이 더욱 두드러진다. 지난 2010년 혼인신고자료에서 여자의 전체 혼인에 대한 외국 여자의 혼인 점유율이 25% 이상인 시·군·구는 16개였다. 이 혼인 점유율은 2005년 이후 지속적으로 하락하는 추세를 나타내며, 2013년 혼인신고자료에서는 9개 시·군·구의 혼인 점유율이 20% 이상으로 집계되었다. 〈표 2-2〉에서 보는 것처럼, 2013년에는 전라북도 임실군이 26.6%로 가장 높았고, 경상북도 청송군(26.2%), 전라남도 진도군(24.8%), 전라남도 함평군(23.8%), 전라남도 영암군(23.5%), 전라북도 부안군(23.4%), 그리고 전라남도 고흥군(22.4%)의 순이었다(통계청, 2014a).

〈그림 2-5〉는 외국 여자와의 혼인이 전체 혼인 건수에 대해 차지

그러나 이들은 외국에 거주하는 교포들이므로 거주지 분포의 분석대상에서 제외되었다.

〈표 2-3〉 농촌과 도시지역에서의 국제결혼의 비중, 2008-2013

| | 혼인 건수 (A) | 한국 남자와 외국 여자의 혼인 | | 농림어업종사 남자의 혼인 | | 농림어업종사 남자와 외국 여자의 혼인 | |
|---|---|---|---|---|---|---|---|
| | | 건수(B) | 구성비 (B/A) | 건수(C) | 구성비 (C/A) | 건수(D) | 구성비 (D/C) |
| 2008 | | | | | | | |
| 도시 (동) | 262,357 | 19,893 | 7.6 | 1,499 | 0.6 | 434 | 29.0 |
| 농촌 (읍 · 면) | 57,035 | 7,853 | 13.8 | 4,959 | 8.7 | 2,038 | 41.1 |
| 합계 | 327,715 | 28,163 | 8.6 | 6,459 | 2.0 | 2,472 | 38.3 |
| 2010 | | | | | | | |
| 도시 (동) | 261,077 | 18,605 | 7.1 | 1,481 | 0.6 | 338 | 22.8 |
| 농촌 (읍 · 면) | 56,502 | 7,219 | 12.8 | 4,489 | 7.9 | 1,684 | 37.5 |
| 합계 | 326,104 | 26,274 | 8.1 | 5,971 | 1.8 | 2,023 | 33.9 |
| 2012 | | | | | | | |
| 도시 (동) | 266,463 | 14,623 | 5.5 | 1,352 | 0.5 | 219 | 16.2 |
| 농촌 (읍 · 면) | 52,829 | 5,462 | 10.3 | 4,042 | 7.7 | 1,176 | 29.1 |
| 합계 | 327,073 | 20,637 | 6.3 | 5,396 | 1.6 | 1,396 | 25.9 |
| 2013 | | | | | | | |
| 도시 (동) | 263,992 | 13,196 | 5.0 | 1,440 | 0.5 | 197 | 13.7 |
| 농촌 (읍 · 면) | 50,906 | 4,552 | 8.9 | 3,758 | 7.4 | 981 | 26.1 |
| 합계 | 322,807 | 18,307 | 5.7 | 5,204 | 1.6 | 1,180 | 22.7 |

자료: 통계청 (2008, 2010d, 2011h, 2013b, 2014a).

하는 점유율을 각 시 · 군 · 구별로 제시한 것이다. 〈그림 2-5〉에서 진하게 음영 처리된 지역일수록 혼인 점유율이 높은 지역이며, 밝은 색일수록 혼인 점유율이 낮은 지역을 의미한다. 여기에서는 전라남도, 전라북도, 충청남도의 해안지역과 강원도의 산간지역을 대각선으로 연결한 지역에 위치한 시 · 군 · 구들이 외국 여자와의 혼인 점유율이 높은 것으로 나타났다. 반면, 대도시 및 주변지역과 경상남도 해안지역에서는 혼인 점유율이 상대적으로 낮은 것으로 확인되었다.

지난 20여 년 동안 농촌지역에서 외국 여자와의 결혼이 지속적으로 증가하면서 농촌사회의 모습이 크게 변화하고 있다. 앞에서 지적한 것처럼, 결혼이주 여성의 절대다수가 수도권에 집중되어 있으나 지역인구 대비 구성비는 농촌지역이 월등하게 높다. 산업화 과정에서 나타난 대규모 이농현상과 젊은 여성들의 농촌생활 기피로 급격한 인구감소, 고령화와 성비불균형에 시달리던 농촌 지역사회가 혼인이주 여성들로 활력을 되찾고 있다.

〈표 2-3〉에서 보는 것처럼, 2013년에 결혼을 신고한 농림어업종사 남자는 5,204명이며, 그중 22.7%에 해당하는 1,180명이 외국 여자와 결혼하였다. 이 구성률은 2008년 및 2010년보다 각각 15.6%와 11.2% 포인트 감소한 수준이다. 농촌지역의 읍·면부로 한정하면 2013년 외국 여자와의 결혼의 비중은 26.1%가 된다. 농림어업에 종사하는 한국 남자와 2012년에 결혼한 외국 여자의 출신국적은 베트남 51.6%, 중국 17.2%, 필리핀 15.3%의 순이었다. 그리고 이 같은 출신국적의 순위는 2011년에도 마찬가지였던 것으로 확인되었다(통계청, 2011h, 2012b).

## 4. 국제결혼 부부의 사회인구학적 특성

상대적으로 열악한 사회인구학적·경제적 조건을 지닌 사람들이 외국인 배우자와 결혼할 개연성이 높음을 앞에서 지적한 바 있다. 그러면 과연 누가 국제결혼을 하는가? 이들의 외국인 배우자는 어떠한 특성을 지니고 있는가? 이 절에서는 국제결혼 당사자들의 사회인구학적 특성을 파악하고자 시도한다. 그런데 한국 남자와 한국 여자의 국제결혼은 그 성격과 결혼 당사자의 사회인구학적 특성에 있어서 확연하게 대비된다. 또한 외국인 배우자의 출신국가에 따라서도 커다란 차이가 발견된다. 이 절에서는 외국인 아내와 외국인 남편으로 나누어 논의를 진행하되, 전자에 대한 설명에 보다 초점이 맞추어진다. 분석에 사용된 주요 자료는 2013년까지의 혼인신고자료와 『2009년 전국 다문화가족 실태조사』(보건복지부 외, 2010) 자료이다.

### 1) 한국인 남편과 외국인 아내의 특성

먼저 한국 남자와 외국 여자의 결혼이 지니는 사회인구학적 특성에 대해 살펴보기로 하자. 이들의 결혼에서 가장 두드러진 특징의 하나는 〈그림 2-6〉의 연령분포에서 보는 것처럼, 외국인 아내가 한국인 남편보다 월등히 젊은 경향을 보인다는 것이다. 〈표 2-4〉에 제시

〈그림 2-6〉 한국인 남편과 외국인 아내의 연령분포, 2010-2012

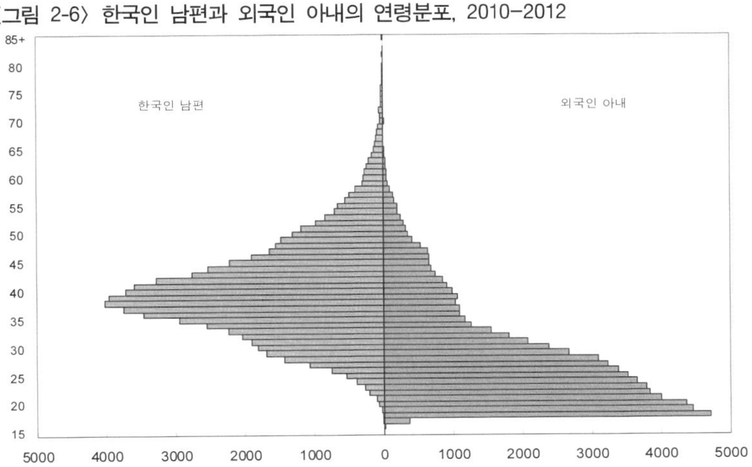


자료: 통계청(2010d, 2011h, 2012b); 김두섭(2014a: 41).

〈표 2-4〉 외국인 아내의 출신국가별 국제결혼 부부의 사회인구학적 특성, 2009

| | 외국인 아내의 출신국가 | | | | | |
|---|---|---|---|---|---|---|
| | 중국 | | 베트남 | 필리핀 | 몽골 | 합계 |
| | 조선족 | 한족 | | | | |
| | (19,582) | (7,930) | (15,130) | (4,752) | (872) | (48,266) |
| 아내의 연령 | 37.7 | 33.1 | 24.2 | 31.9 | 31.0 | 32.0 |
| 남편의 연령 | 45.1 | 42.2 | 41.2 | 42.6 | 41.1 | 43.1 |
| 아내의 결혼연령 | 31.9 | 30.1 | 22.0 | 26.8 | 27.7 | 27.9 |
| 남편의 결혼연령 | 39.3 | 39.1 | 39.0 | 37.4 | 37.7 | 39.0 |
| 아내의 재혼자율(%) | 40.9 | 32.4 | 2.2 | 2.5 | 18.4 | 23.2 |
| 남편의 재혼자율(%) | 34.3 | 29.9 | 18.5 | 13.6 | 24.2 | 26.4 |
| 아내의 교육 연수 | 10.8 | 10.7 | 8.9 | 12.3 | 12.2 | 10.4 |
| 남편의 교육 연수 | 11.4 | 12.2 | 11.5 | 11.4 | 11.9 | 11.6 |

주: 『2009년 전국 다문화가족 실태조사』에서 응답을 완료한 여성은 69,394명이었음. 이 표의 자료는 이들 중에서 중국, 베트남, 필리핀, 몽골 출신의 외국인 아내만을 선택하고, 응답자 및 배우자 연령, 결혼 연도, 입국 연도 등 주요 변수들의 값이 비현실적이거나 무응답인 사례를 제거한 후 집계한 것임.

자료: 보건복지부 외(2010).

된 『2009년 전국 다문화가족 실태조사』의 결과를 보면, 외국인 아내의 평균연령은 32.0세로 한국인 남편보다 11.1세가 낮다. 특히, 한국 남자와 베트남 여자의 평균 결혼연령의 격차는 17.0세나 된다. 이들 48,266쌍 부부의 연령을 비교해본 결과, 남편이 아내보다 연상인 경우가 93.9%였으며, 동갑과 연상 아내의 비율은 각각 2.3%와 3.8%에 불과하였다.

그리고 한국 남자의 결혼연령이 빠른 상승추세를 보인다는 것을 지적할 수 있다. 외국 여자와 결혼한 한국 남자의 평균 결혼연령은 1990년 혼인신고자료에서 32.4세로 집계되었으나 2013년 혼인신고자료에서는 39.8세로 상승하였다(통계청, 2009a, 2013b). 또한 『2009년 전국 다문화가족 실태조사』에서도, 한국인 남편의 평균 결혼연령이 39.0세로 집계되었다(보건복지부 외, 2010). 외국인 아내의 출신국가별로는 중국과 베트남 출신의 여자와 결혼한 한국 남자의 결혼연령이 대체로 높았다. 〈표 2-4〉에는 포함되지 않았지만, 일본, 미국 등 선진국 출신의 여자와 결혼한 한국 남자들은 상대적으로 젊은 것으로 확인되었다.

국제결혼한 한국 남자의 연령이 대체로 높게 나타나는 경향은 이들의 상당 부분이 초혼이 아니라 재혼이기 때문이다. 국제결혼이 이루어지기 시작한 1980년대 후반과 1990년대 전반에는 노총각이 주류를 이루었으나, 최근에 이르러 40대 이후의 한국 남자들이 외국인 배우자와 재혼하는 현상이 나타나고 있다. 베트남과 필리핀 등 개발도상국 여자와의 결혼에서는 아내는 초혼이고 한국인 남편은 재혼인 경우의 비중이 높다. 따라서 국가 간 발전수준의 차이에 기초한 개발도상국 여성의 상품화로 해석될 수 있는 여지를 지닌다(김두섭 외, 2008).

한국 남자의 재혼자율은 중국 출신의 조선족 또는 한족 여자, 그리고 몽골 여자와 결혼하는 경우에 두드러지게 높아진다. 〈표 2-4〉에서는 조선족과 한족 여자배우자의 재혼자율도 각각 40.9%와 32.4%로 집계되었다. 한국 남자와 중국 여자와의 결혼에서 부부 모두 재혼자의 비중이 높아지는 경향은 2000년대에 진입한 이후 심화되었다. 이러한 현상은 결혼가치관의 전반적인 변화와 아울러 일부 중국인들이 취업을 목적으로 한국인과 위장결혼해서 입국하는 경향과도 관련이 있을 것으로 판단된다. 참고로, 한국인끼리의 결혼에서 남자의 재혼자율은 2010년과 2013년 각각 14.1%와 15.2%로 국제결혼의 경우보다 현저하게 낮았다(통계청, 2010d, 2011a, 2014b).

국제결혼 부부의 교육수준은 외국인 아내의 출신국가에 따라 뚜렷한 차이를 나타낸다. 베트남인과 중국인 아내의 60.8%와 32.3%가

중학교 졸업 이하의 학력을 지니고 있으며, 대학교육 이수자의 비율은 각각 4.2%와 15.8%에 불과하다. 그리고 〈표 2-4〉에서 보는 것처럼, 이들과 결혼한 한국인 남편의 교육수준 역시 외국인 아내들과 크게 차이가 나지 않는다. 중국, 베트남, 필리핀, 몽골 출신의 아내를 맞은 한국인 남편의 교육수준은 고등학교 졸업이 과반수를 차지하고 있는 것으로 나타났다.

외국인 아내의 출신국가별로 부부의 교육수준을 비교해본 결과, 한국인 남편과 베트남인 아내의 격차가 가장 두드러지는 것으로 밝혀졌다. 그러나 필리핀과 몽골 아내의 경우에는 한국인 남편보다 평균 교육수준이 오히려 높은 것으로 나타났다(MPDA, 2009). 이러한 분석 결과는 대부분의 아시아 국가에서 가난을 해결하거나 보다 나은 삶을 찾아 한국으로 혼인이주한 여성들의 대부분이 낮은 교육수준 등 매우 열악한 사회경제적 조건을 지니고 있다는 기존의 선입견이 잘못되었음을 증명하는 것이다(김두섭 외, 2008).

외국인 아내의 출신국가에 따른 부부 교육수준의 차이는 한국인 남편의 직업이나 거주지 분포와도 조화를 이룬다. 외국 여자와 결혼하는 한국 남자는 더 이상 농촌의 노총각에 국한되지 않으며, 도시지역의 다양한 직업군으로 확산되어 왔다. 통계청의 혼인신고자료에 의하면, 2000년에는 한국인 남편의 15.6%가 농림어업 종사자였으나 2013년에는 그 비중이 6.6%로 떨어졌다(이상림, 2012; 통계청, 2013b). 보건복지부 외(2010)의 『2009년 전국 다문화가족 실태조사』에서는 서울과 광역시 거주자의 비중이 36.9%로 집계되었다. 국제결혼한 한국인 남편들은 기능 및 기술직 종사자와 단순노무직의 비중이 각각 20.0%와 13.6%로 가장 높다. 외국인 배우자의 절대다수를 차지하는 중국 여자와 결혼한 한국 남자들은 서비스직 종사자의 비중이 상대적으로 높았다. 또한 베트남, 필리핀과 몽골로부터 혼인이주한 여자들은 농어업과 단순노무직에 종사하는 한국 남자와 결혼한 경우가 각각 38.5%와 39.3%로 많았다. 선진국 출신의 여자배우자와 결혼한 경우를 제외하고는 국제결혼한 한국 남자들이 전문직 및 관리직에 종사하는 경우가 5.0%에 불과했다는 것도 지적할 수 있다. 그리고 외국인 아내의 경제활동참가율은 36.8%로 집계되었으며, 취업자 중에서는 서비스직 종사자의 비중이 33.3%로 가장 높았고, 다음이 17.8%의 단순노무직이었다.

여기에서 한 가지 지적할 것은 국제결혼 부부의 가구구성이다. 한국인 남편이 농림어업에 종사하는 경우, 국제결혼 부부의 약 1/2이 시부모 또는 시댁식구와 함께 사는 것으로 밝혀졌다. 이는 한국인 남편과 아내가 시부모와 동거하는 비중보다 현저하게 높은 수준이다. 그리고 한국인 남편이 다른 직업에 종사하거나 도시지역에 거주하는 국제결혼 부부에 비해서도 두 배 가까이 높다. 시부모와 동거하는 경향은 캄보디아, 베트남, 필리핀, 태국 등 동남아시아 출신 아내들의 경우에 두드러지게 나타났다. 중국 조선족이나 한족 여성보다 동남아시아 출신의 여성을 선호하는 농촌 남성의 대부분이 그 이유를 결혼 후 부모를 모시고 함께 살기 위해서라고 응답하는 것은 흥미롭다(보건복지부 외, 2010).

### 2) 한국인 아내와 외국인 남편의 특성

한국 여자의 국제결혼은 그 성격과 사회경제적 특성에 있어서 한국 남자의 국제결혼과 확연하게 대비된다. 우선 1990년대 말까지는 외국인 남자배우자의 절대다수가 미국과 일본에 집중되어 있었다. 그

〈그림 2-7〉 한국인 아내와 외국인 남편의 연령분포, 2010-2012

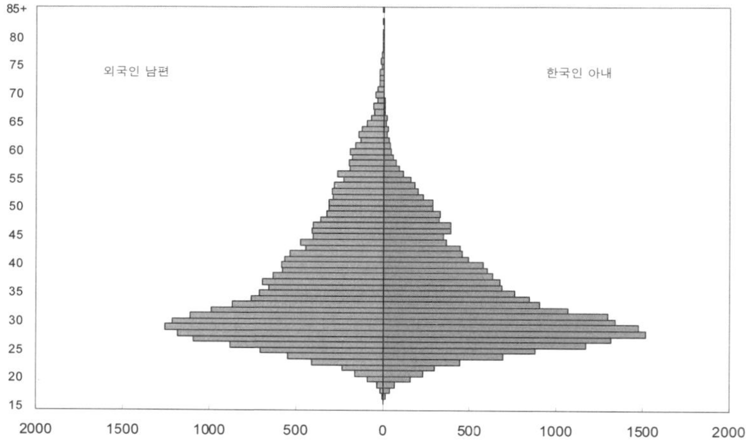


자료: 통계청 (2010d, 2011h, 2012b); 김두섭 (2014a: 42).

러나 2002년 이후 중국 남자와의 결혼이 급격하게 증가하는 추세에 있으며, 2013년 현재 미국, 중국, 일본인 남편의 순서로 많다. 그리고 외국인 남편의 출신국가 분포를 살펴보면 외국인 아내보다 캐나다, 호주, 영국, 독일 등 선진국의 비중이 상대적으로 높다. 중국을 제외한 이들 6개 선진국 출신의 남편 점유율은 2013년 현재 55.6%에 달하는 것으로 집계되었다 (통계청, 2014b).

〈그림 2-7〉과 〈표 2-5〉에서 보는 것처럼, 한국 여자와 외국 남자의 결혼은 부부 간의 연령 차이가 상대적으로 크지 않다. 일본인과 중국 조선족 남편의 연령이 대체로 높고, 미국, 캐나다 등 선진국 출신의 남편은 상대적으로 젊은 것으로 나타났다. 그리고 중국 한족 남자와 결혼한 한국 여자의 연령이 남편 연령과 비슷하거나 오히려 약간 더 높은 경우도 적지 않은 것으로 밝혀졌다.

이러한 현상 역시 외국 남자와 결혼하는 한국 여자의 재혼자율이

〈표 2-5〉 외국인 남편의 출신국가별 국제결혼 부부의 사회인구학적 특성, 2009

| | 외국인 남편[1]의 출신국가 | | | | | | | |
|---|---|---|---|---|---|---|---|---|
| | 중국 | | 일본 | 미국 | 기타 선진국[2] | 파키스탄/방글라데시 | 기타 | 합계 |
| | 조선족 (1,555) | 한족 (329) | (181) | (251) | (364) | (356) | (473) | (3,509) |
| 남편의 연령 | 43.4 | 39.8 | 46.6 | 39.7 | 38.6 | 37.4 | 37.4 | 41.1 |
| 아내의 연령 | 41.4 | 39.6 | 43.0 | 36.9 | 35.8 | 38.5 | 37.9 | 39.7 |
| 남편의 결혼연령 | 36.8 | 34.1 | 33.6 | 33.4 | 33.2 | 31.7 | 30.3 | 34.4 |
| 아내의 결혼연령 | 34.8 | 34.1 | 30.4 | 30.6 | 30.4 | 33.0 | 30.8 | 33.0 |
| 남편의 재혼자율(%) | 44.2 | 38.0 | 19.6 | 20.7 | 12.5 | 7.4 | 6.8 | 28.6 |
| 아내의 재혼자율(%) | 53.3 | 40.6 | 13.6 | 9.6 | 8.0 | 36.4 | 21.0 | 36.0 |
| 남편의 교육 연수 | 11.2 | 11.8 | 15.5 | 16.6 | 16.7 | 14.5 | 14.5 | 13.2 |
| 아내의 교육 연수 | 11.3 | 12.4 | 14.0 | 15.8 | 16.2 | 12.7 | 13.9 | 12.9 |
| 남편의 직업 | | | | | | | | |
| 전문직/관리직 | 2.1 | 4.6 | 33.7 | 78.6 | 77.8 | 4.3 | 19.3 | 20.7 |
| 사무직 | 1.5 | 1.1 | 5.3 | 4.3 | 2.3 | 1.2 | 5.2 | 2.4 |
| 판매직/서비스직 | 12.7 | 14.4 | 14.8 | 2.1 | 0.9 | 18.2 | 13.4 | 11.5 |
| 기능/생산직 | 17.8 | 21.4 | 4.1 | 1.3 | 0.3 | 32.0 | 13.4 | 15.1 |
| 단순노무/농업/기타 | 46.4 | 28.3 | 8.4 | 2.6 | 4.6 | 33.8 | 27.8 | 31.0 |
| 무직 | 19.6 | 30.2 | 33.7 | 11.1 | 14.1 | 10.5 | 20.9 | 19.3 |
| 합 계 | 100.0 | 100.0 | 100.0 | 100.0 | 100.0 | 100.0 | 100.0 | 100.0 |
| 아내의 직업 | | | | | | | | |
| 전문직/관리직 | 2.6 | 8.7 | 15.3 | 36.6 | 38.8 | 8.1 | 14.9 | 12.7 |
| 사무직 | 1.5 | 4.2 | 5.1 | 6.3 | 6.2 | 3.3 | 6.6 | 3.7 |
| 판매직/서비스직 | 29.3 | 17.6 | 12.5 | 6.3 | 5.4 | 18.7 | 14.5 | 19.8 |
| 기능/생산직 | 6.2 | 9.7 | 0.6 | 0.8 | 0.3 | 9.0 | 6.3 | 5.5 |
| 단순노무/농업/기타 | 19.5 | 19.7 | 9.1 | 5.5 | 5.4 | 14.5 | 15.2 | 15.2 |
| 무직 | 40.9 | 40.1 | 57.4 | 44.5 | 43.9 | 46.4 | 42.5 | 43.1 |
| 합 계 | 100.0 | 100.0 | 100.0 | 100.0 | 100.0 | 100.0 | 100.0 | 100.0 |
| 거주지 | | | | | | | | |
| 서울 | 43.0 | 27.1 | 34.3 | 38.2 | 38.2 | 18.3 | 30.9 | 36.1 |
| 인천/경기도 | 44.1 | 46.5 | 34.3 | 25.9 | 23.4 | 61.2 | 45.0 | 42.2 |
| 기타 광역시 | 5.7 | 11.6 | 14.9 | 21.5 | 23.6 | 10.7 | 11.8 | 11.0 |
| 기타 지역 | 7.3 | 14.9 | 16.6 | 14.3 | 14.8 | 9.8 | 12.3 | 10.7 |
| 합 계 | 100.0 | 100.0 | 100.0 | 100.0 | 100.0 | 100.0 | 100.0 | 100.0 |

주: 1) 『2009년 전국 다문화가족 실태조사』에서 응답을 완료한 외국인 남자는 4,275명이었음. 이 표는 이들 중에서 응답자 및 배우자 연령, 결혼 연도, 입국 연도 등 주요 변수들의 값이 비현실적이거나 무응답인 사례를 제거한 후 3,509명을 대상으로 하여 집계하였음.

2) 캐나다, 영국, 호주, 독일, 프랑스 및 뉴질랜드가 포함되었음.

자료: 보건복지부 외(2010).

높은 데 부분적으로 기인하는 것이다. 〈표 2-5〉에서 중국 조선족 남자와의 결혼에서는 남편과 아내의 재혼자율이 각각 44.2%와 53.3%로 두드러지게 높은 것으로 밝혀졌다. 이에 비해 미국, 캐나다 등 선진국 남자와의 결혼에서는 재혼자율이 현저하게 낮은 추세가 유지되고 있다(통계청, 2011b, 2010d; 김두섭, 2006; Kim, 2010). 중국 남자의 경우에는 취업을 목적으로 한국 여자와 위장결혼하여 입국하는 사례들도 일부 포함된 것으로 판단된다.

〈표 2-5〉에서 국제결혼 부부의 교육수준을 살펴보면, 외국인 남편과 한국인 아내의 교육수준이 상당히 유사한 양상을 나타낸다. 미국, 캐나다 등 선진국 출신의 남편과 한국인 아내의 교육수준은 매우 높아 대학 졸업자가 절대다수를 점유하고 있다. 이와는 대조적으로, 일본인과 중국인 남편과 한국인 아내는 고등학교 졸업자가 대학교육 이수자보다 많다. 특히 중국 남자와의 결혼에서는 부부 모두 대학교육 이수자인 경우의 비중이 두드러지게 낮았다(통계청, 2009a, 2010d).

〈표 2-5〉를 보면, 이러한 특성은 한국 여자와 결혼하는 외국인 남편의 직업에서도 마찬가지로 드러난다. 전체적으로 전문직, 관리직과 사무직 종사자의 점유율이 높으며, 이는 특히 미국과 서구 유럽을 포함하는 선진국 출신 남편의 경우에 그러하다. 이와는 대조적으로 중국, 파키스탄 및 방글라데시 출신의 남편은 서비스와 판매직 및 생산직 종사자의 점유율이 상대적으로 높은 것을 확인할 수 있다.

외국인 남편과 결혼한 한국인 아내의 경제활동참가율은 상대적으로 높은 경향을 나타낸다. 그리고 미국, 서구 유럽 및 일본 출신의 남자와 결혼한 한국 여자는 취업자 중에서 전문직과 관리직 종사자의 비중이 상대적으로 높은 것으로 밝혀졌다. 그러나 〈표 2-5〉에서 보는 것처럼, 전체적으로는 무직자의 점유율이 43.1%로 가장 높았다.

다음으로 판매/서비스직(19.8%), 전문/관리직(12.7%)의 순으로 나타났으며, 농림어업에 종사하는 한국 여자의 비중은 0.5%에 불과하였다.

〈표 2-5〉에서 한국 여자와 외국 남자의 결혼 이후 거주지 분포를 살펴보면, 서울을 비롯한 수도권과 대도시 거주자의 비중이 매우 높게 나타난다. 중소도시와 농촌 거주자를 모두 합하여도 10.7%에 불과한 수준이다. 또한, 2002년 이전의 혼인신고자료에서는 국외 거주자의 비중도 상당한 수준에 이른다.[9] 이러한 현상은 과거의 혼인신고 집계자료에서 일본 및 미국 남자와 결혼한 한국 여자의 일정 부분이 해당 국가에 장기체류하는 동포들이었기 때문인 것으로 판단된다.

### 3) 국제결혼과 외국인 배우자의 다양성

전통적으로 한국은 매우 동질적인 사회로 간주되어 왔으며, 문화 역시 민족적 동질성을 강조하는 경향이 매우 강하다. 그러나 이제는 국제결혼을 통해 이루어진 가족도 한국사회의 다양한 가족형태 중 하나로 인정받을 수 있는 상황이 되었다. 예를 들어, 요즘 농촌에서 결혼하는 한국 남자 3-4명 중 1명은 외국인 배우자와 결혼하는 실정이다. 앞에서 지적한 것처럼, 국제결혼이 농촌의 노총각 위주로 이루어진다는 것은 더 이상 사실이 아니다. 국제결혼한 부부들의 과반수가 서울을 비롯한 대도시 지역에 거주하고 있으며, 이들의 직업분포 역시 이를 뒷받침한다.

---

9) 통계청은 최근에 이르러 인구동향자료를 공표하는 과정에서 국외 영사관에 신고된 국외 거주자의 자료를 제외하고 발표하고 있으며, 이 원칙은 국제결혼에도 마찬가지로 적용된다. 과거에 발표된 인구동향자료들의 경우에도, 보정작업이 완료되어 수정된 자료가 이미 발표되었다.

아울러 세계화의 거대한 흐름과 함께 한국사회로 유입되는 외국인의 규모가 급격히 증가하는 추세가 지속되고 있다. 최근에 이르러서는 혼인이주자 이외에도 산업연수생과 장기, 단기 및 불법 체류자를 포함하는 외국인의 규모가 180만 명에 근접하는 단계에 진입하였다(법무부, 2014a, 2014c; 행정자치부, 2014; 통계청, 2014a). 외국인의 이러한 증가추세는 앞으로 당분간 지속될 것이며, 이에 따라 한국사회는 다민족, 다문화적인 요소가 강조되는 방향으로 급속히 변화할 것으로 예상된다.

그런데 우리 주변에는 아직도 국제결혼이나 외국인 배우자에 대해 선입견이나 편견을 지니고 있는 사람들이 적지 않은 실정이다. 이러한 선입견과 편견의 상당 부분은 한국 남자와 중국 또는 동남아시아 출신 여자의 결혼이 국제결혼의 다수를 차지하고 있다는 사실에서 비롯된다. 이에 따라 국제결혼과 외국인 배우자의 다양성이 간과되고 있음을 지적할 수 있다. 한국 남자와 한국 여자의 국제결혼은 당사자는 물론 외국인 배우자의 특성에서 확연하게 대비된다. 그리고 외국인 배우자의 출신국가에 따라서도 커다란 차이가 발견된다. 한국 남자와 중국, 동남아시아 및 중앙아시아 출신 여자와의 결혼은 혼인적령인구의 불균형에 따라 혼인시장에 가해진 압박에 의해 촉진된 성격이 강하다. 이에 비해 한국 남자와 선진국 여자의 결혼이나 한국 여자의 국제결혼의 상당 부분은 가치관의 변화와 세계화에 따른 인적교류의 확대에 기인하는 바가 크다고 판단된다.

## 5. 국제결혼 부부의 이혼

### 1) 이혼 건수와 결혼지속기간의 변화추세

최근 한국사회에서는 경기침체에 따른 경제난, 여성의 경제능력 향상과 아울러 자기중심적인 삶을 지향하는 가치관의 변화 등으로 이혼이 증가하는 경향이 나타나고 있다. 이혼의 증가추세는 한국인과 외국인 배우자의 결혼의 경우에도 예외가 아니다. 국제결혼 부부의 상당 부분은 연령이나 교육수준 등 사회인구학적 배경의 격차가 크기 때문에 결혼 후 심각한 긴장, 차별이나 갈등을 경험하고, 이혼에 이를 가능성이 상대적으로 높다. 가족생활에서의 문화적 충격으로 촉진되는 이혼도 적지 않을 것이다. 그리고 개발도상국 출신 외국인 배우자들의 일부는 한국에 입국하여 취업할 목적으로 결혼한 경우도 있을 것이다. 이 절에서는 국제결혼 부부의 이혼 추세와 이혼한 부부들의 사회인구학적 특성을 살펴본다. 그리고 이들의 이혼과 결혼지속기간에 영향을 미치는 주요 요인들에 대해서 논의한다.

통계청의 이혼통계자료에 의하면 국제결혼 부부들이 신고한 이혼 건수는 2013년에 총 10,480건이다. 이는 2002년의 1,744건에 비해 6배, 그리고 2005년의 4,171건에 비해 2.5배로 증가한 수준이다. 그런데 이 기간 동안 한국인 아내와 외국인 남편의 이혼은 2002년 1,367건, 2005년 1,789건, 2010년 3,236건, 그리고 2013년 2,892건으로 상대적으로 완만한 속도로 증가하였다(통계청, 2012a, 2014b). 결국, 국제결혼 부부의 급격한 이혼 증가추세는 주로 한국인 남편과 외국인 아내의 이혼이 급격하게 증가하였기 때문이다. 〈그림 2-8〉을 보면, 특히 2004년 이후부터 외국인 아내와의 이혼 건수가 급격하게

〈그림 2-8〉 국제결혼 부부의 이혼 건수와 결혼지속기간의 추이, 1995-2013

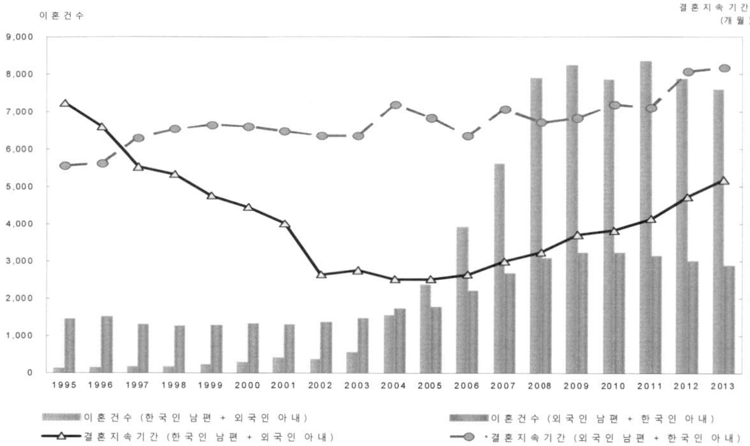


자료: 통계청( (2009b, 2010b, 2010e, 2011a, 2014a, 2014b).

증가하였음을 확인할 수 있다. 외국인 아내와의 이혼 건수는 2003년 547건에 불과하였으나 2004년에는 2.9배로 증가한 1,567건, 2010년 7,852건, 2011년 8,349건, 그리고 2013년에는 7,588건으로 집계되었다 (통계청, 2011a, 2012a, 2014a, 2014b).

이혼한 외국인 아내의 출신국가별 추이는 국가별 국제결혼의 추이와 비슷한 양상을 나타낸다. 국제결혼의 역사가 상대적으로 길다고 할 수 있는 일본인 아내와의 이혼이 2000년에 이르기까지 가장 많았다. 그러나 2001년부터는 중국인 아내와의 이혼이 가장 높은 점유율을 나타내고 있다. 〈그림 2-9〉에서 보는 것처럼, 2004년 이후에는 베트남인 아내와의 이혼이 급격하게 증가하는 추세를 보인다. 그 결과, 2013년에 이혼신고한 아내의 출신국가 분포에서 중국이 3,797건으로 과반수를 차지하고 있으며, 베트남 2,057건, 필리핀 435건, 일본 259건으로 그 뒤를 잇고 있다. 〈그림 2-9〉에서 외국인 아내와 이

〈그림 2-9〉 외국인 아내의 출신국가별 이혼 건수의 추이, 2000-2013

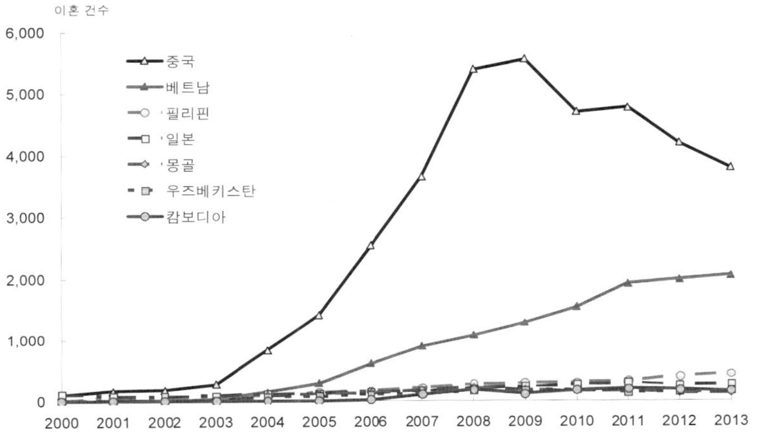


자료: 통계청(2011a, 2014a, 2014b).

루어진 이혼 건수의 출신국가별 순위는 〈그림 2-3〉에 제시된 혼인 건수의 출신국가별 순위와 4위까지 일치한다. 단지, 캄보디아의 순위가 내려가고 미국과 태국이 제외된 정도이다(통계청, 2012a, 2014a).

여기서 한 가지 지적할 것은, 한국 남자와 베트남, 필리핀, 몽골, 우즈베키스탄 여자와의 결혼이 2000년대에 진입한 이후에 이루어지기 시작했다는 사실이다. 따라서 이들의 이혼은 결혼지속기간이 매우 짧다는 것을 의미한다. 통계청의 이혼통계자료를 보면, 2010년에 이혼을 신고한 한국인 남편과 외국인 아내의 79.4%가 결혼 후 4년 이내에 이혼하였다. 이들의 평균 결혼지속기간은 3.2년에 불과하였다(통계청, 2011b). 특히 베트남인 아내와의 결혼지속기간이 두드러지게 짧았고, 미국, 일본 등 선진국 출신 아내와의 결혼지속기간은 상대적으로 현저하게 길었다.

또한, 한국인 아내와 외국인 남편의 평균 결혼지속기간은 6.0년으로 한국인 남편과 외국인 아내의 결혼지속기간보다 거의 두 배에 가깝게 길었다. 이들은 결혼 후 4년 이내에 이혼한 부부의 점유율도 56.9%로 현저하게 낮았다(통계청, 2011b). 〈그림 2-8〉을 보면, 2002-2008년의 기간에는 이혼한 한국인 남편과 외국인 아내의 평균 결혼지속기간이 외국인 남편과 한국인 아내의 결혼지속기간의 절반이나 그에도 못 미치는 수준이었음을 알 수 있다.

### 2) 이혼한 부부의 사회인구학적 특성

국제결혼 부부의 결혼안정성을 이해하기 위해서는 이혼한 국제결혼 부부의 사회인구학적 특성을 살펴볼 필요가 있다. 우선 2013년에 이혼을 신고한 국제결혼 부부의 연령을 살펴보면, 〈표 2-6〉에서 보는 것처럼, 외국인 아내가 40세 이상인 경우가 점유율이 32.2%로 가장 높고, 그 다음으로 30대와 25세 미만 연령층의 순서이다. 그런데 이혼한 외국인 배우자의 연령분포는 출신국가별로 뚜렷한 차이를 보인다. 특히 베트남, 필리핀, 몽골, 우즈베키스탄 출신 아내의 경우는 20대 전반이나 후반 연령층의 점유율이 가장 높다. 이와는 대조적으로 이혼한 일본인과 미국인 아내들은 상대적으로 연령이 높다. 일본인과 미국인 아내의 경우 40세 이상의 비중이 각각 46.7%와 59.7%에 달한다. 그리고 외국인 남편의 경우에도 40세 이상이 차지하는 비중이 압도적으로 높은 것이 〈표 2-6〉에서 확인된다. 이는 특히 사례수가 많은 일본인 및 중국인 남편의 경우에 그러하다(김두섭·이명진, 2007; 통계청, 2010e, 2013c, 2014a).

이혼한 국제결혼 부부의 교육수준도 남편과 아내 중에 누가 한국인인가에 따라, 그리고 외국인 배우자의 출신국가에 따라서 확연히

〈표 2-6〉 이혼한 부부의 외국인 배우자 연령 및 출신국가별 구성분포, 2013

| 외국인 아내의 출신국가 | 외국인 아내의 연령 | | | | | N |
|---|---|---|---|---|---|---|
| | 15-24 | 25-29 | 30-39 | 40+ | 합계 | |
| 중국 | 6.0 | 11.7 | 28.2 | 54.1 | 100.0 | 3,797 |
| 베트남 | 57.4 | 27.1 | 13.1 | 2.4 | 100.0 | 2,057 |
| 필리핀 | 51.3 | 28.3 | 16.6 | 3.9 | 100.0 | 435 |
| 일본 | 5.0 | 13.5 | 34.7 | 46.7 | 100.0 | 259 |
| 기타 | 26.2 | 25.7 | 29.0 | 19.1 | 100.0 | 1,040 |
| 합계 | 25.3 | 18.8 | 23.8 | 32.2 | 100.0 | 7,588 |
| 외국인 남편의 출신국가 | 외국인 남편의 연령 | | | | | N |
| | 15-24 | 25-29 | 30-39 | 40+ | 합계 | |
| 일본 | 0.7 | 2.3 | 12.5 | 84.5 | 100.0 | 1,196 |
| 중국 | 1.2 | 5.0 | 23.0 | 70.8 | 100.0 | 1,080 |
| 미국 | 3.2 | 10.8 | 32.5 | 53.4 | 100.0 | 249 |
| 파키스탄 | 0 | 3.6 | 72.7 | 23.6 | 100.0 | 55 |
| 기타 | 1.9 | 14.7 | 45.2 | 38.1 | 100.0 | 312 |
| 합계 | 1.2 | 5.4 | 22.8 | 70.6 | 100.0 | 2,892 |

자료: 통계청(2013b, 2014a).

달라진다. 아내가 외국인인 경우는 남편이 외국인인 경우에 비해 부부의 교육수준이 상대적으로 낮은 경향을 보인다. 그리고 아내가 외국인인 부부의 경우에는 남편이 외국인인 경우보다 부부 간 교육수준의 차이가 외국인 배우자의 출신국가에 따라 뚜렷하게 드러난다. 예를 들면, 일본인 아내는 한국인 남편의 교육수준과 현저한 차이를 보이지 않는다. 이혼한 베트남인 아내의 교육수준은 한국인 남편보다 확연하게 낮다. 반면, 필리핀, 몽골과 우즈베키스탄 출신 아내의 경우는 한국인 남편보다 평균 교육 연수가 더 길고 대학 졸업자의 비중이 오히려 더 높은 것으로 밝혀졌다(김두섭, 2006; Kim, 2010, 2012; 통계청, 2010e, 2013c).

이혼한 남편들의 직업분포도 외국인 배우자의 성별에 따라 차이가 나타난다. 아내가 외국인인 경우의 남편 직업분포를 보면, 남편이 외국인인 경우보다 대체로 위세가 낮은 직업의 비중이 높다. 아내가 외국인인 경우는 남편이 외국인인 경우보다 남편의 전문관리직 비중이 상대적으로 낮다. 특히 외국인 아내의 경우에는 출신국가별로 커다란 차이를 보인다. 일본인이나 미국인 아내와 이혼한 한국인 남편들은 농업이나 단순노무직에 종사하는 비중이 미미한 수준이었다. 농업과 단순노무직의 낮은 비중은 한국인 아내와 이혼한 일본인과 미국인 남편들의 경우에도 마찬가지였다. 이와는 대조적으로, 베트남 및 필리핀인 아내와 헤어진 한국인 남편들의 농업 및 단순노무직의 점유율은 과반수를 나타내고 있다(김두섭, 2006; Kim, 2010, 2012; 통계청, 2010e, 2013c).

마지막으로, 미성년 자녀의 존재가 국제결혼한 부부의 이혼을 억제하거나 지연시키는 방향으로 작용한다는 데는 의문의 여지가 없다. 역으로, 부부의 결혼지속기간이 짧으면 자녀가 있을 가능성이 낮아진다. 통계청의 이혼통계자료를 보면, 2010년 이혼한 외국인 아내의 90.0%가 이혼 당시 20세 미만의 미성년 자녀가 없었던 것으로 나타났다. 중국인 아내 및 베트남인 아내와 이혼한 경우에는 각각 94.1%와 85.3%의 부부가 미성년 자녀가 없는 것으로 집계되었다. 일본인 아내와 이혼한 경우에는 무자녀 부부의 점유율이 71.7%로 상대적으로 낮았다. 한편, 이혼 당시 미성년 자녀를 둔 한국인 아내와 외국인 남편 부부의 점유율은 13.2%로 외국인 아내와의 이혼에서보다 다소 높았다(통계청, 2010e, 2011a). 통계청의 이혼신고자료와 보건복지부 외(2010)의 『2009년 전국 다문화가족 실태조사』 자료의 분석에서 미성년 자녀의 존재가 국제결혼 부부의 이혼을 억제시키는 효과는 외국인 배우자의 성이나 출신국가에 관계없이 공통적으로 확인되었다(김두섭, 2006; 김두섭 · 이명진, 2007; Kim, 2010; 보건복지부 외, 2010).

제3장

# 국제결혼 부부의 상이성과 결혼안정성

1. 선택적 결혼의 모형
2. 동질혼과 결혼안정성
3. 국제결혼의 개방성

# 제3장 국제결혼 부부의 상이성과 결혼안정성

이 연구는 결혼과 사회계층의 관계를 다룬 많은 선행연구들을 기반으로 하여 이론적인 설명틀을 구축하고자 시도한다(Bowerman, 1964; Goode, 1966; Bernard, 1966; Curtright, 1971; Bumpass and Sweet, 1972; Rockwell, 1976; Atkinson and Glass, 1985; Vera et al., 1985; Bitter, 1986; Rogler and Procidano, 1989; Carrère et al., 2000; Brien et al., 2006). 이 기존 연구들은 사회적 지위를 비롯하여 개인과 가족의 사회인구학적 특성들이 결혼의 성립과 아울러 결혼안정성에 영향을 미치는 과정을 설명하고 있다. 이 장에서는 우선 선택적 결혼(assortative marriage)의 개념이 소개되며, 국제결혼개방성 가설(the transnational openness hypothesis)의 도출이 이루어진다. 그리고 배우자의 사회인구학적 조건의 유사성과 상이성이 결혼의 안정성에 미치는 영향을 논의한다.

## 1. 선택적 결혼의 모형[10)]

어느 사회나 전통, 문화 및 역사에 따라 고유한 결혼제도를 가지고 있다. 특히 결혼제도에서 가장 핵심적인 내용이라고 할 수 있는 배우자 선택과 관련해서는 개별 사회의 수만큼 그 형태가 다양하다. 그런데 여기서 지적할 수 있는 것은 어느 사회나 시대를 막론하고 배우자 선택에 있어서 무조건적인 자유가 주어지지는 않는다는 사실이다. 어느 누구도 결혼할 배우자를 아무런 조건 없이 선택하지는 않는다. 배우자 선택과정은 결혼 당사자 자신이거나, 또는 가족, 친척 등 주변 사람들로부터 다양한 형태의 규제를 받기 마련이다. 그리고 이러한 규제는 결혼 당사자 간에 어떠한 형태의 결합(association)을 형성할 개연성을 높인다.

이러한 규제가 결혼 당사자의 사회인구학적 조건이나 계층적 지위를 기준으로 이루어질 때 특히 관심의 대상이 된다. 일반적으로는 남녀의 이러한 조건이나 지위가 비슷할수록 결혼할 가능성이 높아진다. 즉, 일종의 동질적 선택혼(positive assortative marriage)이 이루어지는 경향이 있다(Becker, 1974, 1981; Blau and Schwartz, 1984).

〈표 3-1〉에는 선택적 결혼의 세 가지 유형이 제시되어 있다. 이 표에서 동질적 결혼은 제1유형에 해당된다. 만약, 남녀 배우자의 조건이나 지위에 차이가 커지면 결혼할 가능성이 낮아진다. 〈표 3-1〉에 제시된 제1유형의 대각선에서 멀어지는 이질적 형태의 조합일수록 결혼의 가능성이 낮아질 것으로 가정할 수 있다.

---

10) 이 절의 논의는 김두섭 · 이명진(2007), Kim and Lee(2008)와 Kim(2012)을 바탕으로 하여 이루어졌다.

〈표 3-1〉 선택적 결혼의 세 가지 유형

| | | 여성의 사회인구학적 / 계층적 지위 | | |
|---|---|---|---|---|
| | | 상 | 중 | 하 |
| 남성의 사회인구학적 / 계층적 지위 | 상 | **제1유형** | **제2유형** | **제2유형** |
| | 중 | **제3유형** | **제1유형** | **제2유형** |
| | 하 | **제3유형** | **제3유형** | **제1유형** |

동질적 선택혼이 아닌 경우에는, 남자의 사회인구학적 조건이나 계층적 지위가 여자배우자보다 우월한 형태의 조합, 즉 제2유형의 결혼이 많이 관찰된다. 제3유형의 결혼이 시사하는 것처럼, 여자의 조건이나 지위가 남자배우자보다 상대적으로 우월한 조합은 대부분의 사회에서 이상적이거나 보편적인 형태의 결혼으로 간주되지 않는다.

여기서 한 가지 지적할 것은, 〈표 3-1〉에 제시된 선택적 결혼의 유형들이 지극히 관념적인 것이라는 점이다. 현실적으로는 남녀 배우자의 사회인구학적 및 계층적 지위를 몇 가지 범주로 구분하는가에 따라 세 가지 결혼 유형의 구성률이 크게 달라지게 마련이다.

## 2. 동질혼과 결혼안정성[11)]

### 1) 연령과 교육수준의 격차

일반적으로 동질적인 결혼이란 같은 사회집단에 속하는 배우자들 사이의 결혼을 의미한다. 같은 사회집단에 속한다는 것은 인종, 종교,

11) 이 절의 논의는 김두섭 · 이명진(2007), 김두섭(2012a)과 Kim(2012)을 바탕으로 하여 이루어졌다.

계급, 교육수준, 인구학적인 특성의 동질성을 포함하여 다양한 형태로 정의될 수 있다. 동질혼의 경향이 강하다는 것은 문화가 폐쇄적이고, 다른 집단에 속한 구성원과는 본질적인 관계가 제한적으로 형성된다는 것을 시사한다(Birkelund and Heldal, 2003). 사회적 지위의 현상유지 욕구가 강하고 사회적 지위 사이의 장벽이 두터운 사회일수록 결혼 당사자나 그 가족이 중요하다고 간주하는 속성이 동질적인 배우자와 결혼할 가능성이 높아진다. 결혼 당사자 사이의 지위 격차가 심해질수록 결혼의 가능성은 낮아지기 마련이다(Becker, 1974, 1981; Rockwell, 1976; Blau and Schwartz, 1984; Atkinson and Glass, 1985; Oppenheimer, 1988; Lichter, 1990; Schwartz and Mare, 2005).

선진국의 역사를 살펴보면, 양성평등의 규범이 확산되고 조혼 경향이 약해지면서 배우자 간의 연령 격차, 특히 남편 연상의 결혼이 퇴조하는 현상이 공통적으로 나타났다(Atkinson and Glass, 1985; Poppel et al., 2001). 이는 결혼과 배우자 선택을 도구적인 수단이라기보다는 결혼 당사자의 자주성과 평등성을 강조하는 방향으로의 문화적 변화를 의미한다(Putte et al., 2009). 평등주의적 경향이 확산되는 사회일수록 남편과 아내의 연령 격차에 대한 전통적 태도가 약화되었고, 양성평등적 사고가 보편화되면서 부부의 연령 격차가 줄어드는 경향이 일반화되었다(Atkinson and Glass, 1985).

비슷한 연령의 배우자를 선호하는 이 같은 경향은 결혼 당사자의 개인적 선호를 반영하는 것이고 배우자에 대한 합리적 선택의 결과라고 할 수 있다(Becker, 1974; Oppenheimer, 1988). 결혼에 임하는 남녀는 상대방이 지닌 자격과 속성을 저울질해보고 결혼을 통해 편익의 극대화를 추구하거나, 기대조건을 충족하는 배우자를 찾을 때까지 결혼을 연기하거나 포기한다(Esteve et al., 2009).

성별에 따른 결혼연령의 차이는 혼인시장의 인구구성, 즉 결혼적령기 남녀인구의 상대적인 균형에 따라서도 영향을 받는다. 한국은 지난 수십 년간 젊은 여자인구의 도시이주와 출산수준의 급격한 저하로 인해 혼인시장에서 결혼적령기 남녀인구의 불균형이 심화되었다. 아울러 여성 교육수준의 급격한 향상과 양성평등관념의 광범위한 확산은 혼인 양상의 급격한 변화를 초래하였다(김두섭, 2006; Kim, 2004a, 2004b, 2010; Yang and Liu, 2005). 혼인 양상의 주요 변화로는 결혼의 지연, 독신자의 증가, 외국 여자와의 결혼 등을 지적할 수 있다. 최근에 이르러, 신랑과 신부의 연령 격차 역시 변화하는 추세를 보인다. 예를 들어, 2013년 혼인신고자료에 따르면, 신랑과 신부가 동갑이거나 신부가 연상인 결혼의 비중이 32.4%로 급격하게 높아졌다(통계청, 2014b).

부부의 연령 격차는 남녀의 상대적 지위를 반영하는 것으로 볼 수 있다. 전통적인 결혼에서는 부부의 연령이 차이 나고, 특히 남편이 연상인 경우가 두드러진다. 혼인시장에서 젊은 여자가 부족한 상황에서는, 외국인 배우자와 결혼하는 한국 남자들의 만혼 경향으로 인해 부부의 연령 격차가 심화될 개연성이 높아진다. 국제결혼은 배우자의 선택에 있어서 평등성을 추구하기보다는 도구적인 수단으로서의 성격이 상대적으로 강하다. 배우자의 선택과정에서 한국 남자들은 개발도상국 출신의 현저하게 젊은 배우자를 취해 연령의 우월적인 지위를 유지하고, 이를 통해 배우자에 대한 지배권을 점유하려는 경향을 보인다. 이러한 연령 격차는 지위, 경험과 권력에 있어서 연상의 남편에게 현저하게 유리한 방향으로 작용할 가능성이 높다.

배우자의 교육수준은 인종, 연령과 함께 동질적 결혼의 가장 중요한 요소로 간주되며, 결혼을 안정적으로 유지하는 데도 큰 영향을 미친다(Udry, 1966; Qian, 1999; Qian et al., 2001). 교육수준이 동질적인 결혼은 근대화 과정에서 보편화된 것으로 널리 인정된다(Smits et al., 1998, 2000; Raymo and Xie, 2000). 많은 경험적 연구들에서 배우자의 교육수준이 비슷한 것으로 확인되었다(Rockwell, 1976; Mare, 1991; Qian and Preston, 1993; Smits et al., 1998; Smits, 2003; Bruze, 2010). 특히 한국에서는 교육수준에 따른 동질혼의 경향이 두드러지게 나타난다(Smits et al., 2000). 일정한 수준 이상의 교육 격차 장벽을 넘어 이루어지는 결혼은 한국에서는 매우 제한적으로 발견된다.

### 2) 결혼의 안정성

결혼의 안정성은 부부가 결혼을 유지하고 지속하려는 정서적·인지적·행동적 성향으로 정의할 수 있다. 결혼의 안정성이 낮다는 것은 어느 한쪽이나 두 배우자 모두가 결혼을 해체하고자 하는 욕구가 강하고 이를 행동으로 옮기게 되는 것을 의미한다. 결혼안정성의 인과구조는 학문적 탐구의 중요한 대상이 된다. 결국, 행복한 생활이 결혼의 안정성을 높이며, 삶의 질에 대한 불만족이 이혼이나 별거를 하고 싶은 동기를 유발하게 마련이다. 결혼생활의 질과 이에 대한 만족도는 결혼안정성과 동일시될 정도로 밀접한 관련을 지닌다.

그동안 부부의 사회인구학적 상이성과 결혼의 질 및 안정성의 관계에 대해서는 많은 연구가 이루어졌다(Bowerman, 1964; Goode, 1966; Bernard, 1966; Rockwell, 1976; Atkinson and Glass, 1985; Vera et al., 1985; Bitter, 1986; Rogler and Procidano, 1989; Brien et al., 2006; Carrère et al., 2000; Chen, 2007a, 2008b). 연령과 교육수준이 개인의 가치체계, 태도, 규범과 인생목표에 영향을 미치는 가장 중요한 요인

들이라는 점에는 의심의 여지가 없다. 연령과 교육수준의 부부 동질성은 가치관, 규범, 믿음과 관점을 공유하고 상호신뢰를 촉진시키는 방향으로 작용할 것으로 가정할 수 있다 (Kalmijn, 1998; Clarkwest, 2007).

반대로, 연령과 교육수준에 따른 부부 상이성(spousal dissimilarity)은 가치관의 합의, 의견 일치, 만족, 상호친화력과 결혼의 질을 저해할 가능성이 높다(Bumpass and Sweet, 1972; Levinger, 1976). 최근으로 올수록 대부분의 사회에서 부부 사이의 가치관이나 신념, 의견의 부조화로 인한 이혼의 비중이 지속적으로 높아지는 추세를 보인다(통계청, 2009b, 2010e, 2011a, 2014b). 연령과 교육수준에 따른 부부 상이성은 결혼생활에서 긴장을 촉진시키고 상호적응의 부담을 초래하며, 이에 따라 결혼해체의 위험성을 증가시킨다. 다른 조건이 같다면, 동질적인 부부는 성공적인 상호적응의 가능성이 상대적으로 높고, 보다 안정적인 결혼생활을 유지할 것으로 기대된다(Goode, 1966; Bumpass and Sweet, 1972).

그런데 낮은 삶의 질과 이에 대한 불만족으로 인한 결혼의 불안정성이 항상 결혼의 해체를 초래하는 방향으로 작용하는 것은 아니다. 현실적으로는, 결혼의 해체 이후 어떠한 대안적 삶이 가능한가에 대한 당사자의 주관적인 판단과 결혼의 해체를 막는 장애요인의 존재 여부에 따라서도 크게 영향을 받을 것으로 판단된다. 그리고 이러한 측면에서, 한국에 단신으로 혼인이주한 외국인 배우자의 경우에는 결혼의 해체에 대한 태도와 행동적 실천이 내국인과는 다른 특수성을 지닐 것이다. 이 연구에서는 국제결혼의 경우, 삶의 질 및 결혼생활의 만족도와 결혼안정성의 인과구조가 내국인 사이의 결혼과는 다를 것으로 가정한다. 즉, 외국인 배우자에게는 선택의 여지가 많지 않기 때문에 낮은 수준의 삶의 질이나 결혼만족도가 결혼의 해체 가능성을 높이는 방향으로 항상 작용하지는 않을 것으로 판단한다.

## 3. 국제결혼의 개방성

### 1) 가설의 도출

연령과 교육수준이 동질적인 결합의 강도는 거주지와 사회경제적 지위에 따라 다양한 양상을 나타낸다. 혼인시장의 왜곡(marriage squeeze)으로 인한 외국인 아내에 대한 높은 수요는 한국의 농촌지역에서 개방성과 융통성을 증가시키는 결과를 초래했다. 이 연구는 이러한 현상을 설명하기 위해서, 외국인 아내를 구하는 한국 남자들이 부부의 사회인구학적 및 경제적 수준의 격차에 대해 보다 개방적이고 융통적일 것이라는 국제결혼개방성 가설(the transnational openness hypothesis)을 도출하였다.

결혼 가능한 여자인구의 부족으로 인해 배우자를 찾기 어려운 상황에서 기대할 수 있는 반응의 하나는 사회인구학적 및 경제적 조건이 동질적인 결혼에 대한 기대수준을 낮추는 것이다. 이에 따라 국제결혼 부부의 경우에는 내국인 부부에 비해 연령과 교육수준이 이질적인 결혼의 가능성이 상대적으로 높을 것이라는 가설이 설정되었다. 이러한 가설은 내국인 부부들에서 관찰되는바, 연령과 교육수준에 따른 강력한 동질혼의 경향과는 별도의 현상으로 간주될 수 있다.

국제결혼개방성 가설(the transnational openness hypothesis)은 한국 남자와 외국 여자의 결혼을 염두에 두고 도출된 것이다. 그리고 사회인구학적 지위의 현격한 격차를 보이는 외국인 배우자와의 국제결혼이 외국인 여자보다는 한국 남자의 배우자 선호를 주로 반영한 결과라고 가정한다. 한편, 한국 여자와 외국 남자의 결혼은 그 성격과 부부의 사회인구학적 특성에서 확연한 차이를 보인다. 이들의 결혼은 결혼적령인구의 구조적 불균형보다는 세계화와 가치관의 변화에 기인하는 바가 크며, 부부의 동질성이 상대적으로 강하다(김두섭, 2006). 따라서 한국 여자와 외국 남자의 결혼에는 국제결혼개방성 가설이 적용되기 어렵다고 판단된다.

앞 절에서 논의된 것처럼, 배우자의 동질성과 결혼안정성의 정적인 관계에 관한 명제들은 다양한 형태의 경험적 연구를 통해 검증되어 왔다고 할 수 있다. 그러나 이러한 명제들을 국제결혼 부부에게 적용하여 검증을 시도한 연구는 극소수에 불과한 실정이다(Çelikaksoy, 2006; 김두섭 · 이명진, 2007). 그 이유의 하나로 한국인의 국제결혼 역사가 매우 짧기 때문에 이혼 등 결혼안정성에 관한 자료가 널리 가용하지 않다는 점도 지적할 수 있다.

국제결혼의 경우에는 배우자의 선택에 많은 제약이 수반된다. 따라서 국제결혼은 내국인 사이의 결혼에서 관찰되지 않는 독특한 양상을 조직적으로 나타낼 개연성이 높아진다. 만약 국제결혼에서 연령과 교육수준에 따른 부부 상이성이 내국인 부부의 경우와 다른 독특한 양상을 나타낼 것이라는 국제결혼개방성 가설(the transnational openness hypothesis)이 받아들여진다면, 위에 언급한 결혼안정성의 명제가 국제결혼 부부들에게 마찬가지로 적용될 수 있는지에 대해서 의문을 제기할 수 있다. 즉 국제결혼 부부의 경우에는, 부부의 상이성이 결혼안정성에 미치는 부적 영향력이 상대적으로 약할 것으로 가정할 수 있다.

### 2) 연구문제

보다 구체적으로, 제4장의 분석작업은 다음과 같은 질문들에 대한 답을 구하는 노력의 일환으로 수행되었다.

1. 한국 남자와 외국인 아내와의 결혼에서, 내국인 사이의 결혼과는 대조적으로 연령이나 교육수준이 비슷한 배우자와 결혼하는 동질적 선택혼(positive assortative marriage)으로부터의 이탈 현상이 일반적으로 나타나는가? 만약 부부의 연령이나 교육수준이 차이가 난다면, 한국인 남편과 외국인 아내의 어느 쪽이 연상이고, 교육수준이 높을 가능성이 높은가?
2. 국제결혼 부부의 연령 및 교육수준 격차 등 상이성이 커질수록 결혼해체의 위험성이 높아지고, 결혼지속기간이 단축되는 경향이 나타나는가?
3. 국제결혼 부부의 연령 및 교육 격차 등 상이성의 방향이 결혼지속기간과 이혼확률의 편차를 의미 있게 설명할 수 있는가?
4. 부부 상이성의 수준과 그것이 결혼안정성에 미치는 효과가 외국인 아내의 출신국가에 따라 의미 있는 차이를 보이는가?

# 제4장
# 결혼지속기간과 이혼 확률의 분석

1. 자료, 분석대상과 분석틀
2. 부부의 사회인구학적 상이성
3. 부부의 거리와 결혼지속기간
4. 결혼지속기간의 분산분석과 회귀분석
5. 이혼 확률의 이항로짓분석

# 제4장 결혼지속기간과 이혼 확률의 분석[12)]

이 연구가 실태조사 수준에 머물고 있는 상당수의 기존 연구에 대해 지니는 차별성의 하나는 국제결혼에 관련되는 이론적 분석틀(theoretical framework)을 정립하고 인과구조를 파악하는 것이다. 이 장에서는 국제결혼의 안정성을 설명하는 주요 결정요소로 결혼 당사자의 사회인구학적 특성에 추가하여 부부 상이성(spousal dissimilarity)의 개념이 도입된다. 그리고 동질적 선택혼(positive assortative marriage)의 이론에 반하는 국제결혼개방성 가설(the transnational openness hypothesis)을 도출하여 검증함으로써 결혼에 관한 기존 이론의 지평을 확장하고자 시도한다. 국제결혼의 안정성을 파악하기 위해서는 결혼만족도, 결혼지속기간, 그리고 이혼 확률을 종속변수로 삼는 다양한 분석이 거시 및 미시수준에서 이루어진다. 결혼만족도는 결혼안정성을 설명하기 위한 중간변수로도 취급된다.

12) 이 장의 논의는 김두섭 · 이명진(2007), Kim and Lee(2008), 김두섭(2012a)과 Kim(2012)을 바탕으로 하여 이루어졌다.

## 1. 자료, 분석대상과 분석틀

### 1) 자료와 분석대상

이 연구의 결혼안정성 분석에 사용된 자료는 크게 두 가지로 구분된다. 우선, 국제결혼의 추세에 관련되는 특성을 개관하고, 이혼과 결혼지속기간을 배우자의 출신국가별로 거시수준에서 분석하기 위해서 1990년부터 2013년에 이르는 기간의 혼인신고 및 이혼신고의 원자료를 활용하였다. 이 자료는 국제결혼 부부의 특성에 관하여 다음과 같은 중요한 정보를 포함하고 있다. 첫째, 결혼과 관련된 정보로 결혼 당시의 연령, 결혼경험, 결혼 날짜, 교육수준, 직업, 거주지 등이 포함되어 있다. 둘째, 이혼과 관련한 정보로는 이혼 당시의 연령, 이혼 사유와 과정, 이혼 당시 20세 미만의 자녀 수, 교육수준, 직업, 거주지 등이 있다. 그리고 외국인 배우자의 경우에는 출신국가에 대한 정보가 추가된다.

그런데 이혼신고자료는 모든 국제결혼 부부를 대상으로 하는 것이 아니고, 이혼을 한 부부만을 대상으로 한다는 점에서 일종의 절단된(truncated) 자료라고 할 수 있다. 따라서 국제결혼 부부 전체에 대한 결과라기보다는 이혼을 한 부부에 대한 결과라는 제한성을 지닌다. 그러나 국제결혼 부부의 결혼생활에 대한 추적조사가 매우 어려운 상황에서 결혼과 이혼에 대한 동시분석이 가능한 유일한 전수자료(全數資料)라는 장점을 지닌다. 예를 들어, 2009년과 2010년의 이혼신고자료에는 한국인 배우자와 이혼한 외국인 남녀 배우자 각각 11,692명과 11,245명의 정보가 포함되어 있다.

혼인신고 및 이혼신고자료는 결혼안정성 분석에 활용 가능한 변수가 매우 제한되어 있다는 단점을 지닌다. 이 장에서 결혼안정성에 관한 대부분의 미시분석은 『2009년 전국 다문화가족 실태조사』의 원자료를 활용하여 이루어졌다. 이 조사는 보건복지부, 여성가족부와 법무부의 주관으로 한국보건사회연구원에 의해서 2009년에 수행된 전국 규모의 조사이다. 이 조사를 통해 전국의 다문화가구 131,702호와 외국인 배우자 73,669명에 대한 다양한 정보가 수집되었다. 이 자료에서 응답을 완료한 외국인 여성응답자는 69,394명이었다.

이 연구에서 결혼안정성의 분석은 한국 남자와 외국인 여자의 결혼에 초점을 맞추었다. 그리고 분석대상이 지나치게 다양한 성격의 국제결혼 부부들로 구성되는 상황을 피하기 위해서 1985년 이후 한국 남자와 결혼한 외국인 여성들로 제한했다. 응답자 및 배우자 연령, 결혼 연도, 입국 연도 등 주요 변수들의 값이 비현실적이거나 무응답인 사례들은 분석대상에 포함시키지 않았다. 그리고 중국, 베트남, 필리핀, 몽골 출신의 외국인 여성 48,266명을 선택하여 출신국가별 특성 분석이 가능하도록 하였다. 최종 분석대상은 중국 여성 27,512명(조선족 19,582명, 한족 7,930명), 베트남 여성 15,130명, 필리핀 여성 4,752명, 그리고 몽골 여성 872명으로 구성되어 있다.

외국인 여성의 주요 출신국가로 이들 4개국 이외에도 태국, 캄보디아와 일본을 들 수 있다. 그런데 태국 여성은 한국 남자와 이혼 후 한국에 계속 거주하다 이 조사에 포함된 사례수가 상대적으로 작은 것으로 확인되어 결혼안정성의 분석대상에서 제외되었다. 캄보디아 여성과의 국제결혼은 2006년 이후에 주로 이루어졌기 때문에, 한국 거주기간이 매우 짧아 결혼안정성의 분석대상으로 적합하지 않은 것으로 판단되었다. 일본 여성과의 국제결혼은 결혼의 원인과 성립과정, 그리고 배우자의 특성에 있어서 다른 아시아 국가 여성과의 결혼

〈표 4-1〉 외국인 아내의 출신국가별 국제결혼 부부의 주요 인구학적 특성, 2009

| | 외국인 아내의 출신국가 | | | | | |
|---|---|---|---|---|---|---|
| | 중국 | | 베트남 | 필리핀 | 몽골 | 합계 |
| | 조선족 | 한족 | | | | |
| | (19,582) | (7,930) | (15,130) | (4,752) | (872) | (48,266) |
| 한국 거주기간(개월) | 89.5 | 50.0 | 33.8 | 71.2 | 59.0 | 63.2 |
| 현재 결혼의 자녀 수 | 0.9 | 0.6 | 0.9 | 1.3 | 0.9 | 0.9 |
| 결혼만족도 | 45.8 | 43.0 | 39.6 | 46.8 | 44.2 | 43.5 |
| 유배우율(%) | 95.3 | 97.9 | 99.6 | 98.3 | 99.1 | 97.5 |
| 이혼자 비중(%) | 3.6 | 1.6 | 0.2 | 1.0 | 0.6 | 1.9 |
| 결혼지속기간(개월) | 62.5 | 49.8 | 37.3 | 71.1 | - | 60.6 |

주: 한국-몽골 부부 이혼자의 평균 결혼지속기간은 사례수의 부족으로 인해 계산되지 않았음.
자료: 보건복지부 외(2010).

과는 확연히 구분된다. 아울러 일본 여성의 절대다수가 통일교도이고 이에 따른 두드러진 특징으로 인해 결혼안정성 분석에 방법론적인 어려움이 수반되었기 때문에 분석대상에 포함되지 않았다.13)

분석대상에 포함된 외국인 아내들과 그 배우자들은 사회인구학적 특성에 있어서 매우 다양하다. 이들을 외국인 아내의 출신국가에 따라 나누어보면, 중국 조선족 아내들은 한국 거주기간이 상대적으로 길며, 연령과 결혼연령이 높고 이미 결혼경험을 가지고 있는 경우가 많았다. 반면, 베트남인 아내들은 조선족 아내들과 가장 대비되는 특성들을 나타낸다. 즉, 연령, 결혼연령과 교육수준이 낮고, 한국 거주기간이 평균 33.8개월에 불과했다. 필리핀과 몽골 아내의 경우에는 평균 교육수준이 한국인 남편보다 높은 것으로 확인되었다(〈표 2-4〉 참조).

13) 그러나 제6장의 혼인이주자의 사회적 적응과 그 유형의 분석에는 일본인 아내들이 포함되었다.

〈표 4-1〉에 제시된 것처럼, 평균 자녀 수는 필리핀인 아내가 1.3명, 그리고 중국 한족 아내가 0.6명이다. 그러나 국제결혼의 역사가 짧고, 외국인 아내의 출신국가에 따라 평균 결혼기간이 현저하게 차이나기 때문에 외국인 아내의 평균 자녀 수를 비교하는 것은 주의를 요한다.

### 2) 분석틀과 주요 변수

이 연구에서 결혼안정성에 관한 기본 전제는 국제결혼이 내국인 간의 결혼보다 부부의 연령 및 교육수준이 상대적으로 이질적이라는 것이다. 또한 부부의 사회경제적 동질성과 결혼안정성의 정적인 관계가 국제결혼 부부에게는 적용되지 않는 것으로 가정하였다. 즉 국제결혼 부부의 연령 및 교육수준의 차이가 커질수록 결혼만족도가 낮아지고, 이에 따라 결혼지속기간이 단축되거나 결혼해체의 위험성이 높아지는지 여부를 검증하고자 시도하였다.

〈그림 4-1〉에는 국제결혼 부부의 결혼안정성을 설명하기 위해 이 연구에서 정립된 인과구조의 분석틀과 그 주요 개념들이 제시되어 있다. 결혼 당사자의 사회인구학적 특성들이 결혼안정성을 결정짓는 중요한 요인이라는 데는 의문의 여지가 없다. 이 분석틀에서 강조하고자 하는 것은 부부의 사회인구학적 상이성이 결혼안정성을 설명하는 외생적 결정요소(exogenous determinant)로 도입되었다는 점이다. 결혼만족도는 이 인과구조에서 결혼안정성을 설명하기 위한 중간변수(intermediate variable)로서의 성격을 지닌다.

이 분석틀의 검증을 위해 개인의 사회인구학적 특성의 지표로 사용된 변수들은 두 배우자의 연령, 교육수준, 재혼 여부, 남편의 직업,

〈그림 4-1〉 국제결혼 부부의 사회인구학적 상이성과 결혼안정성의 분석틀

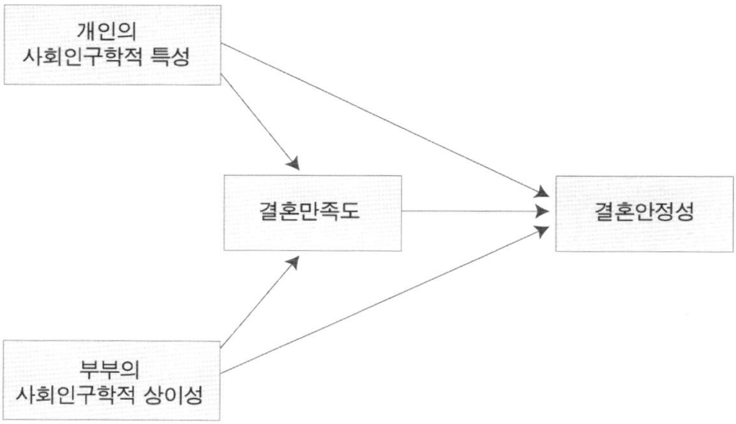


아내의 경제활동 경험 및 현재 상황, 거주지, 자녀 수 등이다.[14] 부부의 사회인구학적 상이성의 변수들은 부부의 연령과 교육수준을 비교하거나 그 격차를 측정하는 형태로 작성되었다. 이 변수들에 대한 자세한 설명은 다음 절에서 상세하게 이루어진다.

『2009년 전국 다문화가족 실태조사』에는 배우자뿐만 아니라 배우자의 부모, 형제, 자매 및 자녀와의 관계에 대한 만족수준을 묻는 문항들이 포함되어 있다. 그러나 이러한 가족구성원이 존재하지 않거나 조사시점에서 유배우 상태가 아닌 응답자들이 있는 경우, 이러한 문항들에 대한 답변을 모두 비해당으로 처리하면 결혼만족도의 측정 자체가 매우 부실해지는 결과를 초래한다. 이에 따라 이 연구에서는 결혼생활의 전반적인 조건에 대한 삶의 만족수준과 남편과의 관계에 대한 아내의 만족수준을 결합하여 결혼만족도를 측정하였다. 이 변수는

14) 이들 중에서 등간척도의 형태로 측정된 변수들의 평균값이 외국인 아내의 출신국가별로 〈표 2-4〉에 제시되어 있다.

최저 20, 최고 130의 값을 지니며, 값이 클수록 결혼만족도가 높다는 것을 의미한다. 외국인 아내의 결혼만족도는 출신국가에 따라 의미 있는 차이를 보인다. 〈표 4-1〉에서 보는 것처럼, 필리핀인 아내의 결혼만족도가 가장 높고, 그 다음으로 중국 조선족, 몽골, 중국 한족 아내의 순서로 나타났다. 그리고 베트남인 아내의 결혼만족도 수준이 가장 낮은 것으로 확인되었다.

〈표 4-1〉에는 결혼안정성을 측정한 세 가지 지표, 즉 유배우율, 이혼자 비중과 결혼지속기간에 관한 정보가 제시되어 있다. 한국 남자와 중국 조선족 여자의 결혼에서 이혼자의 비중은 3.6%로 계산되었다. 한국-베트남 결혼에서 이혼자 비중은 0.2%로 현저하게 낮다.[15] 이에 따라 조사 시점에서 유배우자의 비중은 베트남 여자가 가장 높고, 중국 조선족 여자가 가장 낮은 것으로 밝혀졌다. 이혼한 부부를 대상으로 평균 결혼지속기간을 계산해보면, 한국-필리핀 부부가 71.1개월로 가장 길다. 반면, 한국-베트남 부부의 평균 결혼지속기간은 37.3개월에 불과하여 가장 짧았다.

## 2. 부부의 사회인구학적 상이성

결혼의 안정성과 이혼의 개연성을 설명하기 위해서는 부부의 개인적인 특성을 파악하는 것 못지않게 이러한 특성들의 부부 간 격차를

15) 〈표 4-1〉에 집계된 이혼자의 비중은 과소추정되었을 개연성이 높다. 상당 부분의 외국인 배우자들이 이혼 후 자신의 출신국가로 돌아가기 때문에 이 실태조사의 표본에 과소반영되었을 것이다.

파악하거나 비교하는 것이 중요하다. 그동안 부부의 사회경제적·계층적 동질성과 이질성이 결혼안정성에 미치는 영향에 대해서는 적지 않은 논의가 이루어졌다 (Goode, 1966; Bumpass and Sweet, 1972; Becker, 1974, 1981; Blau and Schwartz, 1984).

어느 누구도 배우자를 아무런 조건 없이 선택하지는 않는다. 배우자 선택 시 결혼 당사자는 물론 가족, 친척 등 주변 사람들의 규제를 받게 되며, 이러한 규제는 일정한 형태의 결합 유형, 즉 선택적 결혼을 초래하기 마련이다. 예를 들어, 남녀의 사회경제적 지위가 비슷할수록 결혼할 가능성이 높아지고, 반대로 남녀 지위의 차이가 커질수록 결혼할 가능성은 낮아진다. 아울러 남녀의 사회인구학적 특성은 결혼 이후 서로 적응하는 과정에서도 중요한 역할을 한다. 상이한 사회인구학적 조건이나 배경을 가지고 있는 부부일수록 결혼에 적응하는 과정에서 보다 심각한 긴장과 갈등을 경험할 가능성이 높다. 그리고 부부의 이러한 이질성이 결과적으로 결혼의 안정성에 부정적인 영향을 미치고 이혼의 가능성을 높인다는 주장도 제기된다.

이러한 논의에서 가장 대표적인 사회인구학적 요인으로 부부의 연령과 교육수준을 들 수 있다. 배우자 간 연령의 차이는 생물학적인 차이뿐만 아니라 가치관과 태도를 구분 짓는 중요한 요인이 된다. 교육수준 역시 개인의 가치관, 태도, 삶의 목표와 우선순위에 중요한 영향을 미친다. 배우자의 교육수준이 유사할 경우, 서로 믿음, 태도, 행동이 일치할 가능성이 높아지고, 이에 따라 결혼의 안정성이 높아진다고 가정할 수 있다. 그런데 지금까지 이러한 선택혼의 설명틀과 결혼안정성에 관한 가설들을 국제결혼 부부에 적용한 경험적인 연구는 매우 드문 실정이다 (김두섭·이명진, 2007; Chen, 2008b).

여기서는 우선 유사한 사회인구학적 조건을 지닌 남녀일수록 결혼할 가능성이 높아진다는 가설이 국제결혼에도 적용될 수 있는가를 경험적으로 살펴본다. 그리고 연령과 교육 같은 사회인구학적 조건의 이질성이 국제결혼 부부의 결혼지속기간과 이혼 확률에 어떠한 영향을 미치는가를 논의한다.

〈표 4-2〉에는 국제결혼 부부의 연령과 교육수준 격차에 따른 결혼 유형의 빈도와 비중이 제시되어 있다. 국제결혼에 관한 한, 비슷한 수준의 배우자끼리 결혼한다는 동질혼의 개념은 경험적 자료로 뒷받침되지 않는 것으로 판단된다. 한국인 남편의 과반수(55.8%)가 외국인 아내보다 10년 이상의 연상으로 밝혀졌다. 그 다음으로 한국인 남편이 외국인 아내보다 5-9년 연상인 경우가 25.5%를 점유하고 있다. 한국인 남편보다 외국인 아내가 연상인 결혼은 3.8%로 그 점유율이 가장 낮았다.

국제결혼의 이 같은 연령 격차는 내국인끼리의 결혼과는 확연히 대조된다. 〈표 4-3〉에 제시된 2010년 혼인신고자료를 보면, 내국인 부부의 과반수(53.3%)가 남편이 1-5세 연상으로 집계되었으며, 남편이 6년 이상 연상인 경우는 13.9%로 그 점유율이 가장 낮다. 동갑인 부부와 아내가 연상인 부부의 점유율은 각각 15.7%와 17.0%로 밝혀졌다.[16]

〈표 4-2〉는 국제결혼의 경우, 부부의 교육수준에 따라서도 이질적 결혼이 이루어지고 있음을 보여준다. 우선 한국인 남편의 교육수준이

16) 한국사회에서는 전통적으로 남자의 초혼연령이 여자의 초혼연령보다 대체로 3-4세 높게 유지되어 왔다. 그러나 1990년대 중반 이후 혼인적령기 남녀 인구의 불균형과 아울러 결혼에 관한 가치관과 태도의 변화로 인해 여자의 초혼연령이 보다 빠른 속도로 상승하는 현상이 지속되고 있다. 그 결과, 부부의 연령 격차는 점차 줄어들고, 동갑인 부부와 아내가 연상인 부부의 점유율이 점차 높아지는 추세가 나타나고 있다.

〈표 4-2〉 부부의 연령 및 교육수준에 따른 국제결혼과 이혼의 구성률, 2009

| 결혼: N=44,906 | | 부부의 연령 격차 | | | | |
|---|---|---|---|---|---|---|
| | | 남편 10세+ 연상 | 남편 5-9세 연상 | 남편 0-4세 연상 | 아내 연상 | 합계 |
| 부부의 교육 수준 격차 | 제1유형 (남편=아내) | 14.2 | 7.4 | 4.4 | 1.1 | 27.1 |
| | 제2유형 (남편>아내) | 31.3 | 11.0 | 6.6 | 1.8 | 50.7 |
| | 제3유형 (남편<아내) | 10.2 | 7.1 | 3.8 | 0.9 | 22.1 |
| | 합 계 | 55.8 | 25.5 | 14.9 | 3.8 | 100.0 |
| 이혼: N=777 | | 부부의 연령 격차 | | | | |
| | | 남편 10세+ 연상 | 남편 5-9세 연상 | 남편 0-4세 연상 | 아내 연상 | 합계 |
| 부부의 교육 수준 격차 | 제1유형 (남편=아내) | 9.3 | 8.2 | 7.5 | 1.7 | 26.6 |
| | 제2유형 (남편>아내) | 12.7 | 13.6 | 12.0 | 3.0 | 41.3 |
| | 제3유형 (남편<아내) | 10.0 | 13.6 | 6.3 | 2.1 | 32.0 |
| | 합 계 | 32.0 | 35.5 | 25.7 | 6.7 | 100.0 |

주: 1) 숫자들은 각 범주에 해당하는 결혼(이혼) 빈도의 전체 결혼(이혼) 사례수에 대한 백분율임.
2) 부부의 교육수준 차이에 따른 결혼 유형을 세 가지로 나누기 위해 교육수준을 다음과 같이 7개의 범주로 구분하였음: 초등학교 이하, 중학교 중퇴, 중학교 졸업, 고등학교 중퇴, 고등학교 졸업, 대학, 대학원.

자료: 보건복지부 외(2010).

외국인 아내보다 높은 제2유형의 결혼 빈도가 가장 많다. 이 연구의 분석대상인 44,906쌍의 부부 중에서 제2유형의 결혼이 50.7%를 차지하는 것으로 나타났다. 그 다음으로 부부의 교육수준이 서로 비슷한 제1유형의 결혼이 27.1%의 점유율을 나타낸다. 높은 교육수준의 외국인 아내와 상대적으로 낮은 교육수준을 지닌 한국인 남편의 결혼을 의미하는 제3유형의 점유율은 22.1%에 불과하다. 제3유형의 결혼은 한국인 남편과 필리핀, 몽골 또는 우즈베키스탄 출신 아내와의 결혼에서 많이 발견된다.

〈표 4-3〉 부부의 연령 및 교육수준에 따른 내국인 결혼의 구성률, 2010

| 결혼: N=285,918 | | 부부의 연령 격차 | | | | |
|---|---|---|---|---|---|---|
| | | 남편 6세+ 연상 | 남편 1-5세 연상 | 남편-아내 동갑 | 아내 연상 | 합계 |
| 부부의 교육 수준 격차 | 제1유형 (남편=아내) | 8.8 | 36.9 | 10.9 | 11.2 | 67.8 |
| | 제2유형 (남편>아내) | 3.0 | 9.0 | 2.4 | 3.0 | 17.4 |
| | 제3유형 (남편<아내) | 2.2 | 7.4 | 2.4 | 2.8 | 14.8 |
| | 합 계 | 13.9 | 53.3 | 15.7 | 17.0 | 100.0 |

주: 1) 숫자들은 각 범주에 해당하는 결혼 빈도의 전체 결혼 사례수에 대한 백분율임.
2) 부부의 교육수준 차이에 따른 결혼 유형을 세 가지로 나누기 위해 교육수준을 다음과 같이 6개의 범주로 구분하였음: 중학교 중퇴 이하, 중학교 졸업, 고등학교 중퇴, 고등학교 졸업, 대학, 대학원.
3) 내국인 간의 결혼은 국제결혼에 비해 부부의 연령 격차가 상대적으로 작기 때문에, 이 표에서 부부의 연령 격차 범주들은 〈표 4-2〉와 다르게 설정되었음.
자료: 통계청 (2010d).

참고로 이와 비슷한 분석틀(교육수준을 6개의 범주로 나누었음)을 2010년에 혼인신고한 한국인 부부들에게 적용한 결과, 〈표 4-3〉에서 보는 것처럼 절대다수(67.8%)가 제1유형의 결혼으로 집계되었으며, 제2유형 및 제3유형의 결혼은 각각 17.4%와 14.8%를 구성하는 것으로 밝혀졌다.

부부의 연령과 교육수준 격차에 따른 결혼 유형의 점유율 양상은 이혼한 부부들을 대상으로 살펴보아도 마찬가지로 나타난다. 〈표 4-2〉에서 하반부에 제시된 숫자들은 전체 이혼 사례수에 대한 해당 범주 이혼의 백분율을 의미한다. 부부의 연령 차이에 관한 한, 이혼에 가장 취약한 형태는 남편이 아내보다 5-9년 연상인 결혼이었다. 비록 그 집중도는 뚜렷하게 낮지만, 〈표 4-2〉에서 이혼에 따른 각 해당 범주의 순서는 결혼에 따른 순서와 비슷한 양상을 나타낸다. 부부의 교육수준 차이에 따른 이혼의 빈도는 제2유형이 가장 많았고, 그 다음으로 제3유형이었다. 그리고 제1유형의 이혼이 빈도가 가장 작았다. 그러나 제2유형의 이혼부부 비중이 제2유형 결혼의 비중보다 상대적으로 낮다는 것을 지적할 수 있다.

결국, 유사한 교육수준을 지닌 남녀일수록 결혼할 가능성이 높아진다는 동질적 선택혼의 가설은 국제결혼 부부에게는 널리 적용될 수 없는 것으로 판단된다. 이러한 결과는 2004-2005년 이혼신고자료를 활용하여 상대적으로 느슨한 형태의 동질적 선택혼이 편재함을 확인했던 김두섭과 이명진(2007)의 분석결과와는 상반되는 것이다. 두 분석결과가 달라진 가장 중요한 이유로는 이 연구에 사용된 2009년 자료의 분석대상 크기가 2004-2005년 자료보다 월등하게 커지고 결혼한 부부와 이혼한 부부를 동시에 분석하였으며, 교육수준의 범주 역시 7가지로 보다 세분화되었다는 점을 지적할 수 있다.

그런데 〈표 4-2〉에서 결혼과 이혼의 각 범주가 전체에 대한 구성률 분포에서 서로 다른 양상을 보이는 것을 감안하면, 부부의 사회인구학적 상이성이 결혼해체의 위험성을 반드시 높이는 방향으로 작용하는 것이 아니라는 해석도 가능하다. 다음 절들에서는 이를 확인하기 위해 다양한 형태의 분석이 이루어진다.

## 3. 부부의 거리와 결혼지속기간

### 1) 부부의 거리

이 연구에서는 부부의 연령과 교육수준의 격차가 미치는 효과를 보다 효율적으로 측정하기 위해 "부부의 거리(spousal distance)"라는 새로운 변수를 창출했다. 부부의 거리는 연령과 교육수준의 격차를 결합하는 방식으로 측정되었다.[17)]

〈그림 4-2〉는 이혼한 국제결혼 부부의 거리지수(*D*)를 측정하고, 이 거리지수와 결혼만족도의 관계를 외국인 아내의 출신국가별로 살펴본 것이다. 이 그림에서는 다음과 같은 경향을 발견할 수 있다. 우선, 한국인 남편은 외국인 아내에 비해 연령은 높으나, 교육수준은 외국인 아내의 출신국가에 따라 다른 것으로 나타났다. 한국 남자와 결혼한 중국과 베트남 여자들은 남편보다 상대적으로 젊고 교육수준도 낮은 경향을 보인다. 이에 비해 한국-몽골 부부와 한국-필리핀 부부들은 확연하게 대조적인 양상을 보인다. 두 배우자의 평균 연령을 비교해보면 남편이 연상이지만, 평균 교육수준은 몽골 또는 필리핀인 아내가 한국인 남편보다 오히려 높은 것으로 확인되었다.

예상했던 대로, 부부의 거리와 결혼만족도는 명백하게 부적 관계의 양상을 나타낸다. 〈그림 4-2〉에서 숫자로 제시된 결혼만족도의 평균값은 배우자와의 거리가 먼 아내일수록 낮아지는 경향을 보인다. 베

---

17) 부부의 사회인구학적 거리(D)는 다음과 같이 측정되었다.

$$D = \sqrt{(Age_h - Age_w)^2 + (Edu_h - Edu_w)^2}$$

여기에서 *Age*는 연령, *Edu*는 교육수준, 그리고 *h*와 *w*는 각각 남편과 아내를 뜻한다.

〈그림 4-2〉 외국인 아내의 출신국가별 부부의 연령-교육 거리와 결혼만족도, 2009

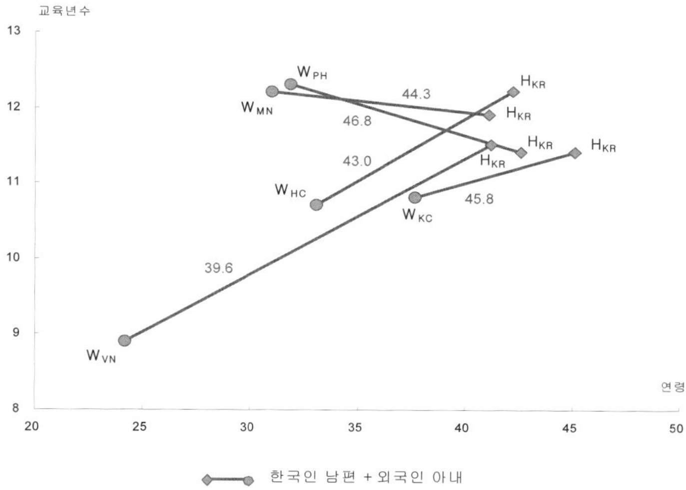


주: 1) KR (한국); KC (중국 조선족); HC (중국 한족); VN (베트남); PH (필리핀); MN (몽골).
2) H는 남편, W는 아내를 의미함.
3) 숫자는 외국인 아내의 결혼만족도 평균점수임.
자료: 보건복지부 외 (2010).

트남인 아내의 결혼만족도는 평균 39.6점으로 가장 낮은 수준이다. 이에 비해 부부의 거리가 상대적으로 짧은 필리핀 또는 중국 조선족 아내들의 평균 결혼만족도는 각각 46.8점과 45.8점으로 집계되었다.

〈그림 4-3〉에는 부부의 거리와 결혼지속기간의 관계가 외국인 아내의 출신국가별로 제시되어 있다. 부부 사이의 연령 및 교육거리가 멀수록 대체로 결혼지속기간이 짧아지는 경향이 발견된다. 그러나 이러한 관계는 외국인 아내의 출신국가에 따라 다소 차이를 보인다. 〈그림 4-3〉에서 한국인 남편과 베트남인 아내와의 부부거리가 가장 긴 것을 확인할 수 있으며, 평균 결혼지속기간이 37.3개월에 불과하다. 반면, 한국인 남편과 조선족 아내는 부부 거리가 상대적으로 짧

〈그림 4-3〉 국제결혼 부부의 연령 및 교육수준 격차와 결혼지속기간, 2009

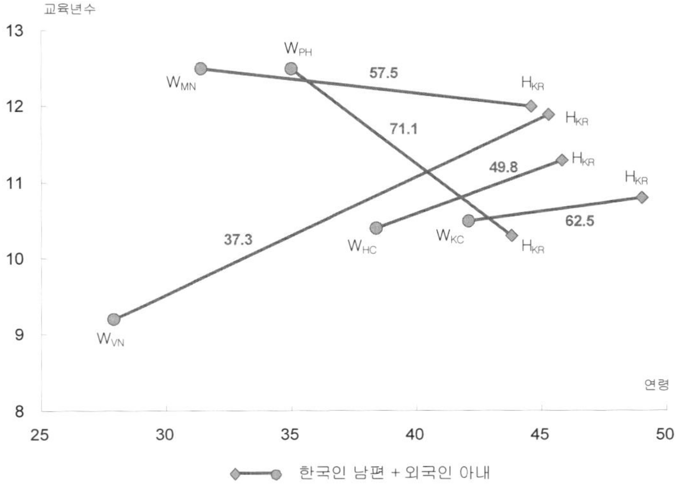


주: 1) KR (한국); KC (중국 조선족); HC (중국 한족); PH (필리핀); MN (몽골); VN (베트남).
2) H는 남편, W는 아내를 의미함.
3) 숫자는 결혼지속기간 (개월)의 평균 점수임.
자료: 보건복지부 외 (2010).

고 평균 결혼지속기간이 62.5개월에 이르는 것으로 집계되었다. 〈그림 4-3〉에서 한국인 남편과 필리핀인 아내의 경우에는 부부 거리가 길게 나타났으나 평균 결혼지속기간이 상대적으로 긴 71.1개월로 집계되었다.

이 연구에서는 부부의 거리에 영향을 미치는 주요 요인들을 확인하기 위해 회귀분석이 이루어졌다.[18] 분석결과, 〈표 4-4〉에서 보는 것처럼, 남편의 연령이나 결혼연령이 높아질수록 부부의 거리가 길어

18) 독립변수들 사이의 다중공선성 (multicollinearity)의 문제를 피하기 위해 아내의 연령, 아내의 결혼연령 등 아내의 인구학적 속성들은 〈표 4-4〉에 제시된 회귀모형에 포함되지 않았다.

〈표 4-4〉 부부의 거리에 관련되는 요인들의 회귀분석, 2009

| | 부부의 거리 | |
|---|---|---|
| | b | beta |
| 남편의 연령 | 0.34** | 0.39 |
| 남편의 결혼연령 | 0.19** | 0.22 |
| 남편의 교육 연수 | 0.70** | 0.09 |
| 아내의 교육 연수 | -0.80** | -0.11 |
| 한국 거주기간 | -0.02** | -0.16 |
| 남편의 재혼 | -0.56** | -0.04 |
| 아내의 재혼 | -5.44** | -0.35 |
| 화이트칼라 남편 | -0.12** | -0.01 |
| 아내의 경제활동 경험 | -0.51** | -0.03 |
| 아내의 현재 경제활동 | -0.89** | -0.07 |
| 서울 거주 | -0.47** | -0.03 |
| 제2유형 결혼(남편>아내) | 0.29** | 0.02 |
| 제3유형 결혼(남편<아내) | 0.96** | 0.06 |
| 한족 아내 | 0.92** | 0.05 |
| 베트남 아내 | 6.30** | 0.45 |
| 필리핀 아내 | 1.92** | 0.09 |
| 몽골 아내 | 2.25** | 0.05 |
| (회귀상수) | -9.13** | |
| 사례수 | 43,896 | |
| $R^2$ | 0.64 | |
| $F$ 비 | 4,540.62** | |

주: 1) **: $p<0.01$.

2) 남편의 재혼(재혼=1, 기타=0); 아내의 재혼(재혼=1, 기타=0); 화이트칼라 남편(화이트칼라=1, 기타=0); 아내의 경제활동 경험(경험 있음=1, 경험 없음= 0); 아내의 현재 경제활동(일하고 있음=1, 일하지 않음=0); 서울 거주(서울 거주=1, 기타=0); 제2유형 결혼(제2유형 결혼=1, 기타=0); 제3유형 결혼(제3유형 결혼=1, 기타=0); 한족 아내(한족 아내=1, 기타=0); 베트남 아내(베트남 아내 =1, 기타=0); 필리핀 아내(필리핀 아내=1, 기타=0); 몽골 아내(몽골 아내=1, 기타=0).

자료: 보건복지부 외(2010).

지는 경향이 발견되었다. 남편의 교육수준은 부부의 거리에 정적 영향을 미치는 반면, 아내의 교육수준이 상승하면 부부의 거리가 오히려 짧아지는 것으로 드러났다. 이는 한국 남자의 연령이 높아지거나 결혼시기가 늦어지고 교육수준이 높아질수록, 배우자의 선택과정에서 보다 개방적이고 융통적일 것이라는 국제결혼개방성 가설 (the trans-national openness hypothesis)이 적용될 수 있음을 시사한다.

재혼하는 국제결혼 부부의 거리는 상대적으로 짧게 나타난다. 이는 외국인 아내가 결혼 경험이 있는 경우에 특히 그러하다. 또한 부부의 거리는 한국에서의 거주기간이 길고, 한국인 남편이 화이트칼라의 직업을 가지며, 외국인 아내가 경제활동을 하거나, 서울대도시권에 거주하는 국제결혼 부부에서 짧아지는 경향이 발견된다. 아내의 교육수준이 남편보다 높은 제3유형의 결혼에서는, 아내보다 남편의 교육수준이 높은 제2유형의 결혼에 비해 부부의 거리가 길어지는 경향이 발견되었다.

〈표 4-4〉 역시 부부의 거리가 외국인 아내의 출신국가에 따라 뚜렷한 편차를 보인다는 것을 분명하게 보여준다. 다른 조건들이 같다면, 이 회귀모형에서 기준집단으로 삼은 중국 조선족 아내에 비해 다른 출신국가의 아내들이 한국인 남편과의 거리가 멀다. 부부의 거리는 베트남 여자와 결혼한 부부가 가장 길었고, 다음으로 몽골, 필리핀, 그리고 중국 한족 여자와 결혼한 부부의 순서로 나타났다.

### 2) 외국인 아내의 출신국가별 결혼지속기간

이 연구에서는 부부의 연령 및 교육상이성이 결혼지속기간에 미치는 영향력이 외국인 아내의 출신국가에 따라 의미 있는 차이를 보이는지를 확인하기 위해 우선 거시수준의 분석이 이루어졌다. 이를 위해 2009년에 이혼을 신고한 부부들의 연령상이성 지수와 교육상이성 지수를 외국인 아내의 출신국가별로 계산했다.[19] 상이성 지수의 계산에 사용된 자료는 통계청(2010e)의 2009년 이혼신고자료이다. 이 자료에는 중국, 베트남, 필리핀 및 몽골 출신의 아내와 한국인 남편 간의 이혼 7,315건에 관한 정보가 포함되어 있다.

그런데 〈그림 4-4〉를 보면, 네 국가 출신의 아내와 결혼한 한국인 남편의 결혼지속기간이 〈표 4-1〉에 제시된 결혼지속기간에 비해 현저하게 짧게 집계된 것을 확인할 수 있다. 〈표 4-1〉에 제시된 값들은 『2009년 전국 다문화가족 실태조사』(보건복지부 외, 2010)의 원자료를 활용하여 계산되었다. 이에 비해 〈그림 4-4〉의 값들은 2009년에 이혼을 신고한 국제결혼 부부들만을 대상으로 하여 계산된 것이다.

〈그림 4-4〉에서 부부의 연령상이성 지수는 이혼한 부부의 결혼지속기간과 부적인 관계를 나타낸다. 한국-중국 부부는 연령의 차이가 가장 작고, 가장 긴 결혼지속기간을 보여준다. 연령상이성 지수가 높은 한국-몽골 부부와 한국-필리핀 부부는 평균 결혼지속기간이 현저하게 짧은 것으로 밝혀졌다. 그리고 베트남인 아내와 한국인 남편은 연령상이성 지수가 가장 높고, 결혼지속기간이 가장 짧다.

연령상이성 지수를 교육상이성 지수로 대체하면, 〈그림 4-4〉의 (b)에서 보는 것처럼, 부적인 관계의 양상이 상대적으로 약하게 드러난

---

19) 연령상이성 지수는 남편과 아내의 9개 연령집단 사이에 나타나는 백분율 차이의 절댓값을 합하여 반으로 나누어 계산했다. 교육상이성 지수는 남편과 아내의 6개 교육수준 집단 사이에 나타나는 백분율 차이의 절댓값을 합해 반으로 나누어 계산하였다. 상이성 지수(Index of Dissimilarity)는 다음과 같이 정의할 수 있다.

$$IoD = \Sigma | p(h,i) - p(w,i) | \div 2$$

여기서 $h,i$는 남편의 집단이고 $w,i$는 부인의 집단을 의미한다.

〈그림 4-4〉 국제결혼 부부의 연령상이성 및 교육상이성 지수와 평균 결혼지속기간, 2009

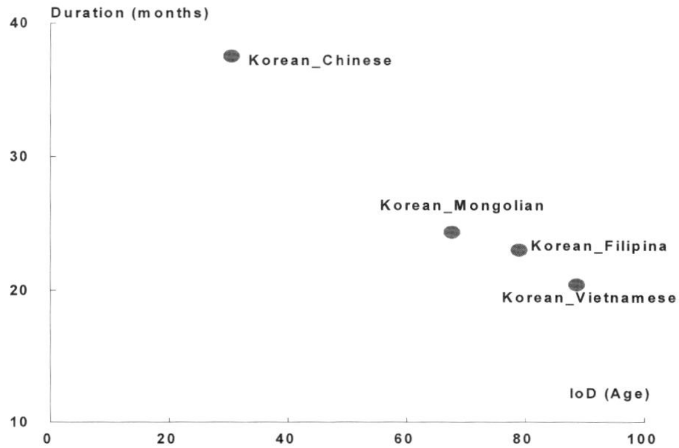


(a) 연령상이성 지수와 결혼지속기간

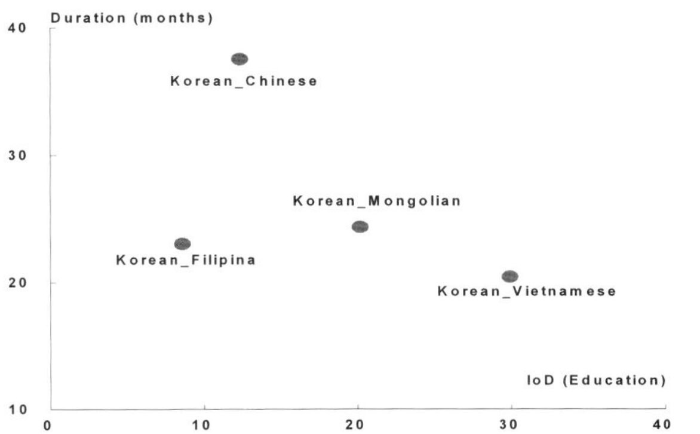


(b) 교육상이성 지수와 결혼지속기간

자료: 통계청 (2009b).

다. 부부의 교육상이성과 결혼안정성의 부적 관계는 외국인 아내의 출신국가에 따라 다른 양상을 보인다. 교육수준의 격차가 큰 한국-베트남 부부는 결혼지속기간이 매우 짧다. 그러나 교육수준의 격차가 가장 작은 한국-필리핀 부부의 결혼지속기간이 가장 긴 것은 아니다.

〈그림 4-4〉의 (b)에 나타난 관계의 양상을 다른 각도에서 살펴보면, 몽골, 필리핀 및 베트남 여자와 결혼한 부부의 경우에는 교육 격차의 수준에 관계없이 결혼지속기간이 매우 짧다고 해석할 수도 있다.

그런데 여기서 지적할 것은 거시수준의 분석에서 드러난 이 같은 관계가 다른 변수들을 통제하지 않은 상태에서 이루어졌으며, 따라서 이를 단정적으로 일반화하기 어렵다는 점이다. 외국인 아내의 출신국가에 따라서 국제결혼의 성격과 부부의 사회인구학적 특성에 광범위한 편차가 존재한다. 그러나 이혼신고자료에 포함된 정보가 지극히 제한되어 있기 때문에 거시수준에서는 더 이상 정밀한 분석이 가능하지 않다. 또한 외국인 아내의 출신국가에 따라 자료를 정리하면, 일부 국가의 경우에 연령 및 교육상이성 지수를 계산할 수 있을 정도로 이혼 사례수가 충분히 많지 않다는 사실도 지적할 수 있다.

## 4. 결혼지속기간의 분산분석과 회귀분석

### 1) 분산분석 (ANOVA)

이 연구에서는 부부 격차의 방향성이 결혼만족도와 결혼안정성을 설명하는 데 중요하다고 가정하였다. 부부 격차의 방향, 즉 남편과 아내 중 어느 쪽이 상대방보다 연령이나 교육수준이 높은지를 분석에 반영하여 결혼만족도와 결혼안정성의 인과구조에 대한 이해의 폭을 넓히고자 시도했다. 부부 격차의 방향성은 부부가 일상생활의 불화를 극복하거나 상호적응하는 과정에서 차이를 초래할 수 있다 (Bumpass and Sweet, 1972; Bitter, 1986; Rogler and Procidano, 1989). 예를 들어, 한국사회에서는 아내가 남편보다 연상이거나 더 많은 교육을 받았을 경우에 부부 사이의 사소한 마찰이 결혼생활에 위기를 초래하는 방향으로 비화되는 경우도 종종 관찰된다.

〈표 4-5〉에는 부부의 연령 및 교육수준 격차가 결혼만족도에 미치는 영향에 대한 분산분석(ANOVA)의 결과가 제시되어 있다. 결혼만족도와 결혼지속기간에서 결측값을 지닌 사례들은 이 분산분석에 포함되지 않았다. 따라서 〈표 4-5〉에 제시된 구성분포는 〈표 4-2〉에서의 구성분포와 약간 다르게 나타났다.

조사시점 당시 결혼상태가 유지되던 45,415쌍의 부부 중에서 남편이 아내보다 10년 이상 연상인 부부의 비중은 57.2%였다. 그리고 불과 3.7%만이 아내가 남편보다 연상인 것으로 밝혀졌다. 〈표 4-5〉와 〈그림 4-5〉에서 보는 것처럼, 한국인 남편과 결혼한 외국인 아내들은 남편이 5–9년 연상일 때 결혼만족도가 가장 높다. 그리고 결혼만족도가 결혼 유형에 따라 현저하게 다른 편차의 양상을 나타내는 것을 확인할 수 있다. 즉, 제3유형 결혼의 외국인 아내들은 나머지 두 결혼 유형의 아내들보다 결혼만족도가 상대적으로 높다. 그러나 제1유형과 제2유형 결혼을 대상으로 계산된 결혼만족도의 평균값들은 그 편차가 그리 크지 않다.

부부의 연령 및 교육 격차와 그 방향성은 결혼지속기간의 편차를 설명하는 데 있어서도 유용하다. 〈표 4-6〉과 〈표 4-7〉에 제시된 각 범주별 결혼지속기간의 평균값들과 분산분석의 결과를 살펴보면, 국제결혼 부부들의 경우에는 동질적 선택혼이 안정적이라는 기존 연구들의 가설을 받아들이기 어렵다. 〈표 4-6〉에서는 남편이 아내보다 5–9년 연상일 때 결혼지속기간이 66.6개월로 가장 긴 것으로 나타났다.

〈표 4-5〉 부부의 연령 격차와 결혼 유형별 결혼만족도의 평균값 및 분산분석, 2009

| | 결혼만족도 | | |
|---|---|---|---|
| | 평균 | N | F |
| 부부의 연령 격차 | | | |
| 남편 10년+ 연상 | 41.0 | 25,978 | |
| 남편 5-9년 연상 | 43.0 | 11,249 | |
| 남편 0-4년 연상 | 42.4 | 6,507 | |
| 아내 연상 | 41.9 | 1,681 | |
| 합 계 | 41.7 | 45,415 | |
| | | | 45.56** |
| 결혼 유형 | | | |
| 제1유형 (Hedu=Wedu) | 41.2 | 11,518 | |
| 제2유형 (Hedu>Wedu) | 40.7 | 21,640 | |
| 제3유형 (Hedu<Wedu) | 44.7 | 9,303 | |
| 합 계 | 41.7 | 42,461 | |
| | | | 211.19** |

주: **: $p < 0.01$.
자료: 보건복지부 외(2010).

〈그림 4-5〉 부부의 연령 격차와 결혼 유형별 결혼만족도의 평균값, 2009

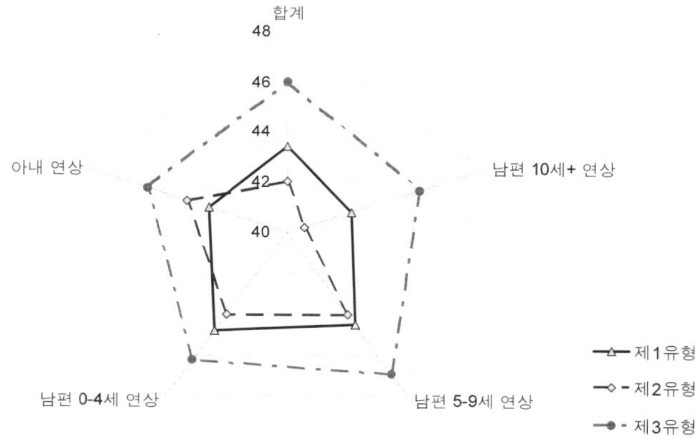


자료: 보건복지부 외(2010).

〈표 4-6〉 부부의 연령 격차와 결혼 유형별 결혼지속기간의 평균값 및 분산분석, 2009

| | 결혼지속기간 (개월) | | |
|---|---|---|---|
| | 평균 | N | F |
| 부부의 연령 격차 | | | |
| 남편 10년+ 연상 | 58.9 | 385 | |
| 남편 5-9년 연상 | 66.6 | 362 | |
| 남편 0-4년 연상 | 56.7 | 251 | |
| 아내 연상 | 57.9 | 69 | |
| 합 계 | 60.9 | 1,067 | |
| | | | 3.21* |
| 결혼 유형 | | | |
| 제1유형 (Hedu=Wedu) | 60.4 | 209 | |
| 제2유형 (Hedu>Wedu) | 61.4 | 386 | |
| 제3유형 (Hedu<Wedu) | 67.2 | 310 | |
| 합 계 | 63.1 | 905 | |
| | | | 2.03 |

주: *: $p<0.05$.
자료: 보건복지부 외 (2010).

다음은 남편이 아내보다 10년 이상 연상인 부부가 58.9개월로 집계되었다. 이와는 대조적으로 남편이 4년 이하의 연상이거나 아내가 연상인 부부들은 결혼지속기간이 현저하게 짧은 것으로 드러났다.

한편, 〈표 4-6〉에서 결혼지속기간의 평균값은 제3유형의 결혼에서 67.2개월로 가장 높게 나타났으나, 일원분산분석 (one-way ANOVA)의 결과 통계적으로 의미를 부여할 수 없는 편차인 것으로 확인되었다.

그런데 일원분산분석은 다른 변수의 영향력이 적절하게 통제되지 않는다는 점에서 취약점을 지닌다. 일원분산분석에 선택된 독립변수의 범주에 따라 결혼지속기간에 중요한 영향력을 행사하는 다른 결정요인의 구성이 커다란 편차를 보인다면 일원분산분석의 결과는 본질적인 인과관계를 왜곡할 수 있다. 이러한 점을 감안하여 〈표 4-7〉과 〈그림 4-6〉에는 부부의 연령 격차와 결혼 유형의 효과를 함께 고려한 결혼지속기간의 평균값이 제시되어 있다.[20]

〈표 4-7〉과 〈그림 4-6〉을 살펴보면, 결혼 유형에 따른 결혼지속기간 평균값의 양상 역시 동질적 선택혼의 가설을 지지하지 않는 것으로 판단된다. 아내의 교육수준이 남편보다 높은 제3유형의 결혼이 67.2개월의 가장 긴 지속기간을 나타낸다. 특히, 남편이 아내보다 5~9년 연상인 제3유형의 결혼은 평균 지속기간이 77.8개월로 현저하게 길다. 반면, 아내가 연상인 제3유형의 결혼은 평균 지속기간이 49.4개월로 가장 짧게 나타났다. 부부의 교육수준이 유사한 제1유형의 결혼지속기간은 가장 짧은 60.4개월로 집계되었다. 제2유형의 결혼은 제1유형의 결혼보다 평균 지속기간이 긴 것으로 확인되었으나, 그 편차는 그리 크지 않았다.

결혼 유형의 중요성은 〈그림 4-7〉에서도 확인된다. 즉, 부부의 거리와 결혼지속기간의 관계가 결혼 유형에 따라 서로 다른 양상을 나타낸다. 제1유형 및 제2유형의 결혼에서는 부부의 거리가 증가함에 따라 결혼지속기간이 짧아지는 부적 관계가 뚜렷하게 관찰된다. 그러나 제3유형의 결혼에서는 부부의 거리가 증가할수록 결혼이 오히려 오래 유지되는 경향을 발견할 수 있다. 부부의 거리와 결혼지속기간의 관계의 양상이 이처럼 일관성을 나타내지 않는 주요 원인으로는 결혼 유형에 따라 부부의 사회인구학적 구성이 차이를 보인다는 점을 지적할 수 있다. 예를 들어, 제3유형의 결혼에는 필리핀과 몽골 아내

20) 〈표 4-7〉에 제시된 부부의 연령 격차의 합계 사례수가 〈표 4-6〉의 사례수와 다른 것은 부부의 교육 격차에 따른 결혼 유형 변수를 도입하면서 결측값을 지닌 사례들이 분석에서 제외되었기 때문이다.

〈표 4-7〉 부부의 연령 격차와 결혼 유형별 결혼지속기간의 평균값, 2009

| 이혼: N=905 | | 부부의 연령 격차 | | | | |
|---|---|---|---|---|---|---|
| | | 남편 10세+ 연상 | 남편 5-9세 연상 | 남편 0-4세 연상 | 아내 연상 | 합계 |
| 부부의 교육 수준 격차 | 제1유형 (남편=아내) | 60.5 | 61.5 | 58.0 | 64.2 | 60.4 |
| | 제2유형 (남편>아내) | 60.1 | 66.2 | 58.1 | 56.1 | 61.4 |
| | 제3유형 (남편<아내) | 63.8 | 77.8 | 59.4 | 49.4 | 67.2 |
| | 합 계 | 61.4 | 69.7 | 58.5 | 55.2 | 63.1 |

주: 1) 숫자들은 각 범주에 해당하는 이혼 부부의 평균 결혼지속기간을 개월 수로 표시한 것임.
2) 부부의 교육수준 차이에 따른 결혼 유형을 세 가지로 나누기 위해 교육수준을 다음과 같이 7개의 범주로 구분하였음: 초등학교 이하, 중학교 중퇴, 중학교 졸업, 고등학교 중퇴, 고등학교 졸업, 대학, 대학원.

자료: 보건복지부 외 (2010).

〈그림 4-6〉 부부의 연령 격차와 결혼 유형별 결혼지속기간의 평균값, 2009

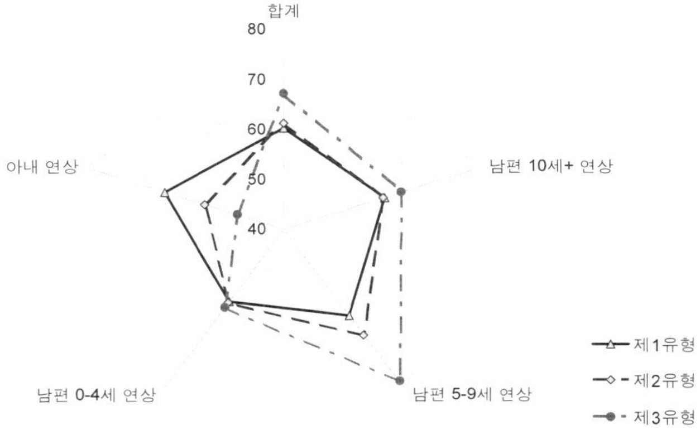


자료: 〈표 4-7〉.

〈그림 4-7〉 부부의 거리 및 결혼 유형에 따른 평균 결혼지속기간, 2009

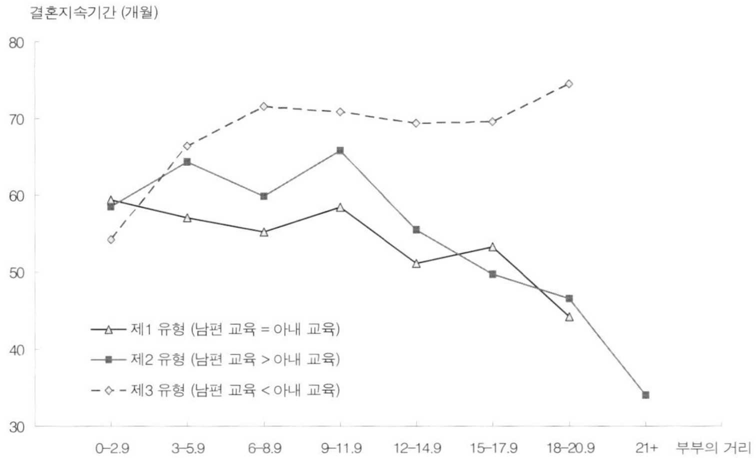


자료: 보건복지부 외 (2010).

의 비중이 높고, 한국인 남편의 직업이 화이트칼라가 상대적으로 많다. 또한 제3유형의 결혼에 해당하는 외국인 아내들은 경제활동의 경험이 있거나 조사시점 당시 경제활동을 하고 있는 경우가 많았다.

## 2) 회귀분석

앞 절의 분석결과는 부부의 연령 및 교육수준 차이가 증가할수록 결혼지속기간이 짧아질 것이라는 기존 가설을 지지하지 않는다. 그러나 앞에서 이미 지적한 것처럼, 〈표 4-5〉와 〈표 4-6〉 및 〈그림 4-6〉에서는 결혼만족도와 결혼지속기간의 주요 결정요인들이 통제되지 않았다. 이 연구에서는 부부의 사회인구학적 상이성과 개인적 요인들이 결혼만족도와 결혼지속기간에 미치는 독립적 효과를 규명하기 위해 회귀분석이 이루어졌다. 〈그림 4-7〉에서 결혼 유형에 따라 부부의 거리와 결혼지속기간이 다른 관계의 양상을 나타내는 것을 감안하여, 부부의 거리와 제3유형의 결혼을 결합한 상호작용항이 회귀모형에 도입되었다. 두 회귀분석의 결과는 〈표 4-8〉에 제시되어 있다.

비록 통계적으로 0.01 수준에서 유의한 것으로 확인되기는 했지만, 결혼만족도를 종속변수로 한 〔모형 1〕은 설명력($R^2$=0.04)이 그리 높지 않다. 부부 상이성을 나타내는 6개의 독립변수 중에서 4개가 결혼만족도에 유의미한 영향을 미치는 것으로 확인되었다. 연령이 높아지고 교육수준이 낮아질수록 외국인 아내가 결혼생활에 보다 만족하는 경향이 발견된다. 그러나 아내가 남편보다 연상이거나 상대적으로 교육수준이 낮으면(제2유형의 결혼), 결혼만족도는 낮아진다. 부부의 거리가 결혼만족도를 높이는 효과가 있는 것으로 드러난 것은 흥미롭다. 상호작용항의 강한 정적 회귀계수는 부부의 거리가 결혼만족도에 미치는 정적 효과가 제3유형의 결혼에서는 더욱 강해진다는 것을 의미한다. 즉, 다른 조건이 같다면, 외국인 아내는 자신의 한국인 남편이 연령과 교육수준에서 차이를 보일 때, 오히려 결혼생활에 만족하는 경향을 나타낸다.

외국인 아내의 높은 결혼연령, 결혼 경험, 그리고 화이트칼라 남편은 결혼만족도를 낮추는 경향이 있다. 한편, 아내의 경제활동 경험, 현재의 경제활동, 그리고 자녀의 존재는 결혼의 만족도를 강력하게 높이는 것으로 확인되었다.

〈표 4-8〉의 〔모형 2〕에서는 종속변수가 결혼지속기간으로 대체되었다. 남편이 아내보다 교육수준이 높은 제2유형의 결혼은 부부의 교육수준이 비슷한 제1유형의 결혼보다 오래 유지되는 경향이 발견된다. 다른 독립변수들의 영향력을 통제한 후에는, 아내의 교육수준이

〈표 4-8〉 유배우자의 결혼만족도와 이혼자의 결혼지속기간에 대한 회귀분석, 2009

| | 결혼만족도 〔모형 1〕 | | 결혼지속기간 〔모형 2〕 | |
|---|---|---|---|---|
| | b | beta | b | beta |
| 아내의 연령 | 0.51** | 0.28 | 4.14** | 0.77 |
| 남편 5-9년 연상 | 0.26 | 0.01 | 5.22† | 0.06 |
| 아내 연상 | -1.04* | -0.01 | 3.11 | 0.02 |
| 아내의 교육 연수 | -0.21** | -0.04 | 1.16† | 0.07 |
| 제2유형 (Hedu>Wedu) | -0.93** | -0.03 | 6.09† | 0.07 |
| 제3유형 (Hedu<Wedu) | 0.29 | 0.01 | -3.19 | -0.04 |
| 부부의 거리 | 0.09** | 0.04 | -0.22 | -0.03 |
| 상호작용 (제3유형×부부 거리) | 0.10** | 0.04 | 0.68 | 0.09 |
| 아내의 결혼연령 | -0.31** | -0.15 | -3.61** | -0.71 |
| 남편의 재혼 | 0.31 | 0.01 | -3.80 | -0.05 |
| 아내의 재혼 | -1.11** | -0.03 | 0.84 | 0.01 |
| 화이트칼라 남편 | -0.38† | -0.01 | 8.00† | 0.06 |
| 아내의 경제활동 경험 | 2.56** | 0.07 | 5.81 | 0.06 |
| 아내의 현재 경제활동 | 2.58** | 0.08 | 5.92 | 0.07 |
| 서울 거주 | -0.06 | 0.00 | -10.08** | -0.12 |
| 자녀 수 | 1.16** | 0.12 | 15.52** | 0.29 |
| 결혼만족도 | | | 0.17 | 0.04 |
| (회귀상수) | 33.09** | | -30.18 | |
| 사례수 | 39,218 | | 608 | |
| $R^2$ | 0.04 | | 0.35 | |
| $F$ 비 | 109.44** | | 18.42** | |

주: 1) †: $p<0.1$; *: $p<0.05$; **: $p<0.01$.
2) 남편 5-9년 연상(남편 5-9년 연상=1, 기타=0); 아내 연상(아내 연상=1, 기타=0); 제2유형(제2유형 결혼=1, 기타=0); 제3유형(제3유형 결혼=1, 기타=0); 남편의 재혼(재혼=1, 기타=0); 아내의 재혼(재혼=1, 기타=0); 화이트칼라 남편(화이트칼라=1, 기타=0); 아내의 경제활동 경험(경험 있음=1, 경험 없음=0); 아내의 현재 경제활동(일하고 있음=1, 일하지 않음=0); 서울 거주(서울 거주=1, 기타=0).
3) 상호작용(제3유형×부부 거리)은 (제3유형 결혼)과 (부부 거리)의 상호작용항임.
자료: 보건복지부 외(2010).

남편보다 높은 제3유형 결혼의 부적 회귀계수가 통계적 유의성을 상실한다. 이러한 회귀분석 결과는 〈표 4-6〉에 제시된 평균값들의 편차보다 더 신뢰할 수 있는 것으로 받아들일 수 있다.

〔모형 2〕에서 다른 독립변수들의 영향력을 통제하고 나면, 남편이 아내보다 5~9년 연상인 부부의 결혼지속기간이 길다. 아내의 연령이 높아질수록 결혼지속기간이 길어지는 경향은 어렵지 않게 이해된다. 또한, 아내의 교육수준이 높아질수록 결혼지속기간이 통계적으로 유의하게 길어진다. 이 회귀모형에서 부부의 거리와 상호작용항 (제3유형 결혼×부부의 거리)의 회귀계수의 부호는 〈그림 4-7〉에서 확인된 관계의 양상과 일관성을 유지한다. 그러나 두 회귀계수 모두 다른 독립변수들의 영향력이 통제되면 통계적 유의성을 상실한다.

〔모형 2〕에 포함된 통제변수 중에서 화이트칼라 남편과 자녀 수는 통계적으로 유의한 정적 회귀계수를, 그리고 아내의 결혼연령과 서울 거주의 두 변수는 통계적으로 유의한 부적 회귀계수를 나타낸다. 남편이 화이트칼라의 직업을 가지고 있거나 자녀 수가 증가할수록 결혼이 오래 지속되는 경향이 있다. 그리고 아내의 결혼연령이 상승하거나 서울에 거주하는 부부일수록 결혼지속기간은 줄어든다.

결혼만족도와 결혼지속기간의 상관계수는 0.10으로 계산되었으며, 0.01 수준에서 통계적으로 유의하다. 그러나 예상과는 달리, 〔모형 2〕에서 중간변수인 결혼만족도가 결혼지속기간에 통계적으로 유의한 독립적 영향력을 나타내지 않는 것으로 확인되었다. 렌탈 (Lenthall, 1977)이 지적한 것처럼, 결혼만족도와 결혼안정성은 서로 다를 수 있다. 이러한 분석결과는 외국인 아내의 결혼생활에 대한 기대수준이 상대적으로 낮고, 인내수준이 높기 때문이라고 해석할 수 있다. 결혼생활의 만족수준이 낮음에도 불구하고, 외국인 아내들은 남편과 충분히 상호적응하기 위해서는 보다 오랜 시간이 필요하다고 생각하는 경향이 있다. 이들에게는 선택의 여지가 많지 않기 때문에, 결혼생활에 대한 낮은 만족도가 결혼의 해체 위기를 높이는 방향으로 항상 작용하는 것은 아니다.

## 5. 이혼 확률의 이항로짓분석

부부의 상이성과 결혼안정성 간의 정적인 관계는 〈표 4-9〉에 제시된 이항로짓분석(binary logit analysis)의 결과에서도 확인할 수 있다. 〔모형 3〕을 보면, 제2유형의 결혼과 제3유형 결혼의 이혼 확률은 제1유형의 결혼보다 통계적으로 유의미하게 낮다. 아내가 남편보다 연상인 부부도 이혼할 확률이 상대적으로 낮아진다. 연령과 교육수준에 따른 부부의 거리가 멀어질수록 이혼의 확률이 낮아지는 경향도 발견된다. 그러나 이러한 경향은 제3유형의 결혼에는 적용되지 않는다. 또한 〔모형 3〕에서는 아내의 연령이 높아질수록 이혼의 확률이 높아지는 것을 확인할 수 있다.

〔모형 4〕에서 사회인구학적 변수들이 도입되면, 부부의 거리를 제외한 대부분의 부부 상이성 변수들은 종속변수에 대한 영향력이 통계적 유의성을 유지하지 못한다. 연령과 교육수준의 격차에 따라 부부의 거리가 멀어지면 결혼이 조기에 해체될 가능성이 낮아지는 경향은 통계적으로 유의하다. 아내의 연령과 이혼 확률의 정적 관계도 통계적 유의성을 확인할 수 있다.

아내의 결혼연령을 제외하고는, 〔모형 4〕의 하단에 제시된 8개 통

〈표 4-9〉 이혼 확률에 대한 이항로짓분석, 2009

| | 이혼 확률 | | | | | |
|---|---|---|---|---|---|---|
| | 〔모형 3〕 | | | 〔모형 4〕 | | |
| | b | std error | exp(b) | b | std error | exp(b) |
| 아내의 연령 | 0.09** | 0.01 | 1.09 | 0.08** | 0.02 | 1.08 |
| 남편 5-9년 연상 | 0.12 | 0.08 | 1.13 | 0.05 | 0.16 | 1.06 |
| 아내 연상 | -0.31* | 0.16 | 0.74 | 0.07 | 0.32 | 1.07 |
| 아내의 교육 연수 | 0.01 | 0.02 | 1.01 | 0.03 | 0.03 | 1.03 |
| 제2유형 (Hedu>Wedu) | -0.21* | 0.10 | 0.81 | -0.02 | 0.19 | 0.98 |
| 제3유형 (Hedu<Wedu) | -0.33* | 0.16 | 0.72 | -0.34 | 0.33 | 0.71 |
| 부부의 거리 | -0.04** | 0.01 | 0.96 | -0.08** | 0.02 | 0.92 |
| 상호작용 (제3유형×부부 거리) | 0.04* | 0.02 | 1.04 | 0.03 | 0.03 | 1.04 |
| 아내의 결혼연령 | | | | -0.15** | 0.02 | 0.86 |
| 남편의 재혼 | | | | 0.48** | 0.19 | 1.61 |
| 아내의 재혼 | | | | 0.64 | 0.22 | 1.89 |
| 화이트칼라 남편 | | | | 0.38† | 0.22 | 1.46 |
| 아내의 경제활동 경험 | | | | 0.54† | 0.28 | 1.72 |
| 아내의 현재 경제활동 | | | | 0.53* | 0.26 | 1.69 |
| 서울 거주 | | | | 0.45** | 0.16 | 1.57 |
| 자녀 수 | | | | -0.99** | 0.12 | 0.37 |
| 결혼만족도 | | | | 0.16** | 0.01 | 1.17 |
| (회귀상수) | -6.88 | 0.34 | 0.00 | -14.90** | 0.85 | 0.00 |
| 사례수 | 44,914 | | | 40,115 | | |
| Nagelkerke $R^2$ | 0.09 | | | 0.82 | | |
| Log Likelihood Ratio | 7,160.97** | | | 1,347.57** | | |

주: 1) †: $p<0.1$; *: $p<0.05$; **: $p<0.01$.
2) 〈표 4-8〉의 주 2)와 3)을 참조할 것.
자료: 보건복지부 외 (2010).

제변수들의 영향력이 강하게 유지되며 통계적 유의성을 상실하지 않는다. 몇몇 통제변수의 로짓계수들은 〈표 4-8〉에 제시된 〔모형 2〕의 회귀분석 결과와 비교할 때 일관적인 양상을 나타내지 않는다. 회귀계수와 로짓계수의 부호가 서로 다른 방향으로 나타나거나, 종속변수의 분산을 설명할 수 있는 상대적인 영향력의 크기에 있어서도 차이가 발견된다. 이에 대해서는 이혼 확률과 결혼지속기간이 결혼안정성의 서로 다른 측면을 반영하는 변수들이기 때문이라는 부분적인 설명도 가능하다.

이상과 같은 부부의 사회인구학적 상이성과 결혼안정성의 관계는 한국인 아내와 외국인 남편의 결혼에도 그대로 적용될 수 있는 것으로 판단된다. 외국인 남편의 경우에는 동질혼(homogamy)보다는 남편의 교육수준이 아내의 교육수준에 비해 높을수록 결혼지속기간이 상대적으로 긴 것으로 밝혀졌다. 대체로 한국인 아내의 교육수준이 외국인 남편의 교육수준에 비해 한 단계 낮은 국제결혼 부부의 결혼안정성이 상대적으로 높다. 대표적인 예로, 일본인 남편과 한국인 아내의 이혼을 들 수 있다. 동일한 교육수준보다는 일본인 남편의 교육수준이 한국인 아내의 교육수준보다 한 단계 높은 부부의 결혼지속기간이 길다. 아울러 외국인 남편이 개발도상국 출신일수록, 그리고 서울에 거주하는 국제결혼 부부일수록 결혼안정성이 낮은 것으로 확인되었다.

결국 국제결혼의 경우 외국인 배우자의 성별에 관계없이, 남편의 교육수준이 아내보다 상대적으로 높은 제2유형 부부의 결혼안정성이 높다고 결론지을 수 있다. 이러한 관계의 양상은 한국인끼리의 결혼에서도 대체로 지지된다. 통계청의 이혼신고자료 분석에서 한국인 남편과 아내의 결혼에서는 제2유형의 결혼안정성이 가장 높고, 다음으로 제1유형의 결혼안정성이 높은 것으로 확인되었다. 아내의 교육수준이 남편보다 상대적으로 높은 제3유형에서는 결혼지속기간이 현저하게 짧아지고 이혼의 확률이 높아지는 경향이 발견되었다.

# 제5장
# 다문화사회

1. 심리적 태도, 차별과 생활만족도
2. 혼인이주자의 사회참여
3. 혼인이주자의 사회문화적 적응

# 제5장 다문화사회

지난 20여 년간의 지속적인 증가로 한국사회에 장기, 단기 및 불법적으로 체류하고 있는 외국인과 그 자녀 수의 규모가 2014년 현재 180만 명에 근접하는 수준으로 파악되고 있다. 이는 전체 한국 인구의 3.1%에 해당하는 수준이다. 이 중 외국인 근로자가 약 75만 명으로 가장 많으며, 혼인이주자의 규모는 혼인귀화자를 합하여 약 25만 명 수준으로 추정된다(법무부, 2014a, 2014b, 2014c; 행정자치부, 2014; 통계청, 2014a). 물론 이러한 외국인의 규모나 비중은 미국이나 유럽 등 전통적인 이민국가에 비해서는 상대적으로 크지 않은 편이라고 할 수 있다. 그러나 한국사회는 이제 더 이상 단일민족 국가라고 보기 어려우며, 이미 다문화사회로 진입했다. 앞에서 이미 언급한 것처럼, 요즘 농어촌 지역에서 이루어지는 결혼에서 신부 3-4명 중 1명이 외국 여자라는 사실이 이를 입증한다(통계청, 2009a, 2010d, 2011b).

전통적으로 혈통주의와 민족주의적 배타성이 강한 한국에서 외국인 배우자나 그 가족구성원이 현지 지역사회에 사회문화적으로 적응하고 통합되기는 쉽지 않다. 다문화사회의 건전한 기초를 닦기 위해서는 우선 한국인의 외국인에 대한 심리적 반응의 실체가 무엇인가를 파악할 필요가 있다. 이 장에서는 한국학중앙연구원(2008)의 『다민족, 다인종 사회통합 관련 조사』 자료를 활용하여 한국인이 외국인에 대해 느끼는 사회적 거리감과 태도에 대한 논의가 이루어진다. 그리고 보건복지부 외(2010)의 『2009년 전국 다문화가족 실태조사』와 인구및고령사회연구소(2007)의 『아시아 여성의 한국으로의 혼인이주와 정착과정에 관한 조사』 자료를 바탕으로 혼인이주자의 생활만족도와 사회적 적응에 대해서 살펴본다.

## 1. 심리적 태도, 차별과 생활만족도[21)]

### 1) 외국인에 대한 사회적 거리감

문화적 관용성의 측면에서 볼 때, 전통적으로 한국인은 다른 인종이나 민족, 문화적 소수집단을 배려하고 보호하는 성향이 다소 약하다고 할 수 있다. 물론 혼인이주자와 이주노동자의 증가추세에 수반하여 외국인에 대한 태도가 점차 긍정적이고 관용적으로 변하는 과정에 있는 것은 사실이다. 그러나 외국인을 피부색, 생김새나 출신국가의 발전수준에 따라 여전히 차별적으로 대우하는 경향이 아직도 남아 있다. 또한 외국인에 대한 우호적인 태도나 행동은 이들이 한국 문화, 사회체제 및 경제적 이해관계에 도전하지 않고, 한국인과 경쟁하지 않는다는 것을 전제로 이루어지는 경우가 대부분이다(장승진, 2010).

최근에 이르러 불법 체류자를 포함하여 외국인 거주자의 지속적인 증가로 인해 이들과의 문화 및 종교적 차이, 노동시장에서의 경쟁,

---

21) 이 절의 논의는 김두섭(2011b)과 김두섭 외(2008)를 바탕으로 하여 이루어졌다.

그리고 일부 외국인 거주자들의 범죄가 빈번하게 노출되고 사회적 주목을 받고 있다(김두섭, 2012b). 외국인 거주자의 규모가 커지거나 이들의 거주 밀도가 높아지면, 한국사회에서도 외국인 혐오증(xenophobia)과 같은 현상이 초래될 가능성을 완전히 배제할 수 없다. 예를 들어, 세계화로 인해 경제위기나 금융파동이 갑작스럽게 초래되고 노동시장의 불안정이 심화되면, 외국인 거주자의 증가에 따른 인종적·문화적 다양성이 오히려 심각한 사회갈등을 유발하는 씨앗이 될 수 있다. 다른 인종을 배척하는 인종주의(racism)가 전통적으로 일부 서구 백인사회 또는 국가에 한정되어 관찰되던 것과는 달리, 외국인 혐오증은 상대적으로 사회경제적 발전수준이 낮은 외부 사회로부터 유입된 인력이 존재하는 곳에서는 어디든지 발생할 수 있는 현상이라고 할 수 있다.

그러면 〈표 5-1〉에 제시된, 한국인이 외국인에 대해 느끼는 사회적 거리감(social distance)에 대해서 살펴보기로 하자. 사회적 거리감은 미국의 사회학자인 파크(Park)가 짐멜(Simmel)의 논의로부터 도출해 낸 사회심리학적 개념이다. 이 개념은 물리적 공간상의 두 지점 사이의 거리를 재는 것처럼, 개인 또는 집단 사이에 친밀감이나 적대감 같은 감정의 척도로 측정 가능한 사회적 거리가 존재한다고 가정한다. 대표적인 예로, 이민족에 대한 사회적 거리를 측정한 보가더스(Bogardus)의 척도를 들 수 있다. 〈표 5-1〉은 보가더스가 고안한 태도 항목들의 일부를 활용해 찬성률을 계산한 결과를 제시한 것이다.

〈표 5-1〉을 보면, 한국인은 미국인, 중국 조선족과 일본인에 대한 사회적 거리가 가장 가깝다. 다음으로는 새터민(탈북자), 러시아인, 중국인과 동남아시아인이 중위그룹을 형성하고 있다. 가장 거리감을 느끼는 대상은 아프리카 흑인으로 나타났다. 네 항목에 대한 찬성률을

〈표 5-1〉 외국인에 대한 사회적 거리감: 보가더스 척도의 일부 항목에 대한 찬성률, 2008

| | 조선족 (중국인) | 중국인 | 일본인 | 동남 아시아인 | 미국인 | 러시아인 | 아프리카 흑인 | 새터민 (탈북자) |
|---|---|---|---|---|---|---|---|---|
| 자녀의 배우자로 허용 | 42.9 | 30.8 | 40.2 | 30.0 | 41.7 | 30.8 | 17.6 | 36.8 |
| 이웃으로 허용 | 84.3 | 76.5 | 80.6 | 78.9 | 86.6 | 77.0 | 69.0 | 80.4 |
| 한국에 사는 것 허용 | 89.5 | 83.7 | 88.0 | 87.2 | 92.0 | 86.2 | 81.2 | 87.8 |
| 한국 방문을 허용 | 97.1 | 95.5 | 95.9 | 97.2 | 98.5 | 97.6 | 96.8 | 93.2 |

주: 유효 응답자 1,101명에 대한 찬성 응답자의 수를 백분율로 계산하였음.
자료: 한국학중앙연구원(2008).

구체적으로 살펴보면, 미국인, 중국 조선족과 일본인에 대한 태도는 유사하게 나타난다. 한국 방문을 허용하는 것에 대해 가장 찬성률이 높고 그 다음은 한국에 사는 것을 허용하는 것이었다. 비록 그 편차는 그리 크지 않지만 두 항목 모두 미국인에 대한 찬성률이 가장 높다. 그리고 이웃으로 사는 것을 허용하는 찬성률도 미국인이 가장 높으며, 그 다음으로 중국 조선족, 일본인, 새터민의 순이었다. 한편, 아프리카 흑인의 경우에는 이웃으로 허용하거나 자녀의 배우자로 허용하는 찬성률이 다른 외국인보다 현저하게 낮은 것으로 밝혀졌다.

이상 살펴본, 외국인에 대한 사회적 거리감의 양상은 다른 조사자료를 활용하여 분석한 이명진 외(2010)의 연구에서도 유사하게 나타난다. 그리고 미국인과 일본인에 대해서는 출신국의 경제적 위상에 대한 평가가, 중국인과 동남아시아인의 경우에는 근면성에 대한 긍정적 평가가 사회적 거리감을 좁히는 것으로 밝혀졌다. 그리고 고학력 응답자일수록 미국인을 제외한 모든 외국인에 거리감을 덜 느끼는 것으로 확인되었다. 미국인에 대해서는 여성이, 새터민의 경우에는 연령이 높아질수록 상대적으로 관용적인 태도를 보였다(이명진 외, 2010).

한국인의 외국인에 대한 배타성은 한국을 방문하고 거주하거나 이웃으로 사는 것을 허용하는 태도에서는 크게 드러나지 않는 것으로 판단된다. 그러나 가족관계에 관해서는 상황이 현저하게 달라진다. 자녀의 배우자로 외국인을 받아들일 것이냐의 태도에서 한국인의 외국인에 대한 관대함과 수용수준은 급속하게 약화된다. 〈표 5-1〉에서 보는 것처럼, 자녀의 배우자로 허용하는 찬성률은 모든 외국인에 대해 현저하게 낮아진다.[22] 이는 한국인이 가족관계에 특별한 의미를 부여하고 있음을 반영하는 결과로 판단된다. 그리고 가족이라는 내집단의 구성원으로 수용함에 있어서, 한국인들은 선진국 출신이나 같은 민족 또는 언어적 동질성을 지니는 대상에 대해 상대적으로 거부감이 약하다고 해석할 수 있다.

### 2) 혼인이주자에 대한 태도

일반적으로 이민자에 대한 현지 사회구성원들의 태도는 다음의 세 가지로 설명된다. 첫째, 개개인이 지니는 국가와 민족정체성에 대한 가치관이 이민자에 대한 태도에 영향을 미친다. 국가정체성이나 민족정체성이 강한 사람들은 이민자의 유입이 혼란을 초래한다고 생각하여 부정적인 태도를 보일 가능성이 크다. 둘째, 평등과 사회정의를 강조하는 보편적인 가치관을 지닌 사람들일수록 소수 이민자에 대해 호의적인 태도를 보이는 경향이 있다. 예를 들면, 교육수준이 높은 사람들일수록 문화적 다양성을 수용하는 가치관을 지니며, 따라서 이민자에 대해서 긍정적인 태도를 나타내게 된다(김석호 외, 2011). 셋

22) 그러나 한국인은 추상적인 수준에서는 외국인과의 결혼에 대해 긍정적이고 관용적으로 인식하는 방향으로 빠르게 변화하고 있다. 통계청(2011g)에서 시행한 『2010년 사회조사』 결과에 의하면, 15세 이상 인구의 60.3%가 일반론적인 수준에서 외국인과의 결혼에 동의하는 것으로 밝혀졌다. 남녀의 동의율은 각각 61.2%와 59.3%로 남자가 약간 더 높았다.

째, 이민자에 대한 태도는 경제적인 요인에 따라서도 영향을 받는다. 즉, 이민자들이 어떤 기술을 지니고 어떤 직종으로 진출하여 현지 사회의 구성원들과 노동시장에서 어떻게 상호작용하고 경쟁하는가에 따라서 달라진다(Kim et al., 2009). 노동시장에서의 경쟁으로 인한 임금 하락이나 이민자들을 위한 정부의 정책집행에 요구되는 세금도 이민자에 대한 태도 형성에 영향을 미친다(송유진, 2008).

〈표 5-2〉는 외국인 이주자의 규모에 대한 한국인의 태도가 고려의 대상으로 삼는 이주자 유형에 따라 뚜렷하게 다르다는 것을 보여준다. 한국인은 이 표에 제시된 다섯 가지 유형의 이주자 중에서 외국인 유학생에 대해서 가장 우호적인 태도를 지니고 있으며, 57.3%가 유학생의 수가 늘어나는 것에 찬성하고 있다. 현재의 외국인 유학생 규모를 적절하다고 생각하는 응답자는 32.3%인 반면, 유학생의 수를 줄여야 한다고 생각하는 응답자는 10.4%에 불과했다. 외국인 기업가의 수에 대한 태도 역시 비슷한 양상을 나타냈다. 지금보다 외국인 기업가가 증가하는 것이 바람직하다는 응답이 과반수를 점유하고 있으며, 지금 정도가 좋다는 응답까지 포함시키면 절대다수를 구성한다. 반면, 기업가의 수가 줄어야 한다는 응답자는 12.3%로 나타났다. 외국인 유학생과 기업가에 대한 우호적인 태도는 교육수준이 높아질수록 강한 것으로 드러났다.

외국인 근로자에 대한 태도는 단순노무직인지 전문기술직인지에 따라서 뚜렷한 차이를 보인다. 전문기술직 근로자가 늘어나야 한다고 우호적으로 생각하는 응답자가 45.0%인 반면, 단순노무직 근로자의 경우에는 우호적 응답자의 비중이 상대적으로 낮은 16.7%로 나타났다. 지금 수준의 단순노무직 근로자 규모가 바람직하거나 약간 줄여야 한다는 응답자가 각각 46.3%와 31.2%를 차지하는 것으로 밝혀

〈표 5-2〉 외국인 이주자의 규모에 대한 태도, 2008

| 이주자 유형 | 많이 줄어야 | 약간 줄어야 | 지금 정도 좋음 | 약간 늘어야 | 많이 늘어야 | 합계 |
|---|---|---|---|---|---|---|
| 혼인이주 여성 | 5.0 | 27.2 | 51.8 | 13.2 | 2.8 | 100.0 |
| 단순노무직 근로자 | 5.7 | 31.2 | 46.3 | 15.0 | 1.7 | 100.0 |
| 전문기술직 근로자 | 1.8 | 13.7 | 39.6 | 35.6 | 9.4 | 100.0 |
| 외국인 유학생 | 1.4 | 9.0 | 32.3 | 39.6 | 17.7 | 100.0 |
| 외국인 기업가 | 1.7 | 10.6 | 35.5 | 35.9 | 16.3 | 100.0 |

주: 유효 응답자 1,101명에 대한 찬성 응답자의 수를 백분율로 계산하였음.
자료: 한국학중앙연구원(2008).

졌다.

대부분의 국가에서는 외국인 근로자의 취업을 제한적으로 허용하고 있다. 전반적 생활수준의 향상과 대학교육의 팽창으로 1990년대 초에 이르러 한국사회에는 근로자들이 기피하는 3D 업종이 등장했다. 아울러 저출산과 급속한 고령화 현상으로 인한 노동력 부족현상을 해소하기 위해 한국 정부는 산업연수생 제도 등을 통해 외국인 근로자들의 단기 이주와 취업을 허용하는 정책을 시행해왔다. 그리고 2007년부터는 이를 고용허가제로 전환하여 운영해오고 있다. 한국은 현재 제조업, 건설업, 농림어업, 그리고 일부 서비스업에 국한하여 단기 계약으로 외국인 근로자들의 취업을 허용하고 있다.

〈표 5-2〉에서 확인할 수 있듯이 한국인들이 단순노무직에 종사하는 외국인 근로자들에 대해 상대적으로 비우호적인 태도를 나타내는 것은 그동안 한국 정부의 단순노무직 위주의 취업허용정책에 기인하는 바가 크다. 즉, 지난 20여 년간 동남아시아의 여러 국가로부터 이주해온 단순노동 근로자들이 급속한 속도로 증가하였고, 이들 중 상당 부분이 불법 체류자로 남게 되어 중요한 사회문제로 제기되고 있는 실정이다. 이에 추가하여 최근의 경기침체 및 노동시장의 불안정

〈표 5-3〉 외국인 이주자의 유형과 출신지역에 따른 태도의 차이, 2011

| 이주자 유형 / 출신지역 | 매우 바람직 | 바람직 | 바람직 하지 않음 | 매우 바람직 하지 않음 | 합계 |
|---|---|---|---|---|---|
| 이주자의 유형 | | | | | |
| 국제결혼 이주자 | 5.7 | 60.2 | 29.0 | 5.1 | 100.0 |
| 단순 비숙련 근로자 | 4.4 | 60.5 | 30.0 | 5.1 | 100.0 |
| 전문기술직 근로자 | 14.4 | 61.0 | 20.2 | 4.4 | 100.0 |
| 외국인 유학생 | 26.0 | 66.9 | 6.1 | 1.0 | 100.0 |
| 이주자의 출신지역 | | | | | |
| 아시아 | 4.9 | 78.6 | 14.4 | 2.1 | 100.0 |
| 미주/유럽/오세아니아 | 5.4 | 70.4 | 20.9 | 3.3 | 100.0 |
| 아프리카 | 3.0 | 57.6 | 30.1 | 9.3 | 100.0 |

주: 유효 응답자 1,000명으로부터 얻은 응답을 백분율로 계산하였음.
자료: 한국보건사회연구원(2011).

한 상황으로 실업률이 높아지면서 이들에 대한 부정적인 태도가 확산되는 결과를 초래한 것으로 판단된다. 이와는 대조적으로 전문기술직에 종사하는 외국인 근로자들은 그 규모도 그리 크지 않은데다 노동시장에서 경쟁관계에 있는 내국인이 상대적으로 적다는 점을 지적할 수 있을 것이다.

〈표 5-2〉를 보면, 혼인이주 여성의 수에 대한 태도는 대체로 중립적이라고 할 수 있다. 현재의 혼인이주 여성의 규모가 적절하다는 응답자의 비중이 51.8%로 집계되었다. 이 수치는 나머지 네 유형 이주자의 규모에 대해 적정수준이라는 태도를 보인 응답자의 비중보다 현저하게 높은 수준이다. 그리고 혼인이주 여성이 증가하는 것보다 감소하는 것을 선호하는 응답자가 두 배 정도 많은 것으로 밝혀졌다.

〈표 5-3〉에 제시된 한국보건사회연구원(2011)의 조사결과를 보면, 외국인 이주자의 유형에 따른 태도의 차이가 〈표 5-2〉와 비슷한 양상을 나타낸다. 그러나 외국인 이주자에 대한 태도가 〈표 5-2〉에 비

해 현저하게 더 우호적이라는 점을 지적할 수 있다. 두 조사의 설계가 다르기 때문에 〈표 5-2〉와 〈표 5-3〉에서 관찰되는 태도의 차이가 2008년과 2011년의 두 조사시점 사이에 외국인 이주자에 대한 태도가 대폭 우호적으로 변하였다는 것을 의미하지는 않는다.

한국인의 혼인이주자에 대한 태도는 이들의 출신지역이나 국가에 따라 좌우되는 경향이 강하다. 〈표 5-3〉에서 보는 것처럼, 아프리카 지역으로부터의 이주자에 대해서는 다른 지역 출신의 이주자에 비해 우호적인 태도의 점유율이 현저하게 낮다. 이러한 경향은 〈표 5-1〉에서도 이미 확인된 바 있다. 같은 혼인이주자라 하더라도, 선진국 출신이나 고학력의 혼인이주 여성에 대한 태도는 비교적 관용적이고 우호적인 양상을 나타낸다. 한편, 개발도상국 출신이나 저학력의 혼인이주 여성들은 자신은 물론 한국인 남편과 가족의 사회경제적 조건 역시 상대적으로 열악한 경우가 대부분이다. 한국인은 이들에 대해서 문화적 편견과 차별적인 태도를 보이는 성향이 아직도 상당히 강하게 남아 있다(이삼식, 2012).

외국인에 대해 한국인이 인식하는 사회적 거리감은 개인의 특성에 따라서 의미 있는 편차가 발견된다. 일반적으로, 남자가 여자에 비해 외국인을 사회적 성원으로 받아들이는 포용력이 넓은 경향이 발견된다. 교육수준이 높을수록 외국인의 출신 지역이나 국가, 인종에 따른 구분 없이 외국인에 대해 관용적인 태도를 가진다. 그리고 도시화수준이 높은 지역에 거주할 때, 외국인에 대한 포용적인 태도가 증가하는 경향이 있다. 그러나 거주지역의 외국인 비중이 높아지면, 외국인에 대해 가지는 포용력이 감소하고 배타적인 태도가 심화되는 것으로 밝혀졌다. 한편, 외국인에 대한 태도에 연령이 미치는 효과는 외국인의 출신 지역이나 국적에 따라 상이한 것으로 판단된다. 일반적으로 연령이 낮을수록 일본인, 유럽인과 미국인에 대해 우호적인 태도가 발견된다. 젊은 연령층에서 선진국 지향성이 강하게 나타나는 경향은 이들 문화권에 대한 호기심 및 국제교류 경험의 확대와 아울러 서구 문화의 긍정적 측면을 부각시키는 대중매체에의 노출이 잦은 점도 원인의 하나로 지적할 수 있다(민지선 · 김두섭, 2013).

### 3) 혼인이주자의 차별경험

한국사회가 혼인이주자에 대해서 문화적 편견과 차별적인 태도를 보이는 경향이 강하다는 것은 혼인이주 여성들을 대상으로 하는 실태조사에서도 확인된다. 혼인이주 여성들의 상당 부분이 한국생활에서 부당한 대우를 받거나 인정받지 못하는 느낌을 받는 등의 차별을 경험한 것으로 보고하고 있다. 이들의 출신국가별로 보면, 필리핀 여성들이 차별을 상대적으로 많이 경험한 반면, 일본 여성들은 차별받은 경험이 상대적으로 적은 것으로 나타났다. 그리고 혼인이주 여성들의 한국 거주기간이 길어질수록 차별경험지수는 낮아지는 경향으로 보고하고 있다(김이선 외, 2011).

그런데 외국인을 대상으로 하는 실태조사에서 다양한 형태의 차별을 받은 경험과 그 강도를 측정하기는 쉽지 않다. 차별받은 경험에 대한 주관적인 인식은 외국인 당사자가 지닌 사회인구학적 조건이나 한국어 해독능력에 따라서도 영향을 받을 것이다. 이 소절에서는 보건복지부 외(2010)의 『2009년 전국 다문화가족 실태조사』를 활용하여 혼인이주자의 출신국가 및 주요 사회인구학적 변수들에 따라 차별받은 경험에 대한 주관적인 인식이 의미 있는 차이를 보이는지를 확인하기로 한다.

〈표 5-4〉에 제시된 차별경험점수를 계산하기 위해 다섯 가지의 상황이나 대상(거리/동네, 상점/음식점, 공공기관, 집 주인, 직장)으로부터 받은 차별경험에 대한 응답들을 활용하였다. 각각의 차별경험은 "전혀 차별을 받지 않았다"의 0점에서부터 "심한 차별을 받았다"의 30점까지 각각 네 가지 수준으로 구분되었으며, 이 다섯 개의 점수들을 합산하여 차별경험점수로 삼았다. 따라서 이 변수는 0점에서 150점 사이의 값을 지니며, 점수가 높을수록 차별받은 경험을 심각하게 인식하고 있다는 것을 의미한다.

〈표 5-4〉를 보면, 차별경험점수가 혼인이주 여성의 출신국가에 따라 확연한 차이를 나타낸다. 중국과 필리핀 출신 여성들의 점수가 높은 것으로 나타났으며, 이어서 몽골 여성과 베트남 여성의 순이었다. 연령에 따라서는 30-34세 혼인이주 여성들의 점수가 가장 높고, 연령이 높아질수록 점수가 점차 낮아지는 것으로 확인되었다. 그러나 24세 이하 여성들의 차별경험점수는 다른 연령집단의 절반에 불과한 수준으로 측정되었다. 그리고 교육수준과 차별경험점수는 정적인 관계를 보여준다.

혼인이주 여성들이 차별을 받았다고 인식하게 되는 계기는 자녀의 취학이나 경제활동과 관련이 있는 것으로 판단된다. 〈표 5-4〉에서 보는 것처럼, 취학자녀가 있거나 경제활동을 하고 있는 여성들의 차별경험점수가 현저하게 높은 것으로 나타났다. 그리고 한국에 거주한 기간이 길어질수록 대체로 점수가 높아지는 경향이 관찰된다. 그러나 10년 이상 거주한 여성들의 점수는 5-9년을 거주한 여성들의 점수보다 약간 낮게 집계되었다. 이는 앞에서 인용한, 혼인이주 여성들의 한국 거주기간이 길어질수록 차별경험지수가 낮아진다는 김이선 외(2011)의 분석결과와 상반되는 것이다.

〈표 5-4〉 혼인이주 여성의 주요 사회인구학적 변수에 따른 차별경험점수의 평균값 및 분산분석, 2009

| | 차별경험점수 | | |
|---|---|---|---|
| | 평균 | N | F |
| 출신국가 | | | 233.00** |
| 중국(조선족) | 13.3 | 16,290 | |
| 중국(한족) | 12.6 | 6,495 | |
| 베트남 | 5.4 | 13,095 | |
| 필리핀 | 12.7 | 4,159 | |
| 몽골 | 9.8 | 723 | |
| 합 계 | 10.5 | 40,762 | |
| 연령 | | | 171.53** |
| 24세 이하 | 5.7 | 10,635 | |
| 25-29세 | 10.2 | 8,384 | |
| 30-34세 | 13.3 | 6,917 | |
| 35-39세 | 13.1 | 6,554 | |
| 40세 이상 | 12.8 | 8,272 | |
| 합 계 | 10.5 | 40,762 | |
| 교육수준 | | | 111.51** |
| 중학교 이하 | 8.8 | 15,493 | |
| 고등학교 | 10.8 | 18,051 | |
| 대학교 이상 | 13.9 | 6,952 | |
| 합 계 | 10.5 | 40,496 | |
| 자녀 | | | 37.09** |
| 자녀 없음 | 10.3 | 14,032 | |
| 취학 전 자녀 있음 | 10.0 | 19,183 | |
| 취학자녀 있음 | 13.2 | 5,276 | |
| 합 계 | 10.6 | 38,491 | |
| 경제활동 | | | 371.06** |
| 하지 않음 | 8.8 | 26,018 | |
| 현재 일하고 있음 | 13.5 | 14,744 | |
| 합 계 | 10.5 | 40,762 | |
| 한국 거주기간 | | | 216.60** |
| 1년 미만 | 3.6 | 4,026 | |
| 1년 | 6.5 | 5,475 | |
| 2-4년 | 10.3 | 14,970 | |
| 5-9년 | 14.7 | 9,932 | |
| 10년 이상 | 12.9 | 5,723 | |
| 합 계 | 10.6 | 40,126 | |
| 거주지 | | | 31.33** |
| 서울특별시 | 12.9 | 5,411 | |
| 광역시 | 9.9 | 9,129 | |
| 기타 지역 | 10.3 | 26,222 | |
| 합 계 | 10.5 | 40,762 | |

주: **: $p < 0.01$.
자료: 보건복지부 외 (2010).

차별경험점수를 혼인이주 여성의 거주지에 따라 살펴보면, 서울 거주자의 점수가 가장 높다. 그리고 광역시에 거주하는 여성들의 점수가 가장 낮은 것으로 확인되었다. 거주지에 따른 차별경험점수의 이 같은 편차양상은 〈표 5-4〉의 분산분석에서 다른 변수들의 영향력이 통제되지 않았다는 사실과 관련이 있는 것으로 판단된다. 〈표 5-5〉를 살펴보면, 중국 한족 여성과 베트남 여성의 경우에는 대도시가 아닌 지역의 거주자가 가장 높은 차별경험점수를 나타낸다.

사소한 예외가 관찰되기는 하지만, 〈표 5-5〉에서 교육수준, 취학자녀 유무, 경제활동 여부에 따라 관찰되는 차별경험점수 편차의 양상은 〈표 5-4〉에서와 대체적으로 일관성을 유지한다. 한국 거주기간과 차별경험점수의 정적인 관계는 〈표 5-5〉에서 더욱 선명하게 드러난다. 그리고 베트남과 필리핀 출신의 여성은 중국 여성과는 달리 35-39세 집단에서, 몽골 여성은 40세 이상의 집단에서 차별경험점수의 평균값이 가장 높은 것으로 드러났다.

한국인은 추상적인 수준에서는 민족주의적 폐쇄성을 탈피하고 문화적 다양성에 대해 긍정적이고 관용적으로 인식하는 방향으로 빠르게 변화하고 있다. 그러나 구체적인 수준에서, 특히 개발도상국 출신 혼인이주자들을 대상으로 하는 한, 문화적 다양성을 수용하는 태도에는 괴리가 있으며, 다양한 상황에서 이들에 가해지는 차별행위도 아직 상존하는 실정이다. 이들을 동등한 가치를 지닌 민족으로 받아들이고, 이들의 문화를 포용하면서 차별 없이 어울려 함께 살고자 하는 복합문화주의적 태도와 가치관은 아직 충분히 성숙되지 않은 것으로 판단된다.

〈표 5-5〉 혼인이주 여성의 출신국가와 사회인구학적 변수에 따른 차별경험점수의 평균값, 2009

| | 혼인이주자의 출신국가 | | | | | |
|---|---|---|---|---|---|---|
| | 중국 | | 베트남 | 필리핀 | 몽골 | 전체 |
| | 조선족 (16,290) | 한족 (6,495) | (13,095) | (4,159) | (723) | (40,762) |
| 연령 | | | | | | |
| 24세 이하 | 11.2 | 9.9 | 4.9 | 7.5 | 4.9 | 5.7 |
| 25-29세 | 13.4 | 13.4 | 6.2 | 11.1 | 8.5 | 10.2 |
| 30-34세 | 14.0 | 14.6 | 6.5 | 14.6 | 11.8 | 13.3 |
| 35-39세 | 13.3 | 11.8 | 7.9 | 16.5 | 11.0 | 13.1 |
| 40세 이상 | 13.1 | 11.7 | 6.1 | 13.5 | 14.2 | 12.8 |
| 합 계 | 13.3 | 12.6 | 5.4 | 12.7 | 9.8 | 10.5 |
| 교육수준 | | | | | | |
| 중학교 이하 | 12.7 | 11.9 | 5.4 | 11.9 | 3.8 | 8.8 |
| 고등학교 | 13.1 | 13.0 | 5.2 | 9.5 | 9.7 | 10.8 |
| 대학교 이상 | 15.5 | 13.1 | 7.4 | 14.7 | 10.8 | 13.9 |
| 합 계 | 13.3 | 12.6 | 5.4 | 12.7 | 9.7 | 10.5 |
| 자녀 | | | | | | |
| 자녀 없음 | 13.4 | 11.4 | 4.0 | 10.1 | 9.1 | 10.3 |
| 취학 전 자녀 있음 | 14.1 | 14.0 | 5.9 | 11.4 | 9.5 | 10.0 |
| 취학자녀 있음 | 11.7 | 14.0 | 10.4 | 17.6 | 13.4 | 13.2 |
| 합 계 | 13.3 | 12.7 | 5.4 | 12.9 | 9.7 | 10.6 |
| 경제활동 | | | | | | |
| 하지 않음 | 13.0 | 11.2 | 4.4 | 9.7 | 8.4 | 8.8 |
| 현재 일하고 있음 | 13.6 | 15.3 | 9.5 | 17.0 | 13.3 | 13.5 |
| 합 계 | 13.3 | 12.6 | 5.4 | 12.7 | 9.8 | 10.5 |
| 한국 거주기간 | | | | | | |
| 1년 미만 | 6.1 | 6.4 | 1.9 | 4.5 | 0.1 | 3.6 |
| 1년 | 9.1 | 10.1 | 3.7 | 8.4 | 4.7 | 6.5 |
| 2-4년 | 13.6 | 14.4 | 6.4 | 11.2 | 9.1 | 10.3 |
| 5-9년 | 15.0 | 16.3 | 10.0 | 15.8 | 13.8 | 14.7 |
| 10년 이상 | 12.2 | 15.3 | 12.0 | 16.5 | 15.7 | 12.9 |
| 합 계 | 13.3 | 12.6 | 5.4 | 12.7 | 9.8 | 10.6 |
| 거주지 | | | | | | |
| 서울특별시 | 14.6 | 12.4 | 4.7 | 15.0 | 17.1 | 12.9 |
| 광역시 | 11.7 | 11.6 | 5.4 | 13.3 | 8.6 | 9.9 |
| 기타 지역 | 13.5 | 13.1 | 5.4 | 12.3 | 9.0 | 10.3 |
| 합 계 | 13.3 | 12.6 | 5.4 | 12.7 | 9.8 | 10.5 |

자료: 보건복지부 외(2010).

### 4) 혼인이주자의 생활만족도

삶의 질에 대한 만족도를 측정하는 것은 쉽지 않은 작업이며, 질문하는 방식에 따라서도 그 결과가 영향을 받기 마련이다. 언어소통이 완벽하지 않은 응답자를 대상으로 하는 조사에서는 그 개연성이 더욱 높아진다. 따라서 혼인이주자의 생활만족도를 측정한 결과를 해석할 때는 각별한 주의가 필요하다.

혼인이주자들이 느끼는 삶의 질에 대한 만족도는 상당히 높은 수준으로 나타났다. 보건복지부 외(2010)의 조사결과, 혼인이주자의 21.0%가 매우 만족, 그리고 35.8%가 만족한다고 응답하였다. 생활만족도가 보통이라고 응답한 혼인이주자의 비중은 36.4%였다. 이와는 대조적으로, 불만족 응답자는 6.9%에 불과했다. 월평균 가구소득이 전반적으로 낮은 수준임에도 불구하고, 혼인이주자의 생활만족도가 한국인의 평균 수준보다 상대적으로 높다는 것은 주목할 만하다. 불만족 응답자 중에서는 언어문제가 한국생활에서 가장 힘든 점이라며 의사소통의 어려움을 호소하는 혼인이주자가 가장 많았다.

보건복지부 외(2010)의 조사자료에서 생활만족도는 혼인이주자의 사회인구학적 변수에 따라서 의미 있는 편차를 나타낸다. 삶의 질에 매우 만족하는 비중은 혼인이주 여성이 남자보다 높았으며, 도시(동) 지역보다는 농촌(읍 · 면)지역에서 상대적으로 높게 나타났다. 사소한 예외들이 관찰되기는 하지만, 혼인이주 여성의 경우에는 연령이 낮을수록 생활만족도의 수준이 대체로 높아지는 경향이 발견되었다. 그리고 혼인이주 남성의 경우에는 교육수준과 생활만족도가 정적인 관계를 지니는 것으로 확인되었다.

혼인상태에 따른 생활만족도를 살펴보면, 유배우자가 이혼자나 사별자보다 월등하게 높았다. 이러한 경향은 혼인이주 여성과 남성에서 모두 발견되었다. 한국 체류기간이 짧을수록 생활만족도가 높아지는 경향도 나타났다. 혼인이주 여성의 경우에는 체류기간 2년 미만에서 매우 만족하는 비중이 두드러지게 높았다(보건복지부 외, 2010).

혼인이주자의 생활만족도는 출신국가에 따라서도 뚜렷한 편차가 발견된다. 보건복지부 외(2010)의 조사자료에서는 베트남과 캄보디아 출신의 혼인이주 여성 중에서 매우 만족하는 응답자의 비중이 두드러지게 높았다. 미국, 캐나다와 서유럽 출신의 남녀 혼인이주자도 생활만족도가 매우 높은 것으로 밝혀졌다. 이와는 대조적으로 일본으로부터의 혼인이주자는 남녀 모두 불만족 응답자의 비중이 현저하게 높게 나타났다.

마지막으로, 혼인이주자의 생활만족도는 일부 시·도 행정구역에서 의미 있는 편차가 발견되었다. 울산, 경상남도 및 경상북도에 거주하는 혼인이주자 중에서 매우 만족하는 응답자의 비중이 가장 높았다. 부산 및 대구에 거주하는 혼인이주자의 생활만족도도 높게 나타났다. 반면, 서울, 인천과 경기도를 포함하는 수도권과 광주에 거주하는 혼인이주자의 생활만족도는 두드러지게 낮은 수준으로 밝혀졌다(보건복지부 외, 2010).

## 2. 혼인이주자의 사회참여

비록 개인환경에 따라 그 수준에 차이는 있을 것이나, 혼인이주자는 결혼을 통해 한국으로 이주한 후 다양한 형태의 경제활동과 사회활동을 하게 된다. 혼인이주 남성은 절대다수가 노동시장에서 경제활동을 하며, 이들의 직업과 종사상의 지위도 다양하게 나타난다. 혼인이주 여성의 경우에는 전업주부가 과반수를 훨씬 넘고, 출신국가, 연령, 교육수준 등의 사회인구학적 변수에 따라 취업 여부 및 경제활동의 양상이 커다란 편차를 보인다.

혼인이주자의 사회활동은 대체로 제한적인 성격을 지니며, 그 강도와 빈도가 그리 높지 않은 수준이다. 그리고 출신국가, 종교, 한국 거주기간, 거주지, 자녀 유무, 교육수준 등에 따라서 그 양상이 크게 달라진다. 한국 국적의 취득 여부도 이러한 변수들에 따라서 큰 편차를 보인다. 또한 최근에 이르러 고학력의 혼인이주자들이 현지 지역사회의 선거나 정치에 적극적으로 참여하는 사례들이 관찰된다. 이 절에서는 혼인이주자들의 경제 및 사회활동, 그리고 정치참여 양상에 대한 간단한 논의가 이루어진다.

### 1) 취업상태와 경제활동

이민자들은 이민 동기나 계기에 관계없이 상당 부분이 현지 사회에서 경제활동을 하게 된다. 한국인과의 결혼을 통해 한국사회로 들어온 혼인이주자들도 상당 부분이 노동시장에서 다양한 형태의 경제활동을 하고 있다. 혼인이주자의 지속적 증가로 서비스업 등 일부 산업 분야에서는 이들이 차지하는 비중이 상당한 수준에 이르렀고, 노동시장에 미치는 효과도 점차 커지는 추세이다.

혼인이주자의 취업률은 성별에 따라 커다란 차이를 보인다. 〈표 5-6〉에서 보는 것처럼, 『2009년 전국 다문화가족 실태조사』에서는 혼인이주 남녀의 취업률이 각각 74.3%와 36.9%로 집계되었다. 그

〈표 5-6〉 혼인이주자의 성별 취업상태, 직업 및 종사상 지위, 2009 (단위: %)

| | 남자 | 여자 | 합계 |
|---|---|---|---|
| 취업상태 | | | |
| 현재 일하고 있음 | 74.3 | 36.9 | 40.2 |
| 현재 일하지 않으나 한국에서 일한 경험 있음 | 17.6 | 22.2 | 21.8 |
| 일한 경험 없음 | 8.2 | 40.9 | 38.0 |
| 직업 | | | |
| 전문직 및 관리직 종사자 | 22.6 | 12.8 | 14.1 |
| 사무직 종사자 | 3.1 | 3.5 | 3.4 |
| 서비스 및 판매직 종사자 | 15.1 | 38.4 | 35.2 |
| 기계조작, 조립 및 기능직 종사자 | 19.1 | 10.9 | 12.0 |
| 농림어업 종사자 | 1.2 | 3.5 | 3.2 |
| 단순노무자 | 30.3 | 21.6 | 22.8 |
| 기타 | 8.7 | 9.5 | 9.3 |
| 종사상 지위 | | | |
| 고용주 | 3.4 | 2.1 | 2.3 |
| 상용직 근로자 | 39.0 | 26.0 | 27.9 |
| 임시직 근로자 | 23.3 | 38.4 | 36.3 |
| 일용직 근로자 | 18.2 | 14.8 | 15.3 |
| 자영업자 | 8.1 | 6.7 | 6.9 |
| 무급 가족 종사자 | 0.8 | 2.4 | 2.2 |
| 기타 | 7.3 | 9.5 | 9.2 |

주: 유효 응답자의 수는 취업상태 129,117명, 직업 66,191명, 종사상 지위 61,399명이었음.
자료: 보건복지부 외(2010).

리고 남녀 각각 17.6%와 22.2%가 현재는 취업상태에 있지 않으나 과거 취업경험이 있는 것으로 드러났다. 취업률은 한국 국적을 취득했거나 체류기간이 길수록, 그리고 수도권 등 도시지역에서 높은 경향이 나타났다. 출신국가별로는 미국, 캐나다, 유럽 국가로부터의 혼인이주 남성, 그리고 체류기간이 상대적으로 긴 중국 조선족 여자의 취업률이 높았다. 또한 연령 상승과 함께 취업률이 대체로 높아지고, 특히 40대 연령층에서 두드러지게 높은 것으로 밝혀졌다.

〈표 5-6〉에서 혼인이주 남성의 직업을 살펴보면, 양극화된 직업구성을 확인할 수 있다. 단순노무자의 비중이 30.3%로 가장 높고, 그 다음으로 전문직 및 관리직 종사자가 22.6%이다. 직업위세로 볼 때 중간 집단에 해당하는 직종(예를 들면, 사무직, 서비스 및 판매직, 기능관련직)보다 전문직 및 관리직의 비중이 오히려 높은 특이한 현상을 확인할 수 있다.[23] 그리고 농림어업 종사자와 사무직 종사자의 비중은 각각 1.2%와 3.1%에 불과하다. 한편, 여자의 경우에는 서비스 및 판매직 종사자의 비중이 38.4%로 가장 높고, 그 다음으로 단순노무자 21.6%, 전문직 및 관리직 12.8%의 순이다. 혼인이주 여성 역시 농림어업 종사자와 사무직 종사자의 비중이 각각 3.5%로 가장 낮다.

경제활동을 하는 혼인이주자를 대상으로 종사상 지위를 살펴보면, 남녀 모두 임금근로자가 절대다수를 차지하고 있음을 확인할 수 있다. 남자의 경우에는 상용직 근로자의 비중이 가장 높고, 다음이 임시직, 일용직 근로자의 순이다. 그러나 혼인이주 여성 중에서는 임시직, 상용직, 일용직 근로자의 순서로 나타난다. 임시직과 일용직의 비중을 합하여 53.2%가 된다는 것은 이들의 취업상태가 매우 불안정하고 열악한 상황이라는 것을 의미한다. 〈표 5-6〉에서 보는 것처럼, 혼인이주자 중에는 자기 스스로 상점, 기업이나 농장을 독립적으로

---

23) 전문직 및 관리직에 종사하는 남성들을 대상으로 혼인이주 전 출신국가에서의 직업을 살펴보면, 비전문직 종사자였던 경우가 적지 않다. 대표적인 예로, 현재 한국에서 영어교육이나 영어를 활용한 전문직종에 종사하는 미국, 캐나다 등 선진국 출신의 혼인이주 남성들을 들 수 있다. 그러나 혼인이주 여성들 중에서는 이러한 예와 아울러 반대의 경우도 발견된다. 즉, 혼인이주 전, 자신들의 출신국가에서 전문직에 종사하였으나 한국에서는 해당되는 자격증을 취득하지 못하여 단순 사무직이나 서비스 및 판매직에 종사하는 여성들이 이에 해당된다.

경영하는 자영업자와 한 사람 이상의 피고용인을 두고 경영하는 고용주도 있다. 자영업자의 비중은 남자 8.1%, 여자 6.7%, 그리고 고용주의 비중은 남녀 각각 3.4%와 2.1%로 집계되었다. 마지막으로, 혼인이주 여성의 무급 가족 종사자 비중이 2.4%로 매우 낮다는 것을 지적할 수 있다. 참고로 2009년 한국 전체 여성취업자의 무급 가족 종사자 비중은 11.9%였다(통계청, 2010a).

### 2) 사회활동

퍼트남(Putnam, 1995)이 시민사회의 건강성과 민주적 사회정치활동의 관련성에 대해 언급한 이후 자발적인 사회활동과 사회단체 참여에 대한 관심이 높아지고 있다. 혼인이주자가 다양하고 적극적인 사회활동을 한다는 것은 이를 통해 다양한 사회구성원들을 만날 수 있고, 그러한 가운데 직업위세가 높은 개인이나 집단에 대한 접근성이 용이해진다는 것을 의미한다. 아울러 현지사회 구성원으로서의 정체성이 강해지고 적응력이 높아지는 효과를 기대할 수 있다. 여기서는 사회활동에의 참여수준이 혼인이주 여성의 출신국가, 개인 및 가족의 특성 등과 어떻게 연관되어 있는지를 간단히 기술하고자 한다.

김두섭 외(2008)는 혼인이주 여성 사회활동의 구성적 특징을 확인하기 위해서 정착지원 교육프로그램, 자녀관련 모임, 종교단체, 이웃 및 친교 모임, 자원봉사단체의 다섯 가지 사회활동에의 참여 여부와 빈도를 측정하여 출신국가별로 분석하였다. 그 결과, 혼인이주 여성들의 사회활동 참여수준은 그다지 활발하지 않은 것으로 드러났다. 종교활동을 제외한 나머지 네 가지 활동영역 모두에서 거의 참석하지 않는다는 응답자와 무응답의 빈도가 가장 높았다. 그리고 자녀관련 모임과 자원봉사단체에의 참여수준이 가장 낮은 것으로 나타났다. 이들의 한국 거주기간이 비교적 짧고, 경제활동을 하지 않는 전업주부의 비중이 과반수를 차지하고 있다는 사실과 관련이 있을 것으로 판단된다. 일반적으로 사회활동의 참여수준은 한국 거주기간에 정비례하여 증가하는 양상이 발견되었다. 단, 새로운 혼인이주 여성들을 주 대상으로 삼는 정착지원 교육프로그램은 예외였다.

혼인이주 여성의 사회활동 참여수준을 출신국가별로 살펴보면, 한국 거주기간이 상대적으로 길고 사회경제적으로 좋은 조건을 지닌 일본인 아내들이 교육프로그램 참여를 제외한 모든 사회활동영역에서 가장 활발하였고, 다음으로 필리핀인 아내와 태국인 아내의 순이었다. 또한 일본인 아내들은 통일교도의 비중이 매우 높기 때문에 종교활동이 다른 혼인이주 여성들보다 월등하게 활발한 것으로 나타났다. 그리고 베트남인 아내는 새로운 이주 여성들을 주요 대상으로 하는 정착지원 교육프로그램의 참여수준이 가장 높았다. 이들은 혼인이주의 역사가 상대적으로 짧기 때문에 아직 자녀가 없는 여성들이 많아 자녀관련 모임에의 참여수준이 낮았다. 이웃 및 친교 모임이나 자원봉사단체 참여도 가장 낮은 수준이었다. 가장 규모가 큰 중국 조선족 아내의 경우에는 교육프로그램을 제외한 나머지 사회활동영역에서 베트남인 아내와 비슷한 참여수준을 보이는 것으로 밝혀졌다. 중국 한족 아내의 경우에는 조선족 아내보다 사회활동 참여수준이 전체적으로 더욱 낮았다(김두섭 외, 2008; 보건복지부 외, 2010).

혼인이주 여성의 사회활동 참여수준은 출신국가에 따라서 뚜렷하게 달라지는 것은 물론, 여성의 연령, 한국 거주기간, 부부의 교육수준 및 경제적 여건에 정적으로 비례하여 증가하는 경향이 발견된다. 그리고 혼인이주 여성이 화이트칼라이거나 남편이 전문관리직 종사자일 때, 가구소득이 높은 수준일 때 사회활동 참여수준이 현저하게 높아지는 것으로 나타났다. 아울러 대도시나 농촌 거주자보다는 중소도시 거주자가 상대적으로 활발한 사회활동을 하는 것으로 밝혀졌다(김두섭 외, 2008; 보건복지부 외, 2010).

### 3) 국적취득과 정치참여

혼인이주자 120,144명을 대상으로 한 2009년의 보건복지부 외(2010)의 조사에서 한국 국적을 취득한 귀화자는 31.2%였으며, 영주권자는 3.9%에 불과한 것으로 집계되었다. 외국인 아내의 경우 중국 조선족의 귀화율이 58.4%로 가장 높았고, 다음으로 필리핀인 42.5%, 그리고 중국 한족 23.1%의 순서로 나타났다. 중국 조선족과 한족 남편의 귀화율은 각각 32.3%와 23.8%였다. 그리고 일본과 서구 선진국으로부터의 혼인이주자들은 남녀 모두 귀화율이 매우 낮은 것으로 확인되었다.

한편, 영주권자의 비중은 혼인이주의 역사가 상대적으로 긴 일본인 아내들이 29.3%로 가장 높았다. 태국인 아내들의 영주권자 비중이 9.9%로 두 번째로 높았고, 다른 국가로부터 이주한 아내들의 영주권 소지율은 미미한 수준이었다. 혼인이주 남성들의 경우에는 영주권자 비중이 출신국가에 관계없이 매우 낮은 수준으로 나타났다(보건복지부 외, 2010).

한국에서 외국인은 참정권이 없으나 일정요건을 갖춘 영주권자는 주민으로서의 자치권을 가진다. 영주권을 획득한 지 3년이 지난 19세 이상의 외국인은 지방선거의 투표권을 행사할 수 있다. 따라서 혼인이주자 중에서 한국 국적을 취득한 귀화자와 영주권 획득 후 3년 이상 거주한 19세 이상의 혼인이주자는 지난 2006년 5월 31일 지방선거에서 투표를 할 수 있었다. 그런데 국적취득 시점과는 달리 대부분의 조사에서 영주권을 취득한 시점에 관한 정보가 가용하지 않은 실정이다. 따라서 영주권 취득 후 3년 이상 거주한 혼인이주자를 구분할 수 없기 때문에 여기서 투표 참여에 관한 논의는 한국 국적을 취득한 혼인이주자에 국한하기로 한다. 단순히 3년 이상 한국에 거주한 영주권자를 대상으로 지난 2006년 지방선거에서의 투표참여율을 계산해보면, 한국 국적을 취득한 혼인이주자의 투표참여율에 비해 1/5에도 못 미치는 미미한 수준으로 나타난다(보건복지부 외, 2010).

지난 2006년 지방선거에서 국적취득자의 투표참여율은 남녀 각각 47.3%와 56.7%로, 해당 선거의 전체 남녀 투표율 52%와 약간의 차이를 보인다. 출신국가별로는 일본(66.8%), 필리핀(66.7%) 출신의 아내와 중국 조선족(62.3%) 아내가 가장 높은 것으로 집계되었다. 반면, 캄보디아(23.1%), 베트남(25.9%)과 몽골(31.7%) 출신 귀화 아내의 투표참여율은 상대적으로 낮았다. 한국 국적을 취득한 남편의 경우에는 출신국가별로 사례수가 많지 않아 각각 집계하여 의미 있는 비교를 하기가 곤란하다. 대체로 외국인 아내보다 외국인 남편의 투표참여율이 낮은 것으로 밝혀졌으나, 일본인 남편은 예외였다. 개인적 특성에 따라서는 남녀 모두 연령과 교육수준이 높아질수록, 도시 거주자보다는 농촌 거주자가, 그리고 한국 거주기간이 길수록 투표참여율이 높아지는 경향이 발견되었다(보건복지부 외, 2010).

지난 2012년 총선에서는 필리핀 출신의 혼인이주 여성이 한국 역사상 최초로 비례대표 국회의원에 당선되었다. 그러나 그녀는 당선 후 혹독한 외국인 혐오증(xenophobia) 공격을 받은 바 있다. 혼인이주자들이 정당과 시민단체 활동에 적극적으로 참여하기까지는 아직도 상당한 시일이 필요할 것으로 판단된다. 혼인이주자의 정당 참여나 시민단체 활동은 남녀를 불문하고 참여율이 현재 2.5%에도 못 미치는 매우 낮은 수준인 것으로 나타났다. 개인적 특성에 따라서는 투표 참여율과 마찬가지로 대체로 남녀 모두 연령과 교육수준이 높아질수록, 도시 거주자보다는 농촌 거주자가, 그리고 한국 거주기간이 길수록 정당과 시민단체 가입에 보다 적극적인 것으로 확인되었다(보건복지부 외, 2010).

## 3. 혼인이주자의 사회문화적 적응

혼인이주 여성과 외국인 노동자의 증가로 인종적·문화적 다양성이 증가하면서 최근 한국사회에서 다문화주의(multi-culturalism)에 대한 논의가 활발히 진행되고 있다. 다문화주의는 한 사회 내의 다양한 인종이나 민족의 문화를 다수집단의 문화로 동화시키지 않고, 소수집단을 동등한 문화적 가치를 가진 집단으로 인정하고 공존을 도모하는 이념체계라고 할 수 있다. 다문화주의에 대한 최근의 관심은 한국사회가 당면하고 있는 저출산과 인구고령화 문제를 이민정책을 통해 완화시키고자 하는 노력과 연계하여 제기되기 시작했다. 아울러 혼인이주 여성들이 겪는 사회문화적 적응의 어려움을 완화시키고, 이들에 대한 보호와 사회통합의 필요성이 증대되는 상황과도 관련이 있다.

이 절에서는 다인종사회로 변화하는 과정에서 혼인이주 여성의 사회문화적 적응 유형을 살펴본다. 그리고 혼인이주 여성의 출산수준과 자녀교육의 수요에 대한 논의가 이루어진다.

### 1) 사회적 자본과 연결망[24)]

최근 사회적 자본(social capital)이 다양한 사회현상을 설명하는 데 있어 유용한 개념으로 널리 활용되고 있다. 특히, 사회연결망을 분석하는 다양한 통계기법들이 소개되면서 이 개념으로 사회현상을 설명하고자 하는 시도들이 증가하는 추세를 보인다(Wasserman and Faust, 1994; Portes, 1995; Burt, 1997; Podolny and Baron, 1997; Lin, 1999, 2001).

사회적 자본은 행위자 간의 사회관계구조에 내재하는 자원으로 정의될 수 있다(Coleman, 1988). 지금까지 대부분의 실증연구들은 사회적 자본이 사회구조 혹은 사회연결망의 구조에 내재된 자원으로서, 개인적 속성들에 추가하여 개인의 행위에 미치는 영향력에 분석의 초점을 맞추고 있다. 사회구조 혹은 사회연결망 내에서 행위자 간에 형성되는 신뢰, 믿음, 규율, 관계의 연결방식과 내용은 각종 정보, 자원, 권력에의 접근성에 영향을 미치며, 이에 따라 개인이나 조직에게 유용한 기회를 제공하거나 반대로 제약요인으로 작용할 수 있다(김두섭 외, 2008).

이주 연구에서 사회적 자본의 개념이 활용되기 시작한 것은 그리 오래되지 않았으나, 최근에 이르러 이주자의 사회적 자본과 사회연결망이 이주 후의 적응과 정착과정에 미치는 영향력에 관해서 학문적 관심이 증대되고 있다. 그런데 사회적 자본과 연결망에 대한 대부분의 논의들은 주로 도시와 농촌 간의 국내이동이나 국제적 노동이동을 대상으로 하고 있으며, 혼인이주를 대상으로 하여 이루어진 실증적 연구는 극히 드문 실정이다(Hsia, 2004; 김두섭 외, 2008; Kim et al., 2008).

---

24) 이 절의 논의는 김두섭 외(2008)와 Kim et al. (2008)을 바탕으로 하여 이루어졌다.

앞에서 이미 언급한 것처럼, 한국사회로의 혼인이주의 성격은 혼인이주자의 성별이나 출신국가의 사회경제적 발전수준에 따라 다변화되는 추세를 보인다. 혼인이주의 다양성은 개별 이주자들이 형성하게 될 사회연결망이 이주 전후의 사회인구학적 특성에 따라 그 구조와 내용에서 차별적일 수 있음을 시사한다. 또한 혼인이주자 자신뿐만 아니라 배우자의 가족이 지니고 있는 사회적 자본이 맞물려 작용하게 된다는 점에서 연결망의 형성과정이나 효과가 노동이주의 경우보다 훨씬 복잡해질 개연성을 지닌다.

혼인이주자의 사회적 자본과 연결망은 유용한 자원의 획득과 적응에 중요한 요소로 작용한다고 가정할 수 있다. 특히 불확실성이 증가하는 상황에서는 사회연결망에 대한 개인의 의존도가 높아지고, 사회연결망이 경제적인 불확실성을 제거하는 긍정적인 효과를 기대할 수 있다(Granovetter, 1985, 2002; Stuart, 1999; Stuart et al., 1999). 혼인이주자들이 일정한 수를 넘어서면 이주의 연결망, 즉 이주자, 이전 이주자 그리고 출신지역이나 국가를 연결하는 친구, 친족, 동향인 등의 대인관계가 형성되게 된다. 이주자의 가족 및 지역사회 연결망이 혼인이주 후 정착과정에서의 부담과 비용을 감소시키고, 노동시장에 진입하는 데 큰 도움이 될 수도 있다. 이전 혼인이주자들과의 관계와 정보교류가 국경을 넘는 혼인이주에 수반되는 위험부담과 비용을 줄임으로써 국제결혼을 촉진하는 효과도 있을 것으로 판단된다(석현호, 2000; Portes, 1995; Portes and Bach, 1995; Massey, 1994; Massey and Espinosa, 1997; Massey and Zenteno, 1999).

그동안 사회연결망에 대한 기존의 연구들은 연결망의 크기나 연결방식을 통해 사회적 자본의 양과 수준을 파악하고자 많은 노력을 기울였다. 그런데 이른바 "잘 짜여지고 촘촘한 연결망(closed tightly-knit network)"뿐만 아니라 "넓고 성긴 연결망(large-open network)"이나 사회연결망의 구조적 결함(structural hole of network)이 때로는 개인에게 보다 긍정적인 효과를 초래하거나 더 기능적일 수 있다는 주장도 제기된다. 예를 들면, 가까운 친척과의 관계보다는 높은 지위를 지니거나 영향력 있는 친구와의 비공식적 관계가 노동시장에서 좋은 직업을 구할 수 있을 것이라는 기대감을 높일 수도 있을 것이다(De Graaf and Flap, 1988; Lin, 1999, 2001; Lin and Bian, 1991).

이 연구에서는 외국인 아내의 이주 후 적응에 영향을 미치는 요인으로 외국인 아내와 그 배우자의 사회인구학적 특성, 이주 지역사회의 특성, 그리고 이주 여성의 사회연결망(social network)과 문화정체성(cultural identity)을 고려하고자 한다. 이 연구에서 사회연결망과 문화정체성은 이주 여성과 지역사회의 인과적 요인들이 이주 후 적응과 결혼안정성에 영향을 미치는 효과를 매개하는 변인으로 다루어진다.

### 2) 문화정체성과 적응 유형

이 연구의 또 다른 목적은 혼인이주 여성들의 적응 유형과 그에 따른 차별적 특성들을 파악하는 것이다. 일반적으로 소수민족 이민자는 현지 사회의 중심문화를 받아들이고 그 사회구성원들과 원만한 관계를 유지하도록 기대된다. 한국으로 이주한 외국인 배우자들 역시 일방적인 동화보다는 자신의 고유한 문화, 전통 및 정체성을 유지한 상태에서 한국사회와 문화에 적응하도록 기대된다.

이 연구에서는 외국인 배우자들의 이주 후 적응 유형을 설명하는 두 축으로 사회참여와 문화정체성의 개념을 도입했다. 이는 복합사회에서 특정 인종집단의 문화변용이 다른 인종이나 종교집단과의 관계

〈표 5-7〉 소수민족 이민자의 이주 후 적응 유형

| | | 문화정체성 | |
|---|---|---|---|
| | | 강 | 약 |
| 사회참여 | 강 | 통합 | 동화 |
| | 약 | 고립 | 주변화 |

자료: Berry (1987); 김두섭 (1998); 김두섭 외 (2008).

를 얼마나 중요하게 여기고, 아울러 자신들의 문화적 특성이나 관습의 유지에 대해 얼마나 가치를 부여하는지에 따라서 결정된다고 주장한 베리(Berry, 1987)의 논의를 변용시킨 것이다. 이 연구에서는 혼인이주자들이 사회참여와 문화정체성의 강약에 따라 통합(integration), 동화(assimilation), 고립(isolation) 및 주변화(marginalization)의 적응 형태를 보이는 것으로 가정했다.

〈표 5-7〉에서 보는 것처럼, 혼인이주자가 강한 사회연결망을 유지하고 활발한 사회참여와 아울러 문화정체성도 강하면, 이들의 적응 형태는 통합이 된다. 이는 혼인이주자가 고유한 전통과 문화를 유지하는 동시에 강한 사회연결망을 매개로 하여 적극적으로 한국사회의 구성원이 되는 것을 의미한다. 여러 민족의 혼인이주자들이 통합의 형태로 적응하고 그 규모가 커지면 한국사회는 모자이크(또는 salad bowl)와 같은 복합적인 문화구조를 지니는 방향으로 변하게 된다.

한편, 혼인이주자들이 강한 사회연결망을 유지하고 사회참여가 활발하게 이루어지는 상황에서 자신들의 고유한 문화정체성을 유지하고자 하는 욕구가 약하거나 능력이 부족하면, 이들은 점차 한국사회에 동화되어 흡수될 가능성이 높아진다. 예를 들어, 미국이 추진해온 용광로(melting pot) 정책처럼, 다양한 소수이민자들을 동화시키고 용해시켜 한국사회의 구성원으로 거듭나도록 유도하는 정책도 생각할 수 있다.

만약 혼인이주자들이 사회참여를 활발하게 추구하지 않으면서 자신들의 문화정체성을 강하게 유지하면, 이들은 점차 사회적으로 고립될 가능성이 높아진다. 이러한 상황은 혼인이주자들이 피동적으로 고립되기보다는 문화적 차이나 언어구사능력의 부족으로 스스로를 고립시키기 때문에 일어나는 경우가 많다. 이러한 혼인이주자들이 많아지면, 한국사회와 일정한 거리를 유지하거나 격리된 상태에서 자신들만의 전통적 생활양식과 폐쇄적 활동영역을 유지하는 민족적 울타리(ethnic enclave)를 형성할 수도 있다.

〈표 5-7〉에서 네 번째 적응 유형은 혼인이주자들이 자신들의 문화를 잃어버리고 한국사회에의 참여수준도 미약하여 점차 주변화되는 것을 의미한다. 만약 혼인이주자들의 규모가 작고 주변화되는 상황이 장기간 지속되면, 해당 소수민족집단이 이주 후 현지사회에서 궁극적으로 소멸될 가능성도 배제할 수 없다.

### 3) 출산수준[25)]

국제결혼의 절대 건수와 구성비율의 급격한 증가는 사회적으로 심대한 파급효과를 초래한다. 일부 국가에서는 최근에 이르러 저출산과 노동력 감소에 대한 대응책으로서의 "대체 이동(replacement migration)"의 개념과 인구재생산에 있어서 이동의 역할에 대한 관심이 높아지는 추세에 있다(UNPD, 2001). 유럽의 일부 저출산 국가들에서는 이민으로 인해 인구성장이 재개되거나 인구감소를 상당수준 완화시키는 결

25) 이 절의 논의는 Kim(2008b, 2009), 김두섭·송유진(2013), 김두섭(2014b)을 바탕으로 하여 이루어졌다.

과를 초래하고 있다(OECD, 2004; Coleman, 2006). 영구적 이주가 상대적으로 미미한 수준에 머물러 왔던 한국, 일본과 대만 같은 극동아시아 국가에서도 최근에 이르러 국제결혼이 급격하게 증가하면서 저출산과 인구 고령화를 상쇄할 수 있는 국제결혼의 효과에 주목하고 있다. 혼인이주 여성은 출산과 경제활동을 통해 이주사회의 생존력을 높이고 경제적으로도 긍정적 효과를 초래하는 것으로 인식된다(보건복지부, 2006; Jean, 2005; Yang and Schoonheim, 2006; 여성부, 2007).[26]

출생신고를 집계한 통계청(2011b, 2014c) 자료에 의하면, 2013년 국제결혼 부부의 출생아는 21,290명으로 2010년보다 4.8%가 증가하였다. 전체 출생아 436,455명 중에서 차지하는 비중은 4.9%로, 2008년 2.9%, 2009년 4.3%, 2010년 4.3%에 이어 오름세를 유지하고 있다고 할 수 있다. 〈표 5-8〉에서 보는 것처럼, 지역별 출생아 수는 2013년 경기도 5,261명, 서울 3,789명, 경상남도 1,459명, 경상북도, 1,274명, 전라남도 1,193명의 순으로 나타났다. 국제결혼 부부의 출생아가 차지하는 비중은 서울(4.5%)이나 광역시에서 낮은 경향을 보이는 반면, 전라남도(7.7%), 전라북도(6.6%), 제주도(6.4%), 충청남도(5.9%)와 강원도(5.8%)에서 두드러지게 높다. 앞으로도 농촌 지역에서 국제결혼 부부의 출생아가 차지하는 비중은 당분간 상승세가 지속될 것으로 예상된다.

---

26) 일본, 대만, 한국 등 극동아시아 국가에서 이루어지는 혼인이주 현상의 특징 중 하나로 이주 여성의 아내로서의 역할과 근로자로서의 역할이 뚜렷하게 구분되기 어렵다는 점을 지적할 수 있다. 예를 들어 제2장에서 지적한 것처럼, 2000년대 중반에 이르기까지는, 결혼의 형태를 취하고 이주하기는 하지만 취업을 주된 목적으로 하여 입국하는 조선족 및 한족 여성이 적지 않았다. 또한 일본, 대만과 한국의 남자들이 개발도상국 여자와 결혼하려는 주요 목적의 하나가 노부모나 고령자를 돌보거나 부양하기 위한 인력의 필요에서 비롯되는 경우도 있다(Piper, 1999, 2003; Piper and Roces, 2003).

〈표 5-8〉 행정구역별 총출생아 수 및 국제결혼 부부의 출생아 수, 2010, 2013

| 시도 | 총출생아 수(A) | | 국제결혼 부부 | | | |
|---|---|---|---|---|---|---|
| | | | 출생아 수(B) | | 구성률((B/A)*100) | |
| | 2010 | 2013 | 2010 | 2013 | 2010 | 2013 |
| 전 국 | 470,171 | 436,455 | 20,312 | 21,290 | 4.3 | 4.9 |
| 서울 | 93,268 | 84,066 | 3,514 | 3,789 | 3.8 | 4.5 |
| 부산 | 27,414 | 25,831 | 1,046 | 1,138 | 3.8 | 4.4 |
| 대구 | 20,557 | 19,340 | 631 | 722 | 3.1 | 3.7 |
| 인천 | 25,752 | 25,560 | 1,033 | 1,137 | 4.0 | 4.4 |
| 광주 | 13,979 | 12,729 | 522 | 535 | 3.7 | 4.2 |
| 대전 | 14,315 | 14,099 | 448 | 551 | 3.1 | 3.9 |
| 울산 | 11,433 | 11,330 | 420 | 440 | 3.7 | 3.9 |
| 세종 | - | 1,111 | - | 60 | - | 5.4 |
| 경기 | 121,751 | 112,128 | 4,675 | 5,261 | 3.8 | 4.7 |
| 강원 | 12,477 | 10,981 | 653 | 633 | 5.2 | 5.8 |
| 충북 | 14,670 | 13,658 | 684 | 692 | 4.7 | 5.1 |
| 충남 | 20,242 | 18,628 | 1,182 | 1,106 | 5.8 | 5.9 |
| 전북 | 16,100 | 14,555 | 1,032 | 957 | 6.4 | 6.6 |
| 전남 | 16,654 | 15,401 | 1,303 | 1,193 | 7.8 | 7.7 |
| 경북 | 23,699 | 22,206 | 1,296 | 1,274 | 5.5 | 5.7 |
| 경남 | 32,203 | 29,504 | 1,580 | 1,459 | 4.9 | 4.9 |
| 제주 | 5,657 | 5,328 | 293 | 343 | 5.2 | 6.4 |

자료: 통계청(2011b, 2014c).

한국사회는 2000년대에 진입한 이후 세계에서 가장 낮은 초저출산 수준이 유지되고 있으며, 현재의 상황이 지속된다면 2030년부터 인구가 감소하는 단계로 진입할 것으로 예상된다(통계청, 2011f, 2014a). 이러한 상황에서 효율적인 인구정책을 입안하고 시행하기 위해서는 외국인 배우자들의 출산력에 관해서도 상세한 정보와 경험적 연구결과가 축적되어야 한다.

그동안 소수집단의 지위와 출산력의 관계에 대한 이론은 많은 연구자들과 정책입안자들로부터 끊임없는 관심의 대상이 되어 왔다(van Heek, 1956; Sly, 1970; Kennedy, 1973; Roberts and Lee, 1974; Johnson, 1979; Fischer and Marcum, 1984; Sorenson, 1985, 1988; Abma and Krivo, 1991). 그러나 기존 연구들의 대부분이 소수집단의 결혼과정과 이주자들의 적응문제에 초점을 맞추었을 뿐, 국제결혼 부부들의 출산수준과 속도에 관한 경험적인 연구는 매우 부족한 실정이다(Kahn, 1994; Coleman, 1994, 2006; OECD, 2004; Yang and Schoonheim, 2006; Chen, 2007b, 2008a; Kim, 2008a, 2008b; 김두섭, 2008; Kim et al., 2012). 국제결혼 부부들에게 어떠한 출산력 기제가 작동하고 있는지에 대해 아직도 만족스러운 설명이 이루어지지 못하고 있다. 국제결혼의 역사가 비교적 짧고 가용한 자료의 부족으로 인해 한국에 거주하는 외국인 아내들이 한국인 아내들에 비해 출산수준이 더 높거나 낮은지도 아직 충분히 규명되지 않은 상태이다.

외국인 배우자들의 출산력에 관해서는 소수집단의 지위와 출산력에 관한 가설을 적용할 수 있다. 이 가설은 소수집단의 지위와 사회적 행위의 관계에 대한 골드샤이더와 얼렌버그(Goldscheider and Uhlenberg, 1969)의 이론으로부터 도출될 수 있다. 이 이론의 기본적인 가정은 소수집단의 지위와 이들이 지닌 사회적 자본이 사회경제적·인구학적 변수들의 영향력을 통제한 이후에도 출산력에 독립적인 영향력을 행사한다는 것이다. 외국인 배우자의 출산력은 그들의 사회경제적·인구학적 특성뿐만 아니라 그들이 지닌 사회적으로 불리한 여건과 이주 후 현지사회에 대한 통합 내지 동화수준을 반영하는 것이라고 가정할 수 있다. 그리고 외국인 배우자들이 교육이나 사회경제적 여건을 향상시키는 것은 상대적으로 더 어려울 개연성을 지닌다. 따라서 이들은 사회적·물질적으로 불리한 여건과 속박, 불안정성에 대항하여 상승이동을 달성하고자 출산력을 주류집단보다 낮은 수준으로 억제할 가능성이 크다 (van Heek, 1956; Goldscheider and Uhlenberg, 1969; Ritckey, 1975; Goldscheider, 1999). 그리고 외국인 배우자들이 현지사회에 적응해가는 과정에서 불리한 사회경제적 여건과 불안정성에 대한 인지수준이 점차적으로 낮아져 주류사회의 출산력 양상에 근접해가는 경향이 나타날 것으로 가정할 수 있다.

미국에 거주하는 유대인과 일본인들의 출산수준이 평균보다 현저하게 낮다는 것은 잘 알려져 있다. 한국과 대만에서도 이주 여성들의 자녀 수가 현지 여성들보다 적고, 출산간격 또한 상대적으로 넓어지는 경향이 발견된 바 있다 (김두섭, 2008; Kim, 2008b; Chen, 2007b, 2008a; Kim et al., 2012).[27] 이러한 연구결과는 결국 외국인 아내들의 열악한 사회적 자본이 출산수준의 결정요소로 작용한다는 추측을 가능하게 한다.

이 연구에서는 외국인 아내의 지위와 사회적 자본이 출산수준에 미치는 영향을 파악하고자 시도한다. 소수집단의 지위와 이들이 지닌 사회적 자본이 사회경제적 · 인구학적 변수들의 영향력을 통제한 후에도 출산력에 독립적 영향력을 행사하는지 여부를 검증하는 데 분석의 초점을 맞춘다. 그리고 혼인이주 후 현지 사회에의 통합과 동화를 외국인 아내의 출산력 편차를 설명할 수 있는 중요한 요소로 간주한다.

---

27) 그런데 외국인 아내들의 평균 출산연령을 계산해보면, 반대의 경향이 관찰된다. 즉, 외국인 아내들의 출산행위가 한국인 아내보다 상대적으로 이른 시점에서 이루어진다. 예를 들어 한국인 부부의 경우, 2013년 아내의 평균 출산연령은 첫째 자녀 30.9세, 둘째 자녀 32.8세, 그리고 셋째 자녀 이상 34.6세로 집계되었다. 이에 비해 외국인 아내의 평균 출산연령은 각각 27.2세, 29.1세, 31.4세로 현저하게 낮았다 (통계청, 2014c). 일반적으로 첫째 자녀의 출산 시점이 빨라지면 결과적으로 자녀 수가 많아질 개연성을 지닌다. 그러나 외국인 아내의 경우에는, 첫 출산의 시점과 자녀 수의 관계가 경험적 연구를 통해 확인된 바는 아직 없다.

즉 외국인 아내들이 지닌 사회적으로 불리한 여건과 이주 후의 적응 유형에 따라 출산력 수준과 속도가 어떠한 편차를 보이는지를 분석한다.

그런데 외국인 아내들의 사회적 자본의 크기와 질은 현지 사회에의 통합과 동화의 과정에서 증가하기 마련이다. 강한 사회적 통합과 동화의 열망, 그리고 그 과정에서 사회적 자본의 증가는 외국인 아내들로 하여금 사회적으로 불리한 여건과 속박, 불안정성에 대한 인지 수준을 낮추어 출산수준을 높이는 결과를 초래할 가능성이 있다(Glazer and Moynihan, 1963; Gordon, 1964). 그리고 사회통합과 동화의 과정에서 외국인 아내의 출산력이 점차적으로 주류사회의 출산력 양상에 근접해가는 경향이 나타날 것으로 가정할 수 있다(Kahn, 1994; Ford, 1990; Abbasi-Shavazi and McDonald, 2000).

또한, 이 연구는 외국인 아내의 출산력을 설명하는 요인 중 거주지역의 민족구성에 따른 주변효과(neighborhood effect)에도 주목한다.[28] 출산행위는 개인과 부부의 사회경제적 특성이나 국가의 정책, 제도, 문화뿐만 아니라 개인이 속한 거주지역의 특성 및 구성원들과의 상호작용에 의해서도 영향을 받는다(Kohler et al., 2001; Li and Zhang, 2009; Schultz-Nielsen, 2010; Weeks et al., 2010; Tumen, 2012; 김두섭·송유진, 2013). 예를 들어, 거주지역에 외국인 아내가 많은 경우에는 출신국가와 개인의 사회인구학적 특성이 다르더라도 소수자로서의 특성을 공유한다는 점에서 정서적인 지지와 정보를 교환하고 불리한 여건을 극복하는 데 도움이 될 수 있다. 양육 경험을 공유할 수 있는 집단이 있으면 실질적 비용 감소는 물론 심리적인 부담도 줄어들 수

28) 주변효과는 이웃효과, 동료집단효과(peer effect), 혹은 배경효과(contextual effect)로 불리기도 한다.

있다(김두섭·송유진, 2013).

물론, 같은 민족의 인구나 친구집단이 커지면, 외국인 아내가 한국사회에 활발하게 참여하는 것을 저해하고 자신의 민족 및 문화정체성만을 강하게 유지하여 고립될 가능성을 배제할 수 없다(김두섭, 2014b). 그리고 이러한 상황은 결과적으로 출산력을 저해하는 방향으로 작용할 가능성이 높다.

이러한 주변효과의 경험적인 검증은 분석에 활용 가능한 변수들의 제약으로 어려움을 겪기 마련이다. 그런데 통계청, 행정자치부, 법무부 등 정부의 여러 기관에서 시·군·구 행정단위로 공표한 인구 관련 정보를 활용하면 거주지역의 민족구성에 관한 지표들을 계산하는 것이 가능하다. 이 연구에서는 거주지역의 외국인 인구, 같은 민족 인구 및 외국인 아내의 비중이 출산력과 출산 간격에 미치는 효과에 초점을 맞추어 분석이 이루어진다.

### 4) 2세대의 교육과 일탈행위

학교는 다문화사회로 변모해가는 과정에서 미래 변화상을 가장 실감할 수 있는 곳이다. 특히 1990년대 초반 이후 급격하게 증가한 국제결혼 부부들의 자녀가 이제 초등학교나 중학교는 물론 고등학교에 다니게 되면서 한국사회의 교육환경이 바뀌고 있다. 이는 재학생의 규모가 상대적으로 작은 지방 소재의 학교일수록 그러하다.

〈그림 5-1〉을 살펴보면, 국제결혼가정 학생의 급격한 증가추이를 확인할 수 있다. 교육부(2014) 자료에 의하면, 2014년 현재 고등학교 이하의 학교에 재학 중인 국제결혼가정의 학생은 63,100명이다.[29)]

29) 다문화가정 학생에는 국제결혼가정의 자녀 이외에도 외국인 근로자의 자녀가 포

〈그림 5-1〉 국제결혼가정 학생의 증가추이, 2006-2014

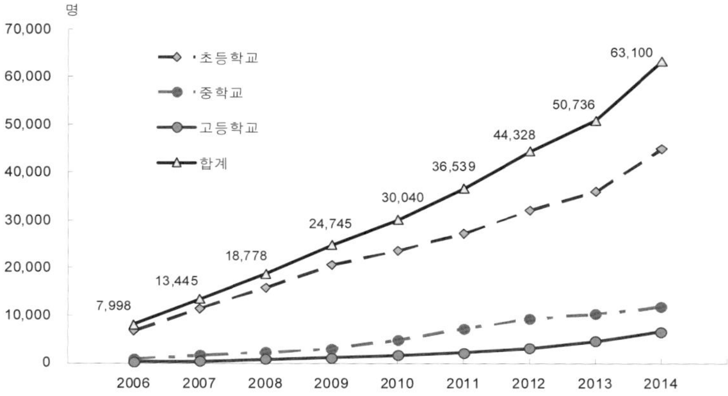


자료: 교육과학기술부(2011, 2012); 교육부(2013, 2014); 김두섭(2014a).

이는 2006년의 7,998명에 비해 무려 7.9배로 증가한 수준이다. 학교급별로는 아직 초등학교 재학생이 71.1%로 국제결혼가정 학생의 절대다수를 점유하고 있으며, 중학교와 고등학교 재학생의 비중은 각각 18.6%와 10.4%에 불과하다. 그러나 앞으로 중학교와 고등학교 재학생의 규모와 점유율이 급격하게 상승할 것으로 전망된다(김두섭, 2012b, 2014a).

국제결혼가정의 학생들은 어머니가 외국인인 경우가 압도적으로 많다. 지역별 분포는, 2013년 현재 경기도(21.9%)와 서울(14.3%)에

---

함된다. 교육과학기술부(2011)의 자료에 의하면, 2010년 현재 1,748명의 학생이 외국인 근로자의 자녀로 고등학교 이하의 학교에 재학 중이다. 학교급별 구성률은 초등학교 62.9%, 중학교 25.5%, 그리고 고등학교 11.6%이다. 이들의 지역별 분포를 보면, 서울이 39.7%로 가장 높은 비중을 차지하고 있으며, 다음으로 경기(28.0%), 인천(7.6%), 부산(5.3%)의 순이다(김두섭, 2012b). 부모의 국적별 비중은 몽골(20.8%), 중국(19.0%), 일본(13.3%)의 순서로 나타난다. 외국인 근로자의 경우 재학 중인 자녀의 현황은 파악되나, 체류 및 신분의 문제 등으로 인해 미취학 상태인 취학연령대 자녀에 대한 파악은 어려운 실정이다.

거주하는 학생이 많고, 다음으로 전라남도(8.1%), 충청남도(6.7%), 경상남도(6.6%)의 순이다. 부모의 출신국가를 살펴보면, 중국과 일본이 각각 34.5%와 23.5%로 가장 높다. 그리고 필리핀과 베트남의 점유율이 각각 15.5%와 11.3%로 나타났다(〈부표 19〉 및 〈부표 20〉 참조).

그동안 어머니나 아버지의 피부색이나 생김새가 다른 탓에 다문화가정의 학생들이 학교에서 동료 학생들로부터 이른바 집단적 소외를 당하는 경우가 적지 않았다. 그러나 점차 다문화가정의 학생들이 증가하면서 학생들이 피부색이나 생김새에 집착하기보다는 또래 간의 유대감을 통해 서로의 차이점을 조금씩 이해하면서 자연스럽게 다문화를 이해하는 방향으로 변화하고 있다.

다문화가정의 2세대들이 어렸을 때부터 건전한 정체성이 확립되지 않으면 한국사회의 책임 있는 구성원으로 건강하게 성장하지 못할 수 있다. 단일민족을 강조하는 순혈주의에 기초한 사회화 과정을 최소화하여 이들이 부정적 자아를 형성하지 않도록 배려하여야 한다. 이미 방과 후 한국어 및 다문화 교육과 학습상담지도 등 정부와 지방자치단체 차원의 다문화 교육프로그램이 적지 않지만, 교육환경이 보다 광범위하게 다문화에 노출될 수 있도록 바뀌는 것이 바람직하다(성상환, 2010).

우리나라에서는 다문화가정 자녀의 학업성취도를 분석한 경험적 연구는 거의 없는 실정이다. 대만에서의 연구결과를 살펴보면, 동남아 여성의 자녀와 대만 여성 자녀의 학업성취도에 차이가 있는 것으로 나타난다. 이 차이는 부모의 사회경제적 지위나 자녀의 중국어 구사능력에 따라 일정 부분이 설명되지만, 학교출석률 또한 중요한 설명변수로 밝혀졌다. 그리고 부모의 사회경제적 지위와 자녀의 언어능력이 학업성취도에 영향을 미치는 데 혼인이주 여성의 출신지역이 매개 역할을 하는 것으로 밝혀졌다(Li et al., 2008; Li and Yang, 2012).

국제결혼의 증가로 한국사회는 빠른 속도로 다인종, 다민족사회로 변화하고 있다. 그리고 이러한 변화는 사회 전반에 긍정적인 파급효과와 아울러 사회문화적 갈등과 부적응도 초래하고 있는 것이 사실이다. 다문화가족의 구성원들 대다수가 경제적인 어려움과 아울러 문화적 편견과 차별로 한국사회에 순조롭게 적응하지 못하고 있다. 오그번(Ogburn)은 급변하는 사회현상에 비해 의식이나 문화의 변화속도가 상대적으로 늦기 때문에 나타나는 부조화와 부적응 상황을 문화지체(cultural lag)로 정의한 바 있다. 다인종화, 다민족화 추세에 수반하여 한국사회에서 다른 문화에 대한 관용성이 점차 높아지고 있는 것은 분명한 사실이다. 그러나 의식이나 문화의 변화속도가 상대적으로 더디기 때문에 진정한 의미의 다문화사회로 정착되기까지는 아직 상당한 시일이 필요한 것으로 판단된다.

최근에 이르러 한국 정부는 외국인 거주자들의 사회경제적·문화적 적응을 돕고, 각종 차별대우로부터 보호하기 위한 제도적 장치와 프로그램을 만들고 추진하는 단계에 있다. 그런데 이보다 더 중요한 것은 이들이 우리와 동등한 문화적 가치를 지녔다고 인정하는 인식의 전환이 먼저 이루어져야 한다. 국민정체성의 기반을 혈통, 인종이나 민족이 아닌 시민권에 기초하여 재정립해야 한다. 아울러 다문화주의적 태도, 규범과 행동양식이 보편화되도록 교육과 홍보를 더욱 강화할 필요성도 제기된다.

### 5) 연구문제

이 연구의 분석작업이 추구하는 목적의 하나는 혼인이주 여성들의 적응 유형과 그에 따른 차별적 특성들을 파악하는 것이다. 이 연구에서는 혼인이주 여성들의 적응 양상이 자신과 가족구성원이 가지고 있는 인구학적·사회경제적 조건에 못지않게 사회적 환경에 크게 영향을 받는다고 가정한다. 혼인이주 여성들의 적응 양상의 차이도 상당부분이 이들이 가지고 있는 사회적 자본으로 설명 가능하다고 판단한다(Portes, 1995; Portes and Sensenbrenner, 1993). 보다 구체적으로 이 연구는 혼인이주 여성이 유지하고 있는 사회연결망의 구성적 특성, 크기, 위세에 영향을 미치는 결정요인들을 파악하고자 시도한다. 결정요인들은 크게 이주 여성 및 그 배우자의 인구학적 및 사회경제적 특성과 이주 지역사회의 특성으로 구분된다. 또한 이 연구는 거주지역의 민족구성과 사회연결망의 성격에 따라 혼인이주 여성들의 적응 유형이 어떻게 달라지는지에 대해서도 초점을 맞춘다. 이어지는 제6장과 7장의 자료분석 과정에서 확인하고자 시도하는 구체적인 연구문제 몇 가지를 열거하면 다음과 같다.[30)]

1. 혼인이주 여성의 개인적 특성과 지역사회의 특성이 이들의 사회연결망 구성과 문화정체성에 어떠한 영향을 미치는가?
2. 혼인이주 여성들에게 가장 두드러지는 적응 유형은 무엇인가? 이들의 출신국가에 따라 각 적응 유형을 결정하는 사회인구학적 요인에서 어떠한 차이가 발견되는가?
3. 사회적 연결망의 특성(구성, 조직, 크기)과 문화정체성의 수준에 따라 혼인이주 여성의 사회경제적 적응 유형이 어떻게 달라지는가?
4. 혼인이주 여성의 출산력 수준과 속도는 한국인 아내에 비해 어

30) 이 연구에서는 분석 가능한 자료의 제약으로 인해 국제결혼가정 자녀의 학업성취도에 관한 분석이 이루어지지 못했다.

떠한 차이를 나타내는가? 보다 구체적으로, 혼인이주 여성의 불리하고 불안정한 지위가 출산력을 억제하거나 출산시기를 지연시키는 경향이 있는가?

5. 혼인이주 여성의 사회적 자본이 이들의 출산행위를 촉진시키는 경향이 있는가? 즉, 이주 후 다양한 개인들과 접촉하고 적극적으로 사회활동에 참여할수록 이들의 자녀 수가 증가하는 경향이 나타나는가?
6. 새로운 사회환경에 통합되거나 동화의 수준이 높은 혼인이주 여성들이 고립되거나 주변화된 외국인 여성들에 비해 자녀 수가 많은 경향이 발견되는가? 그리고 문화정체성의 강약에 따른 출산수준의 편차가 감지되는가?
7. 주변효과의 이론과 가설이 한국에 거주하는 혼인이주 여성들에게 적용될 수 있는가? 보다 구체적으로, 혼인이주 여성의 사회활동과 적응 유형, 출산력 및 주관적 건강인식 수준이 지역사회의 민족구성이라는 환경적 특성에 따라서 의미 있는 편차를 나타내는가?
8. 지역사회 민족구성의 주변효과가 분석에 사용하는 지표들에 따라 어떻게 다른 결과를 나타내며, 또한 이를 어떻게 해석할 것인가? 그리고 지역사회 민족구성의 이러한 효과가 거주지역의 도시화 수준, 시부모와의 동거 여부, 취업 여부를 비롯한 사회인구학적 특성에 따라서 어떻게 다른 형태로 나타나는가?
9. 국제결혼가정 청소년의 일탈 및 자살행위의 수준이 한국인 부모를 가진 청소년과 의미 있는 편차를 나타내는가? 또한 아버지 또는 어머니가 외국인인 청소년과 부모가 모두 외국인인 청소년 간에는 어떠한 차이가 존재하는가?

제6장

# 혼인이주자의 사회적 적응과 그 유형의 분석

1. 자료, 분석대상과 분석틀
2. 혼인이주자의 연결망 및 사회활동
3. 혼인이주자의 연결망 크기 및 위세
4. 사회활동 및 연결망의 회귀분석
5. 혼인이주자의 적응 유형

# 제6장 혼인이주자의 사회적 적응과 그 유형의 분석[31)]

개인의 사회적 자본이 이주 후 사회적 적응과 정착과정에 어떻게 차별적으로 작용하는가를 밝히고자 많은 연구가 이루어졌다. 그러나 혼인이주자들의 사회적 자본이 어떻게 형성되고, 또한 이들의 정착과정에서 어떠한 기능을 하는지에 대한 연구는 별로 이루어지지 못한 실정이다. 이는 혼인이주자들의 적응과 정착과정을 이해하는 데 있어서 중요한 정보의 공백이 있음을 시사한다. 이 장은 국제결혼을 통해 한국에 이주한 여성들을 대상으로 사회적 자본의 형성과정과 적응의 실태를 실증적으로 파악하는 데 목적을 둔다.

그런데 혼인이주자들은 출신국가에 따라 당사자 및 한국인 배우자의 사회인구학적 특성에 있어서 커다란 차별성을 보이기 때문에 혼인이주의 발생과 이주과정, 그리고 사회적 적응으로 이어지는 인과경로가 상이할 것으로 판단된다. 이에 이 장에서는 국가별로 혼인이주 정착경로의 다양성을 포착하고자 일본, 중국과 베트남으로부터 혼인이주한 여성들의 사회적 자본 형성과정과 정착과정에 대한 비교분석이

31) 이 장의 논의는 김두섭 외(2008), Kim et al.(2008)과 Kim(2008b, 2009)을 바탕으로 하여 이루어졌다.

이루어진다. 일본으로부터 혼인이주한 여성은 한국과 유사하거나 선진국에서 이주하는 사례로서, 그리고 중국과 베트남 여성은 개발도상국으로부터 혼인이주하는 사례로서 그 차이를 분석하는 데 관심을 기울인다. 특히 사회연결망의 구성적 특성, 크기 및 직업위세의 결정요인들을 파악하는 데 초점을 맞춘다.

## 1. 자료, 분석대상과 분석틀

### 1) 자료와 분석대상

국제결혼 부부가 사회적 자본을 형성하는 과정과 그 인과구조를 파악하기 위해서 『아시아 여성의 한국으로의 혼인이주와 정착과정에 관한 조사』(인구및고령사회연구소, 2007)의 원자료를 활용하였다. 이 조사는 외국인 아내의 기본적인 사회인구학적 인적사항, 결혼 및 입국과정, 출신국가의 가족 상황 및 교류 정도, 출산행위뿐만 아니라, 이주 후의 사회적 관계와 사회경제적 및 문화심리적 적응과 태도 등에 관한 다양한 정보를 수집했다. 이 조사는 2007년 6월부터 한 달간 실시되었으며, 일본, 중국과 베트남으로부터 혼인이주한 유배우 여성 600명을 대상으로 하였다. 조사대상자의 연령은, 혼인이주의 역사가 상대적으로 긴 일본 여성의 경우에는 45세 이하, 그리고 중국과 베트남 여성은 40세 이하로 제한되었다. 이 자료는 조사응답자의 규모가 그리 크지는 않지만, 사회연결망의 구성적 특징, 크기 및 위세를 파악하고, 외국인 아내들의 문화정체성과 적응 유형을 파악할 수 있는 다양한 정보를 포함하고 있다는 장점을 지닌다.

이 장의 핵심주제에 관한 본격적인 분석에 앞서 우선 이 조사자료에 포함된 외국인 아내들의 특성을 출신국가별로 살펴보기로 하자. 〈표 6-1〉에는 등간척도와 서열척도로 측정된 주요 변수들의 평균값이 제시되어 있다.

〈표 6-1〉에 포함된 외국인 아내들 역시 출신국가에 따라 뚜렷이 다른 특성을 나타낸다. 우선 일본인 아내들은 평균 연령이 상대적으로 높은 39.3세였고, 중국인 및 베트남인 아내들은 현저하게 낮아 각각 31.5세와 24.0세로 집계되었다. 그러나 한국인 남편들의 평균 연령은 각각 42.4세, 40.7세 및 40.5세로 계산되었으며, 배우자의 출신국가에 따라 그리 큰 편차를 보이지 않는다. 이에 따라 한국–일본 부부의 평균 연령 격차는 3.1세인 데 비해, 한국–중국 부부와 한국–베트남 부부의 평균 연령 격차는 각각 9.2세와 16.5세로 밝혀졌다.

외국인 아내의 출신국가에 따른 차별성은 아내의 교육수준과 월평균 가구소득을 살펴보아도 마찬가지로 발견된다. 일본인 아내의 평균 교육 연수가 13.6년으로 가장 높고, 중국인 아내가 11.2년, 그리고 베트남인 아내의 평균 교육 연수가 가장 낮은 8.5년으로 집계되었다. 일본인 아내의 51.8%가 대학교육을 받았고, 중국인 아내는 고등학교 학력자가, 그리고 베트남인 아내는 중학교 학력자가 과반수를 차지하고 있었다. 베트남인 아내의 경우에는 초등학교 이하의 학력자도 14.8%에 달하는 것으로 나타났다. 월평균 가구소득 역시 외국인 아내의 출신국가에 따라 일본–중국–베트남의 순서로 뚜렷한 격차를 나타냈다. 전체 표본의 월평균 가구소득은 197.7만 원이었다.

〈표 6-1〉에서 이들의 한국 거주기간을 살펴보면, 일본인 아내들은 평균 10년이 조금 넘는다. 그리고 이들 중 12.0%는 결혼 후 15년 이상을 한국에서 거주하였다. 이에 비해 중국인 아내와 베트남인 아

〈표 6-1〉 외국인 아내의 출신국가별 주요 변수들의 평균값, 2007

| 주요 변수 | 아내의 출신국가 | | | |
|---|---|---|---|---|
| | 일본 (N=200) | 중국 (N=200) | 베트남 (N=200) | 전체 (N=600) |
| 아내의 연령 | 39.3 | 31.5 | 24.0 | 31.6 |
| 남편의 연령 | 42.4 | 40.7 | 40.5 | 41.2 |
| 아내의 교육 연수 | 13.6 | 11.2 | 8.5 | 11.1 |
| 가구소득 | 214.5 | 201.1 | 172.5 | 197.7 |
| 한국 거주기간(개월) | 123.7 | 57.4 | 22.9 | 67.6 |
| 자녀 수 | 2.0 | 0.6 | 0.5 | 1.0 |
| 이전 이주 친척 | 0.6 | 1.5 | 0.6 | 0.9 |
| 이전 이주 친구 | 1.7 | 0.9 | 1.7 | 1.4 |
| 교육프로그램 | 1.6 | 1.7 | 2.1 | 1.8 |
| 자녀관련 모임 | 1.6 | 1.2 | 1.2 | 1.3 |
| 종교단체 | 3.5 | 1.4 | 1.2 | 2.0 |
| 이웃/친교 모임 | 2.2 | 1.6 | 1.4 | 1.7 |
| 자원봉사단체 | 1.9 | 1.1 | 1.1 | 1.4 |
| 연결망_사회활동 | 72.3 | 47.3 | 48.0 | 55.9 |
| 한국인 친구 | 6.7 | 2.9 | 1.6 | 4.1 |
| 동족 친구 | 9.0 | 2.4 | 2.1 | 4.5 |
| 연결망_크기 | 15.5 | 5.2 | 3.8 | 8.7 |
| 연결망_위세 | 13.3 | 6.2 | 2.7 | 7.4 |

자료: 인구및고령사회연구소(2007).

내의 평균 거주기간은 각각 57.4개월과 22.9개월로 집계되었다. 특히 베트남인 아내의 경우에는 과반수가 2000년대 중반 이후에 한국으로 이주했으며, 1년 미만의 거주자가 26.7%를 점유하는 것으로 드러났다.

자녀의 수는 결혼 후 경과된 기간과 한국 거주기간에 비례하기 마련이다. 상대적으로 한국에 오래 거주한 한국–일본 부부의 평균 자녀 수는 2.0명인 데 비해, 한국–중국 부부와 한국–베트남 부부의 평균 자녀 수는 각각 0.6명과 0.5명에 불과했다. 전체 표본의 평균 자녀 수는 1.0명이었다.

이 조사자료에 포함된 중국인 아내의 75.0%는 조선족이며, 이에 따라 자신보다 먼저 한국으로 이주한 친척과 인척이 상대적으로 많은 1.5명으로 보고하였다. 이와는 대조적으로 일본인 아내와 베트남인 아내의 경우에는 0.6명에 불과했다. 반면 자신보다 먼저 한국으로 이주한 친구의 수는, 중국인 아내가 0.9명으로 가장 적은 것으로 드러났다.

〈표 6-1〉에 구체적인 통계값들이 제시되지는 않았으나, 다른 사회경제적 특성들에 대해서는 다음과 같이 정리될 수 있다. 우선 거주지의 분포를 살펴보면, 한국-일본 부부의 45.5%가 중소도시에 살고 있었으며, 다음으로 대도시 39.0%, 읍면지역 15.5%의 순이었다. 이에 비해, 한국-중국 부부와 한국-베트남 부부들은 절대다수가 서울을 비롯한 6개 광역시에 거주하고 있었다. 읍면지역에 거주하는 베트남인 아내의 점유율은 22.5%로 집계되었다. 한 가지 지적할 것은, 이 조사의 과정에서 농촌지역에 거주하는 베트남인 아내가 과소 표집되었고, 대도시 지역에서는 다소 과다하게 표집되었다고 판단된다.

외국인 아내들은 출신국가에 관계없이 절대다수가 경제활동을 하고 있지 않았다. 베트남인 아내는 전업주부의 비중이 88.0%로 가장 높았다. 경제활동을 하는 경우에는 단순노무직, 서비스 및 판매직, 그리고 농업 종사자의 점유율이 높았다. 일본인 아내는 화이트칼라의 점유율이 17.2%에 이르나, 중국인 아내와 베트남인 아내에게서는 극히 미미한 수준이었다.

한국인 남편의 직업에 따른 분포를 아내의 출신국가별로 살펴보아도 비슷한 양상의 사회경제적 차별성이 관찰된다. 일본인 아내와 결혼한 한국인 남편은 전문관리직과 사무직 종사자가 상대적으로 많고, 베트남인 아내와 결혼한 한국인 남편은 농업 및 단순노무직 종사자의 점유율이 66.2%에 달한다. 그리고 중국인 아내와 결혼한 경우에는 판매 및 서비스직과 사무직 종사자의 비중이 상대적으로 높은 것으로 확인되었다.

외국인 아내의 종교는 출신국가에 따라 커다란 편차를 보인다. 일본인 아내의 88.0%가 통일교도인 것으로 확인되었다. 이와는 대조적으로, 중국인 아내의 52.5%는 종교가 없다고 응답하였으며, 그 다음으로 불교도 17.5%, 기독교도 16.5%의 순이었다. 베트남인 아내의 경우에는 50.5%가 불교도였으며, 31.3%가 종교를 가지고 있지 않았다.

이 조사에 응답한 혼인이주 여성 600명 중에서 한국국적 취득자는 15.8%에 불과하다. 한국국적 취득자의 비중은 중국인 아내가 37.5%로 가장 높다. 베트남인 아내는 7.5%가 한국국적을 취득한 것으로 응답하였다. 한국 거주기간이 가장 긴 일본인 아내들의 한국국적 취득은 2.5%에 불과했다.

## 2) 분석틀과 주요 변수

이 장에서는 혼인이주자의 현지사회에 대한 적응을 혼인이주자가 유지하고 있는 사회적 자본이나 사회연결망의 특성과 연계하여 파악하고자 한다. 혼인이주한 일본, 중국과 베트남 여성들의 상이한 사회문화적·인구학적 조건들이 이주 후 이들의 사회연결망 형성에 어떻게 작용하고, 이에 따라 사회적 적응 양상이 어떻게 달라지는가를 검증하고자 시도한다.

〈그림 6-1〉 혼인이주 여성의 사회연결망과 적응 유형의 분석틀

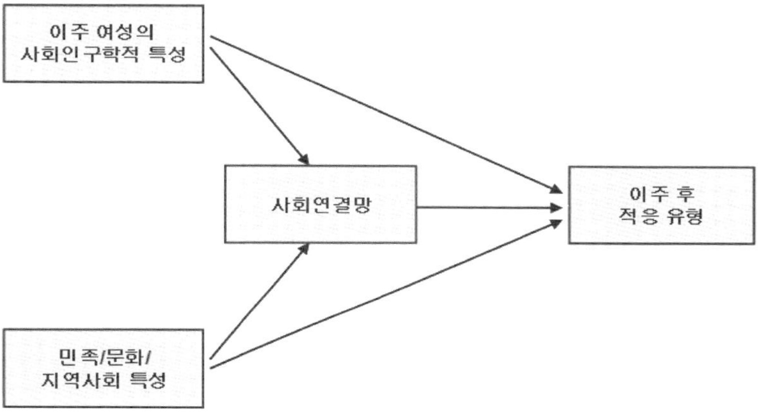


이 연구에서는 혼인이주 여성들의 적응 양상이 자신과 가족구성원이 가지고 있는 사회인구학적 조건에 못지않게 사회적 환경에 크게 영향을 받는다고 가정한다. 혼인이주 여성들의 적응 양상이 출신국가에 따라 뚜렷한 차이를 보이는 것도 상당 부분이 이들이 가지고 있는 사회적 자본으로 설명이 가능하다고 판단한다(Portes, 1995; Portes and Sensenbrenner, 1993).

보다 구체적으로, 이 연구는 혼인이주 여성이 유지하고 있는 사회연결망의 구성적 특성, 크기, 위세에 영향을 미치는 결정요인들을 파악하는 데 초점을 맞춘다. 결정요인들은 크게 이주 여성의 사회인구학적 특성과 민족, 문화 및 지역사회 특성의 두 범주로 구분된다. 또한 이 연구는 사회연결망의 성격에 따라 혼인이주 여성들의 적응 유형이 어떻게 달라지는지에 대해서도 관심을 둔다. 〈그림 6-1〉에는 이 연구에서 검증하고자 하는 혼인이주 여성의 사회연결망과 이주 후 적응 유형의 분석틀이 제시되어 있다.

이 조사자료를 활용한 분석의 핵심적인 과제는 혼인이주 여성들이 지닌 사회인구학적 특성과 출신국가에서의 사회적 관계의 성격이 이들의 이주 후 적응에 미치는 영향력을 밝히는 것이다. 아울러 혼인이주 여성의 출신국가에 따라 그 인과적 경로에 어떠한 차이가 있는지를 파악하는 데도 관심을 기울인다.

이 장의 분석작업에 사용된 설명(독립)변수는 크게 세 범주로 나누어진다. 첫 번째 범주는 혼인이주 여성이 한국으로의 이주 이전에 지니고 있었던 사회적 관계에 관련되는 변수들이다. 두 번째 범주는 이주 후의 사회연결망과 사회활동을 측정한 변수들로 구성되어 있다. 이 변수들의 일부는 위계적 회귀분석의 과정에서 종속변수로도 활용된다. 세 번째 범주의 변수들은 주로 통제의 목적으로 회귀분석에 도입되었으며, 혼인이주자의 연령, 교육수준 등 사회인구학적 특성 변수가 여기에 해당된다.

이 조사자료에는 응답자보다 먼저 한국으로 와 살고 있던 가족구성원이나 가까운 친구가 몇 명이 있었는지에 대한 정보가 포함되어 있다. 이 문항에 대한 응답을 등간척도로 처리하여 이전_이주_친척(prior_relatives)[32)]과 이전_이주_친구(prior_friends)의 두 변수를 창출하였다. 조사대상자의 71.7%에 해당하는 절대다수가 한국에 이미 거주하던 친척이 전혀 없었다고 응답한 반면, 1명의 응답자는 30명의 친척이 살고 있었다고 응답하였다. 이 같은 분포는 친구의 수에 있어서도 비슷하게 나타났다. 응답자의 60.2%가 한국에 거주하던 친구가 전혀 없었던 반면, 1명의 응답자는 28명의 친구가 있었다고 보고하였다.

이 연구에서는 혼인이주자의 사회활동을 측정함에 있어서 특정 단

---

32) 이 절에는 독자들의 이해를 돕기 위해 주요 변수들의 이름이 괄호 안에 영문으로 표기되어 있다. 이 이름들은 SPSS 프로그램을 활용한 분석에서 사용되었다.

체나 프로그램의 참여 여부뿐만 아니라, 참여의 빈도를 확인하고자 하였다. 응답자들에게 다섯 가지의 사회활동, 즉 정착지원 교육프로그램, 자녀관련 모임, 종교단체, 이웃 및 친교 모임, 그리고 자원봉사단체에 얼마나 자주 참여하는가를 확인하였으며, 참여 빈도(① 거의 참여하지 않는다; ② 몇 달에 한 번 정도; ③ 한 달에 한두 번; ④ 한 주에 두세 번; ⑤ 거의 매일 참여)에 따라 1-5의 값을 부여하였다. 그리고 그 결과를 가지고 다섯 가지의 사회활동 참여변수, 즉 교육프로그램(vol_education), 자녀관련 모임(vol_child), 종교단체(vol_religion), 사회활동(vol_social), 이웃/친교 모임(vol_service)이 만들어졌다.

또한 이 연구에서는 위의 사회활동에 관한 정보들을 종합하여 회귀분석의 과정에서 종속변수의 하나로 활용하기 위해 연결망_사회활동(network_activity)을 창출하였다. 그런데 위의 다섯 가지 변수들을 합성하는 과정에서 값들의 분포형태가 현저하게 차이 나는 것으로 드러났다. 이에 따라 다섯 가지 변수들의 값을 단순히 합산하지 않고, 각각의 변수들의 평균값을 역수로 반영하는 가중값(weight)을 곱하여 합산하였다.

〈그림 6-1〉에 제시된 분석틀에서 보는 것처럼, 이 분석작업의 최종적인 피설명변수는 이주 후 적응 유형이다. 적응 유형은 통합(integration), 동화(assimilation), 고립(isolation), 주변화(marginalization)의 네 가지 범주로 구분된 명목척도의 변수이며, 이주자들의 사회연결망과 문화정체성의 수준에 따라 결정되는 것으로 정의되었다.

이 장의 분석작업은 혼인이주 여성의 사회연결망 특성에 따라 이주 후의 적응 유형이 어떻게 달라지는지를 파악하는 데 중점을 둔다. 사회자본이론(social capital theory)에서 논의되는 바와 같이 성공 또는 성공적 적응은 사회연결망, 즉 누구를 아는가에 따라 크게 좌우된다고 할 수 있다. 사회연결망은 혼인이주 여성이 한국사회에 얼마나 잘 적응하고 있는가를 나타내는 간접적 지표로서의 성격도 지닌다.

이 분석의 작업과정에서 세 가지의 사회연결망 관련 변수, 즉 연결망_위세(network_prestige), 연결망_사회활동(network_activity) 및 연결망_크기(network_size)가 창출되었다. 연결망_위세는 다음과 같은 방법으로 측정되었다. 우선 설문조사에서 조사대상자에게 14가지의 직업을 제시하고, 본인 또는 남편의 친한 친구나 친척 중에서 특정 직업에 종사하는 사람을 잘 알면 해당 직업을 모두 표시하게 하였다. 이 14가지의 직업은 직업위세점수에 관한 기존의 분석결과들을 고려하여 다음과 같이 선정되었다: 1) 변호사; 2) 의사; 3) 교수 및 교사; 4) 대기업의 부장 이상 간부; 5) 전문 엔지니어; 6) 과장 이상 공무원; 7) 회사의 사무직 직원; 8) 서비스업 종사자; 9) 공장 노동자; 10) 음식점 종업원; 11) 판매 사원; 12) 건설 및 토목 숙련공; 13) 단순노무자; 그리고 14) 농민 및 어민.

그리고 응답자가 선택한 직업 중에서 1)부터 6)까지 상위 위세의 직업이 몇 가지가 포함되었는가를 세어 그 개수에 10을 곱한 값을 이 변수의 값으로 삼았다. 즉 혼인이주 여성이 위에 제시된 상위의 여섯 가지 직업 중 몇 가지의 직업에 종사하는 친구나 친척을 잘 알고 지내는지를 측정하여 연결망_위세로 간주하였다. 이 변수는 상위 여섯 가지의 직업에 종사하는 지인의 수가 아니라, 이들 직업에 종사하는 아는 사람이 있는지의 여부를 가지고 10과 0의 값을 부여하고 그 값들을 합산하는 방식으로 측정했기 때문에 0에서 60 이하에 해당하는 값을 지니게 된다. 즉, 상위 여섯 가지의 모든 직업에 종사하는 지인들이 있으면 변수의 값은 60이 되고, 반대로 잘 아는 사람 중에 이들 여섯 가지의 직업 종사자가 전혀 없으면 0의 값을 부여했다.

측정 결과, 600명의 응답자 중에서 62.5%에 해당하는 375명이 0의 값을, 그리고 111명(18.5%)이 60의 값을 갖는 것으로 확인되었다.

〈그림 6-1〉을 살펴보면, 사회연결망에 관한 변수들은 중간변수로서의 성격을 지닌다. 또한 이 연구에서는 연결망_위세와 연결망_사회활동을 포함하여 이주 후의 연결망_크기를 측정한 변수들을 위계적 회귀분석(hierarchical regression analysis)의 과정에서 종속변수로도 활용한다.

이 분석작업의 핵심주제와 주요 변수들 간의 인과관계를 보다 정교하게 분석하기 위해서는 통제변수들을 도입할 필요성이 제기된다. 이 장의 회귀분석에서는 혼인이주 여성들의 배경변수들이 통제의 목적으로 회귀분석에 포함되었다. 우선, 혼인이주 여성의 거주지역과 출신국가는 가장 중요한 배경변수로 간주될 수 있다. 대규모 도시에 거주하는 경우에는 다른 지역의 거주자보다 사회적 위세가 높은 직업에 대한 접근성이 높을 것으로 가정할 수 있다. 이에 따라 대도시(metropolitan=1) 및 중소도시(urban=1) 거주자 여부를 나타내는 가변수(dummy variable)가 만들어졌다. 또한 혼인이주 여성의 출신국가를 구분하기 위해서 일본(japan)과 베트남(vietnam)의 국가 가변수를 만들어 중국으로부터의 혼인이주 여성과 구분하기로 했다.

나머지 통제변수들은 주로 개인의 인구학적·사회경제적 특성에 관련되는 것들이다. 아내_연령(w_age), 남편_연령(h_age), 한국_거주기간(months_korea), 자녀 수(children), 가구소득(income) 등이 등간척도로 측정되어 분석에 활용되었다. 혼인이주 여성과 그 남편의 교육수준과 직업 역시 이 연구의 종속변수 및 독립변수들과 밀접한 연관성을 지니므로, 그 영향을 최소화할 필요성이 제기된다. 이에 따라 혼인이주 여성의 교육수준에 관한 응답을 재구성하여 아내_교육 연수(w_education)가 만들어졌다. 그런데 남편의 교육수준에 관해서는 교육 연수로 환산하는 데 필요한 정확한 정보를 가지고 있지 않은 아내가 적지 않은 것으로 확인되었다. 그리고 예비분석과정에서 남편의 대학교육 이수 여부에 따라 이 연구에 도입된 다양한 중간변수와 종속변수의 값들이 뚜렷하게 달라지는 것으로 확인되었다. 반면, 중학교와 고등학교 학력의 남편들 간에는 이러한 값들에서 현저한 차이가 관찰되지 않았다. 이에 따라 남편_대학교육(hedu_college)이라는 가변수를 작성하여 남편의 교육수준 효과를 분석에 반영하기로 했다. 그리고 혼인이주 여성 자신과 남편의 취업상황 및 직업에 대한 응답에 기초하여 아내_화이트칼라(w_whitecollar)와 남편_화이트칼라(h_whitecollar)를 1과 0의 값을 지니는 이분변수로 작성하여 활용하였다.

한 가지 지적할 것은, 연결망의 위세가 연결망의 크기에 영향을 받을 수 있다는 점이다. 이에 따라 가까운 친구의 수를 한국인_친구(friends_korean)와 동족_친구(friends_samerace)로 구분 측정하여 통제변수로 활용하였다. 그리고 이 두 변수의 값을 더한 연결망_크기(network_size)를 만들어 회귀분석과정에서 종속변수로 활용하였다. 그런데 1.2-1.5%의 소수 응답자들은 친구집단의 규모를 비정상적으로 크게 보고한 것으로 확인되었다. 이에 따라, 가까운 한국인 및 동족 친구의 수를 21명 이상으로 응답한 경우에는 20명으로 재처리하였다. 이 두 변수 값의 재조정은 회귀분석의 선형성(linearity) 가정을 충족시키기 위해 이루어졌다.

이 장에서는 우선 사회연결망의 특성을 반영하는 세 변수, 즉 연결망_위세(network_prestige), 연결망_사회활동(network_activity), 연결망_크기(network_size)가 혼인이주 여성의 사회인구학적 특성과 출신국가별로 어떠한 차이를 보이는지를 비교하는 것을 분석의 출발점으로 삼는다. 통계분석기법으로는 기본적인 기술통계와 아울러 분산분석(ANOVA: analysis of variance)이 이루어진다. 그리고 핵심주제에 대한 최종적인 검증을 위해서는 다양한 수준의 통제변수들을 포함시킨 상태에서 위계적 회귀분석(hierarchical regression analysis)을 시도한다.

마지막으로, 이 장에서 검증하고자 하는 핵심주제에서 인과적 흐름의 방향(direction of causal flow)과 동어 반복(tautology)의 문제가 제기될 수 있다는 점을 지적하고자 한다. 지금까지 이주 관련 실증연구들은 대부분이 횡단적 자료를 활용해왔기 때문에 사회연결망의 특성과 적응문제에 대한 해석을 함에 있어서 인과관계의 방향성 및 동어 반복의 논란에 부딪쳐 왔다. 이 연구 역시 특정 시점에 조사된 횡단자료를 활용하여 종단적인 설명과 해석을 시도한다는 점에서 이러한 문제들로부터 자유롭지 못하다고 할 수 있다.

그러나 이 연구의 일부 독립변수와 종속변수는 측정의 기준시점에서 시차가 있다. 혼인이주 여성이 이주 전과 이주 후에 유지하고 있는 사회적 관계 또는 사회연결망의 인과관계를 반대 방향으로 적용할 수 있는 여지는 거의 없다. 물론, 혼인이주 여성의 사회활동 빈도와 사회연결망의 관계에 관해서는 인과적 흐름의 방향을 반대로 설정할 수도 있을 것이다. 즉, 사회활동이 활발해질수록 사회연결망 내에 높은 직업위세를 지닌 사람들이 포함될 가능성이 높아지지만, 반대로 직업위세가 높은 사람들과의 교류로 사회활동이 촉진될 가능성도 배제할 수 없기 때문이다. 그러나 후자의 경우는 충분조건이 될 수는 있지만 필요조건으로는 성립하기 어렵다. 더욱이 이 연구의 대상자가 혼인이주 여성이라는 점을 감안하면 더욱 그러하다.

이 분석에 혼인이주 여성의 사회인구학적 특성, 거주지역과 출신국가 등 거시와 미시수준의 다양한 통제변수를 도입한 것도 이러한 문제의 가능성을 최소화하고자 하는 노력의 일환이었음을 밝혀둔다. 그럼에도 불구하고, 인과적 흐름의 방향성의 문제를 궁극적으로 해결하기 위해서는 종단자료를 활용하는 후속연구가 필요하다는 것을 지적하고자 한다.

## 2. 혼인이주자의 연결망 및 사회활동

### 1) 친척과 친구의 연결망

자발적인 이주를 전제로 할 때, 목적지에 관한 정보가 전혀 없는 상태에서 이주 의사결정이 이루어지는 경우는 매우 드물다. 국경을 넘어 이루어지는 혼인이주의 경우에는 더욱 그러할 것이다. 이주 목적지에 관한 정보의 획득은 다양한 형태로 이루어질 수 있다. 방송, 신문, 서적, 영화 등의 대중매체를 통하거나, 자신 또는 주변 사람들의 목적지 방문을 통해서도 가능할 것이다. 만약 목적지에 이미 거주하는 친척이나 친구가 있다면 이들을 통해 정보를 얻고자 시도할 가능성이 높다. 또한 이들은 혼인이주 여성들이 목적지에서 정착하고 적응하는 과정에서 중요한 역할을 할 것으로 판단된다.

대부분의 혼인이주자들이 이주 초기에는 사회적 관계의 공백을 경험할 가능성이 높다. 이는 특히 이주 여성들의 경우에 그러할 것으로 판단된다. 이들은 점차 접촉 가능한 친인척이나 친구, 또는 같은 출신국가 혹은 언어권이 같은 사람들과 관계를 맺으며 사회적 연결망을 형성하게 된다. 그리고 이들과의 관계 형성을 통해 가족 내에서 해소

〈표 6-2〉 외국인 아내의 출신국가별 결혼 당시 한국 거주 친척과 친구 수의 분포(%), 2007

| | 아내의 출신국가 | | | |
|---|---|---|---|---|
| | 일본 (N=200) | 중국 (N=200) | 베트남 (N=200) | 전체 (N=600) |
| 이전_이주_친척 | | | | |
| 없음 | 86.5 | 57.0 | 71.5 | 71.7 |
| 1명 | 7.0 | 12.5 | 13.0 | 10.8 |
| 2명 | 1.0 | 13.5 | 8.0 | 7.5 |
| 3명 이상 | 5.5 | 16.5 | 7.5 | 10.0 |
| 이전_이주_친구 | | | | |
| 없음 | 62.5 | 58.0 | 60.0 | 60.2 |
| 1명 | 7.0 | 18.5 | 12.5 | 12.7 |
| 2명 | 7.0 | 15.5 | 12.0 | 11.5 |
| 3명 이상 | 23.5 | 8.0 | 15.5 | 15.6 |

자료: 인구및고령사회연구소(2007).

하지 못하는 각종 어려움과 스트레스를 해결하고자 노력할 것이다. 경우에 따라서는 이러한 관계가 정기적인 모임이나 온라인 네트워크로 발전하기도 한다(김이선 외, 2011).

이 연구에서는 외국인 아내들에게 자신보다 먼저 한국으로 이주했던 친척, 인척 또는 친구가 있었는지를 확인했으며, 그 결과가 〈표 6-2〉에 집계되어 있다. 이 표에서 대부분의 외국인 아내들이 아무런 연고 없이 한국으로 왔다는 것을 확인할 수 있다. 한국에 거주하던 친척이나 친구가 전혀 없었다는 응답자의 점유율이 각각 71.7%와 60.2%로 매우 높게 나타나고 있다. 특히 의외라고 할 수 있는 것은 친척이나 인척이 전혀 없었다는 응답이 일본인 아내들에게서 86.5%로 가장 높게 나타났다는 사실이다. 이는 아마도 이들의 절대다수(88.0%)가 통일교도라는 점과 관련이 있는 것으로 판단된다. 즉, 이들의 상당 부분은 종교적 신념에 의해서 한국 남자와 결혼하고 한국으로 이주했을 가능성이 높다. 이와는 대조적으로, 조선족이 3/4을 차지하는 중국인 아내의 43.0%는 한국에 거주하던 친척이 있었다고 응답했다.

외국인 아내들이 한국에 이미 거주했다고 보고한 친구의 수는 친척의 수보다 상대적으로 크게 나타나는 경향을 보인다. 〈표 6-2〉에서 보는 것처럼, 외국인 아내들은 출신국가에 관계없이 약 40% 정도가 한국에 이미 거주하던 친구가 있었다고 응답했다. 이들 중 대부분은 1-2명의 친구가 있었다고 응답했으나, 10명 이상의 친구를 보고한 사례도 4%에 달한다.

〈표 6-3〉에서 이미 한국에 거주하던 친척과 친구 수의 평균값을 살펴보면, 중국으로부터 이주한 아내들이 일본인과 베트남인 아내들에 비해 친척 수는 상대적으로 많고, 친구 수는 적게 나타난다. 이 연구에서는 이들 두 변수들이 출신국가 이외에도 외국인 아내의 연령이나 교육수준에 따라 조직적인 편차를 보이는지를 확인하고자 분산분석(ANOVA)을 시도했다.[33] 그러나 〈표 6-3〉에서 보는 것처럼, 한국에 미리 거주하던 친척의 수는 외국인 아내의 연령이나 교육수준과 유의미한 관계가 발견되지 않았다. 이는 친척 수 변수의 평균값 및 그 분산(variance)이 매우 낮은 수준이라는 점과 관련이 있는 것으로 보인다.

이에 비해 한국에 미리 거주하던 친구 수에 대한 분산분석의 결과

33) 이 연구에서는 외국인 아내의 출신국가, 연령 및 교육수준 등을 독립변수로 하는 다원분산분석(multiple ANOVA)을 시도했다. 그런데 분석대상인 표본의 크기가 충분히 크지 않기 때문에 이 변수들의 조합에서 빈도가 아주 작은 셀(cell)이 양산되는 문제가 제기되었다. 이에 따라 여기서는 일원분산분석(one-way ANOVA)의 결과만을 표로 제시하기로 한다. 그러나 다원분산분석의 결과 역시 본문 작성에 활용되었음을 밝혀둔다.

〈표 6-3〉 외국인 아내의 주요 특성별 결혼 당시 한국 거주 친척과 친구의 수, 2007

| | 이전_이주_친척 | | 이전_이주_친구 | |
|---|---|---|---|---|
| | 평균값 | F | 평균값 | F |
| 출신국가 | | 7.84** | | 4.37* |
| 일본 | 0.6 | | 1.7 | |
| 중국 | 1.5 | | 0.9 | |
| 베트남 | 0.6 | | 1.7 | |
| 아내의 연령 | | 1.49 | | 3.73* |
| 24세 이하 | 0.7 | | 2.0 | |
| 25-29세 | 1.3 | | 0.8 | |
| 30-34세 | 0.9 | | 1.1 | |
| 35세 이상 | 0.8 | | 1.5 | |
| 아내의 교육수준 | | 2.05 | | 3.89** |
| 초등학교 이하 | 0.6 | | 0.7 | |
| 중학교 | 0.7 | | 2.0 | |
| 고등학교 | 0.8 | | 1.0 | |
| 대학교 이상 | 1.3 | | 1.8 | |

주: *: $p<0.05$; **: $p<0.01$.
자료: 인구및고령사회연구소(2007).

는 대조적인 양상을 나타낸다. 외국인 아내의 출신국가에 따른 편차뿐만 아니라 이들의 연령과 교육수준도 통계적으로 유의미한 편차를 초래하는 것으로 확인되었다. 그런데 예상했던 바와는 달리, 〈표 6-3〉에서 외국인 아내의 연령과 교육수준은 한국에 거주하던 친구의 수와 직선의 관계를 보이지 않는다. 즉, 25세 이후에는 연령이 높아짐에 따라 친구 수가 증가하는 경향이 발견되나, 연령이 24세 이하일 때 친구 수의 평균값이 2.0으로 가장 높다. 또한 교육수준과 친구 수 사이에도 대체로 정적인 관계가 발견되나, 예외적으로 중학교 교육을 받은 외국인 아내의 친구 수 평균값이 2.0으로 가장 높았다. 이러한 현상은 예외적인 경향을 나타내는 이 두 범주가 대부분 베트남 여성으로 구성되어 있다는 사실과 관련이 있는 것으로 판단된다.

### 2) 사회활동의 특성과 참여수준

이 연구에서 혼인이주 여성의 연결망에 대한 측정은 사회활동의 구성적 특성, 연결망의 크기, 그리고 연결망의 위세라는 세 가지 측면에서 이루어졌다. 이 절에서는 우선 사회활동의 구성적 특성을 외국인 아내들의 출신국가별로 살펴보기로 한다.

사회활동의 구성적 특성을 확인하기 위해 다섯 가지의 사회활동(정착지원 교육프로그램, 자녀관련 모임, 종교단체, 이웃 및 친교 모임, 자원봉사단체)의 참여 여부와 빈도를 측정하였다. 그리고 이미 앞에서 언급한 것처럼, 이들 다섯 가지 사회활동에 관한 정보들을 가중치를 부여한 상태에서 합산하여 연결망_사회활동(network_activity) 변수를 만들어냈다.

전체적으로 볼 때, 이러한 방법으로 측정된 외국인 아내들의 사회활동 참여수준은 그다지 활발하지 않은 것으로 드러났다. 종교활동을 제외한 나머지 네 가지 활동영역 모두에서 거의 참석하지 않는다는 응답자와 무응답의 빈도가 가장 높았다. 이러한 현상은 베트남인 아내와 중국인 아내들에게서 특히 두드러지게 나타났다. 그리고 자녀관련 모임과 자원봉사단체의 참여수준이 가장 낮은 것으로 밝혀졌다. 이는 비교적 최근에 입국한 외국인 아내의 점유율이 높고 경제활동을 하지 않는 전업주부가 절대다수를 차지하고 있다는 사실과 관련이 있을 것으로 판단된다.

〈그림 6-2〉는 외국인 아내의 사회활동 참여수준을 출신국가별로 보여준다. 사회활동의 참여수준은 한국 거주기간에 정비례하여 증가할 가능성이 높다. 단지 새로 입국한 외국인 아내들을 주요 대상으로

〈그림 6-2〉 외국인 아내의 출신국가별 사회활동 참여, 2007

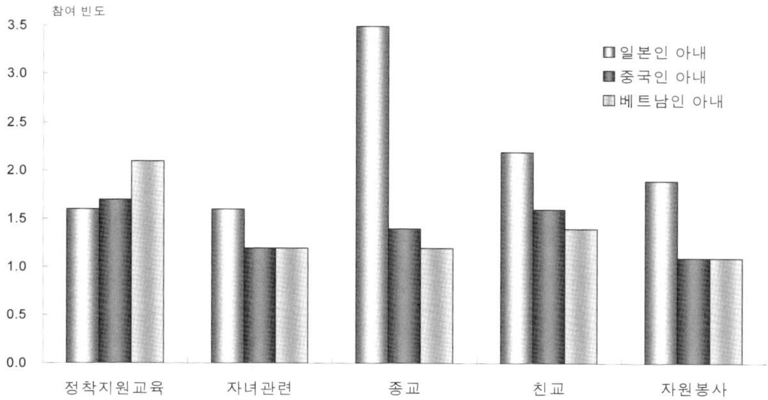


자료: 인구및고령사회연구소(2007).

하는 정착지원 교육프로그램은 예외가 될 것이다. 〈그림 6-2〉를 살펴보면, 한국 거주기간이 상대적으로 길고 사회경제적으로 유리한 조건을 지닌 일본인 아내들이 교육프로그램에의 참여를 제외한 나머지 모든 사회활동 영역에서 가장 활발하게 참여하고 있음을 확인할 수 있다. 앞에서 이미 언급한 것처럼, 일본인 아내는 통일교도의 점유율이 절대다수를 차지하고 있기 때문에 종교활동이 중국인 아내나 베트남인 아내보다 월등하게 높게 나타난다. 한편, 베트남인 아내는 새로운 이주자들을 주요 대상으로 하는 정착지원 교육프로그램에의 참여수준이 가장 높다. 그리고 혼인이주의 역사가 가장 짧기 때문에 아직 자녀를 갖지 않은 여성들이 많아 자녀관련 모임에의 참여수준도 낮게 나타난다. 이웃 및 친교 모임이나 자원봉사단체에의 참여도 가장 낮은 수준이다. 중국인 아내의 경우에는 교육프로그램을 제외한 나머지 사회활동 영역에서 베트남인 아내와 비슷한 참여수준을 보인다.

〈표 6-4〉 외국인 아내의 주요 특성별 연결망_사회활동, 크기 및 위세, 2007

| | 연결망_사회활동 | | 연결망_크기 | | 연결망_위세 | |
|---|---|---|---|---|---|---|
| | 평균값 | F | 평균값 | F | 평균값 | F |
| 출신국가 | | 117.49** | | 70.16** | | 42.64** |
| 일본 | 72.3 | | 15.5 | | 13.3 | |
| 중국 | 47.3 | | 5.2 | | 6.2 | |
| 베트남 | 48.0 | | 3.8 | | 2.7 | |
| 아내의 연령 | | 48.94** | | 23.35** | | 10.51** |
| 24세 이하 | 45.2 | | 3.3 | | 3.8 | |
| 25-29세 | 49.4 | | 5.2 | | 6.2 | |
| 30-34세 | 52.5 | | 7.8 | | 7.1 | |
| 35세 이상 | 67.7 | | 13.0 | | 10.6 | |
| 한국 거주기간 | | 61.68** | | 46.46** | | 18.04** |
| 1-2년 | 48.5 | | 4.0 | | 4.4 | |
| 3-4년 | 49.9 | | 6.9 | | 6.9 | |
| 5-6년 | 67.6 | | 10.7 | | 9.4 | |
| 7년 이상 | 75.4 | | 17.8 | | 14.8 | |
| 거주지 | | 21.77** | | 27.86** | | 10.08** |
| 대도시 | 52.1 | | 5.9 | | 6.9 | |
| 중소도시 | 65.4 | | 14.2 | | 10.8 | |
| 읍면지역 | 53.9 | | 8.2 | | 3.9 | |
| 아내의 교육수준 | | 23.46** | | 16.20** | | 22.98** |
| 초등학교 이하 | 45.4 | | 2.4 | | 5.3 | |
| 중학교 | 47.2 | | 3.8 | | 3.4 | |
| 고등학교 | 56.3 | | 9.0 | | 6.0 | |
| 대학교 이상 | 65.8 | | 12.7 | | 14.0 | |
| 남편의 교육수준 | | 3.76* | | 1.86 | | 11.32** |
| 중학교 이하 | 55.6 | | 7.3 | | 5.3 | |
| 고등학교 | 54.7 | | 8.5 | | 6.1 | |
| 대학교 이상 | 60.5 | | 10.3 | | 11.1 | |
| 아내의 경제활동 | | 14.97** | | 13.28** | | 18.21** |
| 화이트칼라 | 64.6 | | 18.1 | | 19.0 | |
| 기타 직종 | 45.7 | | 7.6 | | 5.7 | |
| 일하지 않음 | 57.7 | | 8.2 | | 7.2 | |
| 남편의 직업 | | 8.65** | | 10.11** | | 18.82** |
| 전문관리직 | 63.6 | | 14.1 | | 15.5 | |
| 사무직 | 58.6 | | 10.3 | | 9.0 | |
| 판매 및 서비스직 | 60.1 | | 9.5 | | 7.8 | |
| 농업 및 단순노무직 | 51.8 | | 6.0 | | 4.6 | |

주: *: $p<0.05$; **: $p<0.01$.
자료: 인구및고령사회연구소(2007).

〈표 6-4〉에 제시된 분산분석의 결과를 보면, 외국인 아내의 사회활동 참여수준은 출신국가에 따라서 현저하게 달라지는 것은 물론, 여성의 연령, 한국 거주기간, 아내와 남편의 교육수준에 정적으로 비례하여 증가하는 경향을 확인할 수 있다. 그리고 외국인 아내가 직업위세가 상대적으로 높은 화이트칼라이거나 남편이 전문관리직 종사자일 때 사회활동 참여수준이 뚜렷하게 높아지는 것으로 나타난다. 아울러 중소도시 거주자가 대도시나 농촌 거주자보다 상대적으로 활발한 사회활동을 한다는 것도 지적할 수 있다. 이러한 경향들에 대한 $F$ 비의 검증결과, 〈표 6-4〉에 제시된 주요 변수들에 따른 사회활동의 편차들은 통계적으로 0.01 또는 0.05 수준에서 모두 유의한 것으로 확인되었다.

그런데 이러한 관계들을 해석함에 있어서 〈표 6-4〉에 제시된 분석결과들이 한 개의 독립변수만을 활용한 일원분산분석 (one-way ANOVA)에서 얻어진 것임을 감안할 필요가 있다. 만약 표본의 크기가 커져 다른 독립변수들을 추가로 분석에 도입하는 것이 가능해진다면 그 결과는 다소 달라질 수 있을 것으로 판단된다. 이 연구에서는 이러한 방법론상의 문제를 해결하기 위해 다양한 분석작업이 추가로 이루어졌다. 이 절에서는 〈표 6-4〉에 제시된 일부 분석결과들을 외국인 아내의 출신국가별로 보다 세밀하게 살펴보고자 한다.

〈그림 6-3〉, 〈그림 6-4〉, 〈그림 6-5〉 및 〈그림 6-6〉에서 관찰되는 변수들 간의 관계의 양상은 〈표 6-4〉에 제시된 분산분석의 결과와는 다소 다르게 나타났다. 즉, 외국인 아내의 사회활동 참여수준은 당사자들의 연령, 교육수준이나 가구소득에 따라 두드러지게 증가하지 않는다는 것을 확인할 수 있다. 단지 일본인 아내의 경우에는 연령이 높아지고 한국 거주기간이 길어지는 것에 비례하여 사회활동 참여

〈그림 6-3〉 아내의 출신국가 및 연령별 연결망_사회활동의 수준, 2007

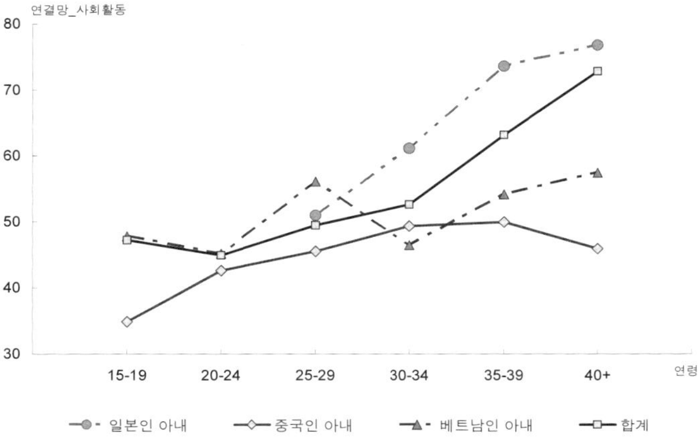


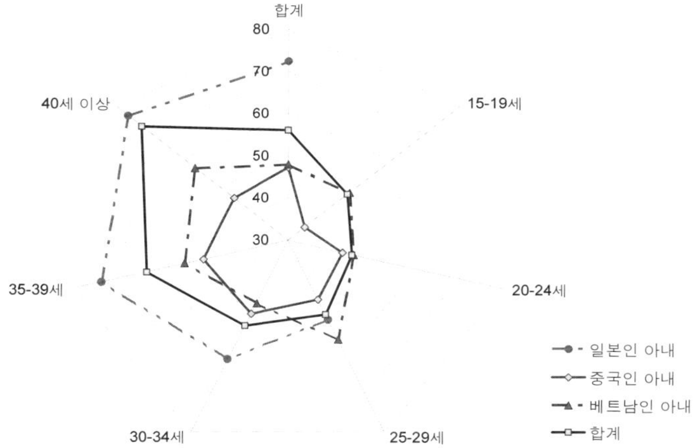


자료: 인구및고령사회연구소(2007).

〈그림 6-4〉 아내의 출신국가 및 교육수준별 연결망_사회활동의 수준, 2007

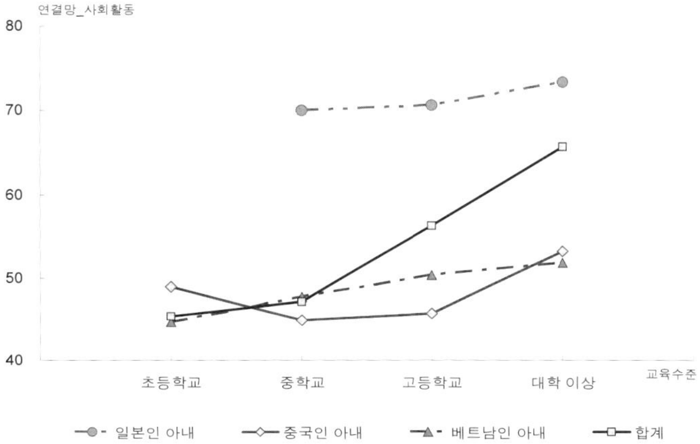


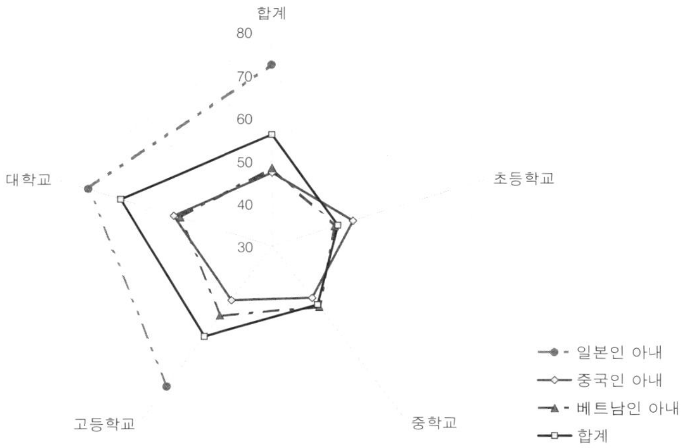


자료: 인구및고령사회연구소(2007).

〈그림 6-5〉 아내의 출신국가 및 가구소득 수준별 연결망_사회활동의 수준, 2007

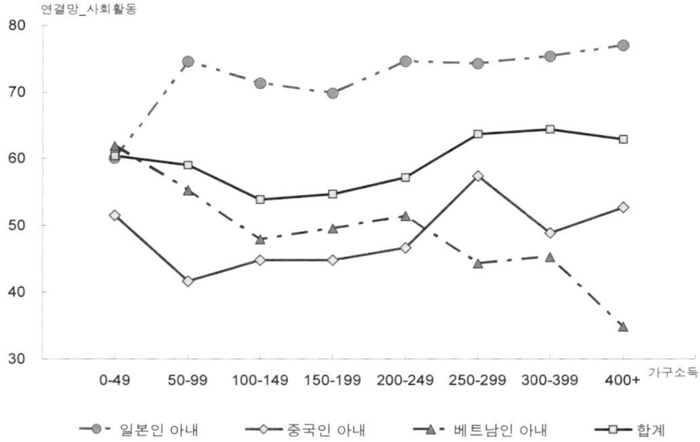


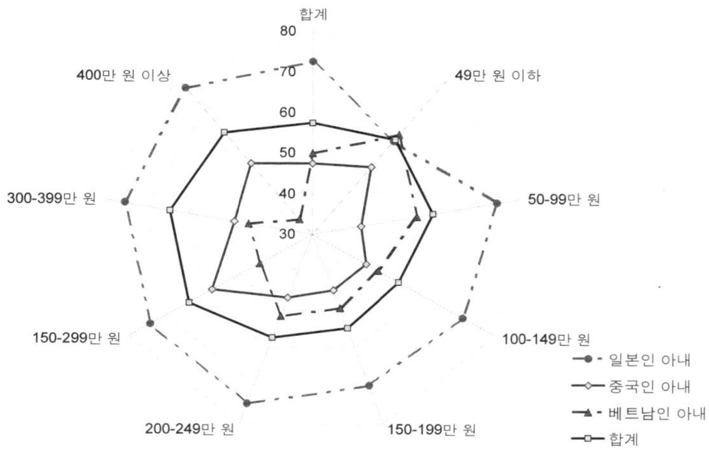


자료: 인구및고령사회연구소(2007).

〈그림 6-6〉 아내의 출신국가 및 한국 거주기간별 연결망_사회활동의 수준, 2007

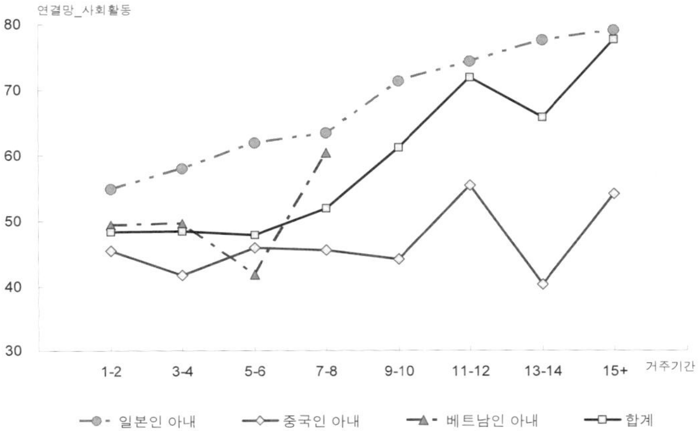


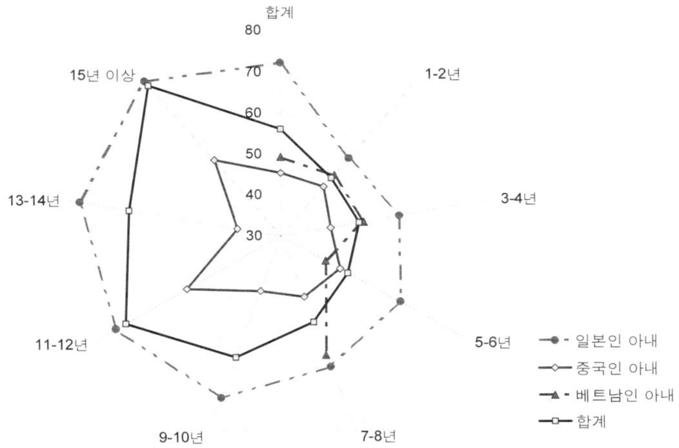


자료: 인구및고령사회연구소(2007).

수준이 높아지는 것으로 드러났다(〈그림 6-3〉과 〈그림 6-6〉 참조). 베트남인 아내의 경우에는, 〈그림 6-5〉에서 보는 것처럼, 가구소득이 높아짐에 따라 사회활동 참여수준이 오히려 낮아지는 경향도 발견된다. 또한, 〈그림 6-6〉에서 베트남인 아내들은 7~8년 거주자의 사회활동 참여수준이 다른 집단보다 상대적으로 높은 것으로 나타났으나, 대부분 이들의 한국 거주기간이 짧기 때문에 이러한 관계를 일반화하기에는 아직 시기상조인 것으로 판단된다.

## 3. 혼인이주자의 연결망 크기 및 위세

### 1) 연결망의 크기

혼인이주 여성들이 한국에 거주하면서 긴밀한 관계를 유지하고 있는 사람들의 범위와 그 규모를 측정하는 것은 결코 쉬운 작업이 아니다. 인구및고령사회연구소(2007)의 설문조사에서는 이러한 정보들을 파악하기 위해 다양한 형태의 문항들이 포함되었다. 예를 들면, 응답자에게 믿고 의지할 수 있는 네 사람을 선택하게 하여 그들의 인적사항, 처음 만난 시기, 만난 계기, 접촉 빈도, 주된 접촉방법, 그리고 그들과 주고받은 도움의 내용 등에 관한 정보 수집이 이루어졌다. 이 절에서는 외국인 아내가 한국에 거주하는 사람 중에서 잘 알고 친하게 지낸다고 응답한 한국인 및 동족(또는 같은 고향) 친구의 수를 연결망의 크기로 정의하고, 이에 대해서 살펴보기로 한다.

〈표 6-4〉에 제시된 것처럼, 연결망의 크기는 일본인 아내들이 평

균 15.5명으로 중국인(5.2명) 및 베트남인(3.8명) 아내들보다 월등하게 크다. 그리고 외국인 아내의 연령이 높고, 한국 거주기간이 길어질수록 연결망이 커지는 경향이 나타난다. 부부의 교육수준 및 직업위세와도 정적인 관계를 확인할 수 있다. 거주지에 따라서는 연결망의 크기가 중소도시 거주자, 농촌(읍·면) 거주자, 대도시 거주자의 순으로 나타났다. 그리고 남편의 교육수준을 제외하고는 모든 관계들이 통계적으로 0.01 수준에서 유의한 것으로 드러났다. 결국 〈표 6-4〉에서 연결망의 크기는 사회활동과 대체로 일관성을 유지하는 관계의 양상을 보인다고 결론지을 수 있다. 〈표 6-4〉에서 기타 직종에 종사하는 여성들이 경제활동을 하지 않는 여성들보다 오히려 사회활동 참여수준이 덜 활발하고 연결망의 크기도 상대적으로 작게 나타나는 것은 이들의 열악한 노동환경을 반영하는 것으로 해석할 수 있다.

그런데 연결망의 크기에 관한 이상의 언급들은 주로 일본인 아내들에게 적용될 수 있는 것으로 생각된다. 〈그림 6-7〉, 〈그림 6-8〉, 〈그림 6-9〉와 〈그림 6-10〉에서 볼 수 있는 것처럼, 중국인 아내와 베트남인 아내들의 경우에는 연령, 교육수준, 가구소득 및 한국 거주기간이 증가함에 따라 연결망의 크기가 뚜렷하게 상승하는 경향이 발견되지 않는다. 〈그림 6-9〉에서 대학교육을 받은 베트남인 아내들의 경우 연결망의 크기가 현저하게 증가하지만, 그 사례수가 7명에 불과하기 때문에 일반화시키기 곤란하다.

중국과 베트남에서 혼인이주한 여성들이 연령이나 사회경제적 조건에 관계없이, 그리고 한국 거주기간의 증가에도 불구하고 사회활동 참여수준이나 연결망의 크기가 뚜렷하게 증가하지 않는다는 것은 이들의 한국사회 적응이 그다지 성공적이 아니라는 것을 시사한다. 특히 중국인 아내들의 3/4 정도를 차지하고 있는 조선족의 경우에는

〈그림 6-7〉 아내의 출신국가 및 연령별 연결망_크기의 수준, 2007

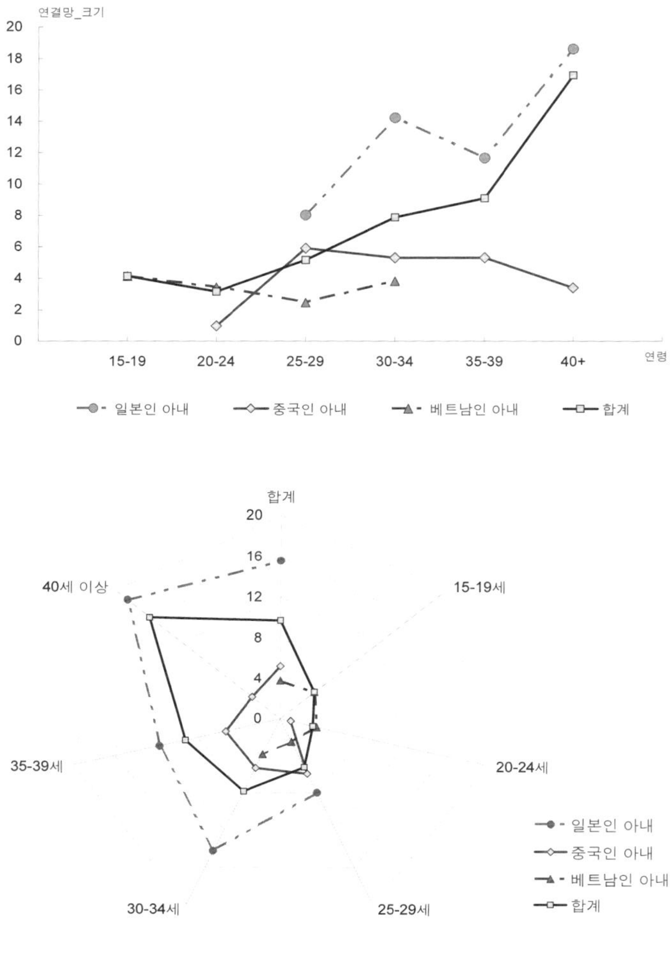


자료: 인구및고령사회연구소(2007).

〈그림 6-8〉 아내의 출신국가 및 교육수준별 연결망_크기의 수준, 2007

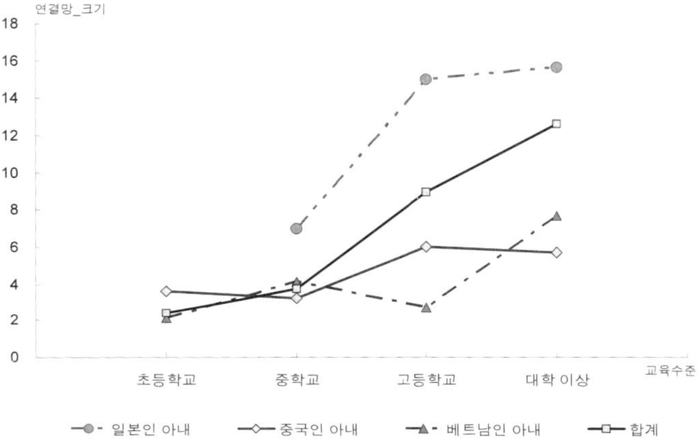


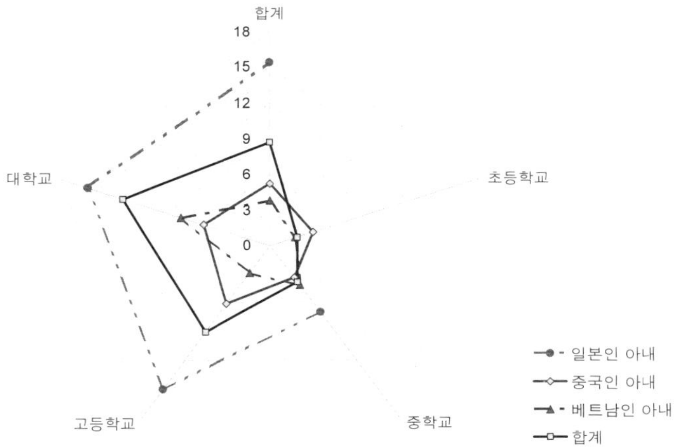


자료: 인구및고령사회연구소(2007).

〈그림 6-9〉 아내의 출신국가 및 가구소득 수준별 연결망_크기의 수준, 2007

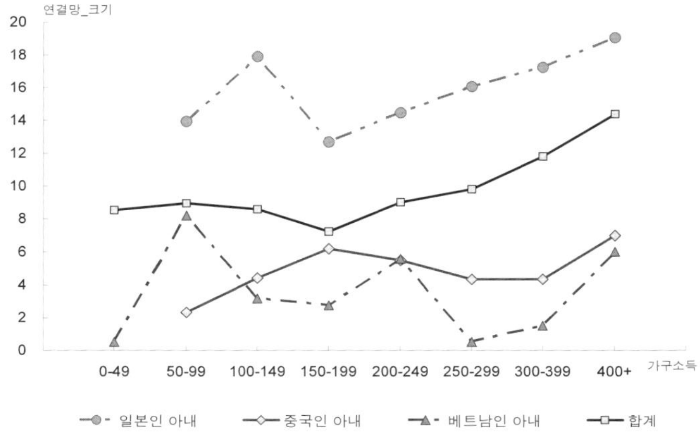


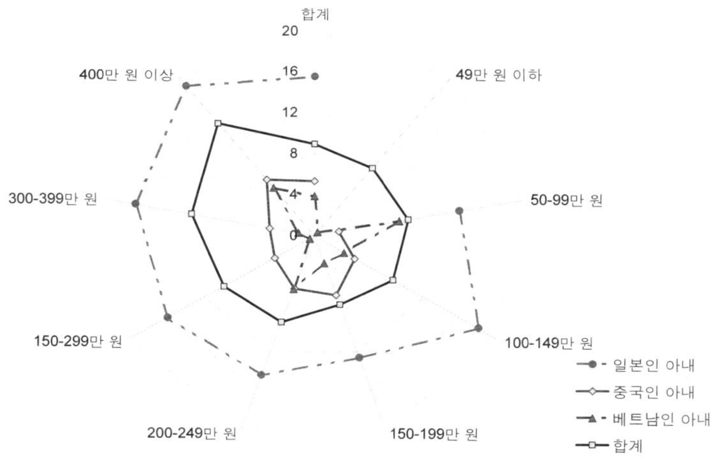


자료: 인구및고령사회연구소(2007).

〈그림 6-10〉 아내의 출신국가 및 한국 거주기간별 연결망_크기의 수준, 2007

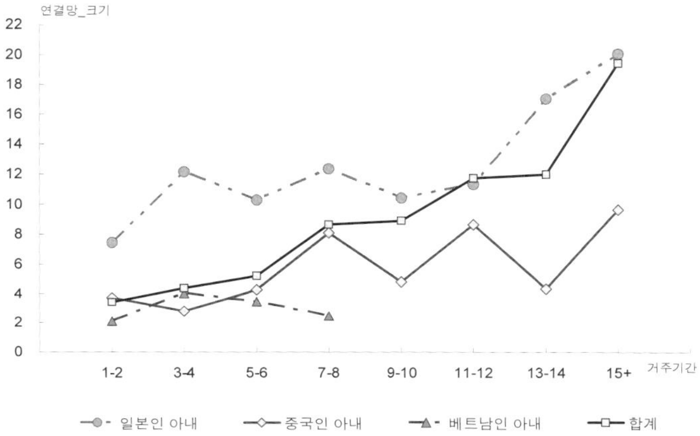


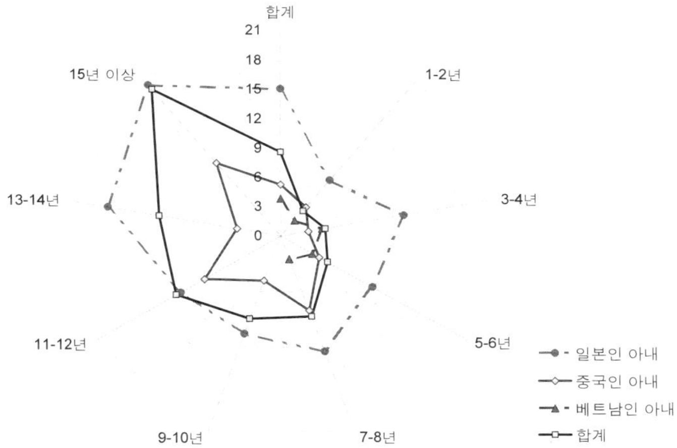


자료: 인구및고령사회연구소(2007).

생활습관이 크게 다르지 않고 언어문제도 없어 이주 후의 적응이 용이할 것으로 생각할 수도 있으나, 실상은 전혀 다르다고 할 수 있다.

이 연구에서는 그 이유를 좀 더 정밀하게 파악하고자 많은 노력이 이루어졌다. 그런데 여기서 한 가지 지적할 것은 일본, 중국, 베트남으로부터의 혼인이주 여성들이 연령, 사회경제적 조건이나 한국 거주기간에 있어서 매우 커다란 편차를 보이며, 내부적으로는 매우 동질적인 구성을 보인다는 사실이다. 예를 들어, 베트남 여성들은 대부분 낮은 연령, 낮은 교육수준과 직업위세, 그리고 짧은 한국 거주기간으로 특징지어진다. 이들 중에서는 높은 연령, 교육수준, 직업위세를 지니고 한국에 오래 거주한 사례들이 거의 발견되지 않는다. 일본인 아내들의 절대다수가 통일교도인 반면, 다른 국가로부터 혼인이주한 여성들 중에는 통일교도가 전혀 없다는 사실도 분석의 어려움을 가중시키는 요인이 된다.

혼인이주 여성의 출신국가에 따른 표본 구성의 이 같은 편향성은 다른 나라로부터 이주한 여성들과의 정교한 비교분석을 어렵게 하는 장애요소가 된다. 이 분석작업에 사용된 설문조사의 표본 600명은 그리 작은 규모가 아니다. 그럼에도 불구하고 표본의 인구학적·사회경제적 구성이 출신국가별로 강한 편향성을 나타냄에 따라 인과관계의 파악을 위해 적용할 수 있는 통계기법이 제한되는 어려움이 있다. 이 연구에서 보다 정교한 인과관계의 파악은 이어지는 절에서 회귀분석을 통해 시도된다.

### 2) 연결망의 위세

이 연구에서 혼인이주 여성의 사회적 자본과 연결망에 대한 세 번째 탐구는 연결망에 포함되는 사람들의 직업위세를 측정하는 방식으로 이루어졌다. 이미 앞에서 언급된 것처럼, 조사대상자가 상위 6가지의 직업 범주(변호사, 의사, 교수 및 교사, 대기업의 부장 이상 간부, 전문 엔지니어, 과장 이상 공무원) 중에서 몇 가지 범주의 직업에 종사하는 사람들을 잘 알고 지내는지를 응답하게 하여 그 개수에 10을 곱한 값을 연결망의 위세점수로 삼았다.

연결망 위세점수의 전반적인 분포를 살펴보면, 혼인이주 여성 600명 중에서 62.5%에 해당하는 375명이 알고 지내는 사람 중에서 상위 6개 범주에 속하는 직업을 가진 사람이 전혀 없다고 응답하였다. 한 가지 범주의 직업 종사자를 안다고 응답한 경우가 111명으로 18.5%에 해당된다. 상위 6개 직업군에서 가장 빈도가 높았던 직업은 교사와 교수로, 122명이 이러한 직업 종사자가 가까운 친척이나 친구 중에 있다고 답변하였다. 그 다음 빈도의 직업은 109명이 응답한 공무원이었다. 그리고 가장 빈도가 낮은 직업은 법조인과 대기업 간부로, 각각 24명과 44명이 이러한 직업 종사자를 가까이 알고 지낸다고 응답하였다.

사회적 자본에 대한 접근성은 일본, 중국, 베트남의 순으로 혼인이주 여성의 출신국가에 따라 뚜렷한 편차가 발견된다. 〈표 6-5〉를 보면, 일본 여성의 39.0%가 연결망 위세점수가 0점인 것으로 집계된 반면, 중국과 베트남 여성의 경우에는 그 점유율이 각각 61.0%와 87.5%로 현저하게 높았다. 위세점수가 30점 이상인 여성의 구성률은 일본, 중국, 베트남의 순서로 각각 18.5%, 4.5%, 3.0%였다. 평

〈표 6-5〉 외국인 아내의 출신국가별 연결망_위세의 점수 분포와 평균값, 2007

| | 아내의 출신국가 | | | |
|---|---|---|---|---|
| | 일본 (N=200) | 중국 (N=200) | 베트남 (N=200) | 전체 (N=600) |
| 연결망 위세(%) | | | | |
| 0 | 39.0 | 61.0 | 87.5 | 62.5 |
| 10 | 21.5 | 26.0 | 8.0 | 18.5 |
| 20 | 21.0 | 8.5 | 1.5 | 10.3 |
| 30 | 10.0 | 0.5 | 0.5 | 3.7 |
| 40-60 | 8.5 | 4.0 | 2.5 | 5.0 |
| 평균값 | 13.3 | 6.2 | 2.7 | 7.4 |

자료: 인구및고령사회연구소(2007).

균값에 있어서도 일본 여성 13.3, 중국 여성 6.2, 베트남 여성 2.7로 뚜렷한 차이를 확인할 수 있다.

〈표 6-4〉에서 연결망의 직업위세에 대한 분산분석의 결과를 살펴보면, 사회활동 및 연결망의 크기에 대한 분석결과와 일관성을 유지하는 것을 확인할 수 있다. 즉, 혼인이주 여성의 연령이 높고 한국 거주기간이 길어질수록 연결망의 위세점수가 높아지는 경향이 나타난다. 부부의 교육수준 및 직업위세와도 정적인 관계를 확인할 수 있다. 단지 거주지에 따른 연결망 위세점수가 중소도시 거주자가 가장 높고, 대도시 거주자, 농촌 거주자의 순으로 높게 나타났다. 그리고 이러한 모든 편차들이 통계적으로 0.01 수준에서 유의한 것으로 드러났다.

〈그림 6-11〉, 〈그림 6-12〉, 〈그림 6-13〉과 〈그림 6-14〉는 연결망 위세의 수준을 외국인 아내의 출신국가와 연령, 교육수준, 가구소득 수준, 한국 거주기간에 따라 제시한 것이다. 〈그림 6-11〉을 살펴보면, 외국인 아내의 연령과 연결망 위세점수와는 뚜렷한 정적인 관

〈그림 6-11〉 아내의 출신국가 및 연령별 연결망_위세의 수준, 2007

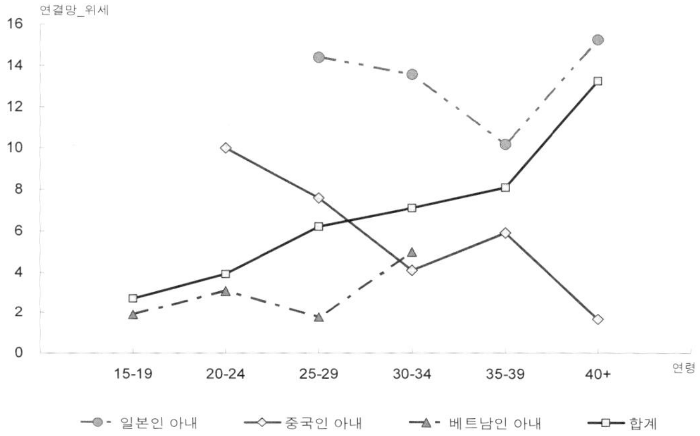


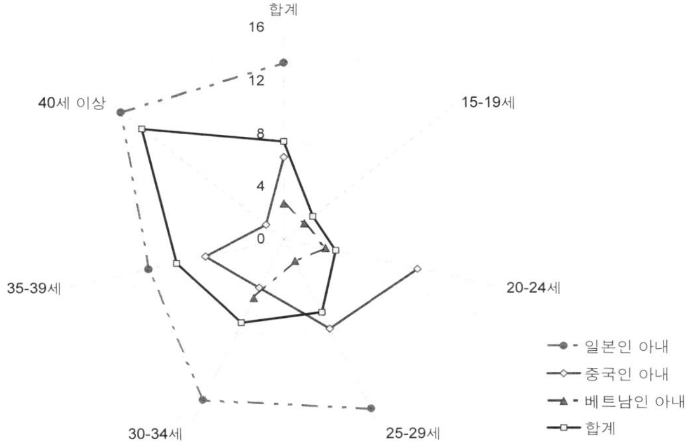


자료: 인구및고령사회연구소(2007).

〈그림 6-12〉 아내의 출신국가 및 교육수준별 연결망_위세의 수준, 2007

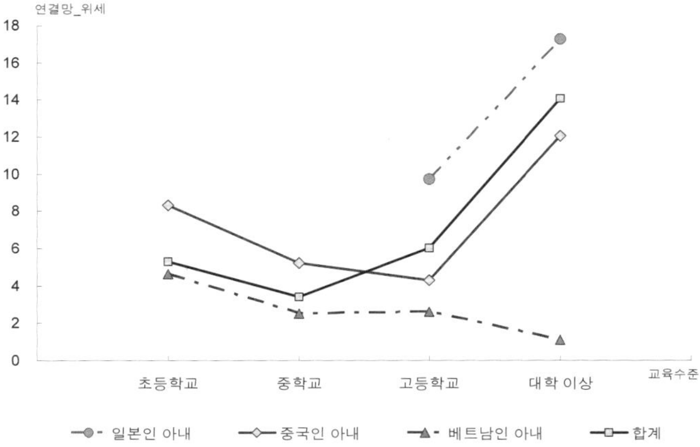


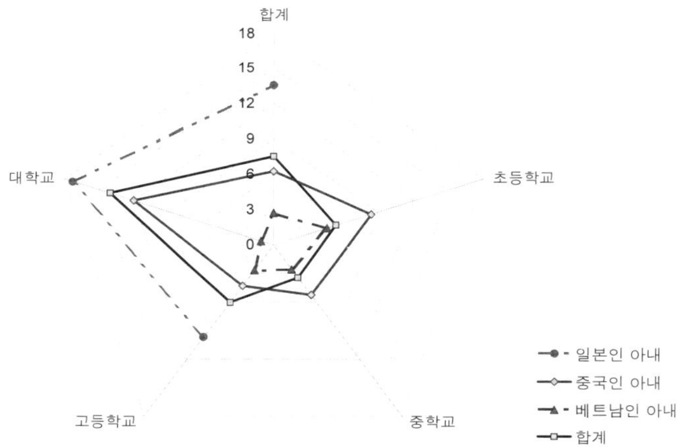


자료: 인구및고령사회연구소(2007).

〈그림 6-13〉 아내의 출신국가 및 가구소득 수준별 연결망_위세의 수준, 2007

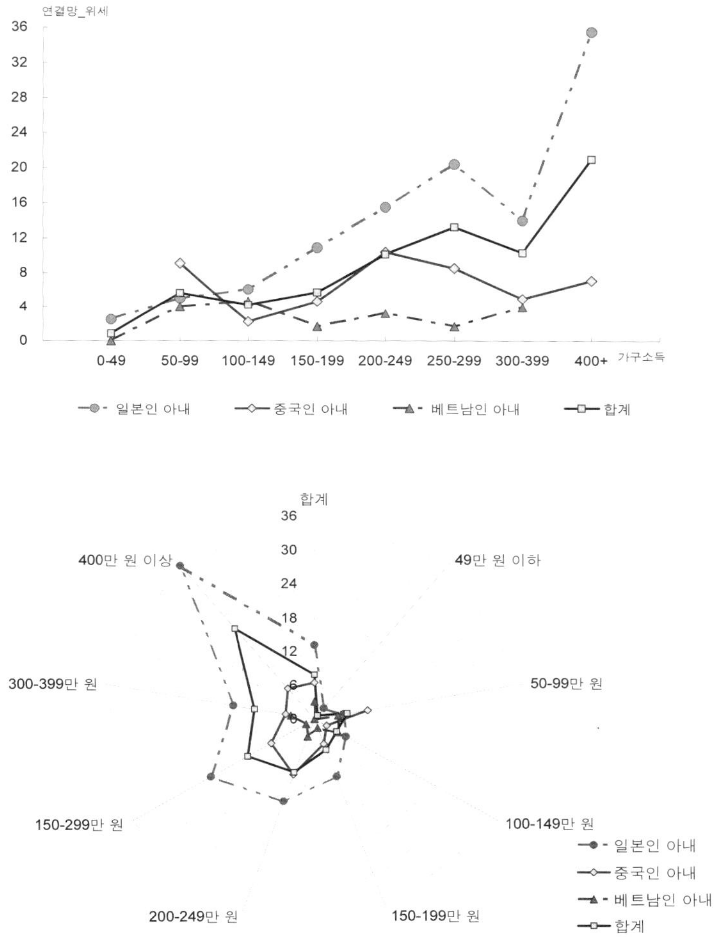


자료: 인구및고령사회연구소(2007).

〈그림 6-14〉 아내의 출신국가 및 한국 거주기간별 연결망_위세의 수준, 2007

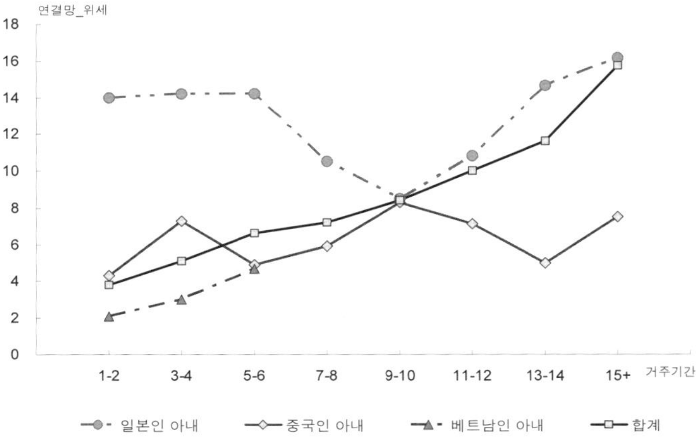


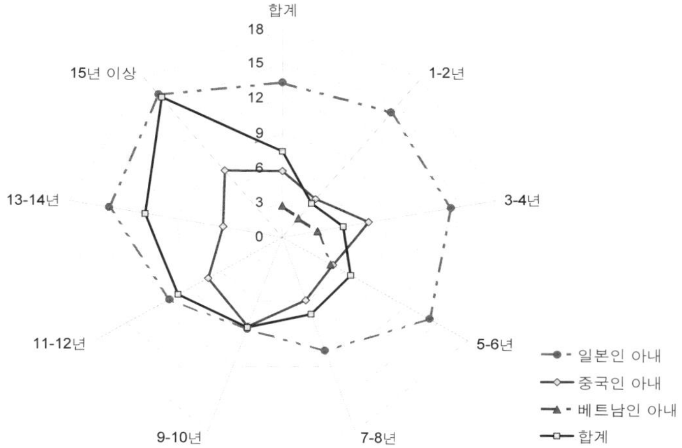


자료: 인구및고령사회연구소(2007).

계가 나타나지 않는다. 중국인 아내의 경우에는 연령이 높아짐에 따라 연결망 위세점수가 오히려 낮아지는 경향이 발견된다. 이에 따라 〈표 6-4〉에서 관찰되는 두 변수 간의 정적인 관계는 외국인 아내들의 연령이 출신국가에 따라 편향적인 분포를 보이는 데 기인하여 나타나는 현상으로 결론지을 수 있다. 그리고 〈그림 6-14〉를 살펴보면, 〈표 6-4〉에서 발견되는 연결망 위세점수와 한국 거주기간과의 정적인 관계에 대해서도 마찬가지의 결론을 내릴 수 있다.

대학교육을 받은 일본 여성과 중국 여성의 연결망 위세점수는 뚜렷하게 높다는 것을 〈그림 6-12〉에서 확인할 수 있다. 대학교육을 받은 베트남인 아내의 연결망 위세점수가 오히려 낮게 나타난 것은 19 사례에 기초하여 계산되었기 때문에 커다란 의미를 부여하기 곤란하다. 또한 〈그림 6-13〉은 가구소득과 연결망 위세점수와의 정적인 관계가 일본인 아내에게만 적용될 수 있는 것임을 시사한다. 중국인과 베트남인 아내에게서는 두 변수 간에 의미 있는 관계가 감지되지 않는다.

## 4. 사회활동 및 연결망의 회귀분석

### 1) 사회활동 참여의 인과구조

이 연구에서는 분산분석에서 혼인이주 여성의 출신국가 변수가 추가로 투입됨에 따라 나타나는 관계의 변화 양상을 좀 더 정교하게 파악하기 위해 사회연결망의 구성적 특성과, 크기 및 위세를 종속변수로 하는 회귀분석을 시도하였다. 분석은 독립변수들을 그 성격에 따

〈표 6-6〉 연결망_사회활동에 영향을 미치는 결정요인에 대한 회귀분석, 2007

| | 연결망_사회활동 | | | | | |
|---|---|---|---|---|---|---|
| | 〔모형 1〕 | | 〔모형 2〕 | | 〔모형 3〕 | |
| | b | beta | b | beta | b | beta |
| 일본 | 23.82** | 0.51 | 20.47** | 0.46 | 12.80** | 0.29 |
| 베트남 | 1.35 | 0.03 | 12.61** | 0.26 | 12.76** | 0.27 |
| 대도시 | 0.53 | 0.01 | -0.99 | -0.02 | 1.65 | 0.04 |
| 중소도시 | 5.63* | 0.11 | 2.99 | 0.06 | 4.08 | 0.09 |
| 아내_연령 | | | 0.58* | 0.21 | 0.20 | 0.07 |
| 남편_연령 | | | 0.08 | 0.02 | 0.14 | 0.04 |
| 아내_교육 연수 | | | 0.65† | 0.10 | 0.54† | 0.08 |
| 남편_대학교육 | | | 2.81 | 0.06 | 2.03 | 0.04 |
| 아내_화이트칼라 | | | -7.89* | -0.09 | 10.97** | -0.14 |
| 남편_화이트칼라 | | | 1.11 | 0.02 | 0.84 | 0.02 |
| 가구소득 | | | 0.01 | 0.06 | 0.00 | 0.02 |
| 이전_이주_친척 | | | | | 0.97** | 0.13 |
| 이전_이주_친구 | | | | | -0.08 | -0.01 |
| 한국_거주기간 | | | | | 0.18 | 0.04 |
| 일본×한국_거주기간 | | | | | 1.13** | 0.33 |
| (회귀상수) | 45.69** | | 12.57 | | 19.75** | |
| 사례수 | 600 | | 407 | | 393 | |
| $R^2$ | 0.29 | | 0.35 | | 0.41 | |
| $F$ | 61.43** | | 19.41** | | 17.74** | |

주: 1) †: $p<0.1$; *: $p<0.05$; **: $p<0.01$.
2) 일본, 베트남, 대도시, 중소도시, 남편_대학교육, 아내_화이트칼라, 남편_화이트칼라는 가변수(dummy variable)임.
3) 일본×한국_거주기간은 일본과 한국_거주기간의 상호작용변수임.
자료: 인구및고령사회연구소(2007).

라 몇 가지 범주로 분류하고 각 범주에 해당하는 독립변수들을 단계적으로 회귀모형에 투입하는 위계적 회귀분석(hierarchical regression) 방식으로 이루어졌다. 회귀분석의 결과들은 〈표 6-6〉, 〈표 6-7〉과 〈표 6-8〉에 제시되어 있다.

〈표 6-6〉은 연결망_사회활동에 대한 회귀분석의 결과를 세 가지 모형으로 구분하여 제시한 것이다. 〔모형 1〕을 보면 일본으로부터 혼인이주한 여성들의 사회활동은 중국 여성들보다 뚜렷하게 활발하다. 베트남 여성들의 사회활동 참여수준 역시 중국 여성들보다 높았으나, 통계적으로는 유의하지 않은 것으로 밝혀졌다. 그리고 중소도시 거주자가 농촌거주자보다 사회활동 참여수준이 높은 것으로 확인되었다. 대도시의 각박한 환경보다 중소도시가 혼인이주 여성들에게 보다 활발한 사회활동의 장을 제공한다는 것은 의미 있는 발견이라고 할 수 있다.

그런데 〔모형 2〕에 혼인이주 여성과 남편의 연령, 교육수준, 직업위세 및 가구소득에 관한 변수들을 추가로 투입하여 통제한 결과, 다른 조건이 같다면, 베트남 여성들도 중국 여성에 비해 사회활동이 보다 활발한 것으로 확인되었다. 그리고 중소도시 거주자의 긍정적인 효과는 통계적 유의도를 상실하는 것으로 확인되었다. 즉 〔모형 1〕에서 중소도시 거주자들의 사회활동이 활발한 것으로 나타난 것은 주로 그들의 유리한 사회경제적인 조건들에 기인하는 효과로 짐작된다.

〔모형 2〕는 혼인이주 여성의 연령과 교육 연수가 증가함에 따라 사회활동 점수가 의미 있게 증가한다는 것을 보여준다. 그러나 남편의 연령, 교육수준, 직업위세 및 가구소득은 사회활동 참여수준에 의미 있는 영향력을 행사하지 않는 것으로 드러났다. 〔모형 2〕에서 관찰되는 회귀계수들은 변수가 추가로 투입된 〔모형 3〕에서도 대체로 일관성을 유지하는 것을 알 수 있다. 단 혼인이주 여성의 연령 효과는 〔모형 3〕에서 통계적인 유의성을 상실했다.

〔모형 2〕에서 의외의 발견이라고 할 수 있는 것은 화이트칼라 직종에 종사하는 혼인이주 여성들의 사회활동이 오히려 낮은 참여수준

을 나타낸다는 점이다. 그러나 이러한 관계는 혼인이주 여성의 연령과 다른 사회경제적인 조건들의 효과가 통제되었다는 것을 전제로 성립할 뿐이다.

앞에 제시된 〈그림 6-3〉과 〈그림 6-6〉에서는 일본 여성의 경우에 한하여 연령과 한국 거주기간이 사회활동 참여수준과 정적인 관계를 나타났다. 이 연구의 회귀분석 과정에서는 이러한 관계를 보다 정교하게 확인할 수 있는 상호작용변수들을 투입하였으나, 이 변수들은 통계적으로 유의한 영향력을 행사하지 않는 것으로 확인되었다.

〈표 6-6〉의 〔모형 3〕에서 혼인이주 여성들이 결혼할 당시에 이미 한국에 거주하던 친척과 인척들의 규모는 이들의 정착과정에서 사회활동 수준에 정적인 효과를 미치는 것으로 나타났다. 그러나 결혼 당시 한국에 거주하던 친구들의 효과는 통계적으로 유의미하지 않았다. 이는 친척들 간의 "잘 짜여지고 촘촘한 연결망"보다 친구들 간의 비공식적인 "넓고 성긴 연결망"이 사회적 자본을 형성하고 증가시키는 데 더 기능적일 수 있다는 그라노베타(Granovetter, 1973, 1974)와 린(Lin, 1999, 2001)의 주장이 한국사회에 혼인이주한 여성들에게는 적용되기 어렵다는 것을 시사한다. 서구사회와는 달리, 한국이나 중국을 포함한 동양사회에서는 친구 관계보다 친척들 간의 관계가 믿음과 의무가 복합적으로 작용하는 강력하고 호혜적인 연대로 기능하는 경향이 있다(Bian, 1997; Gold et al., 2002). 이는 혼인이주 여성의 사회활동과 관련해서도 예외가 아닌 것으로 판단된다.

〔모형 3〕의 회귀분석 결과는 〈그림 6-6〉에서 관찰되는 관계와 일관성을 유지한다. 일본 여성의 경우, 연령과 한국 거주기간이 증가함에 따라 사회활동 참여수준이 높아지는 경향이 나타난다. 그러나 중국 여성과 베트남 여성에게는 이러한 관계가 적용되지 않는다. 〔모형 3〕

에서 한국_거주기간의 회귀계수는 통계적으로 유의하지 않은 반면, 상호작용항(일본×한국_거주기간)의 표준화회귀계수(*beta*)는 0.33으로 종속변수에 가장 강력한 정적 영향력을 행사하는 것으로 확인되었다.

## 2) 연결망의 크기 및 위세의 인과구조

〈표 6-7〉은 연결망의 크기를 종속변수로 한 위계적 회귀분석의 결과를 보여준다. 일본 여성과 중소도시 거주자는 다른 집단에 비해 연결망의 규모가 뚜렷하게 크다. 이러한 경향은 회귀모형에 투입되는 독립변수의 수에 관계없이 〔모형 1〕에서 〔모형 4〕에 걸쳐 일관적으로 나타난다.

〈표 6-7〉을 살펴보면, 혼인이주 여성과 남편의 사회경제적인 조건이 연결망의 크기에 미치는 독립적인 영향력은 통계적인 의미를 부여하기 어려운 것으로 판단된다. 〔모형 2〕에서는 아내의 연령이 정적인 회귀계수를 나타내고 있으나, 독립변수들이 추가로 투입된 〔모형 3〕과 〔모형 4〕에서는 통계적인 유의성을 유지하지 못하는 것으로 확인되었다.

혼인이주 여성들이 지니는 연결망의 크기는 결혼 당시 한국에 거주하던 친척과 친구의 규모, 그리고 한국 거주기간에 따라 정비례하여 증가하는 것으로 판단된다. 특히 이들의 한국 거주기간은 가장 강력한 정적 영향력(*beta*=0.30)을 행사하는 독립변수로 확인되었다. 〈표 6-6〉에서와 마찬가지로 연결망의 크기에 대한 회귀분석과정에서도 상호작용항(일본×한국_거주기간)이 모형에 투입되었으나 통계적으로 유의미한 영향력이 관찰되지 않았다. 이에 따라 이 상호작용항은

〈표 6-7〉 연결망_크기에 영향을 미치는 결정요인에 대한 회귀분석, 2007

| | 연결망_크기 | | | | | | | |
|---|---|---|---|---|---|---|---|---|
| | 〔모형 1〕 | | 〔모형 2〕 | | 〔모형 3〕 | | 〔모형 4〕 | |
| | b | beta | b | beta | b | beta | b | beta |
| 일본 | 8.98** | 0.45 | 4.40** | 0.23 | 4.12** | 0.22 | 4.07* | 0.21 |
| 베트남 | -1.09 | -0.05 | 1.64 | 0.07 | 2.13 | 0.10 | 2.19 | 0.10 |
| 대도시 | -2.09† | -0.11 | -1.99 | -0.10 | 0.36 | 0.02 | 0.82 | 0.04 |
| 중소도시 | 2.70† | 0.13 | 3.01† | 0.15 | 4.18** | 0.21 | 4.21** | 0.21 |
| 아내_연령 | | | 0.29* | 0.23 | 0.07 | 0.06 | 0.09 | 0.07 |
| 남편_연령 | | | -0.01 | 0.00 | -0.05 | -0.03 | -0.06 | -0.04 |
| 아내_교육 연수 | | | 0.27 | 0.09 | 0.18 | 0.06 | 0.12 | 0.04 |
| 남편_대학교육 | | | 0.69 | 0.03 | 0.76 | 0.04 | 0.90 | 0.04 |
| 아내_화이트칼라 | | | 3.11 | 0.09 | 2.67 | 0.08 | 2.70 | 0.08 |
| 남편_화이트칼라 | | | 1.20 | 0.06 | -0.19 | -0.01 | -0.08 | 0.00 |
| 가구소득 | | | 0.00 | 0.03 | 0.00 | -0.02 | 0.00 | -0.03 |
| 이전_이주_친척 | | | | | 0.73** | 0.22 | 0.69** | 0.21 |
| 이전_이주_친구 | | | | | 0.35** | 0.13 | 0.36* | 0.13 |
| 한국_거주기간 | | | | | 0.57** | 0.31 | 0.55** | 0.30 |
| 교육프로그램 | | | | | | | -0.49 | -0.07 |
| 자녀관련 모임 | | | | | | | 0.39 | 0.04 |
| 종교단체 | | | | | | | -0.18 | -0.03 |
| 이웃/친교 모임 | | | | | | | 0.98* | 0.13 |
| 자원봉사단체 | | | | | | | -0.53 | -0.05 |
| (회귀상수) | 5.95** | | -6.73 | | -2.95 | | -2.43 | |
| 사례수 | 335 | | 246 | | 240 | | 240 | |
| $R^2$ | 0.34 | | 0.35 | | 0.46 | | 0.48 | |
| $F$ | 42.34** | | 11.44** | | 13.62** | | 10.52** | |

주: 1) †: $p<0.1$; *: $p<0.05$; **: $p<0.01$.

2) 일본, 베트남, 대도시, 중소도시, 남편_대학교육, 아내_화이트칼라, 남편_화이트칼라는 가변수 (dummy variable)임.

자료: 인구및고령사회연구소(2007).

〈표 6-7〉에 제시된 회귀모형들에서 제거되었다. 이 회귀분석의 결과는, 〈그림 6-10〉에서 관찰되는 것과는 달리, 일본 여성뿐만이 아니라 중국 여성과 베트남 여성의 경우에도 한국 거주기간에 정비례하여 연결망이 커지는 경향이 있다는 것을 시사한다. 그러나 이는 부부의 인구학적 및 사회경제적인 조건들의 영향력 통제를 전제로 언급될 수 있는 것이며, 〈그림 6-10〉에서 관찰되는 관계의 양상이 반드시 오류라는 것을 의미하지는 않는다.

〈표 6-7〉에 제시된 〔모형 4〕를 보면, 이웃이나 친교 모임에의 참여가 연결망의 크기에 정적인 효과를 지닐 뿐, 다른 형태의 사회활동 참여는 유의미한 영향력을 지니지 않는 것으로 밝혀졌다. 이는 혼인이주 여성들의 사회활동이 정착 지원을 위한 교육프로그램을 제외하고는 자녀관련 모임, 종교활동 및 자원봉사활동에의 참여가 미미한 수준이라는 현실에 주로 기인하는 것으로 판단된다. 그리고 정착 지원을 위한 교육프로그램 역시 이들이 사회적 자본을 형성하거나 증대시키는 데 크게 기여하지 못하는 현실을 반영하는 결과라 할 수 있다.

연결망의 위세에 대한 회귀분석 결과는 연결망의 구성적 특성이나 크기에 대한 분석결과와는 다소 다른 양상을 나타낸다. 〈표 6-8〉의 〔모형 1〕에 포함된 모든 독립변수들의 영향력이 통계적으로 유의한 것으로 나타났다. 일본 여성들의 연결망 위세는 기준집단인 중국 여성들보다 높고, 베트남 여성들의 연결망 위세가 가장 낮은 것으로 드러났다. 그리고 중소도시, 대도시, 농촌 거주자의 순으로 연결망의 위세가 점차 낮아지는 경향을 보인다. 그러나 〔모형 2〕, 〔모형 3〕, 〔모형 4〕에서 독립변수들이 추가로 투입되면 거주지의 효과는 통계적 유의성을 유지하지 못하는 것으로 확인되었다. 또한 일본 여성과 중국 여성 간의 연결망 위세의 편차만 통계적 일관성을 유지할 뿐,

〈표 6-8〉 연결망_위세에 영향을 미치는 결정요인에 대한 회귀분석, 2007

| | 연결망_위세 | | | | | | | |
|---|---|---|---|---|---|---|---|---|
| | 〔모형 1〕 | | 〔모형 2〕 | | 〔모형 3〕 | | 〔모형 4〕 | |
| | b | beta | b | beta | b | beta | b | beta |
| 일본 | 7.12** | 0.27 | 3.92* | 0.15 | 3.51† | 0.13 | 1.24 | 0.04 |
| 베트남 | -3.03** | -0.11 | -2.58 | -0.09 | -0.96 | -0.03 | -0.87 | -0.03 |
| 대도시 | 3.37* | 0.13 | 0.18 | 0.01 | 0.81 | 0.03 | 1.79 | 0.07 |
| 중소도시 | 4.00** | 0.14 | 2.26 | 0.08 | 2.01 | 0.07 | 2.18 | 0.08 |
| 아내_연령 | | | -0.01 | -0.01 | -0.06 | -0.04 | -0.11 | -0.06 |
| 남편_연령 | | | -0.03 | -0.01 | 0.00 | 0.00 | 0.12 | 0.01 |
| 아내_교육 연수 | | | 0.24 | 0.06 | 0.19 | 0.05 | 0.23 | 0.05 |
| 남편_대학교육 | | | 1.01 | 0.04 | 2.42† | 0.09 | 3.34† | 0.11 |
| 아내_화이트칼라 | | | 5.98** | 0.12 | 4.02† | 0.08 | 2.39 | 0.05 |
| 남편_화이트칼라 | | | 3.78** | 0.14 | 2.59* | 0.10 | 2.57 | 0.09 |
| 가구소득 | | | 0.04** | 0.25 | 0.03** | 0.23 | 0.03** | 0.22 |
| 이전_이주_친척 | | | | | 0.70** | 0.16 | 0.49 | 0.10 |
| 이전_이주_친구 | | | | | 0.27 | 0.06 | 0.05 | 0.01 |
| 한국_거주기간 | | | | | 0.38* | 0.15 | 0.32 | 0.12 |
| 교육프로그램 | | | | | | | -0.73 | -0.07 |
| 자녀관련 모임 | | | | | | | 1.09 | 0.07 |
| 종교단체 | | | | | | | -2.16* | -0.23 |
| 일본×통일교 | | | | | | | 8.22† | 0.29 |
| 이웃/친교 모임 | | | | | | | 0.34 | 0.03 |
| 자원봉사단체 | | | | | | | 0.86 | 0.06 |
| 한국인_친구 | | | | | | | 0.26 | 0.09 |
| 동족_친구 | | | | | | | -0.18 | -0.07 |
| (회귀상수) | 3.05* | | -3.54 | | -6.30 | | -4.63 | |
| 사례수 | 600 | | 407 | | 393 | | 241 | |
| $R^2$ | 0.14 | | 0.28 | | 0.32 | | 0.32 | |
| $F$ | 23.46** | | 13.75** | | 12.85** | | 4.70** | |

주: 1) †: $p<0.1$; *: $p<0.05$; **: $p<0.01$.
2) 일본, 베트남, 대도시, 중소도시, 남편_대학교육, 아내_화이트칼라, 남편_화이트칼라는 가변수(dummy variable)임.
3) 일본×통일교는 일본과 통일교의 상호작용변수임.
자료: 인구및고령사회연구소(2007).

중국과 베트남 여성 간의 차이는 통계적 의미를 상실하는 것으로 나타났다. 〔모형 4〕에서 가변수 일본의 회귀계수가 통계적인 유의성을 유지하지 못하는 것처럼 보이나, 이것이 일본 여성과 중국 여성 간 연결망 위세점수의 의미 있는 편차를 부정하는 것은 아니다. 이 회귀모형에 포함된 상호작용항 (일본×통일교)가 종속변수에 미치는 정적 영향력 (*beta*=0.29)이 가장 강력한 것으로 밝혀졌기 때문이다.

부부의 사회경제적 지위가 높을수록 직업위세가 높은 사람들과의 연결망이 형성될 가능성이 높아지기 마련이다. 그런데 〈표 6-8〉에 포함된 부부의 사회경제적 조건에 관한 독립변수들 중에서는 아내보다는 남편의 속성들이 연결망의 위세점수에 대한 설명력이 강한 것으로 확인되었다. 모든 독립변수들이 투입된 〔모형 4〕에서는 남편이 대학교육을 받았거나 가구소득이 높을수록 연결망 위세점수가 통계적으로 유의하게 높아지는 것으로 밝혀졌다.

혼인이주 여성들이 결혼 당시 지녔던 연결망의 속성들과 한국 거주기간은 연결망의 위세점수와 정적인 관계를 유지하지만, 사회활동의 내용과 연결망 크기를 반영하는 독립변수들이 투입된 〔모형 4〕에서는 통계적의 유의성을 유지하지 못하는 것으로 나타났다. 사회활동의 구성적 특성을 나타내는 변수들 중에서는 종교활동 참여가 부적 영향력을, 그리고 상호작용항 (일본×통일교)가 정적인 영향력을 종속변수에 행사하는 것으로 드러났다. 혼인이주 여성들의 활발한 종교활동 참여가 다양한 사람들과 사회적 관계를 형성할 기회를 오히려 감소시키고 연결망의 위세점수를 낮추는 효과가 있는 것으로 판단된다. 그러나 통일교회를 다니는 일본 여성의 경우에는 종교활동이 반대로 연결망의 위세점수를 현저하게 높이는 효과가 있는 것으로 밝혀졌다.

〔모형 4〕에 제시된 분석결과를 보면, 정착 지원을 위한 교육프로

그램, 자녀관련 모임, 이웃 및 친교 모임, 자원봉사단체에의 참여는 혼인이주 여성들이 사회적 자본을 형성하거나 증대시키는 데 크게 기여하지 못하는 것으로 판단된다. 이는 사회활동이 구체적인 특성, 형태, 조직적 환경 등에 따라 사회적 자본을 형성하는 데 있어서 차별적일 수 있음을 시사하는 것이다(Sandefur et al., 1999; Gabbay and Zuckerman, 1998: 213). 그리고 〔모형 4〕에서는 연결망의 크기를 반영하는 두 독립변수들 역시 연결망의 위세점수에 통계적으로 의미 있는 영향력을 행사하지 못하는 것으로 판명되었다.

이상의 회귀분석 결과를 요약하면, 혼인이주 여성들이 지니는 연결망의 구조적인 특성들은 출신국가, 자신들의 교육수준과 직업, 그리고 결혼 당시의 친척관계망과 한국 거주기간에 의해 결정되는 경향이 있다. 이에 비해 이들이 지니는 연결망의 크기는 일본 여성, 중소도시 거주자인 경우에 의미 있게 커지고, 결혼 당시 연결망의 속성, 한국 거주기간, 그리고 이웃 및 친교 모임에의 참여가 정적인 영향력을 행사하는 것으로 밝혀졌다. 이와는 대조적으로 연결망의 위세점수는 통일교도 일본 여성이 다른 집단에 비해 현저하게 높고, 남편의 대학교육과 가구소득이 종속변수의 값을 상승시키는 중요한 결정요인으로 확인되었다. 아울러 연결망의 크기 변수들이 연결망의 위세점수에 미치는 영향력은 통계적으로 유의하지 않은 것으로 나타났다.

## 5. 혼인이주자의 적응 유형

### 1) 네 가지 적응 유형의 범주화

이 연구가 추구하는 주요 목적의 하나는 혼인이주 여성의 사회연결망 특성에 따라 이주 후 적응 유형이 어떻게 달라지는지를 파악하는 것이다. 이론적인 논의가 이루어진 제5장에서는 이주자들의 사회연결망과 문화정체성의 수준에 따라 이주 후의 적응 유형을 통합(integration), 동화(assimilation), 고립(isolation), 주변화(marginalization)의 네 가지 범주로 제시한 바 있다(〈표 5-7〉).

한 가지 지적할 것은, 이 연구에서 사회연결망의 편차와 결정요인에 대한 상세한 분석이 이루어진 것과는 대조적으로 문화정체성은 하나의 주어진(given) 것으로 간주되었다는 점이다.[34] 따라서 문화정체성의 결정요인이나 편차에 대한 상세한 분석이 이루어지지 않았다. 문화정체성을 강약의 두 범주로 나누는 작업은 다음의 네 가지 문항에 대한 답변을 토대로 이루어졌다: 1) 국적에 관계없이 자신을 어느 나라 사람이라고 생각하는가?; 2) 고향 음식을 얼마나 자주 즐깁니까?; 3) 고향의 의례행사나 전통적인 명절과 놀이를 얼마나 자주 즐깁니까?; 그리고 4) 고향을 대표하는 장식물이나 사진을 집의 거실이나 방에 걸어두고 있습니까?

〈표 6-9〉에는 600명 외국인 아내들의 적응 유형을 네 가지 범주로 분류한 결과가 제시되어 있다. 이 표에서 사회연결망과 문화정체성이 모두 강해서 통합의 적응 형태로 분류된 혼인이주 여성들이 49명

34) 문화정체성에 대한 개인의 판단과 행동도 상당 부분은 사회적으로 형성될 가능성이 크다는 주장도 제기된다(Granovetter, 2002; Lin, 2001; Portes, 1995).

〈표 6-9〉 외국인 아내의 적응 유형과 출신국가별 분포, 2007

| | | 문화정체성 | |
|---|---|---|---|
| | | 강 | 약 |
| 사회참여 | 강 | **통합**<br>일본인 아내: 25명 (12.5%)<br>중국인 아내: 19명 (9.5%)<br>베트남인 아내: 5명 (2.5%) | **동화**<br>일본인 아내: 69명 (34.5%)<br>중국인 아내: 19명 (9.5%)<br>베트남인 아내: 15명 (7.5%) |
| | 약 | **고립**<br>일본인 아내: 18명 (9.0%)<br>중국인 아내: 80명 (40.0%)<br>베트남인 아내: 37명 (18.5%) | **주변화**<br>일본인 아내: 88명 (44.0%)<br>중국인 아내: 82명 (41.0%)<br>베트남인 아내: 143명 (71.5%) |

자료: 인구및고령사회연구소(2007).

으로 전체의 8.2%에 불과하다. 문화정체성을 유지하고자 하는 욕구가 약하고, 한국사회에 대한 참여수준도 미약하거나 폐쇄적이어서 점차 주변화되는 것으로 분류된 외국인 아내들이 가장 많은 313명(52.2%)이었다. 그리고 한국사회에 흡수되고 동화될 가능성이 높은 적응 형태와, 자신들의 문화정체성을 강하게 유지하면서 사회적으로 고립되어 가는 적응 형태를 보인 아내들이 각각 103명(17.2%)과 135명(22.5%)으로 나타났다.

이러한 적응 유형별 분포를 출신국가별로 구분해보면, 주변화에 해당하는 적응 형태를 보인 아내들이 출신국가에 관계없이 가장 많다. 특히 베트남인 아내의 경우에는 주변화 유형의 점유율이 71.5%에 달하는 143명이었다. 일본인 아내들은 통합의 적응 유형이 12.5%에 해당하는 25명으로 중국인이나 베트남인 아내에 비해서는 점유율이 상대적으로 높은 것으로 밝혀졌다. 베트남인 아내의 경우에는 통합 유형이 2.5%에 불과했다. 아울러 중국인 아내와 베트남인 아내들의 절대다수가 약한 사회연결망을 지니고 있는 것으로 드러났다.

### 2) 외국인 아내의 적응 유형별 특성

그럼 여기서 네 가지 적응 유형별로 외국인 아내들의 특성을 살펴보기로 하자. 〈표 6-10〉에는 연속형 주요 변수들의 평균값이 제시되어 있다. 이 표에서 외국인 아내들은 적응 유형에 따라 뚜렷하게 다른 특성을 나타낸다. 우선 통합형의 아내들은 평균 연령이 36.8세로 동화 유형의 평균 연령 36.0세와 함께 고립형과 주변화형보다 현저하게 높다. 이와는 대조적으로 남편의 연령은 아내의 적응 유형에 따라 큰 편차를 보이지 않는다. 따라서 고립형과 주변화형의 경우에는 남편과 아내의 연령 격차가 10세를 넘는 반면, 통합형과 동화형의 부부 연령 격차는 상대적으로 크지 않다.

〈표 6-10〉을 보면, 외국인 아내의 적응 유형에 따른 차별성은 아내의 교육 연수와 월평균 가구소득에서도 비슷하게 발견된다. 동화형 아내의 교육수준이 평균 13.2년으로 가장 높고, 주변화형 아내의 평균 교육 연수는 10.3년으로 가장 낮게 집계되었다. 월평균 가구소득도 통합형, 동화형, 고립형, 주변화형의 순서로 뚜렷한 격차를 나타낸다.

한국 거주기간을 적응 유형별로 살펴보면, 통합형 아내들은 평균 113.7개월이고, 동화형은 100.8개월로 집계되었다. 이에 비해 고립형과 주변화형 아내들의 평균 거주기간은 62.0개월과 53.5개월로 뚜렷하게 짧게 나타났다. 그리고 이에 따라 통합형과 동화형 아내들의 평균 자녀 수도 고립형과 주변화형 아내들에 비해 현저하게 높게 집계되었다.

〈표 6-10〉에서 결혼 당시의 연결망 규모는 적응 유형에 따라 위와 다른 양상이 나타난다. 문화정체성이 강한 통합형과 고립형의 외국인 아내들은 자신보다 먼저 이주한 친척과 인척이 각각 1.0명과

〈표 6-10〉 외국인 아내의 적응 유형별 주요 변수들의 평균값, 2007

| | 적응 유형 | | | |
|---|---|---|---|---|
| | 통합 (N=49) | 동화 (N=103) | 고립 (N=135) | 주변화 (N=313) |
| 아내_연령 | 36.8 | 36.0 | 29.5 | 30.3 |
| 남편_ 연령 | 41.5 | 42.6 | 40.6 | 40.9 |
| 아내_교육 연수 | 11.7 | 13.2 | 11.0 | 10.3 |
| 가구소득 | 222.6 | 214.1 | 196.6 | 188.0 |
| 한국_거주기간(개월) | 113.7 | 100.8 | 62.0 | 53.5 |
| 자녀 수 | 1.5 | 1.6 | 0.7 | 0.9 |
| 이전_이주_친척 | 1.0 | 0.7 | 1.3 | 0.8 |
| 이전_이주_친구 | 1.5 | 1.4 | 1.5 | 1.5 |
| 교육프로그램 | 2.4 | 2.4 | 1.3 | 1.7 |
| 자녀관련 모임 | 1.9 | 1.8 | 1.1 | 1.2 |
| 종교단체 | 2.9 | 3.1 | 1.4 | 1.8 |
| 이웃/친교 모임 | 2.8 | 2.6 | 1.5 | 1.4 |
| 자원봉사단체 | 2.0 | 2.0 | 1.2 | 1.2 |
| 연결망_사회활동 | 81.6 | 81.3 | 44.2 | 48.5 |
| 한국인_친구 | 4.9 | 4.6 | 4.3 | 3.4 |
| 동족_친구 | 7.5 | 7.3 | 2.9 | 3.3 |
| 연결망_크기 | 12.4 | 11.8 | 6.4 | 5.7 |
| 연결망_위세 | 11.8 | 11.9 | 8.4 | 4.8 |

자료: 인구및고령사회연구소(2007).

1.3명인 데 비해, 동화형과 주변화형 아내들의 평균값은 상대적으로 낮은 것으로 밝혀졌다. 그러나 자신보다 먼저 이주한 친구의 수에 있어서는 의미 있는 편차가 발견되지 않았다.

외국인 아내들의 이주 후 사회활동은 이들의 적응 유형과 밀접한 관련이 있다. 통합형과 동화형 아내들은 교육프로그램, 자녀관련 모임, 종교활동과 이웃 및 친교 모임, 자원봉사활동의 참여가 상대적으로 활발하다. 이에 비해 주변화형과 고립형 아내들은 다섯 가지 활동

영역 모두에서 뚜렷하게 낮은 수준을 나타낸다. 사회활동에 관한 다섯 가지의 변수를 합성하여 만들어진 변수(연결망_사회활동)의 값도 통합형과 동화형 아내가 각각 81.6과 81.3으로 월등히 높은 수준이고, 주변화형과 고립형 아내는 각각 48.5와 44.2였다.

외국인 아내가 보고한 가까운 친구의 수는 한국 거주기간에 정적으로 비례할 개연성이 높다. 한국인과 동족 친구의 수 모두에서 통합형과 동화형 아내들이 크고, 고립형과 주변화형의 아내들은 대체로 규모가 작다. 그리고 이 두 변수를 합성하여 작성한 연결망의 크기 변수도 유사한 양상을 나타낸다.

마지막으로, 연결망의 위세점수도 외국인 아내의 적응 유형에 따른 편차에 있어서 유사한 모습을 보인다. 통합형과 동화형 아내들의 연결망 위세점수는 각각 11.8과 11.9로 높고, 고립형 아내의 값은 8.4로 낮게 집계되었다. 그리고 주변화형의 경우에는 이보다도 현저하게 낮은 수준인 4.8에 불과했다.

〈표 6-11〉은 외국인 아내의 적응 유형별로 국제결혼 부부의 주요 특성 분포를 보여준다. 먼저 거주지의 분포를 살펴보면, 통합형 아내들은 49.0%가 대도시에 살고 있으며, 다음으로 중소도시 42.9%, 읍면지역 8.2%의 순서로 나타난다. 동화형 아내의 거주지 분포도 읍면지역의 구성비율이 약간 더 높을 뿐 이와 비슷한 양상을 보인다. 그러나 주변화형과 고립형 아내들은 절대다수가 서울을 비롯한 6개 광역시에 거주하고 있다. 그리고 읍면지역 거주자의 구성비율 역시 각각 18.8%와 14.8%로 다른 적응 유형에 비해 상대적으로 높은 수준을 나타낸다.

〈표 6-11〉에 제시된 교육수준 분포를 살펴보면, 통합형 아내의 80.9%가 고등학교 이상의 교육을 받았고, 중학교 이하의 학력자는

〈표 6-11〉 외국인 아내의 적응 유형별 부부의 사회인구학적 특성 분포(%), 2007

| | 적응 유형 | | | |
|---|---|---|---|---|
| | 통합 (N=49) | 동화 (N=103) | 고립 (N=135) | 주변화 (N=313) |
| 거주지 | | | | |
| 대도시 | 49.0 | 48.5 | 59.3 | 61.7 |
| 중소도시 | 42.9 | 37.9 | 25.9 | 19.5 |
| 읍면지역 | 8.2 | 13.6 | 14.8 | 18.8 |
| 아내의 교육수준 | | | | |
| 초등학교 이하 | 2.1 | 1.0 | 7.6 | 7.3 |
| 중학교 | 17.0 | 12.7 | 25.8 | 30.2 |
| 고등학교 | 51.1 | 36.3 | 38.6 | 42.9 |
| 대학교 이상 | 29.8 | 50.0 | 28.0 | 19.6 |
| 남편의 교육수준 | | | | |
| 초등학교 이하 | 2.0 | 3.1 | 0.8 | 3.5 |
| 중학교 | 10.2 | 14.3 | 14.8 | 16.0 |
| 고등학교 | 51.0 | 37.8 | 49.2 | 58.9 |
| 대학교 이상 | 36.8 | 44.8 | 35.2 | 21.6 |
| 아내의 경제활동 | | | | |
| 화이트칼라 | 10.9 | 10.8 | 4.7 | 6.0 |
| 기타 직종 | 10.9 | 4.9 | 28.9 | 15.3 |
| 일하지 않음 | 78.3 | 84.3 | 66.4 | 78.6 |
| 남편의 직업 | | | | |
| 전문관리직 | 19.1 | 25.5 | 19.8 | 11.8 |
| 사무직 | 12.8 | 20.4 | 15.9 | 16.0 |
| 판매 및 서비스직 | 51.1 | 19.4 | 16.7 | 14.9 |
| 농업 및 단순노무직 | 14.9 | 33.7 | 44.4 | 55.6 |
| 기타 | 2.1 | 1.0 | 3.2 | 1.7 |
| 부부의 결혼 경험 | | | | |
| 부부 모두 초혼 | 97.8 | 92.0 | 74.8 | 84.7 |
| 아내만 초혼 | 0.0 | 6.0 | 11.5 | 9.4 |
| 남편만 초혼 | 0.0 | 1.0 | 6.1 | 1.6 |
| 부부 모두 재혼 | 2.2 | 1.0 | 7.6 | 4.2 |
| 아내의 종교 | | | | |
| 없음 | 6.1 | 19.4 | 40.7 | 31.7 |
| 있음 | 93.9 | 80.6 | 59.3 | 68.3 |
| 아내의 국적 | | | | |
| 한국 | 20.8 | 5.8 | 32.6 | 10.9 |
| 출신국가 | 79.2 | 94.2 | 67.4 | 89.1 |

자료: 인구및고령사회연구소(2007).

극히 소수에 불과하다. 동화형 아내의 경우에는 대학교 학력자가 과반수를 차지하고 있다. 이와는 대조적으로 주변화형 아내는 다른 적응 유형의 아내보다 교육수준이 현저하게 낮아 중학교 이하의 학력자도 37.5%에 달하는 것으로 확인되었다.

〈표 6-11〉에서 외국인 아내의 적응 유형별 부부의 교육수준은 유사한 분포를 보이는 것을 확인할 수 있다. 통합형 여성과 결혼한 한국인 남편은 고등학교 학력자가 51.0%로 가장 많았다. 이러한 현상은 주변화형 및 고립형 여성과 결혼한 한국인 남편에게서도 공통적으로 관찰된다. 이에 비해 동화형 여성과 결혼한 남편은 대학교 학력자가 가장 많았다. 〈표 6-11〉에서도 주변화형 여성과 결혼한 한국 남편들의 교육수준이 가장 낮다는 것을 확인할 수 있다.

혼인이주한 여성들은 적응 유형에 관계없이 절대다수가 경제활동을 하고 있지 않다. 경제활동을 하는 아내들의 구성을 살펴보면, 통합형과 동화형 아내들의 화이트칼라 점유율이 각각 10.9%와 10.8%로 상대적으로 높은 편이며, 고립형과 주변화형의 아내 중에서는 그 점유율이 미미한 수준으로 확인된다. 이 두 적응 유형의 집단에서는 경제활동을 하는 아내들의 대부분이 판매, 서비스, 농업과 단순노무직에 종사하는 것으로 밝혀졌다.

남편의 직업에 따른 분포를 아내의 적응 유형별로 살펴보아도 유사한 양상의 사회경제적 차별성이 발견된다. 동화형 여성과 결혼한 한국인 남편의 25.5%와 20.4%는 전문관리직과 사무직에 종사하고 있다. 그러나 농업 및 단순노무직 종사자도 33.7%에 이른다. 이와는 대조적으로 주변화형 여성과 결혼한 남편은 농업 및 단순노무직 종사자가 55.6%로 가장 많고, 다음으로 사무직, 판매 및 서비스직, 전문관리직의 순서로 나타난다. 고립형 여성과 결혼한 한국인 남편은

44.4%가 농업 및 단순노무직에 종사하고 있으며, 전문관리직 종사자는 19.8%를 점유하고 있다.

이들 국제결혼 부부의 결혼 경험을 살펴보면, 통합형 여성의 97.8%, 동화형 여성의 98.0%가 초혼이다. 그리고 고립형 여성과 결혼한 한국인 남편의 19.1%, 주변화형 여성과 결혼한 한국인 남편의 13.6%가 재혼인 것으로 밝혀졌다. 고립형 여성과 결혼한 경우, 부부 모두가 재혼인 구성비율도 7.6%에 달한다. 그리고 한국인 남편이 초혼이고 외국인 아내가 재혼인 경우도 다른 적응 유형에 비해 상대적으로 높은 6.1%로 집계되었다.

〈표 6-11〉에 제시된 것처럼, 외국인 아내의 종교는 적응 유형별로 뚜렷한 편차를 나타낸다. 통합형 아내의 93.9%가 종교가 있는 것으로 확인되었으며, 동화형 아내의 경우에는 그 점유율이 80.6%로 밝혀졌다. 이와는 대조적으로, 고립형과 주변화형 아내 중에서는 무종교의 구성비율이 각각 40.7%와 31.7%에 달했다.

〈표 6-11〉에서 의외로 밝혀진 것은 한국국적 취득자의 구성비율이 사회연결망이나 문화정체성의 수준과 논리적인 관계의 양상을 나타내지 않는다는 점이다. 즉 문화정체성이 강한 통합형과 고립형의 아내들이 오히려 한국국적 취득비율이 높게 나타난 것은 예상하지 못한 결과라고 할 수 있다. 강한 사회연결망을 지닌 통합형과 동화형의 아내들 중에서 한국국적 취득자가 오히려 적게 나타난 것도 설명하기 어려운 현상이다. 〈표 6-11〉에서 보는 것처럼, 한국국적 취득자의 구성비율이 고립형 아내 중에서 32.6%로 가장 높게 나타났다. 그 다음으로 통합형 아내의 20.8%가 한국국적을 취득한 것으로 응답하였다. 동화형과 주변화형 아내들의 한국국적 취득은 각각 5.8%와 10.9%에 불과했다.

이 절에서 논의된 분석결과는 다음과 같이 요약될 수 있다. 외국인 아내들의 적응 유형을 네 가지로 분류해본 결과, 한국사회에 대한 참여수준이 미약하거나 폐쇄적이고 자신들의 문화정체성을 유지하고자 하는 욕구 또한 미약하여 점차 주변화되는 것으로 분류된 여성들이 과반수를 차지했다. 그리고 한국사회에 흡수되고 동화될 가능성이 높은 적응 형태와, 자신들의 문화정체성을 강하게 유지하면서 사회적으로 고립되어 가는 적응 형태의 순으로 많았다. 사회연결망과 문화정체성이 모두 강해서 통합의 적응 형태로 분류된 외국인 아내들은 소수에 불과한 것으로 밝혀졌다. 특히 베트남인 아내들은 주변화 유형이 절대다수를 차지하는 것으로 나타났으며, 일본인 아내들은 통합형의 점유율이 중국인이나 베트남인 아내에 비해서 상대적으로 높은 것으로 밝혀졌다. 중국인 아내들의 절대다수도 약한 사회연결망을 지니고 있는 것으로 드러났다.

외국인 아내들은 이들 네 가지 적응 유형에 따라 뚜렷하게 다른 인구학적·사회경제적 특성을 나타낸다. 통합형과 동화형 아내들은 고립형과 주변화형 아내들에 비해 연령, 교육과 가구소득 수준이 뚜렷하게 높고, 한국 거주기간이 길며 자녀 수도 상대적으로 많다. 아울러 다양한 사회활동에 참여하고 연결망의 크기와 위세점수도 현저하게 높은 것으로 확인되었다. 고립형과 주변화형 아내들은 대도시 거주자의 점유율이 뚜렷하게 높았다. 그리고 예상했던 바와는 달리, 상대적으로 짧은 거주기간에도 불구하고, 고립형 아내들의 한국국적 취득률이 높았다는 것을 지적할 수 있다.

제7장

# 기타 다문화 실증분석

1. 혼인이주 여성의 출산력
2. 거주지역 민족구성의 주변효과
3. 다문화가족 청소년의 자살

# 제7장 기타 다문화 실증분석

제6장에 이어 이 장에서는 다문화사회로의 진입 이후 중요한 관심의 대상으로 부각되고 있는 주제들에 대한 논의가 이루어지고 경험적 분석결과들이 소개된다. 보다 구체적으로, 혼인이주 여성의 출산력 및 주관적 건강인식과 다문화가족 청소년의 자살을 주제로 하여 필자가 최근에 분석을 완료하였거나 국내외 정기학술지에 출간한 연구결과물들을 재구성하여 제시한다. 아울러 251개 시·군·구 행정단위를 대상으로 지역사회 민족구성에 관한 지표들을 계산하여 사회조사의 원자료에 결합시키고, 이 결합자료를 활용하여 지역사회 민족구성이 혼인이주 여성의 출산력, 사회활동과 적응 유형 및 주관적 건강인식에 미치는 주변효과(neighborhood effect)를 실증적으로 검증하고자 시도한다. 그리고 분석에 사용하는 지역사회 민족구성의 지표들에 따라 주변효과가 어떻게 다른 결과를 나타내며, 또한 이를 어떻게 해석할 것인가에 대한 논의도 이루어진다.

## 1. 혼인이주 여성의 출산력[35)]

이 연구의 주된 목적 중 하나는 외국인 아내의 지위와 사회적 자본이 출산력에 미치는 영향을 중국, 베트남과 일본으로부터의 혼인이주자들을 대상으로 파악하기 위한 것이다. 이 절에서는 소수집단의 지위와 이들이 지닌 사회적 자본이 사회경제적·인구학적 변수들의 영향력을 통제한 후에도 출산력에 독립적 영향력을 행사한다는 주장을 검증하는 데 분석의 초점이 맞추어진다. 외국인 아내의 출산력 수준과 속도는 그들이 지닌 사회적으로 불리한 여건과 이주 후의 적응 수준을 반영하는 것으로 가정할 수 있다. 이 절에서는 두 인구학적 조사의 원자료를 통합하여 외국인과 한국인 아내의 출산력을 비교하는 작업이 이루어진다. 외국인 아내와 한국인 아내의 출산력 비교분석은 외국인 아내들의 재생산 행위에 대한 이해의 폭과 수준을 높여줄 수 있을 것으로 기대된다. 이 분석을 통해 얻게 되는 외국인 아내의 출산력 인과기제, 차별출산력에 대한 통찰력과 경험적 자료는 장래의 출산력 수준과 양상을 추정하고, 아울러 적절한 인구정책을 입안하는 데도 기여할 수 있을 것으로 판단된다.

### 1) 자료와 분석대상

이 절에서 실증분석을 위해 활용하고자 하는 외국인 아내들의 출산력 자료는 『아시아 여성의 한국으로의 혼인이주와 정착과정에 관한 조사』(인구및고령사회연구소, 2007)로부터 추출되었다. 분석대상은 17-46세

35) 이 절의 논의는 김두섭(2008)과 Kim (2008b)을 바탕으로 하여 이루어졌다.

의 여성 유배우자들이다. 다른 외생변수들이 출산력에 미치는 영향을 최소화하기 위해 이 연구의 분석대상은 조사 시점 당시 초혼 상태에 있던 558명의 외국인 아내들로 국한되었다. 이렇게 구축된 외국인 아내들의 표본은 중국, 베트남과 일본으로부터 이주해 온 여성들의 비율이 각각 30.5%, 34.8% 및 34.8%에 해당된다. 한국에 거주하는 외국인 아내들의 출신국가 구성을 살펴보면, 중국, 베트남과 일본은 규모, 이주 역사, 사회경제적 특징 등에 있어서 상징적 대표성을 지닌다고 할 수 있다(김두섭, 2006; 김두섭 외, 2008; Kim and Lee, 2008). 통계청의 2011년 혼인신고자료에 의하면, 한국 남자와 결혼한 외국인 여자 중에서 이들 세 나라 국적의 여자들이 차지하는 구성비율은 73.3%였다(통계청, 2012b).

아직까지 한국에서는 외국인 아내와 한국인 아내의 출산력을 직접 비교할 수 있는 형태로 인구학적 조사가 행해진 바가 없다. 이 연구에서 외국인 아내의 출산수준을 상대적으로 비교하기 위한 한국인 아내의 출산력 자료는 『전국 결혼 및 출산력 조사, 2005』(한국보건사회연구원, 2005)로부터 추출되었다. 이 조사의 원자료에서 위의 외국인 아내와 같은 인구학적 조건을 지닌 한국인 유배우 여성 1,233명의 자료를 추출하여 외국인 아내의 표본과 통합하는 작업이 이루어졌다. 두 조사의 실시시점이 각각 2007년과 2005년으로 2년간의 간격이 있으나, 이로 인하여 비교분석에 심각한 문제점이 제기되지 않는 것으로 가정하였다.

이 연구는 이렇게 구축된 통합자료를 활용하여 아내의 출신국가, 사회적 자본과 이주 후 적응 형태에 따라서 각종 출산력 지표가 어떠한 편차를 보이는지를 분석하였다. 〈표 7-1〉에는 분석대상인 1,791명 여성의 주요 사회인구학적 변수들의 평균값이 출신국가별로 제시되

〈표 7-1〉 분석대상의 주요 인구학적 변수들의 평균값

| | 한국 거주 외국인 아내의 출신국가 | | | | 한국인 아내 (1,233) |
|---|---|---|---|---|---|
| | 중국 (170) | 베트남 (194) | 일본 (194) | 합계 (558) | |
| 연령_아내 | 30.8 | 23.8 | 39.3 | 31.3 | 31.4 |
| 연령_남편 | 40.1 | 40.5 | 42.4 | 41.0 | 34.1 |
| 초혼연령_아내 | 26.8 | 21.8 | 27.9 | 25.5 | 26.8 |
| 한국 거주기간(개월) | 58.3 | 22.8 | 123.9 | 68.0 | - |
| 결혼기간(개월) | 47.3 | 25.1 | 136.8 | 71.0 | 55.3 |
| 자녀 수 | 0.7 | 0.5 | 2.0 | 1.1 | 1.3 |
| 남편의 이전 결혼의 자녀 수 | 0.1 | 0.1 | 0.1 | 0.1 | 0.0 |
| 추가 희망 자녀 수 | 2.3 | 2.6 | 2.6 | 2.5 | 0.9 |
| 결혼−첫 출산 간격(개월) | 17.4 | 14.7 | 19.5 | 16.8 | 15.5 |
| 첫째−둘째 출산 간격(개월) | 23.6 | 20.8 | 29.0 | 27.8 | 29.2 |
| 결혼−둘째 출산 간격(개월) | 39.7 | 37.0 | 65.6 | 60.0 | 41.6 |
| 연결망_사회활동 | 48.5 | 48.4 | 72.4 | 56.8 | - |
| 연결망_크기 | 5.4 | 3.8 | 15.5 | 8.9 | - |
| 연결망_위세 | 6.9 | 2.8 | 13.4 | 7.7 | - |

자료: 인구및고령사회연구소(2007); 한국보건사회연구원(2005).

어 있다. 이 표를 보면, 일반적으로 베트남 출신의 아내들은 상대적으로 나이가 젊고, 어린 나이에 결혼했으며, 한국 거주기간과 결혼기간이 짧고, 자녀 수가 적으며 출산간격이 상대적으로 짧다는 특징을 나타낸다. 반면, 일본인 아내들은 이와 가장 대조적인 성향을 지니는 것을 확인할 수 있다. 비록 그 편차가 상대적으로 작기는 하지만, 남편의 평균 나이는 한국인 여자와 결혼한 경우에 가장 적은 것으로 드러났다.

〈표 7-1〉에서 보는 것처럼, 현재 결혼에서의 평균 자녀 수는 외국인 아내와 한국인 아내가 각각 1.1명과 1.3명이다. 그러나 외국인 아내의 자녀 수는 국가별로 커다란 편차를 나타낸다. 그동안 외국인 아

내들의 재생산 행위는 출신지역의 영향을 받는 것으로 알려져 왔다(Young, 1991; Coleman, 1994; Lee et al., 2006; MacMillan, 2008; Kim, 2008b; Chen, 2008a). 출산수준이 높은 지역으로부터 혼인이주한 외국인 아내들은 저출산 지역 출신의 외국인 아내보다 상대적으로 자녀 수가 많을 개연성을 지닌다. 그런데 이 연구의 분석대상에 포함된 세 출신국가 중에서 베트남의 합계출산율(TFR)이 가장 높고, 일본의 합계출산율이 가장 낮은 수준을 유지해 왔다. 베트남의 합계출산율은 2007년 1.89를 기록했고, 중국, 일본과 한국의 합계출산율은 각각 1.75, 1.23과 1.26으로 집계되었다(MOI, 2007; NIPSSR, 2006; Suzuki, 2010; U.S. Bureau of the Census, 2008; 통계청, 2014a).

이에 따라 이 연구에서는 베트남으로부터 혼인이주한 여성들이 출신지역의 고출산 지향의 규범과 가치관의 영향을 받아, 열악한 사회적 자본으로 인한 출산력 억제효과를 어느 정도 상쇄할 것으로 가정했다. 그러나 예상과는 달리, 일본인 아내들의 평균 자녀 수가 2.0명으로 가장 많았으며, 그 다음으로 한국인 아내 1.3명, 중국인 아내 0.7명의 순이었고 베트남인 아내는 가장 적은 0.5명으로 집계되었다. 그리고 이러한 양상은 아내의 연령이 미치는 영향력을 통제한 후에도 일관적으로 나타났다.

〈표 7-1〉에서 보는 것처럼, 남편의 이전 결혼에서의 평균 자녀 수는 외국인 아내의 출신국가에 관계없이 0.1명으로 나타났다. 한국인 아내의 경우에는 평균값이 0.0명이었다. 추가로 희망하는 자녀의 수는 일본인 아내와 베트남인 아내가 2.6명으로 가장 높았으며, 한국인 아내는 0.9명에 불과했다. 일본인 아내의 현재 자녀 수가 2.0명으로 가장 많았음에도 불구하고 추가로 희망하는 자녀가 많은 것은 이들의 절대다수(87.6%)가 통일교도라는 사실과 관계있는 것으로 판단된다.

이들은 상대적으로 대가족 지향의 규범과 가치관, 낮은 피임률로 특징지어진다. 아울러 상대적으로 긴 한국 거주기간에도 불구하고 이혼과 별거율이 낮고, 한국말이 서툴며, 취업률과 한국 시민권 취득 수준이 낮다는 것을 지적할 수 있다(김두섭 외, 2008; Kim, 2008b).

이 연구에는 사회적 자본의 지표로 세 독립변수가 창출되었다. 이미 앞에서 자세히 설명한 것처럼, 외국인 아내의 다섯 가지 사회활동(정착지원 프로그램, 자녀관련 모임, 종교단체, 이웃 및 친교 모임, 자원봉사단체)의 참여 여부와 빈도를 측정하여, 각각의 사회활동의 평균값을 역수로 반영하는 가중치를 곱한 상태에서 합산해 연결망_사회활동을 만들었다. 연결망_크기는 가까운 관계를 유지하고 있는 한국인 친구와 같은 인종 친구의 수를 측정한 것이다. 연결망_위세는 다음과 같은 방법으로 측정되었다. 외국인 아내를 대상으로 한 설문조사에서 14가지 직업을 제시하고, 본인 또는 남편의 친한 친구나 친척 중에서 특정 직업에 종사하는 사람을 알면 해당 직업을 모두 표시하게 했다. 그리고 응답자가 선택한 직업 중에서 상위 1-6위 위세의 직업이 몇 가지가 포함되었는지를 세어 그 개수에 10을 곱한 값을 연결망_위세의 값으로 삼았다.

〈표 7-1〉에서 사회적 자본의 세 지표의 수준은 일본인 아내가 중국인 아내와 베트남인 아내보다 월등하게 높은 것을 확인할 수 있다. 일본인 아내들은 사회활동에 보다 적극적으로 참여하며, 한국에 친한 친구가 상대적으로 많고, 연결망 위세점수도 현저하게 높은 것으로 확인되었다. 반대로 베트남인 아내는 세 변수에서 모두 가장 낮은 값들을 나타냈다. 그러나 중국인 아내와 베트남인 아내와의 격차는 상대적으로 작은 것으로 밝혀졌다.

〈표 7-2〉는 분석대상 부부의 주요 사회경제적 특성이 출신국가별

〈표 7-2〉 분석대상의 주요 사회경제적 변수의 구성분포 (%)

| | 한국 거주 외국인 아내의 출신국가 | | | | 한국인 아내 |
|---|---|---|---|---|---|
| | 중국 (170) | 베트남 (194) | 일본 (194) | 합계 (558) | (1,233) |
| 거주지 | | | | | |
| 대도시 | 69.4 | 65.5 | 39.2 | 57.5 | 42.3 |
| 중소도시 | 20.0 | 11.3 | 44.8 | 25.6 | 32.8 |
| 농촌 | 10.6 | 23.2 | 16.0 | 16.8 | 24.9 |
| 합계 | 100.0 | 100.0 | 100.0 | 100.0 | 100.0 |
| 아내의 교육 | | | | | |
| 초등학교 | 3.0 | 14.2 | 0.0 | 5.7 | 0.2 |
| 중학교 | 26.8 | 51.4 | 0.5 | 25.9 | 1.3 |
| 고등학교 | 48.8 | 24.0 | 47.4 | 39.9 | 47.8 |
| 대학 이상 | 21.4 | 10.4 | 52.1 | 28.5 | 50.7 |
| 합계 | 100.0 | 100.0 | 100.0 | 100.0 | 100.0 |
| 남편의 교육 | | | | | |
| 초등학교 | 0.6 | 3.6 | 3.2 | 2.5 | 0.2 |
| 중학교 | 16.0 | 18.5 | 10.0 | 14.6 | 0.8 |
| 고등학교 | 54.6 | 57.7 | 45.8 | 52.4 | 41.2 |
| 대학 이상 | 28.8 | 20.2 | 41.1 | 30.5 | 57.7 |
| 합계 | 100.0 | 100.0 | 100.0 | 100.0 | 100.0 |
| 아내의 직업 | | | | | |
| 전문직 종사자 | 1.2 | 0.0 | 15.1 | 6.0 | 12.8 |
| 사무직 종사자 | 1.2 | 0.0 | 2.6 | 1.3 | 10.1 |
| 서비스/판매 종사자 | 6.7 | 1.2 | 5.2 | 4.4 | 9.1 |
| 농업 종사자 | 3.0 | 1.9 | 0.5 | 1.7 | 0.3 |
| 기타 | 12.7 | 8.6 | 3.6 | 8.1 | 3.2 |
| 일하지 않음 | 75.2 | 88.3 | 72.9 | 78.4 | 64.6 |
| 합계 | 100.0 | 100.0 | 100.0 | 100.0 | 100.0 |
| 남편의 직업 | | | | | |
| 전문직 종사자 | 11.0 | 4.8 | 32.5 | 16.9 | 28.2 |
| 사무직 종사자 | 16.5 | 13.9 | 18.8 | 16.5 | 20.8 |
| 서비스/판매 종사자 | 24.4 | 13.9 | 19.4 | 19.2 | 18.7 |
| 농업 종사자 | 5.5 | 15.7 | 4.2 | 8.3 | 0.5 |
| 기타 | 42.1 | 51.2 | 21.5 | 37.4 | 28.4 |
| 일하지 않음 | 0.6 | 0.6 | 3.7 | 1.7 | 3.5 |
| 합계 | 100.0 | 100.0 | 100.0 | 100.0 | 100.0 |

자료: 인구및고령사회연구소(2007); 한국보건사회연구원(2005).

로 크게 다른 분포를 지니고 있음을 보여준다. 먼저 거주지의 분포를 살펴보면, 중국인 아내와 베트남인 아내들은 대도시에 거주하는 경향이 강하게 나타난다. 한편, 일본인 아내들은 중소도시에 거주하는 비율이 상대적으로 높다. 베트남인 아내들은 다른 외국인 아내들에 비해서는 농촌에 거주하는 비율이 상대적으로 높게 나타난다.

교육수준은 일본인 아내와 한국인 아내가 현저하게 높고, 반대로 베트남인 아내의 교육수준은 매우 낮다. 대학교육을 받은 일본인 아내의 비율이 52.1%인 반면, 베트남인 아내의 경우에는 그 비율이 10.4%에 불과하다. 베트남인 아내의 14.2%는 초등학교 교육만을 받은 것으로 확인되었다. 남편의 교육수준은 한국인 아내의 남편이 일본인 아내를 가진 남편보다 약간 더 높다는 점을 제외하고는 대체로 비슷한 양상을 보인다. 부부 간 교육수준의 격차는 베트남인 아내와 한국인 남편에게서 가장 두드러지게 나타난다.

〈표 7-2〉에서 외국인 아내의 출신국가별 직업구성을 살펴보면 교육수준의 분포와 비슷한 양상을 보이지만, 절대다수가 경제활동을 하지 않는다는 점이 두드러진다. 이는 특히 베트남인 아내의 경우에 그러하다. 일본인 아내의 약 15.1%는 전문직 종사자이나, 중국인 아내와 베트남인 아내의 경우에는 그 비율이 매우 미미하다. 비록 절대수준의 차이는 존재하지만, 남편의 직업구성 역시 아내의 출신국가별로 비슷한 경향을 보인다. 한국인 남편의 직업위세는 일본인 아내와 결혼한 경우에 가장 높고, 다음으로 한국인 아내, 중국인 아내의 순이며, 베트남인 아내와 결혼한 남편에게서 현저하게 낮게 나타난다. 그리고 중국인 아내를 가진 한국인 남편에게서 판매 및 서비스 종사자의 비율이, 베트남인 아내를 가진 남편의 농업 종사자 비율이 눈에 띄게 높다는 것을 지적할 수 있다.

### 2) 사회적 자본과 출산력

제5장에서 언급한 것처럼, 콜만(Coleman, 1988)은 사회적 자본을 행위자 간의 사회관계구조에 내재하는 자원으로 정의한 바 있다. 사회관계구조나 사회연결망 내에서 행위자 간에 형성되는 사회적 자본은 각종 정보, 자원, 권력에의 접근성에 영향을 미치며, 이에 따라 개인이나 조직에게 유용한 기회를 제공하거나 반대로 제약 요인으로 작용할 수 있다(Boxman et al., 1991; Lin, 1999, 2001).

이 연구에서는 외국인 아내가 지닌 사회연결망의 구성적 특징과 크기, 직업위세로 사회적 자본을 파악하고자 한다. 이주 후 현지 사회의 다양한 개개인들과의 접촉 기회의 빈도, 적극적 사회활동은 직업위세가 높은 연결망과의 접촉기회를 늘리고, 아울러 사회경제적으로 불리한 조건, 불확실성 및 불안정성을 제거하는 긍정적인 효과를 거둘 수 있다(Granovetter, 1974; Burt, 1997). 역으로, 이 절에서는 외국인 아내의 열악한 사회적 자본이 과연 그들의 사회경제적·인구학적 특성에 따라 기대되는 수준 이하로 출산력을 억제하는 효과가 있는지 여부를 검증하고자 한다.

사회적 자본의 다양한 지표와 이주 후 적응 유형에 따른 자녀 수의 편차를 파악하기 위해 일련의 분산분석(ANOVA)이 행해졌다.[36] 〈표 7-3〉에서 자녀 수는 도입된 모든 변수들에 따라서 의미 있는 편차를 나타낸다. 사회적 자본의 세 지표들은 현재 결혼에서의 자녀 수와 정적인 관계를 보여준다. 사회활동이 활발하거나 대인관계 연결망

---

36) 한국인 여성을 대상으로 한 한국보건사회연구원(2005)의 조사자료에는 사회적 자본을 측정할 수 있는 정보가 포함되어 있지 않다. 따라서 이 소절의 출산력 분석은 외국인 아내만을 대상으로 이루어진다.

〈표 7-3〉 사회적 자본과 이주 후 적응 유형에 따른 출산력 편차, 2007

| | 현재 결혼의 자녀 수 | | 총 자녀 수 (남편의 과거 결혼+ 현재 결혼+장래 희망) | |
|---|---|---|---|---|
| | 평균 | F | 평균 | F |
| 연결망_사회활동 | | | | |
| 낮은 수준 | 0.54 | | 2.63 | |
| 중간 수준 | 1.05 | | 2.74 | |
| 높은 수준 | 1.94 | | 3.57 | |
| 합계 | 1.17 | 58.52** | 3.00 | 25.56** |
| 연결망_크기 | | | | |
| 낮은 수준 | 0.56 | | 2.60 | |
| 중간 수준 | 0.90 | | 2.84 | |
| 높은 수준 | 1.59 | | 3.31 | |
| 합계 | 1.02 | 50.72** | 2.93 | 16.92** |
| 연결망_위세 | | | | |
| 낮은 수준 | 0.82 | | 2.76 | |
| 중간 수준 | 1.14 | | 2.91 | |
| 높은 수준 | 1.54 | | 3.50 | |
| 합계 | 1.01 | 19.52** | 2.92 | 15.87** |
| 이주 후 적응 유형 | | | | |
| 통합 | 1.50 | | 3.00 | |
| 동화 | 1.60 | | 3.36 | |
| 고립 | 0.82 | | 2.79 | |
| 주변화 | 0.89 | | 2.82 | |
| 합계 | 1.06 | 18.09** | 2.92 | 5.71** |

주: **: $p < 0.01$.
자료: 인구및고령사회연구소 (2007).

의 크기가 크고, 직업위세가 높은 연결망에 접근 가능한 외국인 아내들은 자녀가 많은 경향이 있다. 〈표 7-3〉에 제시된 F 비 (ratio)들의 검증결과 모두 0.01 수준에서 통계적으로 유효한 것으로 확인되었다. 현재 결혼에서의 자녀 수는 연결망_크기와 가장 강하게 연관되어 있으며, 두 변수 간의 상관계수는 0.45로 집계되었다.

이러한 경향은 〈그림 7-1〉과 〈그림 7-2〉에서 사회적 자본의 지표들(연결망_사회활동 및 연결망_크기)에 따른 총 자녀 수의 편차를 외국인 아내의 출신국가별로 살펴보아도 대체로 일관성을 유지한다. 이 그림들에서 발견되는 사소한 예외들은 대부분 작은 사례수로 인해 불안정한 평균값들이 산출된 경우에 해당된다. 〈그림 7-3〉에서 연결망_위세의 경우에는 이러한 정적인 관계의 양상이 외국인 아내 전체에 대해서만 발견되었다.

〈표 7-3〉을 보면, 사회적 자본의 세 지표들이 총 자녀 수와도 정적인 상관을 맺고 있음을 확인할 수 있다. 총 자녀 수는 남편의 과거 결혼에서의 자녀와 현재 결혼에서의 자녀, 그리고 앞으로 희망하는 자녀의 수를 합산하여 측정되었다.

이미 앞에서 언급한 것처럼, 사회적 자본과 문화정체성의 수준을 강약으로 구분한 후 이를 교차시켜 외국인 아내의 이주 후 적응 유형을 통합, 동화, 고립, 주변화의 네 가지 범주로 구분하였다. 사회적 자본의 강약은 연결망의 크기, 사회활동과 위세 수준을 토대로 범주화되었다. 그리고 문화정체성에 관련되는 네 가지 문항에 대한 답변을 토대로 문화정체성을 강약의 두 범주로 나누었다.[37]

〈표 6-9〉에 제시된 것처럼, 600명의 외국인 아내 중에서 8.2%(49명)만이 통합의 적응 유형에 해당되고, 동화 17.2%(103명), 고립 22.5%(135명), 그리고 절대다수인 52.2%(313명)가 주변화의 범주로 구분되었다. 주변화로 범주화된 313명 중에서는 베트남인 아내가 143명으로 가장 많고, 중국인 아내 82명, 일본인 아내 88명이었다. 그리고

---

37) 이 변수들의 보다 자세한 조작적 정의와 작성과정에 관해서는 제6장의 앞 절과 김두섭 외(2008)를 참조할 것.

〈그림 7-1〉 아내의 출신국가 및 연결망_사회활동 수준에 따른 현재 결혼의 자녀 수, 2007

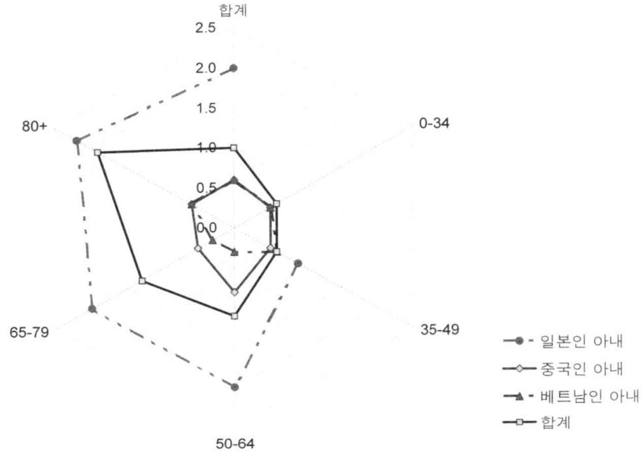


자료: 인구및고령사회연구소(2007).

〈그림 7-2〉 아내의 출신국가 및 연결망_크기에 따른 현재 결혼의 자녀 수, 2007

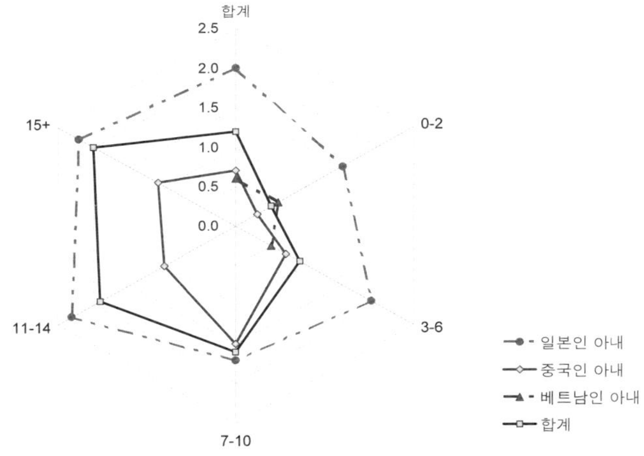


자료: 인구및고령사회연구소(2007).

〈그림 7-3〉 아내의 출신국가 및 연결망_위세 수준에 따른 현재 결혼의 자녀 수, 2007

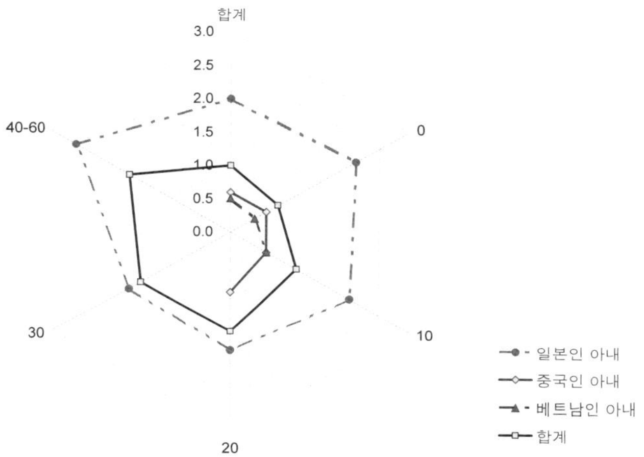


자료: 인구및고령사회연구소(2007).

통합형과 주변화형으로 구분된 외국인 아내들이 가장 뚜렷하게 대조되는 특성을 지니는 것으로 드러났다. 예를 들어, 외국인 아내의 평균 연령은 통합형 집단에서 36.8세, 주변화형 집단에서 30.3세로 집계되었다. 교육받은 기간에 있어서도 전자는 평균 11.7년, 후자는 10.3년이었다. 한국 거주기간도 각각 10.9년과 5.5년으로 커다란 차이를 나타냈다.

〈표 7-3〉을 살펴보면, 통합형과 동화형의 외국인 아내들이 고립형과 주변화형에 비해 현재 결혼에서의 자녀 수가 많은 경향이 나타났다(각각 1.50명과 1.60명 대 0.82명과 0.89명). 또한 총 자녀 수에 있어서도 비슷한 편차의 양상이 발견된다. 이러한 차별출산력의 양상은 사회적 자본의 수준에 관계없이 대체로 일관성을 유지하는 것으로 확인되었다(〈그림 7-4〉, 〈그림 7-5〉 및 〈그림 7-6〉 참조).[38)]

〈그림 7-4〉 아내의 이주 후 적응 유형 및 연결망_사회활동 수준에 따른 현재 결혼의 자녀 수, 2007

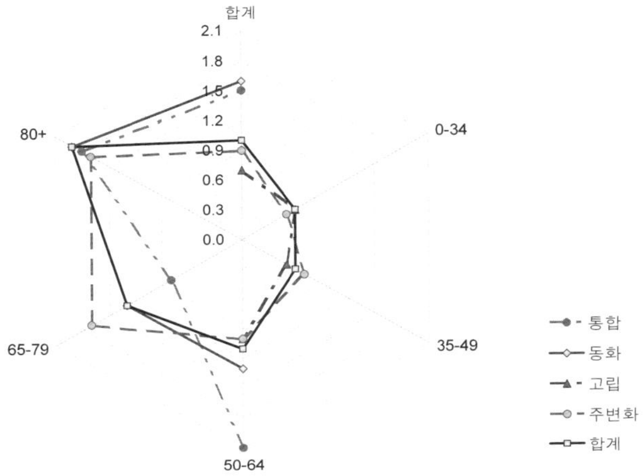


자료: 인구및고령사회연구소(2007).

〈그림 7-5〉 아내의 이주 후 적응 유형 및 연결망_크기에 따른 현재 결혼의 자녀 수, 2007

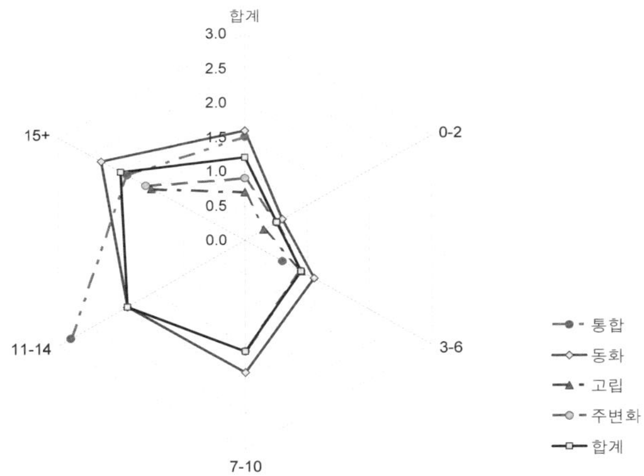


자료: 인구및고령사회연구소(2007).

〈그림 7-6〉 아내의 이주 후 적응 유형 및 연결망_위세의 수준에 따른 현재 결혼의 자녀 수, 2007

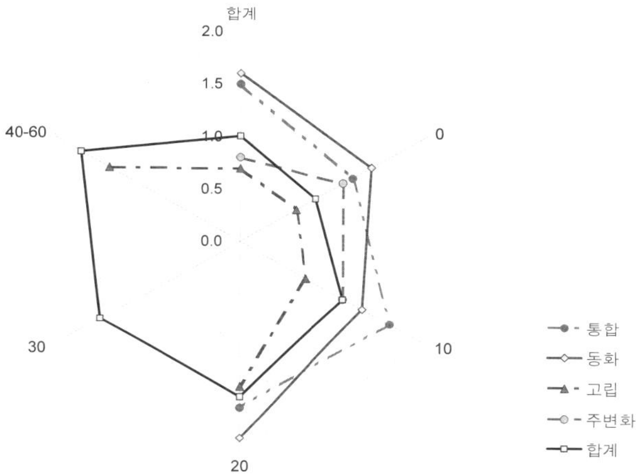


자료: 인구및고령사회연구소(2007).

비록 여기에 그 결과를 제시하지는 않았지만, 이 연구에서는 주요 사회경제적 및 인구학적 변수에 따른 출산수준의 편차를 보다 심도 있게 파악하고자 일련의 분산분석이 이루어졌다. 그 결과를 간단히 요약하면, 자녀가 많은 외국인 아내일수록 나이가 상대적으로 많고, 교육수준과 가구소득이 높으며, 한국 거주기간이 길다는 특징을 지닌다. 또한 이주 후 새로운 사회환경에 적응하는 과정에서 다양하고 폭넓은 대인관계를 유지하고 활발한 사회활동을 하며, 따라서 직업위세가 높은 집단에의 접근성이 강한 경향이 드러났다. 이와는 대조적으로, 남편의 이전 결혼에서의 자녀 수와 외국인 아내가 앞으로 희망하는 자녀의 수는 주요 사회인구학적 변수들에 따라 뚜렷한 편차의 양상이 발견되지 않았다.

38) 〈그림 7-4〉를 살펴보면, 주변화의 적응 유형에 속한 외국인 아내들의 자녀 수가 연결망_사회활동의 수준이 높은 일부 구간에서 매우 큰 것으로 나타난다. 그러나

### 3) 외국인 아내의 지위와 출산력

이 연구에서는 분산분석에서 독립변수가 추가로 투입됨에 따라 나타나는 관계의 변화양상을 좀 더 정교하게 파악하기 위해 출산력의 몇 가지 지표를 종속변수로 하는 회귀분석(regression analysis)과 이항로짓분석(binary logit analysis)을 시도했다. 〈표 7-4〉에는 현재 결혼의 자녀 수와 출산간격에 대한 회귀분석의 결과가 제시되어 있다. 여기서는 아내의 출신국가가 출산력의 수준과 속도에 미치는 독립적인 영향력에 초점을 맞추어 논의가 이루어진다.

〈표 7-4〉의 〔모형 1〕을 보면, 중국인 아내와 베트남인 아내는 준거집단인 한국인 아내보다 자녀 수가 적은 경향을 나타낸다. 통계적으로 유의하지는 않지만, 일본인 아내 역시 부(negative)의 회귀계수를 보여준다. 〔모형 2〕에서는 외국인 아내의 출산간격이 길어진다는 이 연구의 가설이 지지되는 것을 확인할 수 있다. 부부의 사회경제적·인구학적 변수들이 통제될 때, 결혼으로부터 첫째 출산까지의 간격이 외국인 아내의 출신국가에 관계없이 한국인 아내보다 길어지는 경향이 드러난다. 결혼부터 둘째 출산까지의 간격 역시 비슷한 양상이 발견되었으나, 〔모형 3〕에 포함된 사례수가 상대적으로 작기 때문에 통계적 유의도를 유지하지 못하는 것으로 밝혀졌다.

〈표 7-4〉에서 아내의 연령이 부의 회귀계수들을 나타내는 것은 이들 회귀모형에 결혼기간이 독립변수로 포함되었다는 사실과 관련이 있다. 통제의 목적으로 포함된 다른 사회경제적·인구학적 변수들의 영향력은 대체로 기대되는 방향으로 나타났으며, 여기서는 논의를 생

---

이는 적은 수의 사례수에 기인하는 사소한 예외에 해당된다.

〈표 7-4〉 자녀와 출산간격에 대한 회귀분석

| | 종속변수 | | | | | |
|---|---|---|---|---|---|---|
| | 현재 결혼의 자녀 수 〔모형 1〕 | | 결혼-첫째 출산의 간격 〔모형 2〕 | | 결혼-둘째 출산의 간격 〔모형 3〕 | |
| | b | beta | b | beta | b | beta |
| 중국인_아내 | -0.47** | -0.15 | 4.23* | 0.08 | 2.32 | 0.03 |
| 베트남인_아내 | -0.42** | -0.13 | 3.75† | 0.07 | 4.02 | 0.02 |
| 일본인_아내 | -0.09 | -0.02 | 4.70* | 0.08 | 3.13 | 0.04 |
| 중소도시 | 0.05 | 0.03 | -1.10 | -0.05 | 1.47 | 0.05 |
| 농촌 | 0.17** | 0.09 | -2.83** | -0.11 | -0.19 | -0.01 |
| 연령_아내 | -0.02** | -0.08 | -0.03 | -0.01 | -0.46† | -0.11 |
| 연령_남편 | 0.01 | 0.03 | -0.07 | -0.03 | -0.18 | -0.05 |
| 초혼_남편 | 0.31** | 0.05 | 2.35 | 0.02 | 7.55 | 0.04 |
| 결혼기간 | 0.02** | 0.64 | 0.08** | 0.19 | 0.32** | 0.41 |
| 교육 연수_아내 | 0.00 | 0.01 | 0.29 | 0.06 | 0.82* | 0.11 |
| 교육 연수_남편 | 0.01 | 0.03 | 0.18 | 0.04 | 0.16 | 0.02 |
| 경제활동_아내 | -0.28** | -0.16 | -0.17 | -0.01 | -4.59** | -0.14 |
| 농업_아내 | 0.39* | 0.04 | -4.24 | -0.03 | -3.76 | -0.03 |
| 화이트칼라_남편 | -0.09** | -0.06 | -0.75 | -0.03 | 0.98 | 0.03 |
| 가구소득 | 0.00† | 0.04 | 0.00 | 0.05 | 0.01 | 0.05 |
| (회귀상수) | 0.11 | | 5.35 | | 17.04 | |
| 사례수 | 1,499 | | 1,119 | | 553 | |
| $R^2$ | 0.49 | | 0.06 | | 0.18 | |
| $F$ | 95.88** | | 4.86** | | 7.72** | |

주: 1) †: $p<0.1$; *: $p<0.05$; **: $p<0.01$.
2) 중국인_아내, 베트남인_아내, 일본인_아내, 중소도시, 농촌, 초혼_남편, 경제활동_아내, 농업_아내, 화이트칼라_남편은 가변수(dummy variable)의 형태로 회귀모형에 투입되었음.

자료: 인구및고령사회연구소(2007); 한국보건사회연구원(2005).

략하기로 한다.

외국인 아내의 출산수준이 한국인 아내보다 낮다는 회귀분석의 결과는 〈표 7-5〉에 제시된 이항로짓분석의 결과로도 확인된다. 외국인 아내는 출신국가에 관계없이 첫째 자녀와 둘째 자녀를 가질 확률이

〈표 7-5〉 첫째 자녀와 둘째 자녀를 가질 확률의 이항로짓분석(1)

| | 첫째 자녀 〔모형 1〕 | 둘째 자녀 〔모형 2〕 |
|---|---|---|
| | b | b |
| 아내의 출신국가(준거: 한국) | | |
| 중국 | -1.29** | -1.18** |
| 베트남 | -0.65† | -1.19* |
| 일본 | -0.98* | -0.05 |
| 거주지(준거: 대도시) | | |
| 중소도시 | 0.35† | 0.13 |
| 농촌 | 0.44* | 0.74** |
| 아내의 연령(준거: 25세 미만) | | |
| 25-29세 | -0.12 | -0.12 |
| 30-34세 | 0.01 | -0.12 |
| 35세 이상 | -0.60* | -0.27 |
| 남편의 연령 (준거: 35세 미만) | | |
| 35-39세 | -0.07 | 0.34* |
| 40-44세 | 0.34 | 0.01 |
| 45세 이상 | -0.43 | 0.24 |
| 남편의 결혼 경험 (준거: 있음) | | |
| 초혼 | 1.56** | 0.15 |
| 결혼기간 (준거: 24개월 미만) | | |
| 24-47개월 | 2.42** | 29.10 |
| 48-71개월 | 3.32** | 30.75 |
| 72개월 이상 | 4.42** | 31.50 |
| 아내의 교육(준거: 중학교 이하) | | |
| 고등학교 | 0.45 | 0.72† |
| 대학교 | 0.58 | 0.52 |
| 남편의 교육(준거: 중학교 이하) | | |
| 고등학교 | 1.09** | 0.76 |
| 대학교 | 1.19** | 0.57 |
| 아내의 직업(준거: 일하지 않음) | | |
| 농업 | -0.37 | 17.22 |
| 화이트칼라 | -1.52** | -0.48 |
| 기타 | -1.52** | -0.95** |
| 남편의 직업(준거: 기타) | | |
| 농업 | 0.85† | -1.17 |
| 화이트칼라 | -0.30 | -0.31† |
| 가구소득(준거: 200만 원 미만) | | |
| 중간 소득 | -0.42* | 0.16 |
| 상위 소득 | 0.26 | 0.20 |
| (회귀상수) | -3.29** | -32.88 |
| 사례수 | 1,528 | 1,528 |
| Nagelkerke $R^2$ | 0.53 | 0.53 |
| Log Likelihood Ratio | 1,035.99** | 1,288.63** |

주: †: $p<0.1$; *: $p<0.05$; **: $p<0.01$.

자료: 보건복지부 외(2010); 한국보건사회연구원(2005).

낮은 것으로 밝혀졌다. [모형 1]에서 음영으로 처리된 바, 외국인 아내의 세 로짓계수가 모두 통계적으로 유의한 부의 값을 나타내고 있다. 이러한 관계의 양상은 [모형 2]에서도 확인된다. 중국인 아내와 베트남인 아내는 둘째 자녀를 가질 확률이 한국인 아내보다 뚜렷하게 낮다. 단지 일본인 아내의 경우에는 부의 로짓계수가 통계적 유의도를 상실하는 것으로 밝혀졌다.

이상 살펴본 회귀분석과 이항로짓분석의 결과를 토대로, 외국인 아내들이 불안한 소수자의 지위로 인해 출신국가에 관계없이 한국인 아내보다 출산수준이 낮아지고 출산간격이 길어진다고 결론지을 수 있다. 이러한 경향은 특히 중국인 아내와 베트남인 아내의 경우에 두드러지게 나타났다.

### 4) 사회적 자본, 이주 후 적응 유형과 출산력

여기에서 검증을 시도할 가설은 외국인 아내의 적응 형태가 출산력에 과연 독립적인 영향력을 행사하는지의 여부이다. 이 연구는 이주 후 현지 사회에의 통합과 동화를 외국인 아내의 출산력 편차를 설명하는 주요 요소로 간주한다. 보다 구체적으로, 다음과 같은 세 가설의 검증을 시도한다.

1) 외국인 아내의 불리하고 불안정한 지위는 출산력을 억제하거나 출산시기를 지연시키는 경향이 있다. 다른 조건이 같다면, 외국인 아내들은 한국인 아내들에 비해 자녀 수가 적고, 결혼으로부터 첫째 및 둘째 자녀 출산시기까지의 간격이 길 것이다.
2) 외국인 아내의 사회적 자본은 이들의 출산행위를 촉진시키는

경향이 있다. 이주 후 다양한 개개인들과 접촉 기회의 빈도가 높을수록, 적극적으로 사회활동에 참여할수록, 직업위세가 높은 사회연결망과의 접촉 기회가 늘어날수록 외국인 아내의 자녀 수는 증가하는 경향이 나타날 것이다.

3) 외국인 아내의 출산력 편차는 이주 후 현지 사회에의 적응 형태에 따라서 설명될 수 있다. 새로운 사회환경에 통합되거나 동화의 수준이 높은 외국인 아내들은 고립되거나 주변화된 외국인 아내들에 비해 자녀 수가 많을 것이다. 통합과 동화의 수준이 높을수록 첫째 자녀와 둘째 자녀를 가질 확률이 높게 나타날 것이다.

여기에서는 외국인 아내만을 대상으로 사회적 자본과 이주 후의 적응 유형이 자녀 수에 미치는 영향을 회귀분석과 이항로짓분석을 통해 살펴보기로 한다. 보다 정교한 출산력 인과구조의 파악을 위해 거주지, 부부의 연령, 남편의 초혼 여부, 외국인 아내의 출신국가 등이 통제변수로 이들 분석모형에 도입되었다. 그러나 분석 사례수가 그리 크지 않고 사회경제적 변수들 간에 다중공선성의 문제가 제기되었기 때문에 부부의 교육수준, 직업, 가구소득과 결혼기간에 관한 변수들이 분석모형에서 제거되었다. 일본인 아내의 경우에는 통일교의 규범과 가치관이 출산력을 촉진하는 효과가 있는 것으로 파악되었으나, 중국인 아내와 베트남인 아내 중에서는 통일교도가 각각 2명과 10명에 불과했기 때문에 종교 변수 역시 분석모형에 포함되지 않았다.

아울러 지적할 것은 둘째 자녀를 출산한 중국인 아내는 30명, 베트남인 아내는 10명에 불과했다는 점이다. 이는 이항로짓분석의 이분종속변수가 외국인 아내의 출신국가에 따라 심한 편포를 이루고 있다는 것을 의미한다. 이에 따라 이주 후 적응 유형과 둘째 자녀를 가질 확률의 이항로짓분석에서는 도입되는 변수의 수를 줄여 거주지와 외국인 아내의 출신국가만을 통제변수로 활용했음을 밝혀둔다.

〈표 7-6〉에 제시된 회귀분석의 결과는 외국인 아내의 사회적 자본이 출산행위를 촉진시킨다는 이 연구의 가설을 지지해준다. 연결망의 크기가 크고 사회활동이 활발할수록, 연결망의 직업위세가 높을수록 자녀 수가 많은 경향이 〔모형 1〕에서 발견된다. 그러나 〔모형 2〕에서 부부의 인구학적 속성과 아내의 출신지역에 관한 변수들이 통제되면, 연결망의 크기만이 통계적으로 유의한 정적 회귀계수를 유지하는 것으로 밝혀졌다. 일본인 아내와 농촌 거주자의 가변수들은 〈표 7-6〉에 제시된 모든 회귀모형에서 통계적으로 유의한 정적 회귀계수들을 지니는 것으로 확인되었다. 또한 〔모형 3〕에서 보는 것처럼, 이주 후 통합형과 동화형에 해당되는 적응 유형의 외국인 아내들이 주변화형보다 자녀 수가 많은 경향이 발견되었다. 비록 통계적인 유의도는 상실했지만 이러한 경향은 〔모형 4〕에서도 유지된다.

한편, 〔모형 3〕과 〔모형 4〕에서 보는 것처럼, 고립형과 주변화형의 적응 형태를 보이는 외국인 아내들은 자녀 수에 있어서 의미 있는 편차를 지니지 않는 것으로 확인되었다. 기대했던 바와 같이, 〔모형 2〕와 〔모형 4〕에서 아내의 연령과 남편의 초혼은 종속변수에 대해 통계적으로 유의한 정적 영향력이 있는 것으로 나타났다. 그러나 다른 변수들의 영향력을 통제하면, 남편의 연령이 지니는 정적 회귀계수는 통계적 유의도를 유지하지 못했다.

〈표 7-7〉에 제시된 이항로짓분석의 결과 역시 회귀분석의 결과와 일관성을 유지하며 이 연구의 가설을 뒷받침해 준다. 즉, 이주 후의 적응 유형이 통합과 동화에 해당하는 외국인 아내들이 고립형과 주변

〈표 7-6〉 사회적 자본과 이주 후 적응 유형이 자녀 수에 미치는 영향의 회귀분석, 2007

| | 현재 결혼의 자녀 수 | | | | | | | |
|---|---|---|---|---|---|---|---|---|
| | 〔모형 1〕 | | 〔모형 2〕 | | 〔모형 3〕 | | 〔모형 4〕 | |
| | b | beta | b | beta | b | beta | b | beta |
| 사회적 자본 | | | | | | | | |
| 연결망_크기 | 0.04** | 0.32 | 0.01* | 0.12 | | | | |
| 연결망_사회활동 | 0.01** | 0.18 | -0.00 | -0.02 | | | | |
| 연결망_위세 | 0.01* | 0.11 | 0.00 | 0.03 | | | | |
| 적응 유형(준거: 주변화) | | | | | | | | |
| 통합 | | | | | 0.51** | 0.13 | 0.17 | 0.04 |
| 동화 | | | | | 0.62** | 0.21 | 0.12 | 0.04 |
| 고립 | | | | | -0.09 | -0.03 | 0.14 | 0.05 |
| 거주지(준거: 대도시) | | | | | | | | |
| 중소도시 | 0.15 | 0.06 | 0.00 | 0.00 | 0.67** | 0.26 | 0.21* | 0.08 |
| 농촌 | 0.31† | 0.10 | 0.35* | 0.11 | 0.55** | 0.18 | 0.45** | 0.15 |
| 인구학적 속성 | | | | | | | | |
| 연령_아내 | | | 0.06** | 0.38 | | | 0.04** | 0.30 |
| 연령_남편 | | | 0.02 | 0.08 | | | 0.01 | 0.04 |
| 초혼_남편 | | | 0.40* | 0.10 | | | 0.38** | 0.10 |
| 아내 출신국(준거: 중국) | | | | | | | | |
| 베트남 | | | 0.23 | 0.08 | | | 0.10 | 0.04 |
| 일본 | | | 0.58** | 0.24 | | | 0.83** | 0.35 |
| (회귀상수) | 0.15 | | -2.20** | | 0.66** | | -1.51** | |
| 사례수 | 316 | | 307 | | 558 | | 530 | |
| $R^2$ | 0.25 | | 0.43 | | 0.15 | | 0.43 | |
| $F$ | 20.62** | | 22.55** | | 19.03** | | 39.13** | |

주: 1) †: $p<0.1$; *: $p<0.05$; **: $p<0.01$.
2) 통합, 동화, 고립, 중소도시, 농촌, 초혼_남편, 베트남, 일본은 가변수(dummy variable) 형태로 회귀모형에 투입되었음.

자료: 인구및고령사회연구소(2007).

화형 아내들에 비해 첫째 자녀를 가질 확률이 높게 나타났다. 특히 동화형의 외국인 아내들이 두드러지게 높은 확률을 지니는 것을 〔모형 1〕과 〔모형 2〕에서 확인할 수 있다. 이러한 양상은 둘째 자녀를 가질 확률을 종속변수로 삼은 〔모형 4〕와 〔모형 5〕에서도 마찬가지로 나타났다. 적응 유형에 관한 가변수들이 〔모형 3〕과 〔모형 6〕에서 통계적 유의도를 유지하지 못하는 것은 외국인 아내들의 적응 유형이 출신국가에 따라서 강한 편포를 나타내며, 사례수가 충분히 크지 못하다는 점에 부분적으로 기인하는 것으로 판단된다.

〈표 7-7〉에 제시된 모든 모형에서 중소도시와 농촌에 거주하는 외국인 아내는 대도시 거주자에 비해 첫째 자녀와 둘째 자녀를 가질 확률이 높게 나타난다. 또한 〔모형 2〕와 〔모형 3〕에서 남편이 초혼이면 첫째 자녀를 가질 확률이 높아지는 것을 알 수 있다. 이들 모형에서 남편의 연령이 아내의 연령보다 종속변수에 대한 설명력이 높게 나타나는 것은 놀라운 일이 아니다. 남편이 35-39세 또는 40-44세인 경우에는 35세 미만의 남편보다 첫째 자녀를 가질 확률이 뚜렷하게 높았다. 이는 주로 외국인 배우자와 결혼하는 한국 남자의 결혼연령이 급격하게 상승하는 최근 현상에 기인하는 것으로 판단된다. 중국인 아내, 베트남인 아내, 일본인 아내와 결혼한 한국인 남편의 결혼연령은 각각 36.2세, 38.4세 그리고 31.0세로 집계되었다.

외국인 아내만을 대상으로 한 이 연구의 회귀분석과 이항로짓분석에서는 중국인 아내를 준거집단으로 삼았다. 일본인 아내의 상대적으로 높은 출산력은 〈표 7-7〉에 제시된 이항로짓분석의 결과에서도 확인된다. 일본인 아내가 첫째 또는 둘째 자녀를 가질 확률은 중국인 아내보다 뚜렷하게 높은 것으로 확인되었다. 이와는 대조적으로, 〔모형 6〕에서 베트남인 아내는 중국인 아내보다 둘째 자녀를 가질 확률이 통계적으로 유의하게 낮게 나타났다.

분석결과, 한국에 거주하는 외국인 아내들의 불리한 여건과 불확실성, 불안정성이 출산력을 억제하고 지연시키는 효과가 있는 것으로 밝혀졌다. 다른 사회인구학적 조건들을 통제했을 때, 외국인 아내들은 한국인 아내에 비해 자녀 수가 적고 출산간격이 긴 것으로 나타났

〈표 7-7〉 첫째 자녀와 둘째 자녀를 가질 확률의 이항로짓분석(2), 2007

| | 첫째 자녀를 가질 확률 | | | 둘째 자녀를 가질 확률 | | |
|---|---|---|---|---|---|---|
| | 〔모형 1〕 | 〔모형 2〕 | 〔모형 3〕 | 〔모형 4〕 | 〔모형 5〕 | 〔모형 6〕 |
| | b | b | b | b | b | b |
| 적응 유형 (준거: 주변화) | | | | | | |
| 통합 | 0.83* | 0.30 | 0.31 | 1.01** | 0.89** | 0.43 |
| 동화 | 1.05** | 0.70* | 0.49 | 1.14** | 1.05** | 0.22 |
| 고립 | -0.24 | -0.04 | 0.02 | 0.16 | 0.14 | 0.64† |
| 거주지 (준거: 대도시) | | | | | | |
| 중소도시 | | 0.80** | 0.62* | | 1.20** | 0.48† |
| 농촌 | | 0.74** | 0.67* | | 0.98** | 1.16** |
| 아내 연령 (준거: -25) | | | | | | |
| 25-29세 | | -0.41 | -0.39 | | | |
| 30-34세 | | 1.26** | 0.44 | | | |
| 35세 이상 | | - | - | | | |
| 남편 연령 (준거: -35) | | | | | | |
| 35-39세 | | 0.74* | 1.03** | | | |
| 40-44세 | | 0.96** | 1.33** | | | |
| 45세 이상 | | 0.20 | 0.59 | | | |
| 초혼_남편 | | 1.34** | 1.19** | | | |
| 아내 출신국 (준거: 중국) | | | | | | |
| 베트남 | | | -0.16 | | | -1.36** |
| 일본 | | | 1.29** | | | 2.33** |
| (회귀상수) | 0.16 | -2.18** | -2.31** | -0.18 | -1.67** | -2.15** |
| 사례수 | 558 | 558 | 558 | 558 | 558 | 558 |
| Nagelkerke $R^2$ | 0.06 | 0.29 | 0.33 | 0.07 | 0.15 | 0.47 |
| Log Likelihood Ratio | 730.29** | 592.25** | 571.78** | 659.95** | 625.97** | 464.22** |

주: 1) †: $p<0.1$; *: $p<0.05$; **: $p<0.01$.
2) 모든 독립변수들이 가변수(dummy variable) 형태로 회귀모형에 투입되었음.
자료: 인구및고령사회연구소(2007).

다. 그리고 이들이 적극적으로 사회활동에 참여할수록, 그리고 접촉하는 주변 사람들의 직업위세가 높을수록 자녀 수가 증가하는 경향이 확인되었다. 즉, 이주 후 새로운 사회환경에 통합되거나 동화의 수준이 높은 외국인 아내들은 고립되거나 주변화된 외국인 아내들에 비해 자녀 수가 많았다. 그리고 통합형과 동화형의 외국인 아내들은 주변화형의 아내들에 비해 첫째 자녀와 둘째 자녀를 가질 확률이 높은 것으로 밝혀졌다(Kim, 2008b, 2009). 외국인 아내들이 현지 주류사회의 아내들보다 상대적으로 자녀 수가 적고, 현지사회에의 적응 유형에 따라 출산수준이 달라진다는 사실은 대만에 거주하는 외국인 아내들의 출산력 분석에서도 마찬가지로 확인된 바 있다(Chen, 2007b, 2008a).

## 2. 거주지역 민족구성의 주변효과

개인의 태도, 인식과 행동은 개인이 소속한 조직, 집단, 지역사회, 국가에 의해서 영향을 받기 마련이며, 이러한 인식이 사회학의 출발점이 되었다고 할 수 있다. 뒤르켕은 개인의 인식과 행동이 외재적(外在的)이고 구속력을 지니는 사회적 사실(social fact)에 의해서 영향을 받으며, 사회적 사실이 사회학의 고유한 설명대상이라고 주장한 바 있다. 개인의 행위를 설명함에 있어서 주변의 효과를 적극적으로 고려하기 시작한 것은 1920년대 미국 학자들이다. 빈곤층이나 특정 인종집단으로 구성된 게토(ghetto)지역의 영향력을 범죄, 청소년 비행, 학업 성적과 같은 다양한 현상을 설명하기 위하여 도입하였다. 주변효과(neighborhood effect)는 주로 지역에 초점이 맞추어졌으며 기회구조나 사회규범 등이 개인의 행동에 영향을 미치는 것으로 알려졌다(Teitler, 1998; Sampson et al., 2002). 최근에는 사회학뿐만 아니라 정치학, 인류학, 사회복지학, 보건학, 예방의학, 교육학, 지리학 등의 다양한 분야에서 설명변수로서의 집합수준 변수의 역할과 주변효과에 대한 관심이 높아지고, 다양한 경험적 연구가 이루어지는 추세이다(관련 문헌의 검토는 Ellen and Turner, 1997; Dietz, 2002; Galster, 2010; van Ham et al., 2012 등을 참조). 이 절에서는 거주지역의 민족구성이 혼인이주 여성의 출산력, 사회활동과 적응 유형에 미치는 주변효과를 검증하는데 분석의 초점이 맞추어진다.

### 1) 자료와 분석대상

주변효과의 경험적 검증에는 개념정의의 어려움과 분석에 필요한 변수들이 널리 가용하지 않다는 어려움이 수반된다. 단순히 도시와 농촌 등의 거주지역 구분이나 집합수준의 변수를 분석에 도입했다고 해서 지역사회나 소속집단의 주변효과를 검증할 수 있는 조건이 반드시 충족되는 것은 아니다. 주변효과의 경험적인 검증은 지역의 경계와 범위를 어떻게 설정하고 지역이나 이웃의 효과를 어떻게 측정하는가에 따라 영향을 받는다.

이 연구에서는 주변효과를 검증하기 위하여 『다문화 시·군·구 통계 Data Sheet』(한양대 SSK 다문화사업단, 2012; 김두섭·유정균, 2013)[39]를 활용하였다. 이 자료를 이용하여 251개 시·군·구에 대하여 2009년 혼인을 신고한 전체 아내에 대한 외국인 아내의 비중을 계산하였다. 아울러 행정안전부(2010; 현재 행정자치부) 자료를 바탕으로 각 시·군·구 지역에서 외국인 인구가 전체 인구에 대해 차지하는 점유율을 계산하였다. 그런데 이 연구는 거주지역의 전체 외국인 규모에 추가

39) 이 자료는 정부의 여러 기관에서 집계된 혼인, 이혼, 출생, 경제활동 등 각종 지역정보를 활용하여 다문화에 관련된 다양한 지표들을 전국의 모든 시·군·구별로 계산한 것이다.

하여 같은 출신국가 또는 같은 민족의 인구에 관한 정보가 보다 정교한 주변효과의 분석에 유용하다고 판단하였다. 이에 따라 행정안전부(2010) 자료를 바탕으로 각 시·군·구 지역에서 중국 조선족, 중국 한족, 베트남인, 필리핀인 및 몽골인이 차지하는 점유율을 각각 계산하였다.[40] 그리고 이렇게 계산된 거주지역 민족구성에 관한 변수들을 『2009년 전국 다문화가족 실태조사』의 원자료에 통합하여 분석하였다.

이 연구는 거주지역 민족구성의 주변효과를 검증하는 데 필요한 분석대상의 사례수와 동질성을 확보하기 위해 혼인이주 여성의 출산력 분석에서는 출신국가를 중국(한족과 조선족), 베트남, 필리핀 및 몽골로 제한하였다. 그리고 사회활동과 적응 유형 및 건강인식의 분석에서는 출신국가가 중국(조선족), 베트남과 필리핀인 여성들로 제한되었다. 다른 국가로부터의 혼인이주 여성들은 사례수가 너무 적거나, 결혼 경로가 다르거나, 결혼기간이 짧은 등의 이유로 분석대상에서 제외되었다. 또한, 1985년 이후에 입국하여 2009년 조사 당시 한국인 남편과 결혼상태가 유지되던 18-57세의 외국인 배우자들만을 분석대상으로 삼았다.

40) 혼인이주 여성과 같은 국가 출신이거나 같은 민족 인구의 점유율을 전국의 모든 시·군·구별로 계산하고, 그 결과를 분석자료에 통합하는 것은, 그 작업의 복잡성과 아울러 혼인이주 여성의 출신국가를 확대할 수 없다는 한계를 지닌다.

## 2) 출산력에 미치는 주변효과[41)]

### (1) 연구모형과 가설

슐츠-닐슨(Schultz-Nielsen, 2010)은 주변효과를 내재적인 상호작용(endogenous interaction)과 환경적인 상호작용(contextual interaction)으로 구분한 바 있다. 내재적인 상호작용 효과는 개인의 행위가 자신이 속한 집단 구성원들의 행위 및 이들과의 상호작용에 의하여 영향을 받는다는 것을 강조한다. 이에 비해, 환경적인 상호작용 효과는 집단 구성원들의 특성과 환경적인 특성의 영향을 받음을 강조한다. 이 두 가지 효과는 서로 밀접하게 연관되어 있으며, 명백하게 구분되기 보다는 강조점에 차이가 있을 뿐이라고 할 수 있다.

혼인이주 여성의 출산 역시 개인과 부부의 사회경제적 특성뿐만 아니라 개인이 속한 거주지역이나 지역사회의 특성 및 구성원들과의 상호작용에 의해서 영향을 받는다. 그동안 많은 연구들이 사회연결망(social network) 개념을 활용하여 지역이나 집단 구성원들과의 상호작용이 출산행위에 미치는 영향을 검증하고자 시도하였다(Bongaarts and Watkins, 1996; Entwisle et al., 1996; Kohler et al., 2001). 그러나 환경적인 특성의 영향력에 대한 연구는 상대적으로 별로 이루어지지 않았다. 이는 지역 환경에 대한 개념 정의의 어려움과 아울러 검증작업의 방법론적인 제한점에 주로 기인하는 것으로 판단된다(Sampson et al., 2002; Teitler, 1998).

일반적으로 이웃이나 지역사회 효과의 검증을 위해 센서스의 조사

41) 이 소절의 논의는 김두섭·송유진(2013)과 Kim and Song(2013)을 바탕으로 하여 재구성한 것이다.

단위(census track)나 행정구역을 분석단위로 활용하고 있지만, 이들 단위가 이웃이나 지역사회의 경계와 범위를 과연 적절하게 설정하였는가 하는 문제를 제기할 수 있다. 거주지보다 직장이 소재한 지역에서 더 많은 시간을 보낸다면, 이웃이나 지역사회의 효과를 어떻게 측정할 것인가 하는 문제도 제기된다. 또한 관찰되는 현상이 순수하게 이웃이나 지역사회의 효과인지, 아니면 개인들의 특성이 집합적으로 나타난 결과인지 명확하지 않을 수도 있다.

이러한 제한점에도 불구하고, 많은 연구들이 이웃 가구의 출산이나 지역사회의 출산수준이 개인의 출산에 미치는 영향력을 보고하고 있다(Li and Zhang, 2009; Schultz-Nielsen, 2010; Tumen, 2012). 아프리카 가나(Ghana)의 자료를 이용하여, 지역의 위생, 주거, 기타 시설의 상태와 같은 물리적 환경과 이웃이나 동료 집단과의 상호작용이 출산수준에 미치는 영향력을 밝힌 연구도 있다(Weeks et al., 2010). 인종적으로 동질적일 때, 출산력에 미치는 주변 이웃의 효과가 더 강해진다는 보고도 있다(Schultz-Nielsen, 2010). 출산 결정과 행위에 미치는 주변효과를 이웃이나 동료집단에 국한하지 않고 형제자매의 영향력(sibling effect)을 검증한 연구도 있다(Kuziemko, 2006; Lyngstad and Prskawetz, 2010). 가까운 이웃이나 동료집단과 출산 및 양육 관련 경험과 정보를 공유할 수 있으면 출산을 보다 긍정적으로 생각하고 결정할 가능성이 높아진다.

주변효과를 측정하는 기존 연구들이 주로 개인 간의 상호작용과 사회적 연결망에 초점을 맞춘데 비해, 이 연구는 거주지역의 외국인 아내 비중이 결과적으로 혼인이주 여성을 위한 제반 시설이나 환경, 그리고 개인 간의 상호작용과 사회자본 구축에 영향을 미친다고 가정한다. 출산행위를 설명함에 있어서 개인의 사회인구학적 특성의 중요

〈그림 7-7〉 거주지역의 민족구성, 가구구조와 혼인이주 여성 출산력의 설명틀

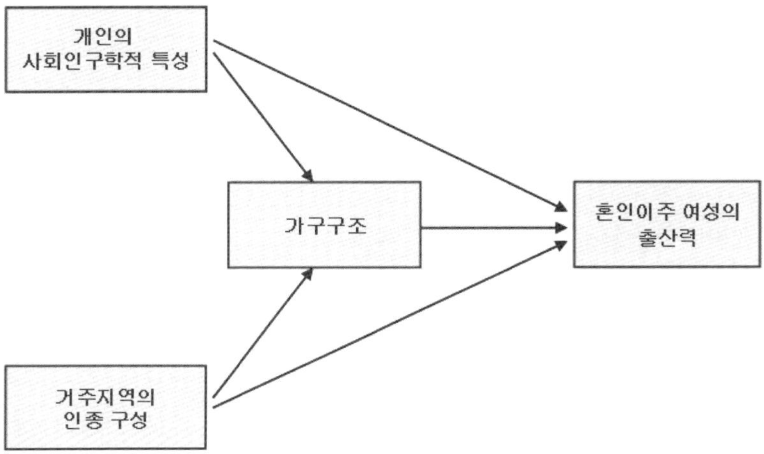


성은 부인할 수 없다. 그러나 동일한 사회인구학적 특성을 지닌 개인의 경우에도 주변환경에 따라 출산수준은 달리 나타날 수 있다(〈그림 7-7〉 참조). 예를 들어, 거주지역에 외국인 아내가 많은 경우에는 출신국가와 개인의 사회인구학적 특성이 다르더라도 소수자로서의 특성을 공유한다는 점에서 불리한 여건을 극복하는 데 도움이 될 수 있다. 비슷한 여건에 있는 사람들끼리 정서적인 지지와 정보를 교환함으로써 출산에 대한 두려움을 줄이고, 양육 경험을 공유할 수도 있을 것이다.

〈그림 7-7〉에서 보는 것처럼, 이 연구의 모형에는 가구구조가 중간변수로 포함되어 있다. 이 연구는 가구구조 특히 시부모와의 동거여부가 개인의 사회인구학적 특성 및 지역의 외국인 아내 비중과 출산수준을 매개하는 효과를 지닌다고 가정한다. 우선, 출산을 서두르거나 아들을 바라는 시부모의 생각과 언행이 같이 사는 혼인이주 여

성(또는 부부)을 압박하는 효과를 생각할 수 있다. 또한, 시부모의 양육 지원을 받을 수 있다는 기대감이 출산시기를 당기거나 추가 자녀를 가지는 방향으로 작용할 가능성도 있다. 이상의 논의를 바탕으로 이 연구에서는 다음의 두 가지 가설이 도출되었다.

1) 거주하는 지역의 외국인 아내 비중이 높을수록 혼인이주 여성의 출산수준이 높고 출산간격이 짧을 것이다.
2) 시부모와 같이 사는 혼인이주 여성은 그렇지 않은 경우에 비하여 출산수준이 높고 출산간격이 짧을 것이다.

### (2) 분석대상자의 사회인구학적 특성

이 연구 분석대상의 사회인구학적 특성들이 〈표 7-8〉에 제시되어 있다. 상단부분은 『2009년 전국 다문화가족 실태조사』를 활용한 개인수준의 값들이다. 결혼만족도 점수를 제외한 하단부분의 값들은 혼인이주 여성의 출신국가에 따라 집합적인 수준으로 계산한 값들이다. 그리고 『다문화 시·군·구 통계 Data Sheet』(한양대 SSK 다문화사업단, 2012; 김두섭·유정균, 2013) 자료를 활용하여 시·군·구별로 계산한 거주지역의 외국인 아내 비중의 평균값이 국가별로 제시되어 있다.

〈표 7-8〉에서 혼인이주 여성의 출신국가별 분포를 살펴보면, 분석대상 47,007명 중 조선족이 약 40%로 가장 높은 비중을 차지한다. 다음으로는 베트남, 한족 중국인, 필리핀, 몽골 여성의 순이다. 혼인이주 여성은 출신국가에 따라 부부의 사회인구학적 특성이 뚜렷한 차이를 나타낸다. 연령을 살펴보면, 조선족의 평균값이 37.5세로 가장 높고 베트남 출신 여성들이 24.2세로 가장 어리다. 한국인 남편의 전

〈표 7-8〉 분석대상의 사회인구학적 특성

| | 혼인이주 여성의 출신국가 | | | | | |
|---|---|---|---|---|---|---|
| | 중국 (조선족) (18,658) | 중국 (한족) (7,759) | 베트남 (15,058) | 필리핀 (4,668) | 몽골 (864) | 합계 (47,007) |
| 아내의 연령 | 37.5 | 32.9 | 24.2 | 31.8 | 31.0 | 31.8 |
| 남편의 연령 | 44.9 | 42.0 | 41.2 | 42.6 | 41.1 | 42.9 |
| 아내의 교육 연수 | 10.8 | 10.7 | 8.9 | 12.3 | 12.3 | 10.4 |
| 남편의 교육 연수 | 11.4 | 12.2 | 11.5 | 11.4 | 11.9 | 11.6 |
| 아내의 결혼연령 | 31.7 | 30.0 | 22.0 | 26.7 | 27.7 | 27.8 |
| 남편의 결혼연령 | 39.2 | 39.1 | 39.0 | 37.4 | 37.7 | 38.9 |
| 한국 거주기간 (개월) | 88.5 | 49.5 | 33.7 | 70.6 | 58.7 | 62.2 |
| 아내의 재혼 (%) | 40.1 | 31.7 | 2.2 | 2.5 | 18.5 | 22.4 |
| 남편의 재혼 (%) | 33.4 | 29.4 | 18.4 | 13.6 | 24.4 | 25.8 |
| 시부모와 동거 (%) | 17.2 | 24.9 | 46.8 | 35.9 | 28.9 | 30.0 |
| 결혼 만족도 점수 | 42.7 | 41.6 | 39.3 | 45.7 | 43.7 | 41.7 |
| 서울 거주자 (%) | 20.4 | 15.1 | 6.2 | 8.1 | 11.3 | 13.6 |
| 대도시 이외 거주자 (%) | 55.8 | 58.4 | 71.8 | 73.8 | 71.0 | 63.4 |
| 외국인 아내 비중 (%) | 10.0 | 10.0 | 12.2 | 13.1 | 11.4 | 11.0 |

자료: 보건복지부 외 (2010); 한양대 SSK 다문화사업단 (2012).

체 평균 연령은 42.9세로 여성의 출신국가에 상관없이 비슷한 양상을 나타낸다. 부부간 평균 연령 차이는 약 10세이며, 베트남 여성이 남편과의 연령차이가 가장 높고 조선족 여성이 가장 낮다.

교육수준은 필리핀과 몽골 출신 여성이 12.3년으로 가장 높고 베트남 여성이 8.9년으로 가장 낮다. 한국인 남편의 교육수준은 평균 11.6년으로 전반적으로 유사한 경향을 보이지만, 중국인 (한족) 여성과 결혼한 경우가 12.2년으로 가장 높다. 혼인연령은 외국인 아내는 평균 27.8세, 한국인 남편은 평균 38.9세이다. 혼인연령 역시 베트남 여성이 평균 22세로 가장 낮고 조선족 여성이 31.7세로 가장 높다. 한국인 남편들의 혼인연령은 전반적으로 비슷하나 한족, 조선족, 베트남 여성을 배우자로 맞은 경우가 평균 39세 정도로 높은 편이다.

한국 거주기간은 조선족 여성이 평균 88.5개월로 가장 오래 거주하였으며, 다음으로 필리핀 여성, 몽골 여성의 순으로 나타난다. 거주기간이 가장 짧은 여성은 베트남 출신으로 평균 33.7개월에 불과하다. 베트남, 몽골, 필리핀 여성들은 주로 결혼을 통해서 한국으로 입국하기 때문에 한국 거주기간이 결혼기간과 대체로 일치한다. 그러나 조선족과 한족 여성들은 일자리를 찾아 입국한 후 결혼한 경우도 적지 않게 발견된다.

외국인 아내의 재혼 비율 역시 출신국가에 따라 차이가 커서 조선족 40.1%, 한족 31.7%, 몽골 18.5% 순으로 나타난다. 반면 베트남과 필리핀 여성들의 재혼 비율은 2%대에 머무른다. 한국인 남편의 재혼 비율은 조선족 배우자 또는 한족 배우자를 맞은 경우가 높게 나타나며, 필리핀 여성을 배우자로 맞은 경우가 가장 낮다.

결혼만족도 점수는 전반적인 삶의 조건과 남편과의 관계에 대한 외국인 아내의 응답을 결합하는 방식으로 측정하였다. 만족도가 가장 높은 집단은 필리핀 여성, 몽골 여성 순이고, 가장 만족도가 낮은 집단은 베트남 출신 여성들이다. 혼인이주 여성의 출신국가에 따라 거주지역을 비교하면 차이가 관찰된다. 조선족과 한족은 서울 거주 비율이 높은 편이나 필리핀과 베트남 출신 여성은 서울 거주 비율이 10% 미만으로 낮다. 반면, 대도시가 아닌 중소도시나 농촌지역에 거주하는 비율은 필리핀(73.8%), 베트남(71.8%), 몽골(71.0%), 한족(58.4%), 조선족(55.8%) 순으로 나타난다.

시부모와 같이 사는 비율은 전체 평균 30%로 생각보다는 높지 않다. 그러나 베트남 여성은 거의 절반(46.8%)이 시부모와 같이 살고 필리핀 여성 중 35.9%가 시부모와 동거하는 것으로 나타났다. 반면 한족과 조선족은 시부모와 동거 비율이 낮은 편이다. 즉, 지방 중소도시나 농촌에 거주하는 비율이 높은 베트남 및 필리핀 여성들은 시부모와 같이 사는 비율 역시 높은 반면, 서울에 거주하는 비율이 높은 조선족이나 한족은 시부모와 동거하는 비율도 낮게 나타났다.

거주지역의 외국인 아내 비중은 중소도시나 농촌에서는 외국인 아내 비중이 높고 대도시 지역에서는 그 비중이 낮다. 중소도시나 농촌에 주로 거주하는 필리핀 여성과 베트남 여성은 거주지역의 외국인 아내 비중이 높다. 반면 조선족과 한족은 거주지역의 외국인 아내 비중이 10%로 낮은 편이다.

### (3) 거주지역 외국인 아내의 비중과 출산수준

전국의 시·군·구를 단위로 하여 외국인 아내의 비중과 외국인 아내 1,000명당 평균 출생아 수를 살펴보면 연관성이 관찰된다(〈그림 7-8〉 참조). 외국인 아내의 비중은 수도권과 전라도, 경북지역이 높다. 지난 2010년을 기준으로 외국인 아내의 비중이 경북 영양군에서 38.5%로 가장 높았고, 다음으로 충남 청양군, 전남 진도군, 충남 부여군, 전남 장흥군, 전남 함평군의 5개 지역에서 30%를 상회하였다(한양대 SSK 다문화사업단, 2012). 평균 출생아 수 역시 전라도와 경북지역이 높게 나타난다. 외국인 아내 1,000명당 출생아 수가 200 이상인 지역은 전남 구례군, 경남 남해군, 전남 강진군, 전남 신안군, 전북 장수군, 전북 진안군, 전북 무주군, 전남 고흥군, 경북 영양군의 9개 지역이다(한양대 SSK다문화사업단, 2012). 시·군·구 지역의 외국인 아내의 비중과 외국인 아내 1,000명당 출생아 수의 상관계수는 0.63이었다.

〈그림 7-8〉 시·군·구별 외국인 아내의 비중과 외국인 여자 1,000명당 출생아 수, 2010

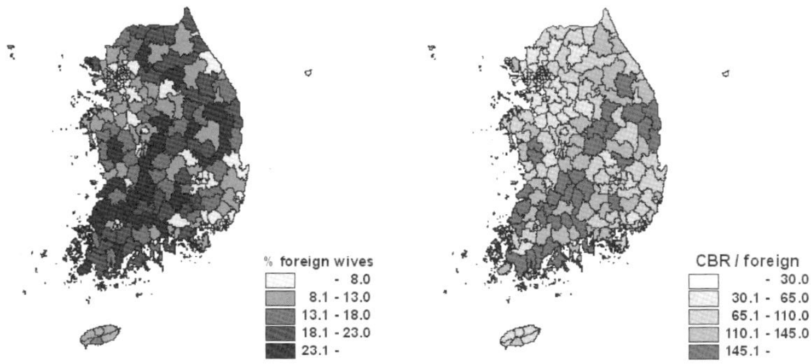


(a) 외국인 아내의 비중　　　(b) 외국인 여자 1,000명당 출생아 수

자료: 통계청(2010d); 김두섭·유정균(2013).

〈그림 7-9〉 거주지역의 외국인 아내 비중에 따른 평균 출생아 수와 추가 출산계획의 편차

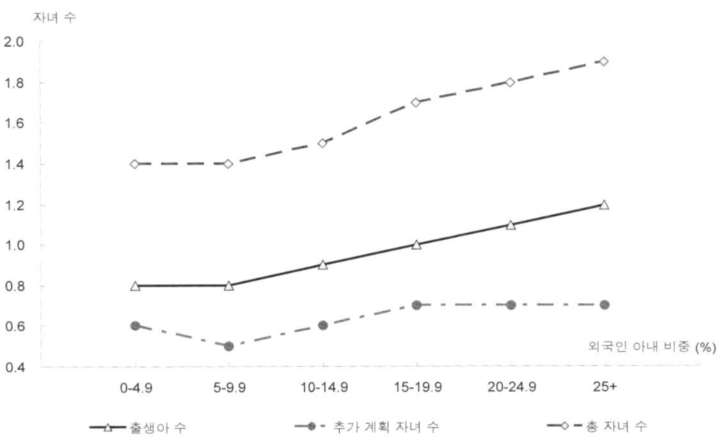


자료: 보건복지부 외(2010); 한양대 SSK 다문화사업단(2012).

〈그림 7-10〉 거주지역의 외국인 아내 비중에 따른 평균 출산간격의 편차

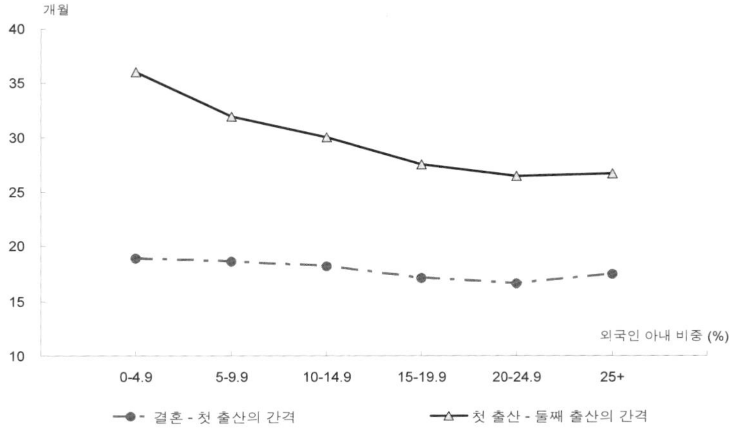


자료: 보건복지부 외(2010); 한양대 SSK 다문화사업단(2012).

〈그림 7-9〉를 보면, 거주지역의 외국인 아내의 비중이 높아질수록 해당 지역 혼인이주 여성의 출생아 수와 총 자녀 수가 높아지는 경향이 발견된다. 다만 혼인이주 여성의 추가계획 자녀 수는 뚜렷한 연관성을 보이지 않는다. 출산간격을 중심으로 살펴보면 결혼 후 첫 출산까지의 기간은 약 18개월로 큰 차이가 없으나, 지역의 외국인 아내 비중이 높아질수록 첫째 자녀와 둘째 자녀 출산 간의 간격이 짧아지는 경향이 나타난다(〈그림 7-10〉).

〈그림 7-11〉에서 보는 것처럼, 혼인이주 여성의 평균 출생아 수는 필리핀 출신 여성들이 가장 많으며 한족이 가장 적다. 거주지역의 외국인 아내 비중은 전반적으로 평균 출생아 수와 정적인 관련성을 보이는데, 이러한 경향은 필리핀과 조선족 여성들에게서 두드러진다. 필리핀 출신과 조선족 여성들은 출산수준도 높으며 거주지역의 외국

〈그림 7-11〉 외국인 아내의 출신국가별 거주지역의 외국인 아내 비중과 평균 출생아 수의 관계

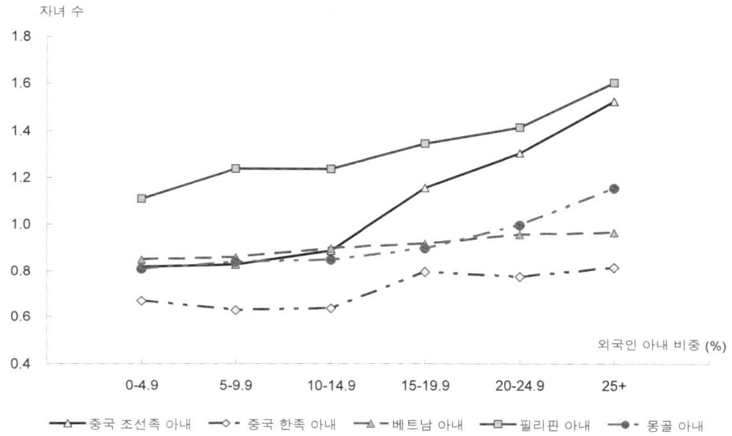


자료: 보건복지부 외(2010); 한양대 SSK 다문화사업단(2012).

인 아내 비중과의 관련성도 정적인 방향으로 나타난다. 특히 조선족 여성의 출산수준은 외국인 아내 비중이 일정 수준을 넘으면서부터 가파르게 상승한다. 필리핀과 조선족 출신의 아내들은 한국에서 거주한 기간도 길고 수적으로도 많기 때문에 높은 수준의 출산력을 보이고 주변효과의 영향이 두드러지게 나타나는 것으로 생각된다. 반면 베트남 여성의 출산수준은 거주지역의 외국인 아내 비중과의 관련성이 뚜렷하지 않다.

거주지역과 가구구조, 그리고 거주지역의 외국인 아내 비중에 따른 평균 출생아 수도 일정한 패턴을 보인다(〈표 7-9〉). 대도시에 거주하는 혼인이주 여성의 평균 출생아 수는 0.81로 중소도시 및 농촌 지역의 0.95에 비하여 낮다. 시부모와 같이 사는 경우의 평균 출생아 수는 0.96으로 독립적으로 사는 경우(0.87)보다 높다. 그러나 거주지

〈표 7-9〉 거주지역의 외국인 아내 비중, 대도시 거주 여부 및 시부모와 동거 여부에 따른 평균 출생아 수

| | 거주지역 | | 시부모와 동거 여부 | | 합계 |
|---|---|---|---|---|---|
| | 대도시 (16,082) | 대도시 이외 지역 (28,145) | 동거 (13,369) | 동거하지 않음 (30,179) | (44,227) |
| 외국인 아내 비중 | | | | | |
| 0-4.9% | 0.77 | 0.93 | 0.87 | 0.80 | 0.82 |
| 5.0-9.9% | 0.83 | 0.85 | 0.89 | 0.82 | 0.84 |
| 10.0-14.9% | 0.73 | 0.91 | 0.96 | 0.85 | 0.88 |
| 15.0-19.9% | 1.08 | 1.05 | 1.03 | 1.06 | 1.05 |
| 20.0-24.9% | - | 1.10 | 1.08 | 1.13 | 1.10 |
| 25.0% 이상 | - | 1.22 | 1.16 | 1.28 | 1.22 |
| 합계 | 0.81 | 0.95 | 0.96 | 0.87 | 0.90 |

자료: 보건복지부 외(2010); 한양대 SSK 다문화사업단(2012).

역의 외국인 아내의 비중이 높아질수록 평균 출생아 수가 높아지는 경향성은 동일하게 나타난다.

분산분석을 통하여 거주지역의 외국인 아내 비중과 가구구조에 따른 평균 출생아 수와 출산간격을 살펴보면 유의미한 차이가 관찰된다(〈표 7-10〉). 거주지역의 외국인 아내 비중이 높아질수록 출생아 수는 많아지며 출산간격도 짧아지는 경향을 보인다. 결혼부터 첫 출산까지의 간격은 평균 18.1개월이지만, 혼인이주 여성의 비중이 낮을 때는 평균 18.9개월이었다가 외국인 아내의 비중이 높아지면 출산간격이 짧아진다. 이러한 차이는 첫째 자녀 출산부터 둘째 자녀 출산까지 소요된 기간에서 두드러지게 나타난다.

또한, 시부모와 같이 사는 혼인이주 여성은 그렇지 않은 경우에 비하여 출생아 수도 높고 출산간격도 짧아진다. 시부모와 동거하는 경우에는 결혼부터 첫 출산까지 평균 16.7개월이 소요되는 반면, 독립

〈표 7-10〉 거주지역의 외국인 아내 비중과 시부모와 동거 여부에 따른 평균 출생아 수와 출산간격의 분산분석

| | 출생아 수 | | 결혼-첫 출산 간격 | | 첫 출산-둘째 출산 간격 | |
|---|---|---|---|---|---|---|
| | 평균 | 사례수 | 평균 | 사례수 | 평균 | 사례수 |
| 외국인 아내 비중 | | | | | | |
| 0-4.9% | 0.82 | 1,349 | 18.9 | 735 | 36.0 | 278 |
| 5.0-9.9% | 0.84 | 23,333 | 18.6 | 13,300 | 31.9 | 4,572 |
| 10.0-14.9% | 0.88 | 10,870 | 18.2 | 6,281 | 30.0 | 2,271 |
| 15.0-19.9% | 1.05 | 4,255 | 17.1 | 2,802 | 27.5 | 1,179 |
| 20.0-24.9% | 1.10 | 3,086 | 16.6 | 2,098 | 26.4 | 897 |
| 25.0% 이상 | 1.22 | 1,334 | 17.5 | 957 | 26.6 | 473 |
| 합계 | 0.90 | 44,227 | 18.1 | 26,173 | 30.3 | 9,670 |
| F 값 | 140.03** | | 9.43** | | 22.58** | |
| 시부모와 동거 여부 | | | | | | |
| 동거 | 0.96 | 13,369 | 16.7 | 8,697 | 27.1 | 2,930 |
| 동거 하지 않음 | 0.87 | 30,858 | 18.8 | 17,476 | 31.7 | 6,740 |
| 합계 | 0.90 | 44,227 | 18.1 | 26,173 | 30.3 | 9,670 |
| F 값 | 104.15** | | 114.29** | | 96.56** | |

주: **: $p < 0.01$.
자료: 보건복지부 외(2010); 한양대 SSK 다문화사업단(2012).

하여 사는 경우에는 평균 18.8개월이 소요된다. 이러한 차이는 첫째 자녀 출산부터 둘째 자녀 출산까지의 간격에서 두드러지게 관찰된다. 시부모와 함께 사는 경우에는 평균 27.1개월, 독립하여 사는 경우에는 31.7개월로 집계되었다.

이 연구에서는 혼인이주 여성의 출생아 수와 출산간격에 영향을 미치는 요인들을 좀 더 정교하게 파악하기 위하여 회귀분석이 이루어졌다. 〈표 7-11〉을 보면, 조선족 여성에 비하여 한족과 베트남 출신 여성의 평균 출생아 수는 유의미하게 낮은 반면, 필리핀 여성의 평균 출생아 수는 높다. 이는 한족과 베트남 여성들의 짧은 결혼기간(평균

약 2년)에 일부 기인하는 것으로 판단된다(〈표 7-8〉 참조).

부부의 연령과 평균 출생아 수는 정적인 관계(positive relationship)를 보이는데, 이는 연령이 높을수록 결혼기간이 길어지기 때문인 것으로 판단된다. 반면, 부부의 결혼연령과 재혼 여부, 그리고 남편의 교육수준은 평균 출생아 수와 부적인 관계(negative relationship)를 맺는 것으로 나타난다. 결혼연령이 높은 것은 생물학적 가임력이 떨어지는 것을 의미할 수도 있으며, 동시에 결혼기간이 짧아지기 때문에 평균 출생아 수가 적어질 가능성이 높아진다. 비록 통계적으로 유의하지는 않지만, 〈표 7-11〉에서 아내와 남편의 교육수준 효과가 서로 반대의 방향으로 나타난 것은 흥미롭다.

남편이 화이트칼라 직업에 종사하는 경우와, 혼인이주 여성이 현재 일을 하고 있거나 과거에 일을 하였던 경험이 있는 경우는 그렇지 않은 경우에 비하여 평균 출생아 수가 낮게 나타났다. 그리고 서울 거주자는 출산수준이 낮은 것으로 확인되었다.

이 연구에서 관심의 초점이 되는 시부모와의 동거 여부와 거주지역의 외국인 아내 비중의 영향력은 다른 변수의 효과를 통제한 후에도 유의미한 것으로 확인되었다. 시부모와의 동거 여부와 외국인 아내 비중은 일반적으로 거주지역의 특성과 밀접한 연관이 있다. 그러나 거주지역의 특성을 통제한 후에도 시부모와 함께 사는 경우가 독립적으로 사는 경우에 비하여, 그리고 거주지역의 외국인 아내 비중이 높을수록 출산수준이 높아지는 경향이 발견되었다.

출산간격을 회귀분석의 종속변수로 삼았을 때, 결혼부터 첫 출산까지 소요기간과 첫째 자녀 출산과 둘째 자녀 출산까지의 간격에 미치는 영향력의 인과구조는 부분적으로 다른 양상을 나타낸다. 가령 베트남 여성은 조선족에 비하여 첫 자녀 출산까지 소요되는 시간이 길

〈표 7-11〉 혼인이주 여성의 출생아 수와 출산간격에 영향을 미치는 요인에 대한 회귀분석

| | 출생아 수 〔모형 1〕 | | 결혼-첫 출산 간격 〔모형 2〕 | | 첫 출산-둘째 출산 간격 〔모형 3〕 | |
|---|---|---|---|---|---|---|
| | b | beta | b | beta | b | beta |
| 중국 한족 아내 | -0.08** | -0.03 | 0.45 | 0.01 | 0.29 | 0.00 |
| 베트남 아내 | -0.04** | -0.02 | 1.15** | 0.04 | -0.56 | -0.01 |
| 필리핀 아내 | 0.18** | 0.06 | -0.02 | -0.00 | -3.76** | -0.07 |
| 몽골 아내 | -0.00 | -0.00 | 0.59 | 0.01 | -0.72 | -0.00 |
| 아내의 연령 | 0.05** | 0.48 | 0.53** | 0.24 | 0.30 | 0.08 |
| 남편의 연령 | 0.05** | 0.45 | 0.48** | 0.19 | 0.90** | 0.22 |
| 아내의 교육 연수 | 0.00 | 0.01 | 0.00 | 0.00 | 0.18† | 0.02 |
| 남편의 교육 연수 | -0.01** | -0.02 | 0.05 | 0.01 | 0.27** | 0.03 |
| 아내의 결혼연령 | -0.06** | -0.57 | -0.59** | -0.20 | -0.06 | -0.01 |
| 남편의 결혼연령 | -0.06** | -0.50 | -0.61** | -0.24 | -1.04** | -0.25 |
| 아내의 재혼 | -0.30** | -0.15 | 4.12** | 0.07 | 9.96** | 0.10 |
| 남편의 재혼 | -0.17** | -0.09 | 2.48** | 0.06 | 3.90** | 0.05 |
| 남편 화이트칼라 | -0.02** | -0.01 | 0.01 | 0.00 | 1.31* | 0.03 |
| 아내 과거 취업 경험 | -0.08** | -0.04 | 3.21** | 0.09 | 2.77** | 0.06 |
| 아내 현재 취업 | -0.26** | -0.15 | -1.57** | -0.05 | -0.68 | -0.02 |
| **시부모와 동거** | **0.02**** | **0.01** | **-0.36** | **-0.01** | **-1.34**** | **-0.03** |
| 결혼만족도 | 0.00** | 0.03 | -0.01 | -0.01 | 0.02 | 0.01 |
| 서울 거주자 | -0.06** | -0.03 | 1.00** | 0.02 | 1.12 | 0.02 |
| 대도시 이외 거주자 | 0.01 | 0.01 | 0.34 | 0.01 | -0.65 | -0.01 |
| **외국인 아내 비중** | **0.01**** | **0.06** | **-0.06**** | **-0.02** | **-0.17**** | **-0.05** |
| (회귀상수) | 1.25** | | 18.18** | | 17.10** | |
| 사례수 | 39,204 | | 23,418 | | 8,781 | |
| $R^2$ | 0.38 | | 0.09 | | 0.10 | |
| $F$ | 1,214.36** | | 115.83** | | 50.49** | |

주: 1) †: $p<0.1$; *: $p<0.05$; **: $p<0.01$.
2) 중국 한족 아내, 베트남 아내, 필리핀 아내, 몽골 아내, 아내의 재혼, 남편의 재혼, 남편 화이트칼라, 아내 과거 취업 경험, 아내 현재 취업, 시부모와 동거, 서울 거주자, 대도시 이외 거주자는 가변수(dummy variable)의 형태로 회귀모형에 투입되었음.

자료: 보건복지부 외(2010); 한양대 SSK 다문화사업단(2012).

다. 한편, 필리핀 여성은 조선족에 비하여 첫 출산에서 둘째 자녀 출산까지의 간격이 유의미하게 짧은 것으로 나타났다.

부부의 연령은 출산간격과 정적 관계를 지니는 것으로 확인되었다. 이는 생물학적인 가임력과도 관련이 있을 것이다. 교육의 효과는 첫 출산까지의 간격에는 영향을 미치지 않지만, 둘째 자녀 출산까지 걸리는 기간을 늘리는 것으로 나타난다. 여기서 한 가지 지적할 것은 출산간격은 출산한 사람들만을 대상으로 계산된다는 점이다. 따라서 첫째 자녀 출산 후 자녀를 추가로 출산하지 않은 여성들은 분석에서 제외될 수밖에 없다. 즉, 교육수준이 높은 여성일수록 첫째 자녀의 출산 이후 단산하기로 결정하여 분석에서 제외될 개연성이 높아진다. 그럼에도 불구하고 둘째 자녀를 출산한 여성들만을 비교하면, 교육수준이 높을수록 첫 자녀부터 둘째 자녀 출산까지 소요되는 기간이 길어지는 경향이 발견된다.

부부의 결혼연령이 높아질수록 출산시기를 앞당겨 출산간격이 짧아지는 경향은 어렵지 않게 이해될 수 있다. 재혼을 한 경우 출산간격이 길어지는 것은 이전 결혼을 통하여 이미 자녀가 있기 때문이 아닐까 생각된다. 남편이 화이트칼라 직종에 종사하는 경우와 아내의 과거 취업 경험은 출산간격을 늘이는 효과가 있는 것으로 확인되었다. 일반적으로 여성의 취업은 출산의 시기를 미루고, 취업기간이 길어질수록 그 효과는 두드러지는 것으로 알려져 있다. 그러나 현재 일하는 아내의 경우에는 출산간격이 짧으며, 이 효과는 특히 첫 출산의 경우에 유의미하게 나타났다. 그러나 이 분석에서 그 원인을 명확히 밝힐 수는 없었다. 그리고 서울에 거주하는 부부는 다른 지역 거주자에 비하여 첫 출산까지의 간격이 길어지는 경향이 발견되었다.

〈표 7-11〉을 보면, 모든 사회인구학적 특성 변수들의 영향력을 통

제한 후에도 시부모와의 동거 여부와 거주지역의 외국인 아내 비중의 효과는 여전히 유의미하게 나타난다. 시부모와 같이 사는 경우 출산 간격이 짧아지는데, 그 효과는 첫째와 둘째 자녀의 출산간격에 대해서만 통계적으로 유의미하다. 이는 첫째 자녀의 출산은 여전히 사회규범으로 남아있고 평균적으로 2년 이내에 이루어지는 현실을 반영하는 것으로 보인다. 반면, 둘째 자녀의 출산 여부와 터울은 보다 선택적으로 이루어지기 때문에 시부모와의 동거 여부가 영향을 미칠 여지가 있는 것으로 판단된다. 그리고 거주지역의 외국인 아내 비중이 높을수록 결혼-첫 출산과 첫 출산-둘째 출산의 간격이 모두 유의미하게 짧아지는 것으로 확인되었다. 이는 시부모와의 동거 여부보다는 외국인 아내의 비중이 출산간격에 상대적으로 강한 영향을 미치는 경향을 반영하는 것으로 생각된다. 여기서 한 가지 지적할 것은, 거주지역의 외국인 아내 비중이 높을수록 중앙정부나 지방자치단체 및 각종 기관에서 제공하는 사회정책적 지원이 집중될 가능성이 높다는 점이다. 이러한 제도적, 환경적 지원체계는 혼인이주 여성이 한국사회에 적응하고 안정적인 지위를 차지하는 데 도움을 주어 결과적으로 출산행위에 긍정적인 영향을 미칠 수 있을 것으로 생각된다.

이 연구는 개인 수준의 자료와 시·군·구 자료의 결합을 통하여 혼인이주 여성의 출산에 미치는 주변효과의 검증을 처음으로 시도하였다는 점에서 의의를 찾을 수 있다. 앞으로 보다 정교한 자료와 분석 기법을 통하여 주변효과의 검증이 보완된다면, 혼인이주 여성의 출산뿐 아니라 한국사회의 저출산 문제에 대한 이해의 폭과 깊이를 더하고 사회정책적으로 대처하는 데도 기여할 수 있을 것으로 판단된다. 최근에는 저출산과 고령화의 도전에 직면한 상황에서 혼인이주 여성들의 출산을 장려하여 위기를 극복하자는 의견이 제시되기도 한다. 혼인이주 여성들을 출산을 위한 도구로 생각한다거나 이들의 출산행위에 국가적으로 개입하여 일정 방향으로 몰아가는 것은 바람직하지 않다. 그러나 혼인이주 여성들의 출산력 인과구조를 파악하고, 출산을 원하는 여성들이 출산을 미루거나 단념하게 만드는 저해요인을 줄이는 노력을 지속할 필요성이 제기된다.

### 3) 사회활동과 적응 유형에 미치는 주변효과[42)]

#### (1) 연구설계

갤스터(Galster, 2010)는 주변효과가 발생하는 기제를 사회적 상호작용 기제(social-interactive mechanisms), 환경적 기제(environmental mechanisms), 지리적 기제(geographical mechanisms), 제도적 기제(institutional mechanisms)의 네 가지로 구분하였다. 사회적 상호작용 기제는 사회적 모방, 집합적 사회화(collective socialization), 사회연결망, 사회적 응집과 통제가 이루어지는 과정에서 개인의 행위가 같은 집단 구성원들의 행위에 의해서 영향을 받는다고 가정한다. 환경적 기제는 개인의 행위나 태도가 지역의 자연환경 및 인위적 특성과 구성의 영향을 받음을 강조한다. 지리적 기제 역시 거주지역의 공간적 측면이 거주자의 생애과정과 생활에 미친다고 가정한다. 마지막으로, 제도적 기제는 해당 지역의 주요 제도적 환경이나 시설, 자원, 규범에 대한 통제력을 지닌 자들의 행위에 의해서 받는 효과에 초점을 맞춘다.

거주지역의 민족구성은 이러한 네 가지 기제 모두를 통해서 혼인이주 여성의 사회활동과 적응 형태에 영향을 미친다고 가정할 수 있

42) 이 소절의 논의는 김두섭(2014b)을 바탕으로 하여 재구성한 것이다.

다. 지역사회에 외국인 인구, 특히 같은 민족의 인구가 얼마나 거주하는가에 따라서 이들과 혼인이주 여성의 접촉 수준, 모방과 사회적 상호작용이 영향을 받을 것이다. 빈곤층이나 특정 민족집단으로 구성된 게토(ghetto) 연구에서 확인된 것처럼, 민족구성에 따른 지역사회의 환경적, 공간적 특성 역시 혼인이주 여성의 일상생활에 영향을 미칠 것으로 판단된다. 아울러, 지역사회의 제도적 여건이나 규범, 자원 환경, 문화가 혼인이주 여성에 대한 차별이나 배타적 태도 및 낙인효과(stigmatization)를 유발시키는 경우도 있을 것이다.

이 절의 연구는 혼인이주 여성의 사회활동과 적응 형태가 개인과 가족의 사회경제적 특성뿐만 아니라 거주지역 민족구성에 따른 지역사회 구성원들과의 상호작용, 환경 및 지리적 특성, 그리고 제도적 여건에 따라서 현저하게 달라질 수 있다고 전제한다. 지역사회의 민족구성에 따라 사회연결망 내에서 행위자 간에 형성되는 신뢰, 믿음, 규율, 관계의 연결방식과 내용은 달라질 수 있다. 이는 혼인이주 여성이 각종 정보, 자원, 권력에 접근하는 데 영향을 미쳐 유용한 기회를 제공하거나 반대로 제약요인으로 작용할 수 있다.

이 연구에서 혼인이주 여성의 사회활동 수준과 적응형태를 측정하여 변수로 창출하는 작업은 다음과 같이 이루어졌다. 『2009년 전국 다문화가족 실태조사』에서는 혼인이주 여성들에게 다섯 가지의 사회활동(본인의 가족·친척모임, 배우자의 가족·친척모임, 자녀학교 모임, 모국인 친구모임, 지역주민 모임)에 얼마나 자주 참여하였는가를 질문하였다. 이 연구에서는 이들 다섯 가지 모임에의 참여빈도에 관한 정보들을 활용하여 사회활동 점수를 창출하였다. 그런데 이들 다섯 가지 변수들을 합성하는 과정에서 값들의 분포형태가 현저하게 차이나는 것으로 드러났다. 혼인이주 여성의 사회활동은 그 종류와 출신국가에 따라서 참여빈도가 커다란 편차를 나타낸다. 이에 따라 다섯 가지 변수들의 값을 단순히 합산하지 않고, 각각의 변수들의 평균값을 역수로 반영하는 가중치(weight)를 곱하여 합산하였다. 이렇게 계산된 사회활동 점수는 0에서 232의 값을 지니며, 값이 클수록 사회활동이 활발하다는 것을 의미한다. 〈표 7-12〉와 〈표 7-13〉에는 혼인이주 여성의 출신국가 및 사회인구학적 특성에 따른 사회활동 점수의 평균값들이 제시되어 있다.

이 소절에 소개하는 연구의 주요 목적은 지역사회의 민족구성이 혼인이주 여성의 적응 유형에 미치는 영향을 파악하는 것이며, 따라서 적응 유형의 변수를 만들어내는 작업은 매우 중요한 의미를 지닌다. 일반적으로 소수민족 이민자는 현지 사회의 중심문화를 받아들이고 그 사회구성원들과 원만한 관계를 유지하도록 기대된다. 한국으로의 혼인이주 여성들 역시 고유한 문화, 전통 및 정체성을 유지하는 상태에서 한국사회와 문화에 적응하도록 기대된다. 이 연구에서는 베리(Berry, 1987)의 범주화를 변용시켜 혼인이주 여성들이 이주 후 사회참여 수준과 민족 및 문화정체성의 강약에 따라 통합(integration), 동화(assimilation), 고립(isolation), 주변화(marginalization)의 적응 형태를 보이는 것으로 가정하였다(이 네 가지 적응 유형에 대한 자세한 설명은 149-151쪽을 참조할 것).

문화정체성과 아울러 이주 후 적응 유형을 설명하는 또 다른 한 축으로 도입된 사회참여 수준은 사회활동 점수의 수준, 선거 투표, 정당 및 시민단체 가입, 지역사회 봉사활동과 주민 의견 제시의 적극성, 국적 취득에 관한 정보를 활용하여 분류하였다. 이들의 민족 및 문화정체성의 정도를 측정하기 위해서는 위에 언급된 다섯 가지 모임에의 상대적 참여빈도, 개인이나 집안에 어려운 일이 있을 때 의논하

〈그림 7-12〉 혼인이주 여성의 적응 유형별 각종 사회활동 참여빈도의 평균값

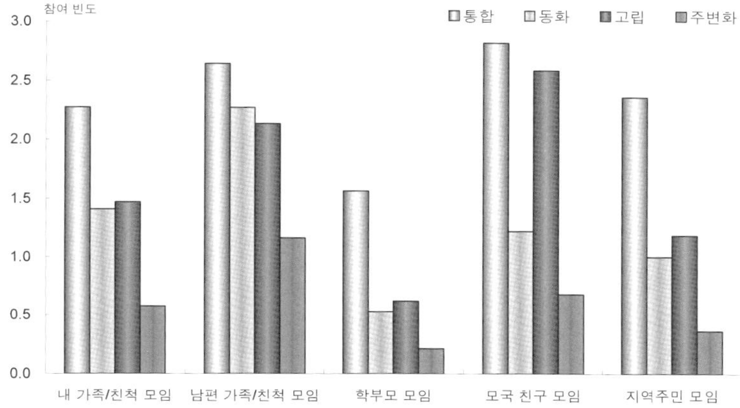


자료: 보건복지부 외 (2010).

는 사람, 여가나 취미생활을 같이 하는 사람, 결혼식/장례식/생일잔치 등에 참석하는 사람 등의 조사문항에 관한 응답을 활용하였다. 그리고 이들 정보는 사회참여의 수준을 분류하는 데에도 추가적으로 활용되었다. 혼인이주 여성들의 적응 유형을 네 가지 범주로 분류한 결과, 동화의 적응 형태로 분류된 혼인이주 여성들이 8,050명으로 전체의 47.7%를 차지하였다. 다음으로 고립 (2,977명), 주변화 (2,947명), 통합 (2,889명)의 적응형태 순이었으나 세 범주 사이의 편차는 그리 크지 않았다.

여기서 참고로 혼인이주 여성의 적응 유형별 각종 사회활동 참여빈도의 편차를 살펴보면 〈그림 7-12〉와 같다. 사회활동 참여빈도는 통합 유형의 혼인이주 여성들이 가장 높고, 다음으로 고립과 동화의 유형, 그리고 주변화 유형에서 가장 낮은 것을 확인할 수 있다. 모국인 친구 모임에의 참여빈도는 고립 유형의 혼인이주 여성들이 예외적

으로 높았다.

이 소절에서는 혼인이주 여성들에서 관찰되는 사회활동 수준의 편차와 구성적 특성, 그리고 적응 유형의 차이를 설명하기 위하여 지역사회 민족구성의 주변효과에 주목한다. 주변효과는 혼인이주 여성이 거주하는 지역의 외국인 아내 비중과 같은 민족 인구의 비중이 미치는 영향력을 검증하고자 시도하였다. 그리고 지역사회의 인구구성이 결과적으로 혼인이주 여성을 위한 제반 시설이나 환경 및 개인 간의 상호작용과 사회자본 구축에 영향을 미친다고 가정하였다. 주변효과에 관한 기존 연구들이 개인 간의 상호작용과 사회적 연결망에 초점을 맞추었다면, 이 연구는 집합적인 수준의 자료를 활용하여 구조적, 환경적 효과에 초점을 맞추었다고 할 수 있다.

혼인이주 여성의 사회활동과 적응 유형을 설명함에 있어서 개인의 사회인구학적 특성의 중요성은 부인할 수 없다. 그러나 동일한 사회인구학적 특성을 지닌 개인의 경우에도 거주지역의 민족구성에 따라 사회활동의 수준과 적응 형태는 달리 나타날 수 있다. 예를 들어, 거주지역에 외국인 아내 또는 같은 민족의 인구가 많은 경우에는 소수자로서의 특성을 공유한다는 점에서 불리한 여건을 극복하는 데 도움이 될 수 있다. 비슷한 여건에 있는 사람들끼리 정서적인 지지와 정보를 교환함으로써 심리적인 부담을 줄이고 보다 활발한 사회활동과 이주 후 적응이 가능할 수 있다. 물론, 같은 민족의 인구나 친구집단이 커지면, 혼인이주 여성이 한국사회에 활발하게 참여하는 것을 저해하고 자신의 민족 및 문화정체성만을 강하게 유지하여 결과적으로 사회적으로 고립될 가능성을 배제할 수 없다.

이 연구는 거주지역의 민족구성이 미치는 주변효과를 검증하기 위한 분석에서 혼인이주 여성의 사회활동을 중간변수로 도입하였고, 적

〈그림 7-13〉 거주지역의 민족구성, 혼인이주 여성의 사회활동 및 적응 유형의 설명틀

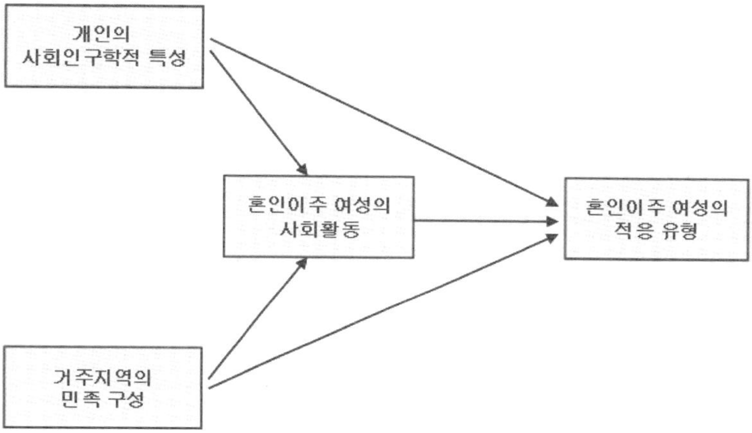


응 유형을 종속변수로 채택하였다. 〈그림 7-13〉은 혼인이주 여성의 사회활동과 적응 유형을 설명하기 위하여 도입한 주요 개념들과 그 인과구조를 보여준다. 이 연구의 검증을 위해 도출된 두 가지 가설은 다음과 같다.

1) 거주지역의 외국인 아내 비중이 높을수록 혼인이주 여성의 사회활동을 촉진시키는 환경을 조성할 것이다. 그리고 이들의 사회활동이 활발할수록 적응형태에도 영향을 미칠 것이다.
2) 거주지역에 같은 민족의 인구가 많을수록 이들과의 접촉과 상호작용이 많아지고, 이에 따라 한국사회에 동화되기보다는 고립되는 적응 형태를 나타내는 혼인이주 여성이 증가할 것이다.

### (2) 분석대상자의 일반적 특성과 사회활동 및 적응 유형

앞 절에서 이미 언급한 것처럼, 이 연구는 주변효과를 검증하기 위하여 『다문화 시 · 군 · 구 통계 Data Sheet, 2010』(한양대 SSK 다문화사업단, 2012; 김두섭 · 유정균, 2013)를 활용하였다. 즉, 251개 시 · 군 · 구를 대상으로 2009년 혼인을 신고한 전체 아내에 대한 외국인 아내의 비중을 계산하였다. 이 연구는 거주지역의 전체 외국인 규모에 추가하여 같은 출신국가 또는 민족의 인구에 관한 정보가 보다 정교한 주변효과의 분석에 유용하다고 판단하였다. 비록 이들 외국인 인구가 각 시 · 군 · 구 지역에서 차지하는 전체 인구에 대한 점유율의 수준은 매우 낮지만, 그 편차가 혼인이주 여성의 사회활동과 적응 유형에 미치는 영향력을 포착하고자 시도하였다. 이에 따라 행정안전부(2010; 현재 행정자치부) 자료를 바탕으로 각 시 · 군 · 구 지역에서 중국 조선족, 베트남인 및 필리핀인이 차지하는 점유율을 각각 계산하여 분석에 활용하였다.

〈표 7-12〉를 보면, 혼인이주 여성의 출신국가에 따라 부부의 사회인구학적 특성이 현저한 차이를 나타내는 것을 확인할 수 있다. 우선, 혼인이주 여성의 출신국가별 분포를 살펴보면, 중국 조선족 아내가 9,351명으로 가장 많고, 베트남인 아내 5,324명, 필리핀인 아내가 2,188명이다. 이 표에 제시된 혼인이주 여성과 남편의 사회인구학적 특성들은 앞 소절의 〈표 7-8〉에 소개된 내용과 크게 다르지 않다. 이에 따라 여기에서는 부부의 연령, 교육수준, 거주지, 혼인관련 변수들의 특성들을 반복하여 기술하지 않기로 한다.

〈표 7-12〉에서 보는 것처럼, 과거의 취업 경험 비율이 높은 집단은 조선족 아내들이고, 베트남인 아내들이 가장 낮다. 현재 취업자

〈표 7-12〉 분석대상의 사회인구학적 특성

| | 혼인이주 여성의 출신국가 | | | |
|---|---|---|---|---|
| | 중국 (조선족) | 베트남 | 필리핀 | 합계 |
| | (9,351) | (5,324) | (2,188) | (16,863) |
| 아내의 연령 | 37.9 | 24.3 | 32.0 | 32.8 |
| 남편의 연령 | 45.2 | 41.3 | 42.6 | 43.6 |
| 아내의 교육 연수 | 10.9 | 8.8 | 12.4 | 10.4 |
| 남편의 교육 연수 | 11.4 | 11.4 | 11.3 | 11.4 |
| 아내의 결혼연령 | 31.8 | 22.1 | 26.7 | 28.1 |
| 남편의 결혼연령 | 39.2 | 39.0 | 37.2 | 38.9 |
| 아내의 재혼 (%) | 40.2 | 2.2 | 2.4 | 23.3 |
| 남편의 재혼 (%) | 34.1 | 17.4 | 13.4 | 26.2 |
| 한국 거주기간 (개월) | 92.3 | 35.0 | 73.5 | 71.8 |
| 아내의 과거 취업 경험 (%) | 26.3 | 11.0 | 16.4 | 20.2 |
| 아내의 현재 취업 (%) | 49.4 | 22.4 | 42.3 | 40.0 |
| 남편 화이트칼라 (%) | 22.0 | 18.6 | 23.5 | 21.1 |
| 서울 거주 (%) | 20.1 | 6.1 | 7.5 | 14.1 |
| 중소도시 및 농촌 거주 (%) | 55.8 | 71.7 | 75.4 | 63.4 |
| 시부모와 동거 (%) | 17.0 | 46.2 | 35.6 | 28.6 |
| 혼인이주 여성의 사회활동 | 41.9 | 56.4 | 89.4 | 52.6 |
| 거주지역의 외국인 아내 비중 (%) | 10.2 | 12.1 | 13.1 | 11.2 |
| 거주지역의 같은 민족 인구 비중 (%) | 1.1 | 0.3 | 0.2 | 0.7 |

자료: 보건복지부 외(2010); 한양대 SSK 다문화사업단(2012).

비중은 조선족 아내(49.4%)와 필리핀인 아내(42.3%)가 비교적 높은 반면, 베트남인 아내의 경우는 현저하게 낮다. 한국인 남편의 직업이 화이트칼라인 비중은 필리핀인 아내(23.5%), 조선족 아내(22.0%), 베트남인 아내(18.6%)의 순으로 나타난다.

혼인이주 여성이 거주하는 지역에 따라 외국인의 비중이 적지 않은 편차를 나타낸다. 일반적으로 중소도시나 농촌 지역에서는 외국인 아내의 비중이 높고, 대도시 지역에서는 그 비중이 대체로 낮다. 이 연구의 분석대상인 혼인이주 여성 16,863명이 거주하는 시·군·구 지역에서 2009년 신고된 혼인 중에서 외국인 아내가 차지하는 비중은 평균 11.2%이었다. 대도시의 서비스업 종사자가 상대적으로 많은 중국 조선족 아내의 경우에는 거주지역의 외국인 아내 비중이 10.2%로 낮은 편이다. 반면, 중소도시나 농촌에 주로 거주하는 필리핀인 아내(13.1%)와 베트남인 아내(12.1%)는 거주지역의 외국인 아내 비중이 높다. 또한, 혼인이주 여성이 거주하는 지역에서 같은 민족 인구가 차지하는 비중의 평균값은 중국 조선족이 1.1%이고, 베트남 여성과 필리핀 여성의 경우에는 각각 0.3%와 0.2%에 불과하다.

마지막으로, 사회활동의 평균 점수는 필리핀 출신의 아내들이 89.4로 월등하게 높고, 다음이 베트남인 아내들의 56.4이다. 예상과는 달리, 조선족 아내들의 사회활동 평균 점수가 41.9로 가장 낮은 것으로 확인되었다.

혼인이주 여성의 사회활동은 부부의 사회인구학적 특성에 따라 편차를 나타낸다. 앞에서 지적한 것처럼, 필리핀인 아내의 사회활동 점수가 가장 높고 조선족 아내가 가장 낮다. 조선족 아내의 사회활동 수준이 낮게 나타난 것은 거주지역과 취업 상태의 분포와 관련이 있다. 〈표 7-13〉에서 보는 것처럼, 서울을 비롯한 대도시 거주자 및 현재 취업자의 사회활동 참여기회가 상대적으로 낮은 것에 부분적으로 기인한다. 또한, 사회활동 점수와 부부의 교육수준은 정적 상관관계를 유지하고 있음을 알 수 있다. 그리고 부부 모두 초혼이거나 외국인 아내만 초혼인 경우, 시부모와 동거하는 경우가 외국인 아내의 사회활동이 보다 활발한 것으로 드러났다. 한국인 남편의 직업이 화이트칼라인가의 여부는 통계적으로 의미 있는 편차를 나타내지 않았다.

앞에서 혼인이주 여성의 적응 유형을 한국사회에의 참여 수준과 민족 및 문화정체성의 수준에 따라 통합, 동화, 고립, 주변화의 네 가지 범주로 제시한 바 있다. 〈표 7-13〉을 보면, 거의 절반(47.7%)에 해당하는 혼인이주 여성들이 동화 유형으로 분류되었으며, 나머지 세 유형이 차지하는 비중은 비슷한 수준이다. 혼인이주 여성의 적응 유형별 분포를 출신국가별로 구분해보면, 조선족 아내와 베트남인 아내는 동화 유형의 비중이 상대적으로 높다. 한편, 필리핀인 아내는 통합 유형과 아울러 고립 유형의 비중이 높게 나타나며, 주변화 유형의 비중이 상대적으로 낮은 경향을 보인다. 이러한 양상은 필리핀 여성의 문화적, 종교적 특성과 더불어 영어를 구사할 수 있는 능력과도 관련이 있는 것으로 판단된다.

혼인이주 여성의 적응 유형은 주요 사회인구학적 변수들에 따라서 의미 있는 규칙성이 발견된다. 우선, 혼인이주 여성의 교육수준이 높을수록 통합 유형의 비중이 상대적으로 높아지고, 주변화 유형의 비중이 낮아진다. 비록 관련성의 강도는 상대적으로 약하지만, 남편의 교육수준에 따라서 적응 유형의 분포를 살펴보아도 이러한 양상은 마찬가지로 나타난다.

부부의 재혼 여부에 따른 적응 유형을 살펴보면, 부부가 모두 초혼인 경우 통합 유형의 비중이 상대적으로 높고 주변화 유형의 비중이 낮아진다. 그리고 이러한 양상은 아내만 초혼, 남편만 초혼인 경우의 순서로 반전되는 경향이 나타난다. 한편 부부가 모두 재혼이면, 통합 유형의 비중이 8.1%에 불과하고, 동화 유형과 주변화 유형이 각각 59.5%와 21.6%를 차지하는 것을 확인할 수 있다.

〈표 7-13〉을 살펴보면, 과거 취업 경험이 있거나 현재 취업상태에 있는 혼인이주 여성들이 취업 경험이 없거나 현재 일하고 있지 않은

〈표 7-13〉 혼인이주 여성의 사회인구학적 특성에 따른 사회활동 점수의 평균값과 적응 유형의 분포

| | 사회활동 평균 점수[1] | 적응 유형의 분포 (%)[2] | | | | |
|---|---|---|---|---|---|---|
| | | 통합 (2,889) | 동화 (8,050) | 고립 (2,977) | 주변화 (2,947) | 합계 (16,863) |
| 아내의 출신국가 | | | | | | |
| 중국 (조선족) | 41.9 | 13.5 | 58.7 | 9.7 | 18.1 | 100.0 |
| 베트남 | 56.4 | 17.4 | 37.7 | 26.7 | 18.2 | 100.0 |
| 필리핀 | 89.4 | 31.9 | 25.4 | 29.5 | 13.3 | 100.0 |
| 아내의 교육수준 | | | | | | |
| 중학교 이하 | 44.5 | 11.8 | 47.7 | 19.2 | 21.3 | 100.0 |
| 고등학교 | 51.7 | 16.9 | 50.6 | 16.0 | 16.4 | 100.0 |
| 대학교 이상 | 70.9 | 28.6 | 40.7 | 18.3 | 12.5 | 100.0 |
| 남편의 교육수준 | | | | | | |
| 중학교 이하 | 49.8 | 14.8 | 45.9 | 17.6 | 21.7 | 100.0 |
| 고등학교 | 53.0 | 17.8 | 49.9 | 17.0 | 15.3 | 100.0 |
| 대학교 이상 | 56.9 | 19.9 | 48.3 | 17.4 | 14.4 | 100.0 |
| 부부의 결혼 경험 | | | | | | |
| 부부 모두 초혼 | 59.5 | 20.1 | 45.0 | 19.5 | 15.3 | 100.0 |
| 아내만 초혼 | 51.2 | 16.1 | 41.6 | 21.4 | 20.9 | 100.0 |
| 남편만 초혼 | 34.5 | 10.5 | 56.9 | 9.8 | 22.8 | 100.0 |
| 부부 모두 재혼 | 31.4 | 8.1 | 59.5 | 10.7 | 21.6 | 100.0 |
| 아내의 과거 취업 경험 | | | | | | |
| 있음 | 50.8 | 17.6 | 47.1 | 16.9 | 18.4 | 100.0 |
| 없음 | 53.0 | 17.0 | 47.9 | 17.8 | 17.2 | 100.0 |
| 아내의 현재 취업상태 | | | | | | |
| 일하고 있음 | 49.9 | 17.8 | 50.4 | 15.6 | 16.2 | 100.0 |
| 일하지 않음 | 54.4 | 16.7 | 46.0 | 19.0 | 18.3 | 100.0 |
| 남편의 직업 | | | | | | |
| 화이트칼라 | 51.5 | 19.1 | 48.2 | 16.7 | 16.1 | 100.0 |
| 기타 | 52.9 | 16.6 | 47.6 | 17.9 | 17.8 | 100.0 |
| 시부모 동거 여부 | | | | | | |
| 동거 | 56.5 | 18.7 | 45.5 | 19.1 | 16.7 | 100.0 |
| 별거 | 51.0 | 16.5 | 48.6 | 17.1 | 17.8 | 100.0 |
| 거주지역 | | | | | | |
| 서울 | 41.5 | 14.3 | 52.0 | 14.5 | 19.2 | 100.0 |
| 광역시 | 48.2 | 16.0 | 49.9 | 16.1 | 18.1 | 100.0 |
| 기타 지역 | 56.6 | 18.2 | 46.0 | 18.9 | 16.9 | 100.0 |

주: 1) 사회활동 점수의 각 범주별 평균값에 대한 $t$ 검증 및 $F$ 비의 검증 결과, 남편의 직업을 제외한 나머지 모든 특성들에 의한 편차들이 통계적으로 0.01 및 0.05 수준에서 유의한 것으로 확인되었음.
2) 사회인구학적 특성과 적응 유형의 분포에 대한 $\chi^2$ 검증 결과, 모든 편차들이 통계적으로 0.01 수준에서 유의한 것으로 확인되었음.

자료: 보건복지부 외(2010).

여성들보다 상대적으로 통합 유형에 속할 가능성이 상대적으로 높고, 고립과 주변화 유형의 적응 형태를 보일 가능성이 낮게 나타난다. 그러나 그 편차는 그리 크지 않다. 남편의 직업이 화이트칼라인가에 따라서도 이러한 양상은 마찬가지로 나타난다. 또한, 시부모와 동거하는 외국인 아내들이 같이 살지 않는 경우보다 통합 및 고립 유형의 비중이 높아지고, 동화와 주변화 유형의 비중은 낮아지는 경향이 발견된다.

마지막으로, 거주지역의 도시화 수준과 적응 유형의 관계를 살펴보면, 대도시에 거주할수록 동화 및 주변화 유형의 비중이 높아지는 반면 통합과 고립 유형의 비중은 낮아진다. 이러한 양상은 도시의 규모가 커질수록 시부모와 동거하는 혼인이주 여성의 비율이 낮아지는 경향과도 관련이 있는 것으로 판단된다.

### (3) 거주지역 민족구성과 혼인이주 여성의 사회활동 및 적응 유형

혼인이주 여성이 거주하는 지역에서 외국인 아내의 비중이 높아질수록 출산수준이 높아지는 효과는 이미 앞의 소절에서 검증된 바 있다. 거주지역 민족구성의 주변효과는 혼인이주 여성의 사회활동에도 적용될 수 있는 것으로 밝혀졌다. 〈그림 7-14〉에서 보는 것처럼, 거주지역에서 외국인 아내의 비중이 높아질수록 지역주민 모임, 자녀학교 모임과 모국인 친구 모임에의 참여빈도가 높아지는 경향이 나타난다. 이에 비해, 부부의 가족이나 친척 관련 모임에의 참여빈도는 지역사회의 민족구성과 뚜렷한 연관성을 보이지 않는다.

〈그림 7-15〉를 보면, 중소도시 및 농촌 지역에서, 그리고 시부모와 동거 여부에 관계없이 거주지역의 외국인 아내 비중과 사회활동

### 〈그림 7-14〉 거주지역의 외국인 아내 비중에 따른 각종 사회활동 참여빈도의 평균값

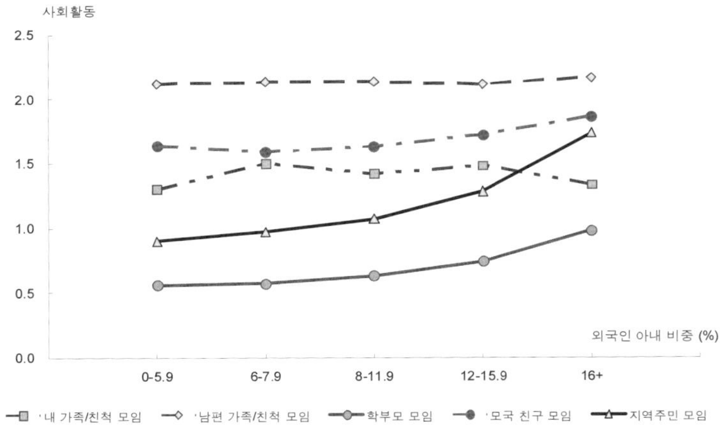


자료: 보건복지부 외 (2010); 한양대 SSK 다문화사업단 (2012).

### 〈그림 7-15〉 거주지역의 외국인 아내 비중, 대도시 거주 여부 및 시부모와 동거 여부에 따른 사회활동 점수의 평균값

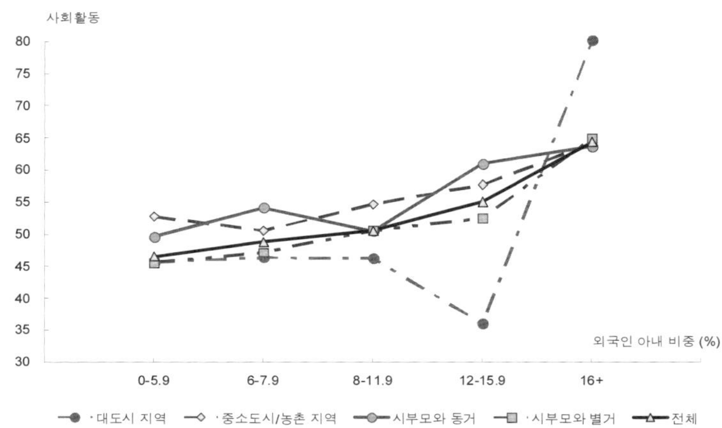


자료: 보건복지부 외 (2010); 한양대 SSK 다문화사업단 (2012).

점수가 정적 관계를 나타낸다. 대도시 지역에 거주하는 혼인이주 여성들에서 다소 이탈된 관계의 형태가 발견되는 것은 외국인 아내 비중의 변수를 시·군·구 단위로 측정한 데 부분적으로 기인하는 것으로 판단된다. 즉, 대도시에 거주하는 경우에는 현실적으로 생활영역이 구의 경계 안으로만 국한되지 않는 점을 지적할 수 있다.

그런데 〈그림 7-16〉에서 같은 민족 인구의 비중에 따른 사회활동 참여빈도를 살펴보면, 〈그림 7-14〉와 반대의 양상을 발견할 수 있다. 즉, 같은 민족 인구가 많아질수록 내 가족/친척 모임을 제외한 네 가지 모임에의 참여빈도가 낮아진다. 거주지역의 같은 민족 인구의 비중이 혼인이주 여성의 사회활동을 저해하는 방향으로 작용한다는 것은 〈그림 7-17〉에서도 일관적으로 확인된다. 거주지의 도시화 수준 및 시부모와의 동거 여부에 관계없이 사회활동 점수와 명백한 부(負)적 관계를 보인다. 이는 외국인 아내 및 같은 민족 인구의 비중 변수에 대한 조작적 정의가 그 성격을 달리 하기 때문이다. 즉, 전자는 2009년 한 해 동안 해당 시·군·구 지역으로의 혼인이주 여성의 유입 수준을 측정한 것(flow measure)이다. 이에 비해, 후자가 대변하는 지역사회의 민족구성은 2009년까지 유입된 외국인 인구에서 빠져나간 외국인 인구를 뺀 누적적인 개념(stock measure)이라고 할 수 있다.

거주지역 외국인 아내의 비중과 사회활동의 관계는 혼인이주 여성의 출신국가에 따라서 차이가 발견된다. 〈그림 7-18〉에서 보는 것처럼, 필리핀 출신 아내들의 사회활동이 가장 활발하며 조선족 아내의 사회활동 수준이 가장 낮다. 거주지역의 외국인 아내 비중과 사회활동 수준의 정적인 관련성은 필리핀인 아내에게서 두드러지고 베트남인 아내와 조선족 아내에게서는 상대적으로 약하게 나타난다. 특히 필리핀 출신 아내의 사회활동은 외국인 아내의 비중이 일정한 임계점

〈그림 7-16〉 거주지역의 같은 민족 인구의 비중에 따른 각종 사회활동 참여빈도의 평균값

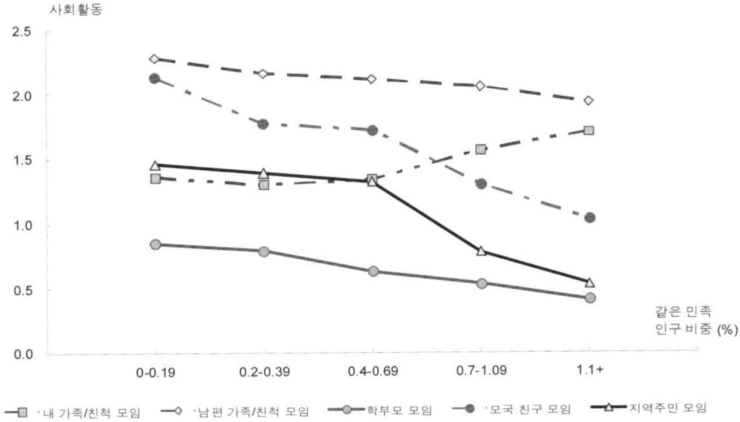


자료: 보건복지부 외(2010); 한양대 SSK 다문화사업단(2012).

〈그림 7-17〉 거주지역의 같은 민족 인구의 비중, 대도시 거주 여부 및 시부모와 동거 여부에 따른 사회활동 점수의 평균값

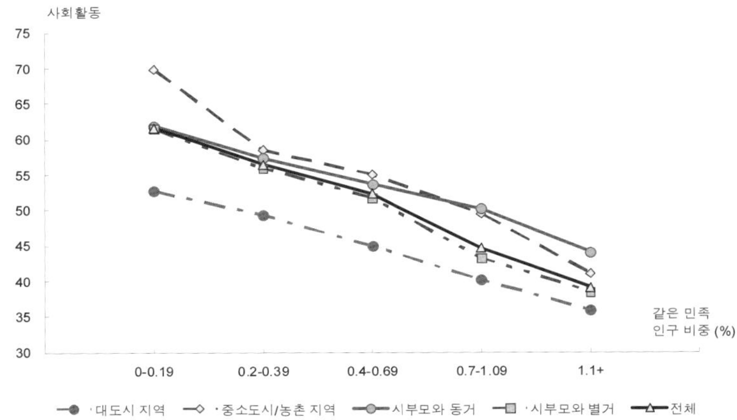


자료: 보건복지부 외(2010); 한양대 SSK 다문화사업단(2012).

〈그림 7-18〉 거주지역의 외국인 아내 비중 및 혼인이주 여성의 출신국가에 따른 사회활동 점수의 평균값

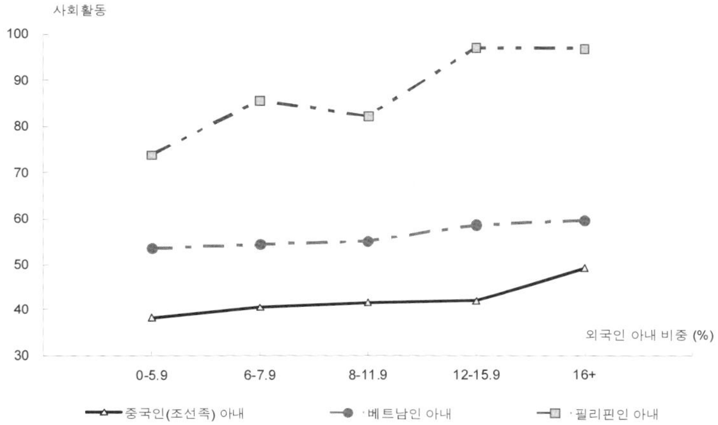


자료: 보건복지부 외 (2010); 한양대 SSK 다문화사업단 (2012).

(8~11.9%) 수준을 넘으면서부터 가파르게 상승한다. 반면, 베트남인 아내와 조선족 아내의 경우에는 이러한 임계점 효과(threshold effect)가 상대적으로 미약하게 관찰된다. 필리핀 출신의 아내들이 한국에서 거주한 기간이 짧지 않고 농촌 거주자가 많으며, 수적으로도 작지 않기 때문에 주변효과의 영향이 두드러지게 나타나는 것으로 생각된다. 또한 이들이 종교적 활동이 상대적으로 활발하고 영어 구사능력으로 인한 수요도 높다는 것을 지적할 수 있다.

그러면 네 가지 적응 유형별로 혼인이주 여성 및 배우자의 연령, 결혼연령과 한국 거주기간의 편차를 살펴보기로 한다. 〈표 7-14〉에는 연속형 주요 변수들의 평균값이 제시되어 있다. 이 표에서 혼인이주 여성들은 적응 유형에 따라 뚜렷하게 다른 특성을 나타낸다. 이들 연속변수들의 적응 유형 네 범주별 평균값에 대한 일원분산분석

〈표 7-14〉 혼인이주 여성의 적응 유형별 주요 사회인구학적 변수의 평균값

| | 적응 유형 | | | | |
|---|---|---|---|---|---|
| | 통합 (2,889) | 동화 (8,050) | 고립 (2,977) | 주변화 (2,947) | 합계 (16,863) |
| 아내의 연령 | 31.4 | 34.2 | 29.6 | 33.6 | 32.9 |
| 남편의 연령 | 42.2 | 44.2 | 42.6 | 44.6 | 43.6 |
| 아내의 결혼연령 | 26.0 | 29.2 | 25.9 | 29.3 | 28.1 |
| 남편의 결혼연령 | 36.8 | 39.2 | 38.8 | 40.3 | 38.9 |
| 한국 거주기간 (개월) | 78.2 | 77.1 | 56.5 | 66.3 | 71.8 |
| 외국인 아내의 사회활동 | 98.5 | 46.5 | 56.1 | 19.5 | 52.6 |
| 거주지역의 외국인 아내 비중(%) | 11.7 | 10.7 | 12.1 | 11.0 | 11.2 |
| 거주지역의 같은 민족 인구 비중(%) | 0.6 | 0.8 | 0.6 | 0.8 | 0.7 |

주: 적응 유형의 각 범주별 평균값에 대한 $F$ 비의 검증 결과, 모든 변수 평균값의 편차들이 통계적으로 0.01 수준에서 유의한 것으로 확인되었음.
자료: 보건복지부 외 (2010); 한양대 SSK 다문화사업단 (2012).

(one-way ANOVA)의 결과, 모든 변수들의 평균값 편차들이 통계적으로 0.01 수준에서 유의한 것으로 밝혀졌다.

우선, 고립 유형의 여성들은 평균 연령이 29.6세로 가장 낮고, 통합 유형의 31.4세와 더불어, 동화 및 주변화 유형보다 현저하게 낮다. 비록 그 편차가 상대적으로 작지만, 혼인이주 여성의 적응 유형에 따른 남편의 연령 역시 마찬가지 양상을 나타낸다. 즉, 통합과 고립 유형의 아내와 함께 사는 남편들이 동화와 주변화 유형의 경우보다 평균 연령이 낮았다. 따라서 고립 유형의 경우에는 남편과 아내의 연령 격차가 가장 크고, 다음으로 주변화, 통합 유형의 순이며, 동화 유형인 경우의 부부 연령 격차가 가장 작은 10세로 집계되었다.

〈표 7-14〉에서 부부의 결혼연령과 혼인이주 여성의 적응 유형 사이에 나타나는 관계의 양상은 부부 연령과의 관계의 양상과 정확히 일치한다. 그리고 적응 유형에 따른 부부 결혼연령의 격차를 살펴보아도 부부 연령의 격차와 마찬가지 형태로 나타난다. 즉, 고립 유형의 경우 결혼연령의 격차가 12.9세로 가장 크고, 주변화, 통합, 동화

유형의 순서로 결혼연령의 격차가 작아진다.

혼인이주 여성의 적응 유형별 평균 한국 거주기간은 고립 유형이 56.5개월로 가장 짧고, 다음으로 주변화 유형의 66.3개월이다. 그리고 거주기간이 길어질수록 동화 유형과 통합 유형이 많아지는 것으로 확인되었다. 혼인이주 직후에는 한국사회에의 참여 수준이 낮고 민족 및 문화정체성을 강하게 유지하지만, 거주기간이 길어질수록 한국사회에의 참여와 사회경제적 활동이 점차 활발해지는 것으로 해석할 수 있다.

혼인이주 여성의 사회활동 수준은 적응 유형에 따라 확연하게 구분된다. 통합 유형의 여성들은 사회활동이 월등하게 활발하다. 고립 유형의 여성들도 모국의 친인척 및 친구 관련 모임들에 참여빈도가 높아 사회활동 점수의 평균값이 동화 유형의 여성들보다 높게 나타났다. 한편, 주변화 유형의 경우에는 사회활동의 성격에 관계없이 참여 수준이 매우 낮았다.

〈표 7-14〉를 보면, 거주하는 시·군·구 지역의 외국인 아내의 비중은 혼인이주 여성의 적응 유형과 의외의 관계 양상을 나타낸다. 고립 유형의 혼인이주 여성들이 거주하는 지역사회에서 외국인 아내 비중의 평균값이 가장 높고, 이어서 통합, 주변화, 동화 유형의 순서로 낮아진다. 한편, 같은 민족 인구의 비중과 적응 유형은 반대의 관계 양상을 보인다. 비록 그 비중의 절대적인 수준은 매우 낮지만, 동화 및 주변화 유형의 혼인이주 여성들이 거주하는 시·군·구 지역일수록 혼인이주 여성과 같은 민족 인구의 비중이 상대적으로 높고, 통합 및 고립 유형의 여성들이 거주하는 시·군·구 지역에서 그 비중이 낮은 것으로 밝혀졌다.

### (4) 사회활동수준에 대한 회귀분석

이 연구에서는 혼인이주 여성의 사회활동에 영향을 미치는 요인들을 좀 더 정교하게 파악하고, 지역사회 민족구성의 주변효과를 검증하기 위하여 회귀분석이 이루어졌다. 회귀모형에는 부부의 사회인구학적 변수들과 아울러 거주하는 시·군·구 지역의 외국인 아내 비중 및 같은 민족 인구의 비중을 설명변수로 투입하였다. 혼인이주 여성의 사회활동참여에 대한 회귀분석의 결과는 〈표 7-15〉에 제시되어 있다.

혼인이주 여성의 사회활동은 거주지역의 도시화 수준에 따라 그 인과구조가 다른 것으로 밝혀졌다. 이미 앞에서 살펴본 것처럼, 사회활동 참여의 수준은 거주지역에 관계없이 필리핀 아내가 가장 높으며, 이어서 베트남인 아내와 조선족 아내의 순서이다. 부부의 교육수준과의 정적인 관계도 마찬가지로 발견된다. 단, 중소도시와 농촌에서는 남편의 교육 연수가 미치는 영향력이 통계적으로 유의하지 않았다. 한국 내 거주기간이 길어질수록 사회활동이 활발해지고, 현재 취업상태에 있는 아내들의 사회활동 수준이 낮아지는 경향도 거주지역에 관계없이 발견된다. 시부모와 동거하는 혼인이주 여성들의 사회활동 수준이 낮아지는 현상은 중소도시와 농촌에만 해당되는 것으로 밝혀졌다. 가족중심주의가 상대적으로 강한 중소도시와 농촌에서 시부모와의 동거는 혼인이주 여성의 사회활동에 대한 압력의 개연성을 높인다.

〈표 7-15〉에서 보는 것처럼, 부부의 연령과 결혼연령, 그리고 재혼 여부가 사회활동에 미치는 독립적인 영향력은 통계적인 유의성을 유지하지 못하는 것으로 나타났다. 또한 아내의 과거 취업 경험과 남

〈표 7-15〉 혼인이주 여성의 사회활동에 영향을 미치는 요인들에 대한 회귀분석

| | 혼인이주 여성의 사회활동 | | | |
|---|---|---|---|---|
| | 대도시 〔모형 1〕 | | 중소도시/농촌 〔모형 2〕 | |
| | b | beta | b | beta |
| 베트남인 아내 | 14.70** | 0.15 | 19.82** | 0.19 |
| 필리핀인 아내 | 33.46** | 0.23 | 43.08** | 0.32 |
| 아내의 연령 | -0.30 | -0.07 | 0.74 | 0.13 |
| 남편의 연령 | 0.80 | 0.15 | 0.35 | 0.05 |
| 아내의 교육 연수 | 1.26** | 0.09 | 1.59** | 0.09 |
| 남편의 교육 연수 | 0.71** | 0.04 | 0.26 | 0.01 |
| 아내의 결혼연령 | -0.34 | -0.07 | -1.25 | -0.20 |
| 남편의 결혼연령 | -0.90 | -0.18 | -0.53 | -0.08 |
| 아내의 재혼 | -0.16 | -0.00 | -1.64 | -0.01 |
| 남편의 재혼 | -1.82 | -0.02 | -2.48 | -0.02 |
| 한국 거주기간 | 0.11** | 0.14 | 0.09** | 0.09 |
| 아내 과거 취업 경험 | -1.17 | -0.01 | -2.45 | -0.02 |
| 아내 현재 취업 | -3.43* | -0.04 | -4.61** | -0.05 |
| 남편 화이트칼라 | -1.07 | -0.01 | -0.52 | -0.00 |
| 시부모와 동거 | -1.00 | -0.01 | -2.53* | -0.02 |
| 거주지역의 외국인 아내 비중 | -0.06 | -0.00 | 0.33** | 0.04 |
| 거주지역의 같은 민족 인구 비중 | -0.15 | -0.01 | -0.63 | -0.01 |
| (회귀상수) | 32.28** | | 33.17** | |
| 사례수 | 4,646 | | 7,854 | |
| $R^2$ | 0.15 | | 0.17 | |
| $F$ 비 | 47.10** | | 95.31** | |

주: 1) *: $p<0.05$; **: $p<0.01$.
2) 베트남인 아내, 필리핀인 아내, 아내의 재혼, 남편의 재혼, 아내 과거 취업 경험, 아내 현재 취업, 남편 화이트칼라, 시부모와 동거는 가변수(dummy variable)의 형태로 투입되었음.
자료: 보건복지부 외(2010); 한양대 SSK 다문화사업단(2012).

편의 직업이 화이트칼라인가의 여부도 두 모형 모두에서 중요하지 않았다. 대도시(〔모형 1〕)에서 시부모와 동거하는 여성들의 사회활동이 뚜렷한 편차를 보이지 않는 것은 대도시에서 시부모와 동거자 비중이 21.5%에 불과하고, 이들의 78.9%가 남편이 화이트칼라 직업종사자라는 사실과 관련이 있는 것으로 판단된다. 그리고 아내의 연령이 낮고 한국 거주기간이 현저하게 짧다는 공통점을 지닌다.

혼인이주 여성의 사회활동에 미치는 지역사회 민족구성의 주변효과는 대도시보다는 중소도시와 농촌에서 뚜렷한 것으로 판단된다. 〈표 7-15〉의 〔모형 2〕를 보면, 모든 설명변수들의 영향력을 통제한 이후에도, 거주하는 시·군·구 지역에서 외국인 아내의 비중이 높아질수록 혼인이주 여성의 사회활동이 활발해지는 경향이 발견된다. 이웃에 외국인 아내가 많을수록 접촉과 교류의 기회가 많아지고 사회활동의 기회가 늘어나기 때문일 것이다. 아울러 외국인 아내의 비중이 높을수록 중앙정부나 지방자치단체 및 각종 기관에서 제공하는 사회정책적 지원이 집중될 가능성이 높아 이들의 사회활동에 긍정적인 효과를 미칠 것이다.

반면, 거주하는 시·군·구 지역의 같은 민족 인구의 비중은 다른 독립변수들의 영향력을 통제하는 과정에서 통계적 유의성을 유지하지 못하는 것으로 밝혀졌다. 이는 251개 시·군·구 지역을 대상으로 조선족, 필리핀 및 베트남 출신의 인구가 차지하는 비중을 계산한 결과, 전체 인구에 대해 차지하는 비중이 아주 낮은 수준이고 그 편차 역시 미세하다는 사실에도 부분적으로 원인이 있다. 참고로, 이 자료에서 외국인 아내 비중과 같은 민족 인구의 비중은 시·군·구 지역 민족구성의 서로 다른 측면을 대변한다고 할 수 있으며, 이들간 상관계수는 -0.07 수준에 불과하다.

### (5) 적응 유형에 대한 다범주 로지스틱분석

혼인이주 여성의 적응 유형이 범주형의 변수라는 점을 감안하여, 이를 종속변수로 삼는 주변효과의 검증은 다범주 로지스틱분석을 통해 이루어졌다. 거주지역의 도시화 수준에 따라 적응 유형의 인과구조가 어떻게 달라지는가를 확인하기 위하여 대도시와 중소도시/농촌을 대상으로 하여 별도의 분석을 시도하였으며, 그 결과는 〈표 7-16〉과 〈표 7-17〉에 제시되어 있다.

우선 대도시에 거주하는 혼인이주 여성들의 적응 유형을 〈표 7-16〉에서 살펴보면, 거주지역 민족구성의 주변효과가 강하게 감지되지 않는다. 단지, 같은 민족 인구의 비중이 높아질수록 기준범주로 설정된 동화 유형에 비해 고립 유형이 상대적으로 많아지는 것으로 나타났다. 예를 들어, 같은 민족 인구 비중의 계수 0.14는, 다른 변수들의 영향력을 통제하였을 때, 동화보다 고립 유형의 승산비(odds ratio)가 exp(0.14)=1.15, 혹은 승산이 1.15배라는 것을 의미한다. 다른 설명변수들의 영향력을 통제하면, 대도시 지역에서 외국인 아내의 비중이 미치는 영향력은 통계적으로 유의하지 않았다. 이러한 분석결과와 관련하여, 중소도시나 농촌의 군 지역과는 달리, 대도시에서는 생활권역이 거주하는 구 지역으로 국한되지 않는다는 점을 지적할 수 있다.

〈표 7-16〉에서 다른 설명변수들의 영향력을 살펴보면, 베트남인 아내는 기준 범주인 동화 유형보다 통합이나 고립 유형의 승산비가 낮다. 필리핀인 아내의 경우에는 동화 유형에 대비하여 다른 세 적응 유형의 승산비가 낮다. 즉 다른 민족의 외국인 아내에 비해 동화 유형의 가능성이 상대적으로 높다. 통합 유형의 승산비는 아내의 교육

〈표 7-16〉 대도시 거주 혼인이주 여성의 적응 유형에 영향을 미치는 요인들에 대한 다범주 로지스틱분석

| | 혼인이주 여성의 적응 유형 (대도시) | | | | | |
|---|---|---|---|---|---|---|
| | 통합/동화 | | 고립/동화 | | 주변화/동화 | |
| | b | Exp(b) | b | Exp(b) | b | Exp(b) |
| 베트남인 아내 | -0.57** | 0.57 | -1.13** | 0.33 | -0.29 | 0.75 |
| 필리핀인 아내 | -0.84** | 0.43 | -1.69** | 0.18 | -0.99** | 0.37 |
| 아내의 연령 | -0.01 | 0.99 | -0.15* | 0.87 | 0.05 | 1.05 |
| 남편의 연령 | 0.01 | 1.01 | 0.14* | 1.15 | -0.03 | 0.97 |
| 아내의 교육 연수 | 0.06** | 1.06 | -0.02 | 0.98 | -0.02 | 0.99 |
| 남편의 교육 연수 | 0.01 | 1.01 | -0.03 | 0.97 | -0.06** | 0.94 |
| 아내의 결혼연령 | -0.01 | 0.99 | 0.12 | 1.13 | -0.06 | 0.95 |
| 남편의 결혼연령 | -0.03 | 0.97 | -0.15* | 0.86 | 0.03 | 1.03 |
| 아내의 재혼 | -0.07 | 0.94 | -0.05 | 0.95 | -0.11 | 0.90 |
| 남편의 재혼 | 0.21 | 1.23 | -0.06 | 0.94 | 0.15 | 1.17 |
| 한국 거주기간 | -0.00 | 1.00 | -0.01** | 1.00 | -0.00 | 1.00 |
| 아내 과거 취업 경험 | -0.46** | 0.63 | -0.61** | 0.54 | -0.20 | 0.82 |
| 아내 현재 취업 | -0.49** | 0.61 | -0.37** | 0.69 | 0.22 | 1.24 |
| 남편 화이트칼라 | -0.07 | 0.93 | 0.22* | 1.25 | 0.26* | 1.30 |
| 시부모와 동거 | 0.02 | 1.02 | 0.34** | 1.40 | 0.07 | 1.07 |
| 혼인이주 여성 사회활동 | 0.02** | 1.02 | 0.00 | 1.00 | -0.05** | 0.96 |
| 외국인 아내 비중 | -0.01 | 0.99 | -0.00 | 1.00 | 0.00 | 1.00 |
| 같은 민족 인구 비중 | 0.04 | 1.04 | 0.14** | 1.15 | 0.04 | 1.04 |
| (회귀상수) | 0.14 | | 3.23** | | 2.14** | |
| 사례수 | 4,646 | | | | | |
| *Nagelkerke* $R^2$ | 0.35 | | | | | |
| -2Log likelyhood | 9,611.44 | | | | | |
| $\chi^2$ (*d.f.*: 54) | 1,781.87** | | | | | |

주: 1) *: $p<0.05$; **: $p<0.01$.

2) 베트남인 아내, 필리핀인 아내, 아내의 재혼, 남편의 재혼, 아내 과거 취업 경험, 아내 현재 취업, 남편 화이트칼라, 시부모와 동거는 가변수(dummy variable)의 형태로 투입되었음.

자료: 보건복지부 외(2010); 한양대 SSK 다문화사업단(2012).

수준이 높고 사회활동이 활발할수록 높아지고, 아내가 취업 경험이 있거나 현재 취업상태이면 낮아진다. 고립 유형의 승산비는 아내의 연령, 남편의 결혼연령 및 한국 거주기간과 부(負)의 관계, 그리고 남편의 연령과는 정(正)의 관계를 보인다. 또한 취업 경험이 있거나 현재 취업상태인 아내는 고립 유형에 빠질 상대적 확률이 낮아지고, 남편이 화이트칼라이거나 시부모와 동거하는 아내는 그 확률이 상대적으로 높다. 마지막으로, 주변화 유형의 승산비는 남편이 화이트칼라이면 높아지고, 남편의 교육수준이 높거나 아내의 사회활동이 활발할수록 현저하게 떨어지는 경향이 발견된다.

지역사회 민족구성의 주변효과는 중소도시나 농촌에 거주하는 혼인이주 여성들에서 대도시 거주자보다 확연하게 발견된다. 〈표 7-17〉에서 보는 것처럼, 외국인 아내의 비중이 높아질수록 고립 유형의 승산비가 높아진다. 지역사회에 같은 민족 인구가 많아져도 고립 유형의 승산비가 높아진다. 그러나 동화 대비 통합 유형과 주변화 유형의 승산비는 중소도시나 농촌에서도 민족구성에 의해 통계적으로 유의한 영향을 받지 않는 것으로 밝혀졌다.

〈표 7-17〉을 살펴보면, 중소도시나 농촌에서는 대도시에서와는 달리 시부모와 동거하는 혼인이주 여성들의 통합 유형과 주변화 유형의 승산비 역시 높은 것을 알 수 있다. 아내의 사회활동이 활발할수록 통합 유형과 고립 유형의 승산비는 높아지는 반면, 주변화 유형의 승산비는 낮아진다. 아내의 취업 관련 변수들은 대도시에서와 마찬가지로 통합 유형과 고립 유형의 승산비에 부적 영향력을 행사하는 것으로 밝혀졌다. 그러나 주변화 유형의 승산비에 미치는 영향력은 통계적으로 유의하지 않았다. 화이트칼라 직업을 가진 남편의 비중이 상대적으로 낮은 중소도시나 농촌에서는 아내의 적응 유형에 미치는 영

〈표 7-17〉 중소도시 및 농촌 거주 혼인이주 여성의 적응 유형에 영향을 미치는 요인들에 대한 다범주 로지스틱분석

| | 혼인이주 여성의 적응 유형 (중소도시 및 농촌) | | | | | |
|---|---|---|---|---|---|---|
| | 통합/동화 | | 고립/동화 | | 주변화/동화 | |
| | b | Exp(b) | b | Exp(b) | b | Exp(b) |
| 베트남인 아내 | -0.51** | 0.60 | -1.21** | 0.30 | -0.55** | 0.58 |
| 필리핀인 아내 | -0.74** | 0.48 | -2.02** | 0.13 | -1.11** | 0.33 |
| 아내의 연령 | 0.04 | 1.04 | -0.03 | 0.97 | 0.03 | 1.03 |
| 남편의 연령 | -0.04 | 0.96 | 0.03 | 1.03 | 0.00 | 1.00 |
| 아내의 교육 연수 | 0.08** | 1.08 | -0.04** | 0.96 | -0.03* | 0.97 |
| 남편의 교육 연수 | 0.01 | 1.01 | -0.01 | 0.99 | -0.04** | 0.96 |
| 아내의 결혼연령 | -0.05 | 0.95 | 0.01 | 1.01 | -0.04 | 0.96 |
| 남편의 결혼연령 | 0.03 | 1.03 | -0.03 | 0.97 | -0.01 | 1.00 |
| 아내의 재혼 | 0.28 | 1.33 | 0.09 | 1.10 | 0.08 | 1.08 |
| 남편의 재혼 | -0.14 | 0.87 | -0.02 | 0.98 | -0.14 | 0.87 |
| 한국 거주기간 | -0.00 | 1.00 | -0.01** | 1.00 | -0.00** | 1.00 |
| 아내 과거 취업 경험 | -0.43** | 0.65 | -0.48** | 0.62 | -0.12 | 0.89 |
| 아내 현재 취업 | -0.35** | 0.71 | -0.30** | 0.74 | 0.07 | 1.07 |
| 남편 화이트칼라 | -0.11 | 0.90 | -0.03 | 0.97 | 0.06 | 1.06 |
| 시부모와 동거 | 0.16* | 1.18 | 0.37** | 1.45 | 0.17* | 1.19 |
| 혼인이주 여성 사회활동 | 0.02** | 1.02 | 0.00** | 1.00 | -0.04** | 0.96 |
| 외국인 아내 비중 | 0.01 | 1.01 | 0.02** | 1.02 | 0.01 | 1.01 |
| 같은 민족 인구 비중 | 0.04 | 1.04 | 0.12* | 1.13 | 0.07 | 1.07 |
| (회귀상수) | -0.87 | | 2.48** | | 2.43** | |
| 사례수 | 7,854 | | | | | |
| *Nagelkerke* $R^2$ | 0.38 | | | | | |
| -2Log likelyhood | 16,642.52 | | | | | |
| $\chi^2$ (*d.f.*: 54) | 3,401.55** | | | | | |

주: 1) *: $p<0.05$; **: $p<0.01$.

2) 베트남인 아내, 필리핀인 아내, 아내의 재혼, 남편의 재혼, 아내 과거 취업 경험, 아내 현재 취업, 남편 화이트칼라, 시부모와 동거는 가변수(dummy variable)의 형태로 투입되었음.

자료: 보건복지부 외(2010); 한양대 SSK 다문화사업단(2012).

향력이 미미하다고 확인된 것도 지적할 수 있다.

중소도시나 농촌에 거주하는 혼인이주 여성들은 한국 거주기간이 길어질수록 고립 유형과 주변화 유형의 승산비가 낮아진다. 그러나 통합 유형의 승산비는 뚜렷한 영향을 받지 않는 것으로 밝혀졌다. 아내의 교육수준이 적응 유형에 미치는 효과는 대도시보다 중소도시나 농촌에서 강하게 나타난다. 〈표 7-17〉을 살펴보면, 아내의 교육수준이 높아지면 고립 유형과 주변화 유형의 승산비가 현저하게 낮아지는 것을 확인할 수 있다. 한편, 통합 유형의 승산비는 대도시에서와 마찬가지로 아내의 교육수준과 정의 관계를 보인다. 마지막으로, 남편의 교육수준이 높을수록 대도시에서와 마찬가지로 주변화 유형의 승산비가 낮아지는 경향이 발견된다.

결국, 로지스틱분석의 결과는 지역사회 민족구성의 주변효과가 대도시보다는 중소도시나 농촌 지역에 거주하는 혼인이주 여성들에서 뚜렷하게 나타난다는 것을 시사한다. 중소도시나 농촌 지역에 외국인 아내가 많아지면 그 효과는 고립 유형의 적응 개연성을 높이는 방향으로 작용한다. 같은 민족 인구의 증가 역시 혼인이주 여성들을 한국사회에 적극적으로 참여시키기보다는 고립화시키고, 출신국가의 민족 및 문화정체성을 강화시키는 결과를 초래하는 것으로 밝혀졌다. 국가의 민족 및 문화정체성을 강화시키는 결과를 초래하는 것으로 밝혀졌다.

### 4) 주관적 건강인식에 미치는 주변효과

이 소절의 목적은 한국에 거주하는 혼인이주 여성의 주관적 건강인식을 설명할 수 있는 다양한 요인들 중에서 지역사회 민족구성의 효과를 파악하는 것이다. 그 동안 주관적 건강인식을 대상으로 하는 경험적 연구들은 개인수준의 설명변수가 미치는 영향력에 초점을 맞추었다는 한계를 지닌다. 이 연구는 지역사회의 민족구성이라는 집합적 특성에 따라 혼인이주 여성의 사회문화적 적응과 삶의 만족도가 편차를 나타내며, 이에 따라 주관적 건강인식에도 영향을 미칠 것이라는 가설의 검증을 시도하였다. 한국사회의 외국인 인구와 혼인이주 여성은 특정 지역사회에 밀집하여 거주하거나 민족집단에 따라 주거 분포의 편차를 나타내며 (박세훈 외, 2009), 따라서 지역사회를 기반으로 하는 주변효과를 검증할 수 있는 좋은 분석대상이 된다고 판단하였다. 분석을 위하여 『2009년 전국다문화가족 실태조사』의 원자료를 사용하였다. 아울러 251개 시・군・구 지역별로 외국인 아내, 외국인 인구 및 같은 민족 인구가 차지하는 비중을 계산하여 분석에 활용하였다.

### (1) 분석틀과 연구가설

일반적으로 소수민족 이민자는 현지 사회의 구성원들과 원만한 관계를 유지하고, 주류 문화에 적응하거나 수용하도록 기대된다. 한국으로의 혼인이주 여성들도 자신의 고유한 문화와 정체성을 유지하는 상태에서 정착한 지역사회의 구성원들과 교류하고 한국문화를 수용하도록 기대된다. 그런데 지역사회에 외국인, 특히 같은 민족의 인구가 얼마나 거주하는가에 따라서 이들과 혼인이주 여성의 접촉 수준, 사회적 모방, 집합적 사회화 (collective socialization), 사회적 상호작용과 문화수용이 영향을 받기 마련이다. 행위자간에 형성되는 신뢰, 믿음, 규율, 관계의 연결방식과 내용도 영향을 받을 것이다 (김두섭, 2014b). 이는 개인의 행위나 태도 및 문화수용이 지역사회의 민족구성에 의해서 영향을 받게 된다는 것을 시사하며, 이러한 주변효과는 혼인이주 여성의 건강인식의 경우에도 예외가 될 수 없다.

지역사회 민족구성에 따른 환경적 특성과 공간적 측면 역시 혼인이주 여성의 일상생활과 건강 관련 행위 및 인식에 영향을 미칠 것으로 가정할 수 있다. 아울러 민족구성에 따라 지역사회의 제도적 여건이나 규범, 자원 환경, 문화가 혼인이주 여성에 대한 차별이나 배타적 태도를 유발할 수 있다 (Galster, 2010). 이러한 상황은 혼인이주 여성이 각종 정보, 자원, 권력에 접근하는 데 영향을 미쳐 유용한 기회를 제공하거나 반대로 제약요인으로 작용하는 주변효과를 초래할 수도 있을 것이다. 결국, 혼인이주 여성의 건강인식은 개인과 가족의 사회경제적 특성뿐만 아니라 거주지역 민족구성에 따른 지역사회 구성원들과의 상호작용, 환경 및 지리적 특성, 그리고 제도적 여건에 따라서 현저하게 달라질 수 있다.

기존 문헌들을 살펴보면, 소수민족 이민자의 건강 관련 행위나 인식을 대부분 문화수용의 관점에서 설명하고 있다. 많은 경험적 연구들이 이민 후 현지사회의 문화를 수용하는 이민자일수록 보다 나은 건강 조건과 우호적인 인식을 지니는 것으로 보고하고 있다. 문화수용의 정도를 나타내는 지표로는 현지 사회의 언어 능력, 이민자의 연령과 거주기간 등이 주로 사용되었다 (Solis et al. 1990; Lee et al., 2000; Shen and Takeuchi, 2001; Abraido-Lanza et al., 2005; Leao et al., 2009; Lee et al., 2013; Lee and Kim, 2014).

최근 이선민과 김두섭 (Lee and Kim, 2014)은 이 연구와 같은 자료를 분석하여 혼인이주 여성의 한국어 구사능력이 높아질수록 건강상태를 좋게 인식하는 것을 밝혔다. 이러한 경향은 외국인 여성의 한국어 구사능력이 건강에 관련되는 정보에 대한 접근성을 높이기 때문으로 판단된다. 또한, 혼인이주 여성의 한국 이주연령이 높고 한국 거주기간이 짧아질수록 건강상태를 좋게 인식하는 경향이 발견되었다. 아울러, 교육 및 소득수준과 차별 경험이 한국어 구사능력과 상호작용하여 주관적 건강인식에 의미 있는 영향력을 미치는 것으로 확인되었다. 즉, 교육 및 소득수준이 높고 차별 경험을 지닌 외국인 여성들일수록 한국어 구사능력에 따른 자기보고식 건강상태의 편차가 크게 나타나는 것으로 나타났다.

여기에서는 이러한 연구결과들의 토대 위에 주변효과의 설명관점을 접목한다. 즉, 거주하는 지역사회의 인종구성에 따라 혼인이주 여성의 문화수용 수준이 달라지고, 이에 따라 건강인식에도 영향을 미친다고 가정한다. 보다 구체적으로, 혼인이주 여성이 거주하는 지역의 외국인 아내 비중, 외국인 인구의 비중 및 같은 민족 인구의 비중이 미치는 영향력을 검증하고자 시도한다. 그리고 거주지역의 인구구성이 결과적으로 혼인이주 여성의 사회활동 환경과 문화적, 심리적 적응 및 태도의 형성에 영향을 미친다고 가정한다. 이 연구는 주변효과에 관한 기존 연구들이 개인 간의 상호작용과 사회적 연결망에 초점을 맞춘 것과는 달리, 시·군·구 수준의 집합변수를 창출하여 설명변수로 활용함으로서 구조적, 환경적 효과에 초점을 맞추었다고 할 수 있다.

〈그림 7-19〉는 혼인이주 여성의 건강인식을 설명하기 위하여 도입한 주요 개념들과 그 인과구조를 보여준다. 혼인이주 여성의 사회문화적 활동과 적응, 그리고 심리적 만족 및 건강인식 수준을 설명함에 있어서 개인의 사회인구학적 특성의 중요성은 부인할 수 없다. 그러나 동일한 사회인구학적 특성을 지닌 개인의 경우에도 거주지역의 민족구성에 따라 주관적 건강인식의 수준은 달리 나타날 수 있다. 예

〈그림 7-19〉 혼인이주 여성의 주관적 건강인식의 설명틀

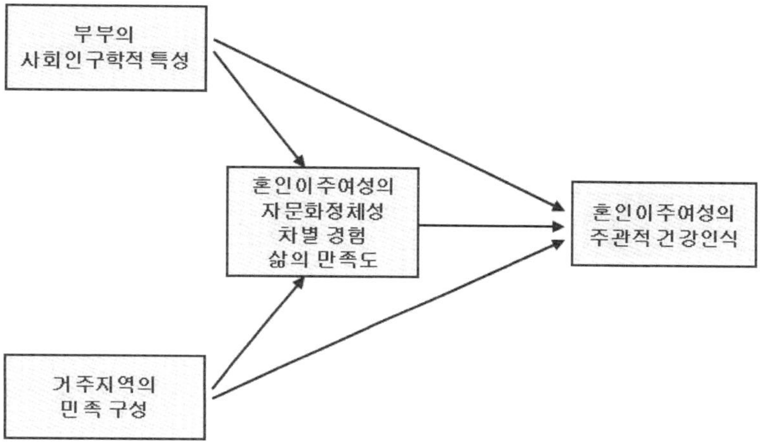


를 들어, 지역사회에 외국인 인구 혹은 외국인 아내가 많은 경우에는 소수이주민으로서의 불리한 여건을 극복하는 데 도움이 될 수 있다. 외국인끼리 필요한 정보나 경험을 교환하고 정서적으로 의지함으로써 사회문화적 적응이 보다 수월해지고 삶에 대한 만족 수준이 높아지며, 이에 따라 자신의 건강에 대해 긍정적으로 인식할 개연성이 높아진다.

그러나 같은 민족의 인구나 친구집단이 커지면, 혼인이주 여성이 한국사회에 활발하게 참여하고 적응하기보다는 자신의 민족 및 문화정체성을 강하게 유지함으로써 사회적으로 고립되거나 차별을 빈번하게 경험할 가능성을 배제할 수 없다. 그리고 이러한 상황은 삶에 대한 만족 수준이나 건강인식에 부정적으로 작용하는 결과를 초래할 수 있다. 이에 따라 이 연구에서는 거주지역의 민족구성을 주관적 건강인식을 설명하는 외생적 결정요소(exogenous determinant)로 도입하

였다. 〈그림 7-19〉에서 보는 것처럼, 혼인이주 여성의 자문화정체성, 차별 경험과 삶의 만족도는 이 인과구조에서 주관적 건강인식을 설명하기 위한 중간변수로 취급된다. 이 연구의 검증을 위해 도출된 두 가지 가설은 다음과 같다.

1) 거주지역의 외국인 및 외국인 아내의 비중이 높을수록 혼인이주 여성의 사회문화적 적응이 보다 수월해지고 삶에 대한 만족 수준을 높이는 환경을 조성할 것이다. 그리고 혼인이주 여성의 주관적 건강인식에도 긍정적 영향을 미칠 것이다.
2) 거주하는 지역에 같은 민족의 인구가 많을수록 이들과의 접촉과 상호작용 기회가 많아지고, 이에 따라 한국사회나 문화에 동화되기보다는 자문화정체성을 강하게 유지하고 차별을 경험하는 혼인이주 여성이 증가할 것이다. 그리고 삶에 대한 만족 수준이 낮아지고 자신의 건강에 대해 부정적으로 인식할 것이다.

이 연구에서 중간변수로 도입된 혼인이주 여성의 자문화정체성은 이분변수이다. 자문화정체성의 정도를 측정하기 위해서는 다섯 가지 모임(본인의 가족 · 친척 모임, 배우자의 가족 · 친척 모임, 모국인 친구 모임, 학부모 모임, 지역주민 모임)에의 상대적 참여 빈도, 개인이나 집안에 어려운 일이 있을 때 의논하는 사람, 여가나 취미생활을 같이하는 사람, 결혼식 · 장례식 · 생일잔치 등에 참석하는 사람에 대한 응답을 활용하였다. 자문화정체성 변수는 자신의 민족 및 문화정체성을 강하게 유지하고 있는 혼인이주 여성에게는 1의 값이 부여되었고, 반대로 자신의 고유한 문화, 전통 및 정체성을 유지하고자 하는 욕구가 약하거나 능력이 부족한 경우에는 0의 값을 부여하였다.[43] 차별 경험은 거리,

동네, 상점, 음식점, 은행, 공공기관, 집주인, 직장에서 차별 받은 경험에 대한 응답을 바탕으로 측정되었다. 이 중간변수는 0-15점의 값을 지니며, 점수가 높을수록 차별 경험이 많다는 것을 의미한다. 그리고 혼인이주 여성의 삶 만족도와 주관적 건강인식은 5점 척도로 측정되었으며, 점수가 높을수록 만족 수준이 높거나 건강에 대해 긍정적으로 인식하고 있다는 것을 의미한다.

### (2) 혼인이주 여성의 출신국가별 사회인구학적 특성

〈표 7-18〉에서 보는 것처럼, 혼인이주 여성은 출신국가에 따라 사회인구학적 특성이 현저한 차이를 나타낸다. 혼인이주 여성과 남편의 평균연령을 살펴보면, 조선족의 연령이 가장 높고 베트남 출신의 아내들이 가장 어리다. 이에 비해 전체 한국인 남편은 아내의 출신국가에 따른 연령 편차가 상대적으로 작다. 부부의 연령 차이는 베트남인 아내가 남편과의 연령 차이가 17년으로 가장 크고 조선족 아내가 상대적으로 작게 나타난다. 그런데 이 표에서 관찰되는 혼인이주 여성과 남편의 사회인구학적 특성들은 앞의 〈표 7-8〉과 〈표 7-12〉에 소개된 내용과 크게 다르지 않다. 이에 따라 여기에서는 중복되는 변수들에 대한 설명을 생략하고, 거주지역의 민족구성에 관련되는 변수들과 중간변수 및 종속변수에 관해서만 기술하기로 한다.

〈표 7-18〉에는 거주지역의 민족구성을 나타내는 세 변수들의 평

43) 이 변수의 측정은 이주 후의 적응형태를 민족·문화정체성의 강약과 사회참여의 수준에 따라 통합, 고립, 동화 및 주변화로 범주화한 바로 앞 소절의 분석작업과 같은 맥락에서 이루어졌다. 이 작업에 대한 보다 자세한 설명과 정보는 앞 소절과 149-151쪽을 참조할 것.

〈표 7-18〉 분석대상의 사회인구학적 특성

| | 혼인이주 여성의 출신국가 | | | |
|---|---|---|---|---|
| | 중국 (조선족) | 베트남 | 필리핀 | 합계 |
| | (9,351) | (5,324) | (2,188) | (16,863) |
| 아내의 연령 | 37.9 | 24.3 | 32.0 | 32.8 |
| 남편의 연령 | 45.2 | 41.3 | 42.6 | 43.6 |
| 아내의 교육 연수 | 10.9 | 8.8 | 12.4 | 10.4 |
| 남편의 교육 연수 | 11.4 | 11.4 | 11.3 | 11.4 |
| 아내의 결혼연령 | 31.8 | 22.1 | 26.7 | 28.1 |
| 남편의 결혼연령 | 39.2 | 39.0 | 37.2 | 38.9 |
| 아내의 재혼 (%) | 40.2 | 2.2 | 2.4 | 23.3 |
| 남편의 재혼 (%) | 34.1 | 17.4 | 13.4 | 26.2 |
| 한국 거주기간 (개월) | 92.3 | 35.0 | 73.5 | 71.8 |
| 아내의 과거 취업 경험 (%) | 26.3 | 11.0 | 16.4 | 20.2 |
| 아내의 현재 취업 (%) | 49.4 | 22.4 | 42.3 | 40.0 |
| 남편 화이트칼라 (%) | 22.0 | 18.6 | 23.5 | 21.1 |
| 시부모와 동거 (%) | 17.0 | 46.2 | 35.6 | 28.6 |
| 서울 거주 (%) | 20.1 | 6.1 | 7.5 | 14.1 |
| 중소도시 및 농촌 거주 (%) | 55.8 | 71.7 | 75.4 | 63.4 |
| 출생아 수 | 0.9 | 0.9 | 1.4 | 1.0 |
| 거주지역의 외국인 아내 비중 (%) | 10.1 | 12.3 | 13.1 | 11.2 |
| 거주지역의 외국인 인구 비중 (%) | 2.6 | 2.1 | 2.2 | 2.4 |
| 거주지역의 같은 민족 인구 비중 (%) | 1.1 | 0.3 | 0.2 | 0.7 |
| 혼인이주 여성의 자문화정체성 (%) | 23.2 | 44.2 | 61.3 | 34.8 |
| 혼인이주 여성의 차별 경험 | 1.5 | 0.7 | 1.6 | 1.2 |
| 혼인이주 여성의 삶 만족도 | 3.8 | 4.0 | 3.6 | 3.8 |
| 혼인이주 여성의 주관적 건강인식 | 3.5 | 3.8 | 3.7 | 3.7 |

자료: 보건복지부 외(2010); 한양대 SSK 다문화사업단(2012).

균값이 혼인이주 여성의 출신국가별로 제시되어 있다. 이 연구의 분석대상인 혼인이주 여성 16,863명이 거주하는 시·군·구 지역에서 2009년 신고된 혼인 중에서 외국인 아내가 차지하는 비중은 평균

11.2%이었다. 일반적으로 외국인 아내의 비중은 중소도시나 농촌 지역에서 높고, 대도시 지역에서는 그 비중이 상대적으로 낮다. 중소도시나 농촌에 주로 거주하는 필리핀인 아내와 베트남인 아내의 경우에는 거주지역의 외국인 아내 비중이 각각 13.1%와 12.1%이었다. 반면, 대도시의 서비스업 종사자가 상대적으로 많은 중국 조선족 아내의 경우는 거주지역의 외국인 아내 비중이 상대적으로 낮다. 참고로, 2013년 현재 전체 혼인에 대한 외국 여자의 혼인점유율이 34개 시·군·구 지역에서 15%가 넘는 것으로 집계되었다(통계청, 2014a). 또한, 〈표 7-18〉에서 보는 것처럼, 혼인이주 여성이 거주하는 지역에서 같은 민족 인구가 차지하는 비중은 조선족 아내의 경우 평균 1.1%로 집계되었고, 베트남 여성과 필리핀 여성의 경우에는 각각 0.3%와 0.2%에 불과하다.

이 분석에서 중간변수와 종속변수로 도입된 지표들도 혼인이주 여성의 출신국가에 따라 차이를 보인다. 강한 자문화정체성을 지닌 혼인이주 여성의 비중은 필리핀 출신 아내가 61.3%로 월등하게 높고, 다음이 베트남인 아내 44.2%, 조선족 아내 23.2&의 순이었다. 차별을 경험한 혼인이주 여성의 비중은 베트남인 아내들이 상대적으로 작은 것으로 확인되었는데, 이는 한국 거주기간이 비교적 짧고 농촌거주자가 많은 사실과 관련이 있는 것으로 판단된다. 삶의 만족도는 베트남인 아내들이 가장 높고, 다음으로 조선족 아내, 필리핀인 아내의 순이었으나 그 편차는 그리 크지 않았다. 마지막으로, 주관적 건강인식은 비록 큰 차이는 아니지만 베트남인 아내가 가장 높고, 다음으로 필리핀인 아내, 조선족 아내의 순으로 확인되었다.

### (3) 주관적 건강인식의 편차

혼인이주 여성의 주관적 건강인식은 부부의 사회인구학적 특성에 따라 편차를 나타낸다. 앞 절에서 언급한 것처럼, 베트남인 아내의 건강인식이 가장 긍정적이고, 다음으로 필리핀인 아내, 조선족 아내의 순으로 긍정적 건강인식이 약화된다. 조선족 아내의 건강인식이 상대적으로 좋지 않은 것은 이들의 연령, 한국 거주기간, 부부의 결혼 경험 등과 관련이 있다. 〈표 7-19〉에서 보는 것처럼, 혼인이주 여성의 연령이 높아지고 한국 거주기간이 길어질수록, 그리고 초혼이 아니고 결혼경험이 있을수록 건강인식이 좋지 않은 경향에 부분적으로 기인한다.

혼인이주 여성의 건강인식은 남편의 교육수준과 대체로 정적인 관계를 나타내나, 자신의 교육수준과의 관계는 출신국가에 따라 다른 양상을 나타내는 것으로 밝혀졌다. 즉, 베트남인 아내와 필리핀인 아내의 교육수준이 낮을수록 건강인식이 긍정적인 반면, 조선족 아내의 경우에는 두 변수 간에 정적인 관계가 관찰되었다. 베트남인 아내와 필리핀인 아내는 서울 거주자가, 그리고 조선족 아내는 반대로 서울 이외 지역 거주자의 건강인식이 긍정적인 것으로 드러났다. 베트남과 필리핀 출신의 아내는 비취업자가 취업자보다 건강인식이 우호적이나, 조선족 아내의 경우에는 취업 여부가 통계적으로 의미 있는 편차를 나타내지 않았다.

거주지역 민족구성의 효과를 검증하기 위해 이 연구에서 창출한 세 변수 중에서는 같은 민족 인구의 비중이 혼인이주 여성의 건강인식과 가장 뚜렷한 관계의 양상을 나타내는 것으로 확인되었다. 반면, 혼인이주 여성의 최근 유입상황을 주로 반영하는 외국인 아내의 비중

〈표 7-19〉 혼인이주 여성의 사회인구학적 특성과 출신국가에 따른 주관적 건강인식의 평균값

| | 혼인이주 여성의 출신국가 | | | |
|---|---|---|---|---|
| | 중국 (조선족) (9,351) | 베트남 (5,324) | 필리핀 (2,188) | 합계 (16,863) |
| 전체 | 3.55 | 3.82 | 3.70 | 3.65 |
| 아내의 연령 | | | | |
| 24세 이하 | 3.87 | 3.87 | 3.94 | 3.87 |
| 25-29세 | 3.81 | 3.76 | 3.83 | 3.79 |
| 30-34세 | 3.72 | 3.70 | 3.63 | 3.70 |
| 35-39세 | 3.57 | 3.58 | 3.63 | 3.58 |
| 40세 이상 | 3.32 | 3.61 | 3.44 | 3.34 |
| 아내의 교육수준 | | | | |
| 중학교 이하 | 3.40 | 3.84 | 3.76 | 3.63 |
| 고등학교 | 3.58 | 3.80 | 3.74 | 3.65 |
| 대학교 이상 | 3.71 | 3.69 | 3.67 | 3.69 |
| 남편의 교육수준 | | | | |
| 중학교 이하 | 3.34 | 3.73 | 3.56 | 3.49 |
| 고등학교 | 3.59 | 3.86 | 3.69 | 3.68 |
| 대학교 이상 | 3.73 | 3.81 | 3.86 | 3.78 |
| 부부의 결혼 경험 | | | | |
| 부부 모두 초혼 | 3.67 | 3.83 | 3.69 | 3.73 |
| 아내만 초혼 | 3.66 | 3.79 | 3.78 | 3.75 |
| 남편만 초혼 | 3.34 | 3.74 | 3.73 | 3.36 |
| 부부 모두 재혼 | 3.38 | 3.62 | 3.39 | 3.38 |
| 한국 거주기간 | | | | |
| 3년 미만 | 3.75 | 3.90 | 3.99 | 3.88 |
| 3-5년 | 3.53 | 3.72 | 3.70 | 3.62 |
| 6-8년 | 3.51 | 3.61 | 3.56 | 3.53 |
| 9-11년 | 3.51 | 3.88 | 3.50 | 3.52 |
| 12년 이상 | 3.51 | 3.58 | 3.47 | 3.51 |
| 아내의 취업상태 | | | | |
| 취업 | 3.57 | 3.69 | 3.59 | 3.59 |
| 비취업 | 3.53 | 3.85 | 3.76 | 3.62 |
| 거주지 | | | | |
| 서울 | 3.49 | 3.89 | 3.92 | 3.57 |
| 광역시 | 3.56 | 3.83 | 3.69 | 3.66 |
| 중소도시/농촌 | 3.56 | 3.81 | 3.67 | 3.67 |

주: 혼인이주 여성의 사회인구학적 특성과 출신국가별 평균값에 대한 $F$ 비의 검증 결과, 모든 변수들에 의한 편차들이 통계적으로 0.01 수준에서 유의한 것으로 확인되었음.

자료: 보건복지부 외 (2010).

〈그림 7-20〉 혼인이주 여성의 교육수준과 거주지역 내 같은 민족 인구의 비중에 따른 주관적 건강인식의 편차

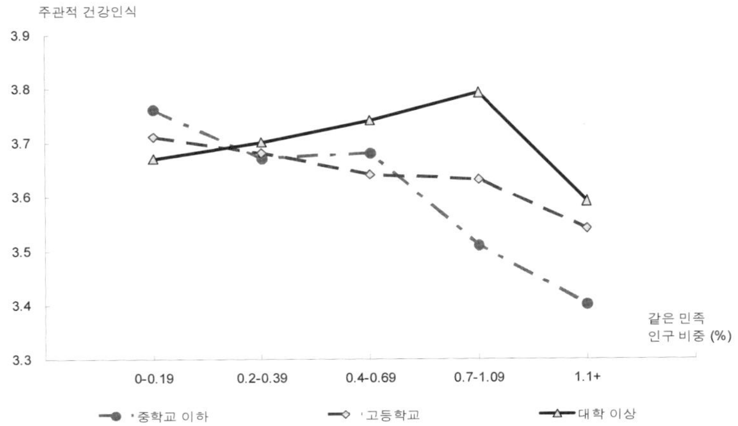


자료: 보건복지부 외 (2010); 한양대 SSK 다문화사업단 (2012).

변수는 이 연구의 중간변수 및 종속변수와의 관계가 상대적으로 미약하거나 다소 불규칙한 것으로 나타났다. 아울러 거주지역 민족구성의 효과는 중국 조선족보다는 베트남 및 필리핀 출신의 여성에게서 더욱 뚜렷하게 관찰되었다. 조선족 아내의 경우에는 언어, 신체적 외모 및 문화의 민족적 동질성으로 인하여 사회문화적 적응과 사회활동이 상대적으로 수월하며, 이에 따라 거주지역 민족구성의 주변효과가 약하게 나타나는 것으로 판단된다.

〈그림 7-20〉을 보면, 거주지역의 같은 민족 인구 비중이 높아질수록 혼인이주 여성의 긍정적 건강인식이 약화되는 경향이 관찰된다. 이러한 관계는 특히 중학교 이하 및 고등학교 교육을 받은 혼인이주 여성에게서 뚜렷하게 나타난다. 대학 교육을 받은 여성의 경우에는, 두 변수 사이에 뚜렷한 선형관계가 감지되지 않는다. 그러나 조선족

〈그림 7-21〉 남편의 교육수준과 거주지역 내 같은 민족 인구의 비중에 따른 혼인이주 여성의 주관적 건강인식의 편차

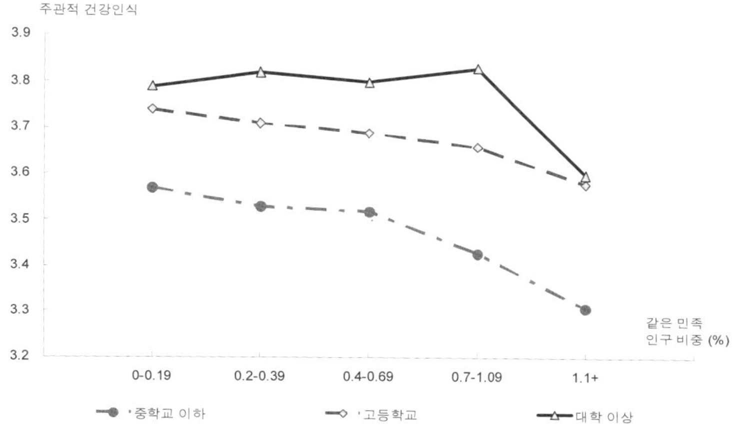


자료: 보건복지부 외 (2010); 한양대 SSK 다문화사업단 (2012).

〈그림 7-22〉 혼인이주 여성의 취업 여부와 거주지역 내 같은 민족 인구의 비중에 따른 주관적 건강인식의 편차

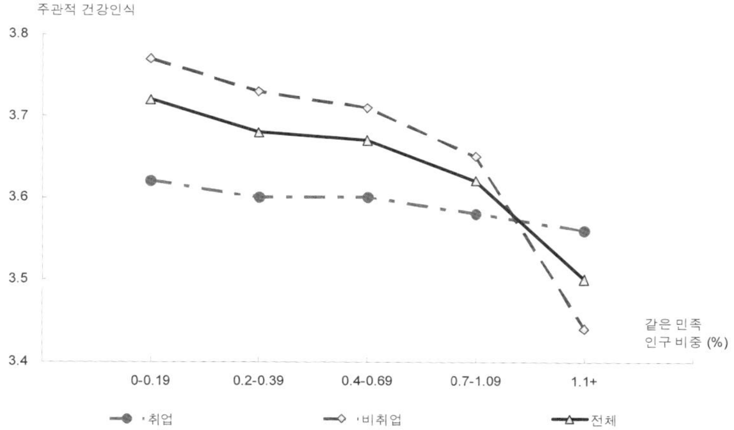


자료: 보건복지부 외 (2010); 한양대 SSK 다문화사업단 (2012).

〈그림 7-23〉 혼인이주 여성의 거주지역, 시부모와의 동거 여부 및 거주지역 내 같은 민족 인구의 비중에 따른 혼인이주 여성의 주관적 건강인식의 편차

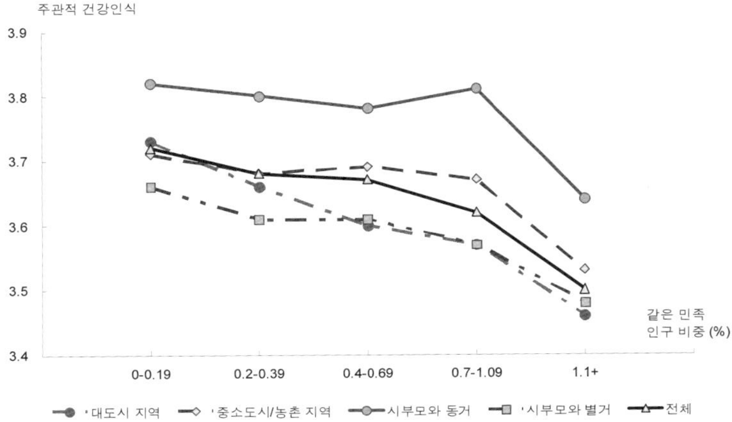


자료: 보건복지부 외(2010); 한양대 SSK 다문화사업단(2012).

과 베트남 출신의 혼인이주 여성 중에서 대학교육 이수자의 비중이 각각 15.5%와 4.6%로 비교적 낮다는 사실을 지적할 수 있다. 같은 민족 인구의 비중이 높아짐에 따라 혼인이주 여성의 건강인식이 나빠지는 관계의 양상은 〈그림 7-21〉에서 아내 대신 남편의 교육수준에 따라 살펴보아도 일관적으로 나타난다.

이 연구에서는 부부의 교육수준 이외에도 혼인이주 여성의 개인 및 가구 특성에 관련되는 다양한 변수를 도입하여 같은 민족 인구의 비중과 주관적 건강인식의 부적 상관관계가 세부집단에 따라 다양한 형태로 나타나는가의 여부를 분석하였다. 그 결과, 같은 민족 인구의 비중이 매우 낮은 수준임에도 불구하고 다양한 하위집단에서 주관적 건강인식에 일관적으로 부적 영향력을 행사한다는 것을 확인하였다. 〈그림 7-22〉를 살펴보아도, 두 변수간의 부적 관계가 혼인이주 여성

의 취업 여부에 관계없이 관찰된다. 단지, 취업하지 않은 혼인이주 여성들이 더욱 강한 부적 관계를 나타낸다는 것을 지적할 수 있다.

〈그림 7-23〉을 살펴보면, 비록 사소한 예외가 발견되기는 하지만, 대도시보다는 중소도시나 농촌지역에 거주하는 혼인이주 여성들의 건강인식이 상대적으로 긍정적임을 확인할 수 있다. 아울러 시부모와 동거하는 혼인이주 여성들의 건강인식이 별거하는 경우보다 현저하게 우호적이다. 그리고 이들 네 집단 모두에서 거주지역에 같은 민족 인구가 많아질수록 자신의 건강에 대해 부정적으로 인식하는 경향이 일관적으로 발견되어 이 연구의 두 번째 가설을 뒷받침한다.

여기에는 그림으로 제시하지 않았으나, 같은 민족 인구의 비중 대신에 전체 외국인 인구의 비중 변수를 대체하여 분석한 결과, 비록 덜 선명하기는 하지만 〈그림 7-23〉과 다소 유사한 관계의 양상이 발견되었다. 반면, 거주지역의 민족구성 변수로 외국인 아내의 비중을 사용하면, 세부집단 수준에서 혼인이주 여성의 건강인식과 뚜렷한 관계가 나타나지 않았다.

### (4) 이항로짓분석과 회귀분석

그런데 앞에서 살펴본 주요 변수들 간의 관계는 혼인이주 여성의 건강인식에 영향을 미치는 다른 설명변수들을 충분히 통제하지 않은 상태에서 확인된 결과라는 한계를 지닌다. 이 연구에서는 건강인식의 인과구조를 좀 더 정교하게 파악하고 지역사회 민족구성의 주변효과를 검증하기 위하여 이항로짓분석과 회귀분석이 이루어졌다.[44] 로짓

---

44) 이 연구에서는 일반적으로 사용되는 회귀모형을 사용할 경우, 같은 지역에 속한 사례 간 자기상관의 문제가 있을 수 있다는 점도 고려하였다. 고정효과모형은 회

〈표 7-20〉 혼인이주 여성의 강한 자문화정체성에 영향을 미치는 요인들에 대한 이항로짓분석

| | 혼인이주 여성의 강한 자문화정체성 | |
|---|---|---|
| | b | Exp (b) |
| 베트남인 아내 | 0.97 ** | 2.65 |
| 필리핀인 아내 | 1.55 ** | 4.69 |
| 아내의 연령 | -0.33 ** | 0.97 |
| 아내의 교육 연수 | 0.05 ** | 1.05 |
| 남편의 교육 연수 | 0.01 | 1.01 |
| 아내의 재혼 | -0.21 ** | 0.81 |
| 한국 거주기간 | 0.00 ** | 1.00 |
| 아내 현재 취업 | 0.15 ** | 1.16 |
| 시부모와 동거 | -0.19 ** | 0.83 |
| 중소도시/농촌 거주 | 0.04 | 1.04 |
| 거주지역의 외국인 아내 비중 | 0.02 ** | 1.02 |
| 거주지역의 외국인 인구 비중 | -0.08 ** | 0.92 |
| 거주지역의 같은 민족 인구 비중 | 0.15 ** | 1.16 |
| 혼인이주 여성의 차별 경험 | 0.08 ** | 1.08 |
| (회귀상수) | -1.28 ** | 0.28 |
| 사례수 | 15,752 | |
| Nagelkerke $R^2$ | 0.15 | |
| Log Likelihood Ratio | 18,569.51 ** | |

주: 1) *: $p<0.05$; **: $p<0.01$.
2) 베트남인 아내, 필리핀인 아내, 아내의 재혼, 아내 현재 취업, 시부모와 동거, 중소도시/농촌 거주는 가변수(dummy variable)의 형태로 투입되었음.
자료: 보건복지부 외(2010); 한양대 SSK 다문화사업단(2012).

귀계수의 표준오차를 실제보다 작게 추정하여, 통계적 유의성이 과대평가될 수 있다는 문제점이 제기될 수 있다(Raudenbush and Bryk, 2002; Guo, 2005). 그러나 자기상관의 문제가 적거나 없을 경우에는, 일반적으로 시도되는 회귀모형의 분석결과가 다층모형의 결과와 크게 다르지 않게 나타나는 경우가 대부분이다(김두섭 · 강남준, 2008). 이 논문에서는 위계적 선형모형을 활용한 분석도 동시에 이루어졌으나, 그 결과는 회귀모형의 분석결과와 동일하였다. 여기에서는 보다 단순하고 간결한 형태의 회귀분석결과만을 제시하기로 한다.

회귀모형과 회귀모형에는 부부의 사회인구학적 변수들과 아울러 거주하는 시·군·구 지역의 외국인 아내의 비중, 외국인 인구의 비중 및 같은 민족 인구의 비중을 설명변수로 투입하였다. 이 연구에서 중간변수로 도입된 바, 혼인이주 여성의 자문화정체성에 대한 회귀분석의 결과는 〈표 7-20〉에 제시되어 있다.

혼인이주 여성의 자문화정체성은 필리핀인 아내가 가장 강하며, 이어서 베트남인 아내와 조선족 아내의 순서이다. 필리핀인 아내와 베트남인 아내의 자문화정체성은 조선족 아내보다 각각 4.69배와 2.65배 강한 것으로 나타났다. 그리고 혼인이주 여성의 연령이 낮거나 재혼일수록 자문화정체성이 약해지는 것으로 밝혀졌다. 부부의 교육수준과의 정적인 관계가 발견되었으나, 남편의 교육 연수가 미치는 영향력은 통계적으로 의미 있는 편차를 나타내지 않았다. 한국 내 거주기간이 길어지고 현재 취업상태에 있는 아내들의 자문화정체성이 강해지는 경향도 밝혀졌다. 거주지역에 관계없이 시부모와 동거하는 혼인이주 여성들의 자문화정체성이 낮아지는 현상도 발견되었다.

혼인이주 여성의 자문화정체성에 미치는 지역사회 민족구성의 효과는 변수에 따라 그 영향력이 반대 방향으로 작용하는 것으로 나타났다. 〈표 7-20〉을 보면, 모든 설명변수의 영향력을 통제한 이후에도, 거주하는 시·군·구 지역에서 외국인의 비중이 높아지고 규모가 크고 다양해질수록 혼인이주 여성의 자문화정체성은 약해지는 경향이 발견된다. 이와는 대조적으로, 거주지역에 외국인 아내 및 같은 민족이나 같은 국가 출신의 인구가 많아지고 그 비중이 높아질수록 혼인이주 여성의 자문화정체성이 강해질 가능성이 높다. 그리고 혼인이주 여성이 외국인으로 받을 수 있는 차별을 경험할수록 이에 대한 반발로 자문화정체성이 강해지는 경향이 발견되었다.

〈표 7-21〉 혼인이주 여성의 차별 경험과 삶의 만족도에 영향을 미치는 요인들에 대한 회귀분석

| | 차별 경험 | | 삶의 만족도 | |
|---|---|---|---|---|
| | b | beta | b | beta |
| 베트남인 아내 | -0.50** | -0.09 | 0.12** | 0.06 |
| 필리핀인 아내 | 0.19** | 0.03 | -0.17** | -0.06 |
| 아내의 연령 | -0.01** | -0.04 | -0.01** | -0.08 |
| 아내의 교육 연수 | 0.01† | 0.02 | 0.01* | 0.02 |
| 남편의 교육 연수 | -0.03** | -0.03 | 0.02** | 0.07 |
| 아내의 재혼 | 0.21** | 0.04 | 0.07** | 0.03 |
| 한국 거주기간 | 0.00** | 0.05 | -0.00** | -0.06 |
| 아내 현재 취업 | 0.11** | 0.02 | -0.01 | -0.01 |
| 시부모와 동거 | -0.23** | -0.04 | -0.00 | -0.00 |
| 중소도시/농촌 거주 | -0.01 | -0.00 | 0.04* | 0.02 |
| 거주지역의 외국인 아내 비중 | -0.02** | -0.06 | -0.01** | -0.03 |
| 거주지역의 외국인 인구 비중 | -0.01 | -0.01 | 0.01† | 0.02 |
| 거주지역의 같은 민족 인구 비중 | 0.12** | 0.06 | -0.02* | -0.03 |
| 혼인이주 여성의 자문화정체성 | 0.44** | 0.09 | -0.12** | -0.06 |
| 혼인이주 여성의 차별 경험 | | | -0.05** | -0.14 |
| (회귀상수) | 1.80** | | 3.92** | |
| 사례수 | 15,752 | | 15,596 | |
| $R^2$ | 0.04 | | 0.07 | |
| $F$ 비 | 43.56** | | 78.79** | |

주: 1) †: $p<0.1$; *: $p<0.05$; **: $p<0.01$.
2) 베트남인 아내, 필리핀인 아내, 아내의 재혼, 아내 현재 취업, 시부모와 동거, 중소도시/농촌 거주, 혼인이주 여성의 자문화정체성은 가변수(dummy variable)의 형태로 투입되었음.
자료: 보건복지부 외(2010); 한양대 SSK 다문화사업단(2012).

이 연구에서 또 다른 중간변수로 도입된 차별 경험과 삶의 만족도는 연속척도로 측정되었으며, 이들 변수를 종속변수로 삼는 회귀분석의 결과가 〈표 7-21〉에 제시되어 있다. 분석의 일관성을 유지하기 위하여 이들 회귀모형은, 자문화정체성의 중간변수가 추가된 것을 제

외하고는, 〈표 7-20〉에 제시된 로짓회귀모형과 같은 설명변수로 구성되었다.

〈표 7-21〉에서 보는 것처럼, 차별을 당한 경험은 필리핀인 아내가 조선족 아내보다 많았고, 베트남인 아내가 가장 적었다. 한국 거주기간이 길고, 현재 취업을 하고 있거나 재혼한, 그리고 자문화정체성이 강한 혼인이주 여성들이 차별을 받을 가능성이 높은 것으로 밝혀졌다. 반면, 아내의 연령과 남편의 교육수준이 높을수록, 그리고 시부모와 동거하는 혼인이주 여성들이 차별 당할 상황에 노출될 개연성이 낮은 것으로 판단된다. 한편, 혼인이주 여성의 교육수준이 높아지면 차별을 당할 기회가 높아지거나 차별에 대한 인식수준이 강화되는 경향을 지적할 수 있다.

〈표 7-21〉에 제시된 회귀분석의 결과를 보면, 거주지역의 외국인 비중은 차별 경험에 의미 있는 편차를 나타내지 않는다. 그러나 같은 민족 인구의 비중과 규모는 다른 변수들의 영향력을 통제한 이후에도 차별 경험에 정적인 효과가 있는 것으로 드러났다. 이와는 대조적으로, 외국인 아내의 비중이 높아질수록 혼인이주 여성이 차별 당할 개연성이 낮아지거나 차별에 대한 인식수준을 약화시키는 효과가 있는 것으로 판단된다.

일반적으로 차별의 경험은 삶에 대한 만족도에 부정적 영향을 미칠 것으로 가정할 수 있으며, 이는 〈표 7-21〉에 제시된 분석결과를 통해서도 확인된다. 삶의 만족도는 차별 경험이 적은 베트남인 아내가 가장 높고, 조선족 아내와 필리핀인 아내의 순이다. 부부의 교육수준이 높거나 아내의 나이가 어리고, 한국 거주기간이 짧거나 중소도시 및 농촌에 거주할수록 삶의 만족도가 높아진다. 한 가지 지적할 것은, 특히 조선족 아내가 재혼인 경우에 만족도가 오히려 높다는 점이다. 혼인이주 여성의 차별 경험은 이 회귀모형에 포함된 설명변수들 중에서 삶의 만족도를 떨어뜨리는 부적 효과가 가장 강한 것으로 밝혀졌다. 또한 강한 자문화정체성 역시 삶의 만족도를 낮추는 방향으로 작용하는 것으로 나타났다. 이 분석에서 아내의 현재 취업 여부와 시부모와의 동거 여부는 삶의 만족도에 대한 독립적 영향력이 통계적으로 유의하지 않았다.

거주지역 민족구성의 효과는 삶의 만족도를 종속변수로 삼은 분석에서도 지표에 따라 달라지는 양상을 나타낸다. 〈표 7-21〉에서 보는 것처럼, 거주지역 외국인 비중 변수의 회귀계수가 양의 값을 가지는 것으로 확인되었으며, 삶의 만족도에 미치는 정적 영향력이 통계적으로 0.1 수준에서 유의한 것으로 확인되었다. 한편, 외국인 아내의 비중이나 같은 민족 인구의 비중이 높아질수록 혼인이주 여성의 삶 만족도가 뚜렷하게 낮아지는 경향이 확인되었다.

### (5) 주관적 건강인식의 인과구조

혼인이주 여성의 주관적 건강인식에 대한 회귀분석의 결과는 〈표 7-22〉에 제시되어 있다. 그런데 혼인이주 여성의 건강인식은 거주지역의 도시화 수준에 따라 그 인과구조가 다른 것으로 밝혀졌다. 이미 앞에서 살펴본 것처럼, 건강인식의 수준은 거주지역에 관계없이 필리핀인 아내가 가장 긍정적이며, 이어서 조선족 아내와 베트남인 아내의 순서이다. 단, 필리핀인 아내와 조선족 아내의 편차는 통계적으로 유의하지 않았다. 부부의 교육수준과의 정적인 관계도 마찬가지로 나타난다. 연령이 낮거나 초혼이며, 현재 취업상태에 있는 혼인이주 여성들의 건강인식 수준이 긍정적인 경향도 거주지역에 관계없이 발견되었다. 한국 내 거주기간이 길어질수록 건강인식이 부정적인 현상은 중소도시와 농촌에만 해당되는 것으로 밝혀졌다. 가족중심주의가 상대적으로 강한 중소도시와 농촌에서 시부모와의 동거 역시 혼인이주 여성의 건강인식에 우호적으로 작용하는 것으로 나타났다.

혼인이주 여성의 건강인식에 미치는 지역사회 민족구성의 주변효과는 중소도시나 농촌보다는 대도시에서 더욱 뚜렷한 것으로 판단된다. 〈표 7-22〉를 보면, 모든 설명변수들의 영향력을 통제한 이후에도, 대도시 지역사회에서 외국인 아내의 비중이 높아질수록 혼인이주 여성의 건강인식이 긍정적인 경향이 발견된다. 주변에 외국인이 많을수록 건강 및 의료제도에 관련되는 정보에 접하거나 의료기관에의 접근성이 높아지기 때문일 것이다. 아울러 외국인의 비중이 높을수록 중앙정부나 지방자치단체 및 각종 기관에서 제공하는 정책적 지원이 집중될 가능성이 높아 이들의 건강인식에 긍정적인 효과를 미칠 것으로 판단된다. 반면, 대도시 거주지역에 같은 민족 인구가 증가하여 이들과의 접촉과 교류의 기회가 많아지면 건강인식에 오히려 부정적인 효과를 초래할 가능성이 높아진다. 그러나 중소도시나 농촌에서는 거주지역의 민족구성을 나타내는 세 변수의 회귀계수들이 다른 독립변수들의 영향력을 통제하는 과정에서 통계적 유의성을 유지하지 못하는 것으로 밝혀졌다. 아울러, 혼인이주 여성의 최근 유입상황을 반영하는 외국인 아내의 비중은 대도시 지역에서도 종속변수인 건강인식에 대한 설명력이 약한 것으로 밝혀졌다.

마지막으로 〈표 7-22〉에 제시된 분석결과를 살펴보면, 혼인이주 여성의 강한 자문화정체성과 차별 당한 경험이 건강인식에 부정적인 효과를 지니며, 삶에 만족도가 높아질수록 자신의 건강에 대해 긍정적으로 인식하는 경향을 확인할 수 있다. 이러한 경향은 거주지역의

〈표 7-22〉 혼인이주 여성의 주관적 건강인식에 영향을 미치는 요인들에 대한 회귀분석

| | 혼인이주 여성의 주관적 건강인식 | | | |
|---|---|---|---|---|
| | 대도시 | | 중소도시/농촌 | |
| | b | beta | b | beta |
| 베트남인 아내 | -0.08† | -0.04 | -0.11** | -0.06 |
| 필리핀인 아내 | 0.04 | 0.01 | 0.05 | 0.02 |
| 아내의 연령 | -0.02** | -0.16 | -0.01** | -0.14 |
| 아내의 교육 연수 | 0.02** | 0.05 | 0.01† | 0.02 |
| 남편의 교육 연수 | 0.01* | 0.03 | 0.01** | 0.03 |
| 아내의 재혼 | -0.17** | -0.08 | -0.12** | -0.05 |
| 한국 거주기간 | -0.00 | -0.02 | -0.00** | -0.04 |
| 아내 현재 취업 | 0.13** | 0.07 | 0.06** | 0.03 |
| 시부모와 동거 | 0.01 | 0.00 | 0.06** | 0.03 |
| 거주지역의 외국인 아내 비중 | 0.00 | 0.01 | -0.00 | -0.01 |
| 거주지역의 외국인 인구 비중 | 0.02* | 0.05 | 0.01 | 0.01 |
| 거주지역의 같은 민족 인구 비중 | -0.03* | -0.05 | -0.02 | -0.01 |
| 혼인이주 여성의 자문화정체성 | -0.05* | -0.03 | -0.06** | -0.03 |
| 혼인이주 여성의 차별 경험 | -0.02** | -0.06 | -0.03** | -0.08 |
| 혼인이주 여성의 삶 만족도 | 0.34** | 0.32 | 0.30** | 0.29 |
| (회귀상수) | 2.64** | | 2.91** | |
| 사례수 | 5,751 | | 9,804 | |
| $R^2$ | 0.18 | | 0.15 | |
| *F* 비 | 84.26** | | 113.05** | |

주: 1) †: $p<0.1$; *: $p<0.05$; **: $p<0.01$.
2) 베트남인 아내, 필리핀인 아내, 아내의 재혼, 아내 현재 취업, 시부모와 동거, 혼인이주 여성의 자문화정체성은 가변수(dummy variable)의 형태로 투입되었음.
자료: 보건복지부 외(2010); 한양대 SSK 다문화사업단(2012).

도시화 수준에 관계없이 일관적으로 나타났다.

결국, 회귀분석의 결과는 지역사회 민족구성의 주변효과가 중소도시나 농촌지역보다는 대도시에 거주하는 혼인이주 여성들에서 상대적으로 뚜렷하게 나타난다는 것을 알려준다. 그리고 거주지역의 민족

구성이 혼인이주 여성의 건강인식에 미치는 긍정적 주변효과가 단순히 다민족 인구구성에 의해서 충분한 환경이 조성되는 것으로 생각되지 않는다. 외국인 인구의 비중이 높은 지역사회에 거주하는 혼인이주 여성들이 건강에 대해 긍정적으로 인식하는 경향이 발견되었으나, 이는 대도시 지역에만 해당된다. 한편, 거주지역에 같은 민족의 인구가 많아지면 그 효과는 혼인이주 여성들을 한국사회에 적극적으로 참여시키기보다는 고립화시키고, 출신국가의 민족 및 문화정체성을 강화시킨다. 그리고 이는 다시 혼인이주 여성들이 차별 당할 개연성을 높이고, 삶의 만족도와 건강인식에 부정적 효과를 초래할 가능성이 높다.

### 5) 민족구성의 지표에 따른 주변효과의 편차

이미 앞에서 언급한 것처럼, 주변효과의 경험적인 검증은 지역의 경계와 범위를 어떻게 설정하는가와 아울러 이웃이나 지역의 효과를 측정하는 변수를 어떻게 작성하는가에 따라 영향을 받는다. 이 책에 소개된 연구들은 거주지역 민족구성의 주변효과를 검증하기 위하여 『다문화 시 · 군 · 구 통계 Data Sheet』(한양대 SSK 다문화사업단, 2012; 김두섭 · 유정균, 2013)와 행정안전부(2010; 현재 행정자치부)의 주민등록 인구 자료를 활용하였다. 민족구성의 지표로는 다음의 세 가지 변수들이 창출되었으며, 이들을 『2009년 전국 다문화가족 실태조사』의 원자료에 통합시킨 후 분석작업이 이루어졌다.

거주지역의 외국인 아내 비중: 특정 연도(2009년)에 혼인을 신고한 전체 아내에 대한 외국인 아내의 비중. 이 변수는 『다문화 시 · 군 ·

구 통계 Data Sheet』 자료를 이용하여 251개 시·군·구를 대상으로 계산되었다.

거주지역의 외국인 인구 비중: 특정 연도(2009년)에 각 시·군·구 지역에서 외국인 인구가 전체 인구에 대해 차지하는 점유율. 이 변수는 행정안전부(2010; 현재 행정자치부)의 주민등록인구 자료를 활용하여 계산되었다.

거주지역의 같은 민족 인구비중: 특정 연도(2009년)에 각 시·군·구 지역에서 조사 응답자와 같은 민족의 인구가 전체 인구에 대해 차지하는 점유율. 이 변수는 행정안전부(2010; 현재 행정자치부)의 주민등록인구 자료를 바탕으로 각 시·군·구 지역에서 중국 조선족, 중국 한족, 베트남인, 필리핀인 및 몽골인이 차지하는 점유율을 각각 계산하여, 조사응답자의 민족에 따라 해당 점유율의 값을 부여하는 방식으로 작성되었다.

대부분의 시·군·구 지역에서 외국인 인구가 전체 인구에 대해 차지하는 점유율의 수준은 그리 높지 않다. 그럼에도 불구하고 그 편차가 혼인이주 여성의 태도나 행위에 의미 있는 영향력을 미치는 것으로 가정하였다. 또한 이 연구는 거주지역의 전체 외국인 규모에 추가하여 같은 출신국가 또는 같은 민족의 인구에 관한 정보가 보다 정교한 주변효과의 분석에 유용하다고 판단하였다.

지역사회의 민족구성을 나타내는 위의 세 변수들은 다음과 같은 특성을 지닌다. 우선, 2009년 혼인을 신고한 전체 아내에 대한 외국인 아내의 비중은 특정 시점에 외국인의 유입수준을 측정한 것이기 때문에 유동지표(flow measure)라고 할 수 있다. 이에 비해 다른 두 변수들은 2009년에 이르기까지 특정 지역에서 전체 외국인 또는 같은 민족 인구가 차지하는 점유율을 계산한 것이기 때문에 누적지표 (stock measure)에 해당된다. 즉, 이 두 변수가 대변하는 지역사회의 민족구성은 2009년까지 유입된 외국인(또는 같은 민족) 인구에서 빠져나간 외국인(또는 같은 민족) 인구를 뺀 누적적인 개념이라고 할 수 있다.

일반적으로, 유동지표는 해당 변수가 미치는 영향력의 단기 효과, 특히 긍정적 효과를 포착하는데 민감하고, 누적지표는 상대적으로 장기 효과 및 부정적인 사회구조적 효과를 강조하는 분석에서 광범하게 사용된다. 예를 들어, 지난 1980년대 및 1990년대 중반까지 활성화되었던 종속이론의 시각과 구조기능주의적 근대화이론의 충돌을 들 수 있다. 종속이론가들은 주변부 국가가 중심부 국가에 경제적으로 종속되는 상황을 누적지표(stock measure)의 변수들로 측정하여, 이러한 변수들이 주변부 국가의 발전에 부정적 효과를 미친다고 주장하였다(Chase-Dunn, 1975; Bornschier et al., 1978). 이와 대조적으로, 근대화이론가들은 선진국과 후진국 간의 경제적 관계를 주로 유동지표(flow measure)의 변수로 측정하여 분석하였으며, 그 결과 후진국의 경제발전에 미치는 영향력이 긍정적이라고 주장하기도 하였다(Kaufman et al., 1975; Delacroix, 1977; Stumpp et al., 1978).

이미 앞 절에 소개된 연구들에서, 거주지역의 민족구성이 혼인이주여성의 출산력과 사회활동에 미치는 주변효과는 사용하는 민족구성의 변수에 따라 달라지는 양상이 발견되었다. 즉, 유동지표로 측정된 외국인 아내의 비중이 높아질수록 출산수준이 높아지고 출산간격이 짧아지는 경향이 나타났다. 이와는 대조적으로, 누적지표로 측정된 같은 민족 인구의 비중은 출산수준을 억제하고 출산간격을 늘리는 효과가 있는 것으로 밝혀졌다.[45]

민족구성의 지표에 따라 포착되는 주변효과가 달라지는 양상은 혼인이주 여성의 사회활동 분석에서도 발견되었다. 거주지역의 외국인 아내 비중은, 비록 혼인이주 여성의 출신국가에 따라 편차가 있기는 하지만, 사회활동 수준과 정적인 관련성을 지니는 것으로 확인되었다. 반면, 거주하는 시·군·구 지역의 같은 민족 인구의 비중은 외국인 아내 비중과 반대 방향의 영향력이 발견되었다. 그러나 다른 독립변수들의 영향력을 통제하는 과정에서 그 영향력이 통계적 유의성을 유지하지는 못하였다. 이는 251개 시·군·구 지역에서 분석대상인 중국 조선족과 한족, 필리핀, 베트남 및 몽골 출신의 인구가 전체 인구에 대해 차지하는 비중이 아주 낮은 수준이고 그 편차 역시 미세하다는 사실에도 부분적으로 기인하는 것으로 판단된다. 한편, 거주지역의 전체 인구에 대해 외국인이 차지하는 비중은 다른 두 지표에 비해 출산력이나 사회활동과의 연관성이 상대적으로 미약한 것으로 나타났다.

이처럼 분석에 사용되는 지표에 따라 포착되는 주변효과가 달라지는 양상은 혼인이주 여성의 건강인식의 분석에서도 마찬가지로 드러났다. 즉, 거주지역의 외국인 인구 비중은, 혼인이주 여성의 자문화정체성을 약화시키고 삶의 만족도를 높이며, 주관적 건강인식을 호전시키는 효과가 있는 것으로 나타났다. 이와는 대조적으로, 거주지역에 같은 민족의 인구가 많을수록 혼인이주 여성의 자문화정체성이 강해지고, 차별 당한 경험이 많아지며, 삶의 만족도가 떨어지는 것으로 나타났다. 그리고 이러한 상황은 혼인이주 여성의 주관적 건강인식을 낮추는 효과가 있는 것으로 확인되었다. 한편, 혼인이주 여성의 최근 유입상황을 반영하는 외국인 아내의 비중 변수는 건강인식에 미치는

45) 이 연구(Kim and Song, 2013)의 자세한 분석결과는 이 책에 수록되지 않았다.

영향력이 상대적으로 약한 것으로 밝혀졌다.

거주 지역에 외국인 아내의 비중이 높아지는 것과 같은 민족의 인구가 많아지는 상황의 영향력이 혼인이주 여성의 출산력, 사회활동과 건강인식에 각기 다른 방향으로 작용한다는 이 연구의 분석결과는 중요한 정책적 함의를 지닌다. 한국의 혼인이주 여성은 출신국가나 민족에 따라 사회인구학적, 경제적, 문화적 특성이 현저한 차이를 보인다. 그리고 지역에 따라 민족별 인구구성의 뚜렷한 편차가 관찰된다. 따라서 지역사회에 외국인 아내 및 외국인 인구의 규모나 비중이 커질수록 집중되기 마련인 중앙정부나 지방자치단체의 정책과 행동 프로그램이 보다 효율적으로 운영되기 위해서는 민족구성 자료를 분석하여 각 지역사회별로 맞춤형 프로그램을 구축할 필요성이 제기된다.

## 3. 다문화가족 청소년의 자살[46)]

국제결혼 가정에서 태어나는 자녀와 다문화가족[47)] 청소년의 규모가 급속하게 증가하는 추세에도 불구하고 이들의 일탈행위나 자살을 탐구의 대상으로 하는 연구는 별로 이루어지지 못한 실정이다(박형수

46) 이 절의 논의는 김현식·김두섭(2014)과 김두섭(2014b)을 재구성하여 이루어졌다. 앞 논문의 설명틀과 분석작업에 대한 기본 구상은 김현식에 의하여 이루어졌음을 밝혀둔다.

47) 일반적으로 다문화가족은 대한민국 국적자와 외국 국적자 간의 국제결혼으로 이루어진 가족을 지칭한다. 그러나 보다 넓은 의미에서는, 국제결혼 이주자를 포함하여 외국인 노동자, 유학생, 북한 이탈주민, 외국인 거주자, 그리고 외국인과의 사이에서 태어난 자녀로 로 정의할 수 있다. 여기에서는 이러한 넓은 의미에서 다문화가족이라는 표현을 사용하기로 한다.

외, 2013; 김현식·김두섭, 2014). 이 절에서는 청소년 일탈행위의 가장 극단적인 형태라고 할 수 있는 자살을 논의의 대상으로 삼는다. 최근 청소년의 자살이 급격하게 증가하는 추세를 보이고 있으며, 10대와 20대 연령집단에서 사망원인의 가장 큰 부분을 차지하고 있다(통계청, 2014a, 2013a, 2014c). 특히, 다문화가족 청소년의 자살행위는 이들이 지닌 언어와 외모에서의 차이와 아울러 사회적으로 불리한 여건과 적응수준을 반영하는 것으로 가정할 수 있다. 여기에서는 부모의 한국 출생 여부에 따라 가족 유형을 분류하고, 다문화가족 청소년들이 사회경제적 및 인구학적 변수들의 영향력을 통제한 후에도 자살행위에 의미 있는 편차를 나타내는가를 검증하는 데 분석의 초점이 맞추어진다. 이 분석을 통해 얻게 되는 청소년 자살행위의 인과기제에 대한 통찰력과 경험적 자료는 적절한 다문화정책을 입안하는 데도 기여할 수 있을 것으로 판단된다.

### 1) 자료, 분석대상 및 주요 변수

이 연구를 위해 제7차(2011년), 8차(2012년) 및 9차(2013년) 『청소년건강행태온라인조사』의 원자료를 활용하였다. 이 조사는 중학교 1학년부터 고등학교 3학년까지의 전국 학생을 모집단으로 하여 건강상태와 관련 행위에 관한 다양한 정보를 수집하고 있으며, 조사 문항에 자살에 관한 생각과 경험, 그리고 자살 시도의 수준에 관한 질문들이 포함되어 있다. 조사는 층화집락추출법(stratified cluster sampling)으로 학교와 학급을 추출하고, 추출된 학급의 학생 전원에게 컴퓨터를 배정하여 익명성 자기기입식 온라인조사의 형태로 이루어졌다. 이 조사는 표본의 규모가 매우 크기 때문에 일반 조사에서는 포착하기 어려운 다문화가족 청소년의 자살에 관해서도 분석이 가능하다. 이 조사의 응답자 수는 2011년 75,643명, 2012년 74,186명, 그리고 2013년 72,435명이었으며, 모집단의 대표성을 담보하기 위하여 가중치(weight)가 제공되었다. 가중치를 적용한 후 분석에 사용된 청소년은 205,884명이다.

이 연구에서는 자살과 관련하여 자살에 대한 생각(suicidal thought)뿐만 아니라 자살시도(suicide attempt)와 자살강도(lethality of suicide attempt)에 이르는 일련의 과장을 포함하는 세 변수를 작성하여 종속변수로 삼았다. 자살생각 변수는 “최근 12개월 동안, 심각하게 자살을 생각한 적이 있었습니까?”에 대한 응답이 “있다”면 1의 값을, “없다”이면 0의 값을 부여하였다. 자살시도 변수는 “최근 12개월 동안 자살을 시도한 적이 있었습니까?”라는 질문에 대한 응답이 “있다”면 1의 값을, “없다”이면 0의 값을 주었다. 자살강도 변수는 자살을 “최근 12개월 동안, 자살을 시도하여 병원에서 치료를 받은 적이 있었습니까?”라는 질문을 활용하여, 병원치료 경험이 있으면 1의 값을, 그리고 병원치료 경험이 없으면 0의 값을 부여하였다.

이 연구에서는 가족 유형을 부모의 출생국가에 따라 분류하였다. 부모가 모두 한국에서 태어났으면 준거범주(일반 청소년)로 활용하였고, 아버지가 한국 출생이고 어머니가 외국 출생인 경우(모외국 청소년), 아버지가 외국 출생이고 어머니가 한국 출생인 경우(부외국 청소년), 그리고 부모 모두 외국 출생인 경우(부모외국 청소년)로 범주화하여 네 개의 가변수를 만들어 분석에 활용하였다.[48] 이 분류에 따른

48) 이러한 조작적 정의의 경우, 외국에서 출생한 한국인의 가족이 다문화가족으로 분류되는 오류가 있을 수 있다. 그러나 이 조사자료에서 가용한 다른 정보가 없기 때문에 이러한 분류방법에 따라 가족 유형을 범주화하였다. 이 연구에서는 북한도

〈표 7-23〉 다문화청소년 유형별 부모 출생국가의 분포

| 변수와 범주 | 모외국 청소년 | 부외국 청소년 | 부모외국 청소년 | |
|---|---|---|---|---|
| | 어머니 출생국가 | 아버지 출생국가 | 어머니 출생국가 | 아버지 출생국가 |
| 중국(조선족) | 30.1 | 6.7 | 15,0 | 16.4 |
| 중국(한족, 기타 민족) | 13.5 | 8.0 | 8.0 | 4.8 |
| 북한 | 0.9 | 5.5 | 19.3 | 20.6 |
| 일본 | 36.6 | 36.0 | 7.3 | 8.0 |
| 기타 아시아 국가 | 15.7 | 15.1 | 37.8 | 39.2 |
| 아시아 이외 국가 | 3.2 | 28.6 | 12.6 | 11.0 |
| 전체 | 100.0 | 100.0 | 100.0 | 100.0 |

자료: 김현식 · 김두섭 (2014).

다문화청소년의 유형별 부모 출생국가의 분포는 〈표 7-23〉에 제시되어 있다. 이 표를 보면, 모외국 청소년의 어머니는 66.7%가 일본과 중국 조선족 출신이며, 아시아 이외 국가의 출생자는 3.2%에 불과하다. 반면, 부외국 청소년의 아버지는 36.0%가 일본 출신이며, 아시아 이외 지역의 출생자가 28.6%에 달한다. 이들의 상당 부분이 미국 출신일 것으로 짐작된다. 또한, 부모외국 청소년의 부모 출생국가를 보면 기타 아시아 국가가 가장 많으며, 북한 출생자가 그 뒤를 잇고 있다. 부모외국 청소년들의 상당 부분이 외국인 노동자의 자녀들이거나 북한 이탈주민의 자녀들로 짐작된다.

이 연구에서는 자살의 인과구조를 파악하기 위해 부모의 교육수준, 청소년의 성별, 청소년의 학교 학년, 거주지, 응답연도와 아울러 다섯 개의 가족구조 변수, 즉 아버지 별거 여부, 어머니 별거 여부, 조부모 생존 여부, 손위 및 손아래 형제 존재 여부에 따라 가변수를 만들어

외국으로 간주하였다. 그리고 이 조사자료에서는 청소년 자신의 출생국가가 한국인지 외국인지에 관한 정보가 가용하지 않다.

분석에 활용하였다. 또한, 가정의 사회경제적 지위, 청소년의 학업성적, 그리고 주관적으로 인식하는 건강상태에 0에서 4의 값을 부여하여 연속변수로 취급하였다. 이 세 변수는 그 값이 높아질수록 사회경제적 지위가 높고, 학업성적과 건강상태가 좋다는 것을 의미한다.

### 2) 다문화가족 유형과 청소년의 자살

자살 관련 세 변수들의 구성분포는 청소년 유형에 따라서 의미 있는 편차가 발견된다. 〈표 7-24〉에서 보는 것처럼, 전체 청소년의 약 18.1%가 지난 12개월 동안 자살을 생각해본 경험이 있다고 응답하였다. 부모가 모두 외국출생자인 경우에는 그 구성률이 39.9%에 달했으며, 아버지가 외국출생자인 청소년의 경우에도 25.6%였다. 어머니만 외국출생자인 청소년의 구성률은 18.5%로 일반청소년과의 편차가 그리 크지 않았다.

한국사회의 청소년 자살이 매우 심각한 사회문제라는 것은 자살을 생각해 본 청소년의 21.1%가 자살을 시도한 경험이 있다는 점으로 자명해진다. 다문화가족의 청소년들은 자살을 시도할 가능성이 일반청소년보다 현저하게 높을 뿐만 아니라, 자살을 시도했을 경우 그 강도가 3-6배에 달하는 것으로 드러났다.

여기에는 표로 제시하지 않았으나 다문화청소년의 가족구조에 관한 특성들을 살펴보면 몇 가지 특성이 발견된다. 즉, 아버지와 별거하는 가정의 비중이 높으며, 부모가 모두 외국 출생인 청소년은 어머니와 별거를 하고 있는 구성률도 높다. 조부모나 손위 형제가 있는 다문화가족 청소년들의 비중도 상대적으로 낮다. 단지, 어머니가 외국 출생자인 청소년은 일반 청소년과 유사한 분포를 보인다. 또한,

〈표 7-24〉 청소년 유형별 자살 관련 변수의 구성분포

| 변수와 범주 | 일반 청소년 (%) | 모외국 청소년 (%) | 부외국 청소년 (%) | 부모외국 청소년 (%) | 전체 (%) |
|---|---|---|---|---|---|
| 자살생각 | | | | | |
| 없음 | 81.9 | 81.5 | 74.4 | 60.1 | 81.9 |
| 있음 | 18.1 | 18.5 | 25.6 | 39.9 | 18.1 |
| 자살시도 | | | | | |
| 없음 | 78.9 | 73.2 | 62.6 | 50.7 | 78.8 |
| 있음 | 21.1 | 26.8 | 37.4 | 49.3 | 21.2 |
| 자살강도 | | | | | |
| 없음 | 88.5 | 67.0 | 65.8 | 33.0 | 87.9 |
| 있음 | 11.5 | 33.0 | 34.2 | 67.0 | 12.1 |

주: 네 집단 간 동일 구성률에 대한 영가설 검정 결과 모두 통계적으로 0.01 수준에서 유의미한 것으로 판명되었음.
자료: 김현식 · 김두섭 (2014).

사회경제적 지위, 학업성적과 주관적 건강인식에 관한 통계값들을 살펴보면, 다문화가족의 청소년들이 일반 청소년에 비해 상대적으로 열악한 지위와 입장에 있는 것으로 나타난다.

김현식과 김두섭(2014)은 청소년이 처한 가족, 학교, 또래집단의 환경과 이에 따른 통합과 규제의 정도가 다문화가족 유형에 따라 다르다고 가정하였다. 그리고 자살생각, 자살시도 및 자살강도를 종속변수로 하는 이항로짓모형을 구축하여, 혼동변수[49]를 통제한 후에도 다문화가족 유형에 따라 자살행위의 편차가 존재하는가를 검증하고자 시도하였다. 그런데 횡단적 자료(cross-sectional data)를 활용하는

49) 혼동변수는 인과모형의 원인변수와 결과변수 모두에 영향을 미치는 변수를 지칭한다. 인과모형에서 혼동변수가 적절히 통제되지 않으면 원인변수가 결과변수에 미치는 영향력의 추정값이 편의될 가능성이 높아진다(Pearl, 2000; Rosenbaum, 2002).

인과모형의 분석에서는 현실적으로 유동변수가 관찰되거나 가용하지 않는 경우가 많다. 이러한 상황에서 매개변수의 역할을 하는 유사변수(proxy variable)를 통제하면, 다문화가족 유형의 효과는 원래 의도했던 한계효과(marginal effect)가 아니라 특정 변수값의 제약을 받는 조건부효과(conditional effect)를 포착하게 된다.[50)]

김현식과 김두섭(2014)은 이러한 방법론적 인식을 바탕으로 통제변수를 달리하여 다문화가족 유형의 한계효과와 조건부효과를 추정하였다. 〈표 7-25〉와 〈표 7-26〉에서 보는 것처럼, 한계효과 모형에서 통제된 변수는 아버지와 어머니의 교육수준, 청소년 성별, 응답년도, 학년, 거주지 도시규모이다. 이러한 통제변수는 원인변수와 결과변수에 영향을 주는 혼동변수의 관점에서 이해 가능한 변수들—아버지 교육, 어머니 교육, 거주지 도시 규모—과 원인변수에는 영향을 주거나 받지 않지만, 그래서 혼동변수는 아니지만, 각 변수의 값에 따라 원인변수의 효과가 달리 나타날 수 있는 변수들—성별, 응답년도, 학년—로 구성되어 있다. 조건부효과를 추정하는 모형에서는 이에 더하여 가족형태에 관한 변수들과 사회경제적 지위, 학업성적, 주관적 건강인식 변수를 고려하였다.

그런데 횡단적 자료의 한계를 감안하여 통제변수를 달리하는 한계효과 모형과 조건부효과 모형을 추정한 결과는 유사하였다. 우선 〈표 7-25〉를 살펴보면, 어머니가 외국출생인 청소년은 자살생각이나 자살시도에 있어서 일반 청소년과 유의미한 차이를 보이지 않는다. 그러나 아버지가 외국에서 출생하였거나 부모 모두 외국출생자인 청소년들은 모든 자살 관련 행위에서 현저하게 높은 위험에 노출되어 있

50) 이 연구모형의 추정 방법론에 관한 보다 자세한 논의는 김현식 · 김두섭(2014)에 이루어져 있다.

〈표 7-25〉 이항로짓분석을 통한 한계효과의 추정결과

| | 자살생각 | | 자살시도 | | 자살강도 | |
|---|---|---|---|---|---|---|
| | b | SE | b | SE | b | SE |
| 다문화가족 (vs. 일반 청소년) | | | | | | |
| 모외국 | -0.008 | 0.083 | 0.163 | 0.174 | 1.297** | 0.310 |
| 부외국 | 0.435* | 0.201 | 0.779* | 0.339 | 1.425* | 0.558 |
| 부모외국 | 1.107** | 0.157 | 1.305** | 0.229 | 2.496** | 0.340 |
| 아버지 교육 (vs. 중졸 이하) | | | | | | |
| 고등학교 | -0.192** | 0.034 | -0.207** | 0.071 | 0.012 | 0.201 |
| 대학 이상 | -0.205** | 0.036 | -0.288** | 0.074 | -0.072 | 0.203 |
| 모름 | -0.248** | 0.041 | -0.255** | 0.083 | -0.055 | 0.238 |
| 어머니 교육 (vs. 중졸 이하) | | | | | | |
| 고등학교 | -0.162** | 0.034 | 0.059 | 0.075 | -0.292 | 0.197 |
| 대학 이상 | -0.102** | 0.037 | 0.142 | 0.079 | -0.183 | 0.200 |
| 모름 | -0.139** | 0.042 | 0.250** | 0.088 | -0.230 | 0.235 |
| 성별 (여자) | 0.571** | 0.015 | 0.256** | 0.030 | -0.807** | 0.081 |
| 청소년 학년 (vs. 중 1학년) | | | | | | |
| 중학교 2학년 | 0.071** | 0.025 | 0.049 | 0.048 | 0.401** | 0.147 |
| 중학교 3학년 | 0.037 | 0.025 | -0.086 | 0.048 | 0.565** | 0.151 |
| 고등학교 1학년 | -0.006 | 0.026 | -0.270** | 0.050 | 0.516** | 0.149 |
| 고등학교 2학년 | -0.027 | 0.026 | -0.445** | 0.053 | 0.774** | 0.152 |
| 고등학교 3학년 | -0.101** | 0.027 | -0.525** | 0.058 | 0.728** | 0.158 |
| 도시 규모 (vs. 대도시) | | | | | | |
| 중소도시 | -0.032 | 0.017 | 0.059 | 0.031 | 0.027 | 0.082 |
| 군 지역 | -0.028 | 0.027 | 0.106* | 0.053 | -0.091 | 0.167 |
| 응답년도 (vs. 2011년) | | | | | | |
| 2012년 | -0.077** | 0.019 | 0.043 | 0.037 | -0.042 | 0.101 |
| 2013년 | -0.194** | 0.020 | 0.163** | 0.037 | 0.171 | 0.098 |
| 절편 | -1.372** | 0.045 | -1.253** | 0.089 | -1.857** | 0.235 |

주: *: $p<0.05$; **: $p<0.01$.

자료: 김현식 · 김두섭(2014).

음을 알 수 있다. 예를 들어, 자살강도를 종속변수로 하는 분석에서 부모외국 청소년의 계수 2.496은, 이 로짓모형에 포함된 다른 변수들의 영향력을 통제했을 때, 이들이 일반 청소년에 비해 12.1배(exp(2.496)=12.134)의 승산비(odds ratio)를 지닌다는 것을 의미한다. 예를 들어, 일반 청소년이 자살을 시도하여 병원에서 치료 받을 확률이 1%라고 한다면, 부모외국 청소년의 해당 확률은 12.1%로 높아진다.

〈표 7-25〉에서 특히 주목을 요하는 것은 자살강도를 종속변수로 하는 분석결과이다. 모든 유형의 다문화가족 청소년들의 계수가 두드러지게 큰 것을 확인할 수 있다. 이는 다문화가족 청소년들이 자살시도를 하게 되면, 일반 청소년에 비해 그 강도가 훨씬 강하여 병원에서 치료를 받을 확률이 높다는 것을 의미한다.

다문화가족 유형의 조건부효과를 추정한 결과를 〈표 7-26〉에서 살펴보면, 〈표 7-25〉와 유사한 양상이 발견된다. 어머니만 외국출생인 청소년의 자살생각과 자살시도 확률은 부모가 모두 한국출생인 청소년과 다르지 않았으나 자살강도는 강한 것으로 나타났다. 아버지만 외국출생인 청소년은 일반 청소년보다 자살시도와 자살강도의 위험이 높은 것으로 나타났으나, 자살생각에 있어서는 통계적으로 유의미한 차이가 발견되지 않았다. 부모가 모두 외국출생인 청소년은 모든 자살행위에서 부모가 한국출생인 청소년보다 커다란 위험에 놓여 있음을 확인할 수 있다.

한 가지 흥미로운 것은, 〈표 7-25〉와 〈표 7-26〉에서 관찰되는 로짓계수의 값들이 크게 다른 양상을 보이지 않는다는 점이다. 이는 결국 다문화가족 유형에 따른 청소년들의 자살행위가 조건부효과 모형에서 추가된 변수들로 잘 설명되지 않는다는 것을 시사한다. 즉, 조부모와 형제의 존재에 따른 가족구조, 사회경제적 지위, 그리고 학교

〈표 7-26〉 이항로짓분석을 통한 조건부효과의 추정결과

| | 자살생각 | | 자살시도 | | 자살강도 | |
|---|---|---|---|---|---|---|
| | b | SE | b | SE | b | SE |
| 다문화가족 (vs. 일반 청소년) | | | | | | |
| 모외국 | -0.098 | 0.085 | 0.160 | 0.176 | 1.329** | 0.335 |
| 부외국 | 0.262 | 0.220 | 0.745* | 0.343 | 1.397* | 0.574 |
| 부모외국 | 1.124** | 0.168 | 1.281** | 0.241 | 2.541** | 0.354 |
| 아버지 교육 (vs. 중졸 이하) | | | | | | |
| 고등학교 | -0.118** | 0.035 | -0.190** | 0.071 | -0.012 | 0.205 |
| 대학 이상 | -0.043 | 0.036 | -0.233** | 0.074 | -0.138 | 0.211 |
| 모름 | -0.227** | 0.041 | -0.259** | 0.083 | -0.130 | 0.244 |
| 어머니 교육 (vs. 중졸 이하) | | | | | | |
| 고등학교 | -0.096** | 0.034 | 0.079 | 0.075 | -0.279 | 0.198 |
| 대학 이상 | 0.036 | 0.037 | 0.188* | 0.079 | -0.221 | 0.202 |
| 모름 | -0.143** | 0.041 | 0.217* | 0.088 | -0.176 | 0.238 |
| 성별 (여자) | 0.465** | 0.015 | 0.223** | 0.031 | -0.797** | 0.084 |
| 청소년 학년 (vs. 중 1학년) | | | | | | |
| 중학교 2학년 | 0.000 | 0.025 | 0.018 | 0.049 | 0.401** | 0.149 |
| 중학교 3학년 | -0.063* | 0.025 | -0.126* | 0.049 | 0.558** | 0.152 |
| 고등학교 1학년 | -0.176** | 0.026 | -0.331** | 0.050 | 0.518** | 0.151 |
| 고등학교 2학년 | -0.229** | 0.027 | -0.521** | 0.054 | 0.768** | 0.154 |
| 고등학교 3학년 | -0.315** | 0.028 | -0.602** | 0.059 | 0.714** | 0.159 |
| 학업성적 | 0.129** | 0.006 | 0.134** | 0.013 | -0.046 | 0.035 |
| 주관적 건강인식 | 0.410** | 0.008 | 0.122** | 0.017 | 0.078 | 0.044 |
| 사회경제적 지위 | 0.127** | 0.009 | -0.041* | 0.017 | -0.122** | 0.044 |
| 아버지 별거 | 0.147** | 0.024 | 0.111* | 0.045 | 0.281* | 0.118 |
| 어머니 별거 | 0.290** | 0.030 | 0.159** | 0.057 | 0.015 | 0.151 |
| 조부모 생존 | -0.059** | 0.014 | -0.076* | 0.030 | -0.123 | 0.078 |
| 손위 형제 있음 | -0.016 | 0.017 | 0.007 | 0.034 | -0.288** | 0.095 |
| 손아래 형제 있음 | -0.043* | 0.017 | -0.050 | 0.034 | -0.252** | 0.096 |
| 도시 규모 (vs. 대도시) | | | | | | |
| 중소도시 | -0.052** | 0.017 | 0.048 | 0.031 | 0.031 | 0.082 |
| 군 지역 | -0.045 | 0.026 | 0.101 | 0.054 | -0.067 | 0.169 |
| 응답년도 (vs. 2011년) | -0.052 | | | | | |
| 2012년 | -0.063** | 0.019 | 0.036 | 0.037 | -0.048 | 0.101 |
| 2013년 | -0.154** | 0.020 | 0.165** | 0.038 | 0.155 | 0.099 |
| 절편 | -2.396** | 0.053 | -1.602** | 0.106 | -1.292** | 0.290 |

주: *: $p<0.05$; **: $p<0.01$.

자료: 김현식 · 김두섭 (2014).

성적은 다문화가족 청소년들의 자살행위에 대한 설명력이 그리 높지 않은 것으로 판단된다.

마지막으로, 다문화가족 청소년들의 자살행위 위험성이 이상 살펴본 것보다 더욱 높을 수 있음을 지적하고자 한다. 다문화가족 청소년들의 취학률이 낮고, 취학한 청소년들이 상대적으로 좋은 가정환경이나 사회경제적 지위를 지닌다고 가정하면, 이상 살펴본 자살행위에의 노출 확률은 과소추정 되었을 개연성을 지닌다. 현실적으로 불법체류자의 자녀들은 취학할 수 없다는 점도 감안할 필요가 있다.

제8장

# 요약 및 결론

# 제8장 요약 및 결론

전통적으로 한국사회와 문화는 민족적 동질성을 강조하는 경향이 강하고, 다른 민족에 대해 배타적인 성격을 유지해 왔다. 그런데 지난 사반세기 동안 세계화의 거대한 흐름과 함께 한국사회로 유입되는 외국인의 규모가 꾸준히 증가하는 추세가 지속되고 있다. 물론, 외국인 인구의 점유율이 아직 주민등록인구의 약 3.1%에 불과해, 다른 국가들과 비교할 때 그리 높은 수준이라고는 할 수 없다. 그러나 그 절대규모에 있어서는 산업연수생, 혼인이주자, 체류자 및 그 자녀들을 포함하는 외국인 인구가 2014년 현재 160만 명 수준에 도달했다. 여기에 불법 체류자를 더하면, 외국인 인구가 180만 명에 근접하는 단계에 진입한 것으로 판단된다(법무부, 2014a, 2014b, 2014c; 행정자치부, 2014; 통계청, 2014a).

외국인 인구의 증가추세는 앞으로도 당분간 지속될 것으로 예상되며, 한국사회는 다민족, 다문화적인 요소가 강조되는 방향으로 급속하게 변화할 것으로 예상된다. 이에 따라 최근에 이르러 다문화 관련 법령과 정책들이 입안되고 정비되는 과정에 있으며, 한국사회의 구성원으로서의 외국인에 대한 학문적 연구의 영역도 다양하게 확대되는 추세이다. 특히 최근에는 혼인이주자들의 출산력, 사회경제적 활동과 적응, 지역사회에의 통합, 지역사회 민족구성의 주변효과, 그리고 외국인 배우자와 노동자에 대한 차별과 태도 등에 대한 관심이 높아지고 있다.

통계청(2014a, 2014b)의 혼인신고자료를 집계한 결과에 의하면, 1990년 이후 2013년까지 50만 건이 넘는 국제결혼이 이루어졌다. 이 중에서 한국 남자와 외국 여자의 결혼이 약 35.7만 건으로 71.3%를 차지하고 있다. 한국 여자와 외국 남자의 결혼은 상대적으로 완만한 변화추세를 보이며, 국제결혼에 대한 점유율이 점차 낮아지는 경향이 나타난다.

이 책의 제2장에는 인구의 성 및 연령 구성의 변화와 가치관의 변화를 주요 설명변수로 하는 국제결혼 증가의 설명틀이 제시되었다. 한국사회에서 출생성비의 불균형에 기인하는 혼인적령기 남녀인구의 불균형 현상은 2015-2020년의 기간에 가장 심화될 것이며, 앞으로 상당 기간 지속될 것으로 전망된다. 또한 젊은 여자들이 도시생활을 선호하여 농촌에서 신부감이 모자라는 현상도 앞으로 당분간 크게 변하지 않을 것이다. 경제활동 증대와 가치관의 변화로 젊은 여성들이 결혼을 미루거나 기피하는 경향도 지속될 것이다. 이러한 상황에서 교통통신의 발달, 노동력의 국제이동과 국제교류 기회의 확대는 국제결혼의 증가로 이어지기 마련이다.

지난 1990년대 말에 이르기까지 한국 남자와 결혼하는 외국 여자들은 중국 내 조선족을 포함하여 중국인들이 절대다수를 차지해 왔다. 그런데 2000년대에 진입한 이후에는 외국인 여자배우자들의 국적이 동남아시아와 중앙아시아 국가들로 급격하게 확산되는 경향이 나타나고 있다. 특히 베트남 여자와의 결혼은 급속한 증가를 거듭하여 2011년에는 중국 여자와의 결혼보다도 많은 건수를 기록하였다.

아울러 중국인 여자배우자 중에서도 한족의 점유율이 빠르게 증가하는 추세를 보인다. 거스를 수 없는 세계화의 흐름 속에서 한국 남자와 결혼하는 외국인 여자배우자의 국적이 다양해지는 경향은 앞으로 상당 기간 지속될 것으로 판단된다.

그런데 한국 남자의 국제결혼은 외국인 여자배우자의 출신국가에 따라 그 성격이 확연하게 달라진다. 혼인이주 여성들은 출신국가에 따라 자신은 물론 한국 남편과 가족의 사회인구학적 특성에 있어서 커다란 차이가 발견된다. 혼인적령인구의 남녀 불균형으로 혼인시장에 가해진 압박에 의해 촉진된 국제결혼은 주로 한국 남자와 중국, 베트남, 필리핀, 캄보디아 등의 동남아시아 국가 및 몽골, 우즈베키스탄 등 중앙아시아 국가 여자와의 결혼에 적용될 수 있는 것으로 판단된다. 이에 비해 한국 남자와 선진국 여자의 결혼은 가치관의 변화와 세계화에 따른 인적 교류의 확대에 기인하는 바가 크다고 할 수 있다.

혼인이주의 다양성은 이주 여성들이 영위하게 될 결혼생활이 그 만족도와 안정성에 있어서 차별적일 수 있음을 시사한다. 이주 여성들의 한국사회에의 사회문화적 적응과정과 그 유형, 경제 및 사회활동, 그리고 출산수준에 있어서도 다양성이 광범위하게 존재할 것으로 판단된다.

이 책의 주된 목적은 국제결혼 부부의 상이성이 결혼안정성에 미치는 영향과 혼인이주 여성의 사회문화적 적응 및 그 유형, 그리고 거주지역 민족구성의 주변효과를 분석하는 것이다. 이 연구는 다음과 같은 몇 가지 동기에서 추진되었다. 첫째 목적은 한국에 거주하는 국제결혼 부부의 상이성을 분석하고, 그것이 결혼안정성에 미치는 효과를 분석하는 것이다. 이 연구는 서로 비슷한 사회적 속성을 지닌 배우자끼리 결혼하는 경향이 있다는 동질적 선택혼(positive assortative marriage)의 기존 가설이 국제결혼 부부에게는 적용하기 어렵다고 판단해, 국제결혼개방성 가설(the transnational openness hypothesis)을 도출하고 검증을 시도했다. 아울러 부부의 사회인구학적 상이성이 결혼해체의 위험성을 증가시키고 결혼지속기간을 단축시킨다는 기존 가설이 국제결혼 부부에게도 적용될 수 있는지를 검증하고자 했다.

둘째, 최근에 이르러 사회현상을 설명하는 유용한 개념으로 널리 부각되고 있는 사회적 자본과 사회연결망에 관한 이론과 논의들을 혼인이주 여성들에게 적용시켜보고자 시도하였다. 국제결혼을 통해 한국에 이주한 혼인이주 여성들을 대상으로 사회적 자본 형성의 결정요인들을 파악하고, 이들의 한국사회에 대한 적응 유형을 사회연결망과 문화정체성의 수준에 따라 네 가지 범주로 구분하는 작업이 이루어졌다. 그리고 혼인이주 여성들의 주된 적응 유형이 출신국가별로 어떠한 차이를 나타내며, 각 적응 유형에 따라 당사자와 가족의 사회인구학적 조건과 아울러 사회연결망에 관련되는 특성들이 어떻게 다른지를 확인하고자 했다.

셋째 목적은 소수인종 집단과 출산력의 관계에 대한 가설을 혼인이주 여성에 적용해 보는 것이다. 외국인 아내의 지위와 이들이 지닌 사회적 자본이 사회경제적·인구학적 변수들의 영향력을 통제한 이후에도 출산력에 독립적인 영향력을 행사하는지를 검증하고자 했다. 이 연구는 외국인 아내의 출산력 인과기제와 차별출산력에 대한 분석을 통해 인구정책적 함의를 찾아내고 적절한 인구정책의 입안에 기여하고자 하는 실용적인 목적을 지닌다. 국제결혼의 증가추세가 우리 사회의 출산수준과 인구성장에 미치는 파급효과를 세밀하게 파악하고, 아울러 이에 정책적으로 대처하는 것은 매우 시급한 과제라고 판단된다.

그리고 넷째 목적은 혼인이주자와 그 가족을 대상으로 하는 다양한 형태의 실증적 분석작업을 시도하는 것이었다. 예를 들어, 가용한 행정자료를 바탕으로 지역사회 수준의 다문화 관련 변수들을 창출해 내고, 이러한 변수들을 활용하여 거주지역의 민족구성이 혼인이주 여성의 출산수준, 사회활동 및 적응 형태, 건강인식에 미치는 주변효과(neighborhood effect)를 검증하는 작업을 시도한 것은 혼인이주자를 대상으로 하는 실증연구의 지평을 확장하고 기존이론을 정교화하는 효과를 거두었다고 판단된다. 아울러, 국내에서 처음으로 다문화가족 청소년의 자살에 관련되는 분석을 시도한 것도 같은 맥락에서 비롯되었다.

그동안 국제결혼과 관련되는 경험적 연구는 가용한 자료의 부족으로 인해 많은 제약을 받아왔다. 이 연구에서 다루고자 하는 핵심 주제인 결혼안정성, 사회문화적 적응, 출산력, 민족구성의 주변효과 등에 관한 인구학적 지식과 이해가 부족한 것은 적절한 자료가 가용하지 않다는 데 기인하는 바 크다. 예를 들면, 혼인이주의 역사가 매우 짧기 때문에 세부 분석집단별로 이혼이나 특정 적응 유형의 사례수가 그리 크지 않으며, 더욱이 이를 혼인이주 여성의 출신국가에 따라서 정밀하게 분석하기가 어려운 실정이다.

이 연구에서 주요 분석자료로 활용된 『2009년 전국 다문화가족 실태조사』(보건복지부 외, 2010)는 외국인 배우자 모집단의 약 55.9%(73,669명)를 포함하고 있다는 점에서 커다란 장점을 지니며, 표집오차로부터도 상대적으로 자유롭다. 또한 이 연구에서는 『아시아 여성의 한국으로의 혼인이주와 정착과정에 관한 조사』(인구및고령사회연구소, 2007), 『전국 결혼 및 출산력 조사, 2005』(한국보건사회연구원, 2005), 『다민족, 다인종 사회통합 관련 조사』(한국학중앙연구원, 2008), 『외국인·이민자 유입에 대한 국민의식조사』(한국보건사회연구원, 2011) 등 다양한 실태조사의 원자료가 분석에 활용되었다. 그러나 거주지에 관한 중요한 분석정보를 제외한 상태로 원자료가 공개되어 『2012년 전국 다문화가족 실태조사』(여성가족부, 2013) 자료를 사용하지 못한 것은 아쉬움으로 남는다.

아울러, 국제결혼 부부의 기본적 특성을 파악하기 위한 분석에는 이러한 실태조사자료 이외에도 혼인 및 이혼신고의 전수(全數) 원자료가 활용되었다. 분석대상에는 1990-2013년 기간에 신고된 모든 국제결혼과 이혼이 포함되었다. 이 자료들은, 비록 혼인이나 이혼신고서에 기재되는 당사자의 정보가 매우 제한적이라는 단점은 있지만, 신고된 국제결혼과 이혼의 모든 사례를 분석대상으로 삼을 수 있다는 점에서 커다란 장점을 지닌다.

이 연구의 진행과정에서 거주지역 민족구성의 주변효과를 검증하기 위하여 『다문화 시·군·구 통계 Data Sheet』(한양대 SSK 다문화사업단, 2012; 김두섭·유정균, 2013)를 작성하여 분석에 활용하고, 다른 연구자들에게도 제공하기 시작한 것을 중요한 기여의 하나로 꼽을 수 있다. 이 자료는 정부의 여러 기관에서 집계된 혼인, 이혼, 출생, 경제활동 등 각종 지역정보를 활용하여 다문화에 관련된 다양한 지표들을 2009년 이후 전국의 모든 시·군·구별로 계산한 것이다. 이 자료를 활용하면 지역사회 수준의 다양한 변수들을 창출할 수 있다. 그리고 이 변수들을 거주지 지역정보가 있는 사회조사의 원자료에 통합시키면 다양한 수준의 분석작업이 가능해진다.

이 연구의 주요 분석결과는 다음과 같이 요약될 수 있다. 첫째, 국제결혼 부부들의 경우에는 연령과 교육수준에 따른 동질적 선택혼(positive assortative marriage)의 개념이 적용되기 어려운 것으로 확인되었다. 내국인 부부에 비해 국제결혼 부부들은 사회인구학적 상이성이 매우 높다. 배우자 간의 연령 격차가 매우 심해, 예를 들어 한국인 남편이 외국인 아내보다 10년 이상 연상인 부부가 과반수를 차지하는 것으로 드러났다. 부부의 교육수준 차이에 따른 결혼과 이혼의 빈도를 살펴보아도 비슷한 양상이 발견되었다. 남편의 교육수준이 상대적으로 높은 유형의 결혼이 가장 많았고, 부부의 교육수준이 비슷한 결혼 유형의 비중은 26-27% 정도로 나타났다. 물론, 한국 남자가 개발도상국 출신의 여자와 결혼한다고 해서, 교육수준으로 볼 때, 하향성 결혼(hypogamy: marrying down)만이 이루어지는 것은 아니다. 몽골과 필리핀 출신의 아내들은 남편보다 연령은 낮지만 교육수준은 오히려 높은 것으로 확인되었다.

단일민족의 전통을 오랜 기간 동안 유지해오는 과정에서 한국사회에서는 같은 민족 구성원 간의 결혼이 가장 중요한 패러다임의 하나로 자리 잡았다. 따라서 한국 남자들이 한국 여자와 결혼하는 것을 포기하고 외국인 배우자를 선택하는 과정에서는 잠재적 배우자의 사회인구학적 속성들에 대해서 보다 개방적이고 융통적일 수 있다는 국제결혼개방성 가설(the transnational openness hypothesis)이 지지되었다. 배우자 선택과정에서 동질혼을 통해 지위 간의 장벽이나 지위를 유지하고자 하는 경향이 국제결혼에는 적용되지 않는 것으로 판단된다.

둘째, 부부의 사회인구학적 상이성이 결혼의 안정성을 해치고 결혼 해체의 위험성을 높인다는 기존 연구의 가설들도 지지되지 않았다. 다른 변수들의 영향력을 통제한 후에는, 남편의 교육수준이 상대적으로 높은 결혼이 부부의 교육수준이 비슷한 결혼보다 오래 지속되는 것으로 확인되었다. 국제결혼 부부의 경우에는 부부의 연령 및 교육수준의 차이가 결혼지속기간을 단축시키거나 이혼의 확률을 높이는 방향으로 작용하지 않는다. 이는 한국인 남편이 외국인 아내보다 교육수준이 높거나 비슷한 경우에 특히 그러하였다. 그리고 회귀분석을 통해 드러난 흥미로운 발견의 하나는 결혼만족도와 결혼지속기간이 모형에 포함된 설명변수들에 대해 일관적인 관계의 양상을 나타내지 않는다는 것이다. 이들의 인과구조는 서로 다른 것으로 판단된다. 즉, 외국인 아내의 결혼만족도가 낮다고 해서 반드시 결혼지속기간이 짧아지는 결과를 초래하는 것은 아니다.

셋째, 혼인이주 여성들의 사회활동 참여, 연결망의 크기와 위세가 전체적으로 낮은 수준에 머무르는 것으로 확인되었다. 그리고 혼인이주 여성의 출신국가, 교육수준과 직업, 그리고 결혼 당시의 친척관계망과 한국 거주기간에 따라서 사회연결망의 구조적인 특성들이 영향받는 것으로 밝혀졌다. 이들이 지니는 사회연결망의 크기는 중국인과 베트남인보다는 일본 여성에게서, 그리고 중소도시 거주자에게서 유의미하게 크며, 결혼 당시 연결망의 규모, 한국 거주기간, 그리고 이웃 및 친교 모임에의 참여빈도에 정비례하는 것으로 나타났다. 사회연결망의 위세는 일본 여성이 뚜렷하게 높고, 남편의 대학교육과 가구소득에 비례하는 것으로 확인되었다. 그러나 사회연결망의 규모는 연결망의 위세에 대하여 의미 있는 영향력이 발견되지 않았다. 그리고 혼인이주 여성들의 사회활동, 연결망의 크기와 위세에 대한 회귀분석에서는 친척과 인척 간의 관계가 친구와의 관계보다 상대적으로 더 중요하게 작용하는 것으로 확인되었다. 이는 "약하고 성긴" 친구연결망이 직업을 구하거나 정보를 얻어야 할 때 오히려 결정적인 도움을 줄 수 있는 측면이 있다고 지적한 선행연구(Granovetter, 1973, 1974; Burt, 1992; Lin and Bian, 1991; Lin, 1999, 2001)들과는 궤를 달리하는 것이다. 한국적인 상황에서는, 친척과 인척으로 구성되어 호혜적인 관계, 믿음과 의무가 복합적으로 작용하는 강한 연결망이 혼인이주 여성들의 정착과정에서 사회적 자본의 형성에 보다 기능적인 것으로 판단된다.

넷째, 혼인이주 여성들의 적응 유형을 네 가지 범주로 분류해 본 결과, 사회연결망이 약하고 자신들의 문화정체성을 유지하고자 하는 욕구 또한 미약하여 점차 주변화되는 경향의 혼인이주 여성들이 과반수를 차지했다. 특히 베트남 여성들의 경우에는 주변화형이 절대다수를 차지하는 것으로 확인되었다. 그리고 한국사회에 흡수되고 동화될 가능성이 높은 적응 형태와, 자신들의 문화정체성을 강하게 유지하면서 사회적으로 고립되어가는 적응 형태를 보인 아내들의 순서로 나타났다. 반면, 사회참여와 문화정체성이 모두 강해서 통합의 적응 형태로 분류된 혼인이주 여성들은 10%에도 못 미치는 것으로 확인되었다. 혼인이주 여성의 출신국가별로 살펴보면, 일본인 아내들은 통합형의 점유율이 중국인이나 베트남인 아내들에 비해서 상대적으로 높은 것으로 밝혀졌다. 이 연구의 분석결과는 혼인이주 여성들이 네 가지 적응 유형에 따라 뚜렷하게 다른 사회인구학적 특성을 지니고 있음을 확인해준다. 통합형과 동화형 여성들은 고립형과 주변화형에 비해 연령, 교육과 가구소득의 수준이 뚜렷하게 높고, 한국 거주기간이 길며 자녀 수도 상대적으로 많은 것으로 밝혀졌다. 아울러 다양한 사회활동에 참여하고 연결망의 크기와 위세점수도 현저하게 높은 것으로 확인되었다. 고립형과 주변화형 여성들은 대도시 거주자의 점유율이 뚜렷하게 높았다.

다섯째, 외국인 아내의 지위는 출산수준과 속도에 독립적인 영향력을 행사하는 것으로 판단된다. 외국인 아내들의 불리한 여건과 불확실성, 불안정성은 출산력을 억제하고 지연시키는 효과가 있는 것으로 밝혀졌다. 외국인 아내들은 한국인 아내에 비해 자녀 수가 적고 출산 간격이 긴 것으로 드러났다. 그리고 외국인 아내의 사회적 자본은 출산행위를 촉진시키는 경향이 있는 것으로 나타났다. 외국인 아내들이 다양한 개개인들과 접촉하고 적극적으로 사회활동에 참여할수록, 그리고 접근할 수 있는 사회연결망의 직업위세가 높을수록 자녀 수가 증가하는 경향이 확인되었다. 이주 후 새로운 사회환경에 통합되거나 동화의 수준이 높은 외국인 아내들은 고립되거나 주변화된 외국인 아내들에 비해 자녀 수가 많았다. 통합형과 동화형의 외국인 아내들은 주변화형의 아내들에 비해 첫째 자녀와 둘째 자녀를 가질 확률이 높게 나타났다.

마지막으로, 거주지역 민족구성이 혼인이주 여성의 출산력, 사회활동, 적응 유형, 건강인식에 미치는 주변효과는 개인의 사회인구학적 요인들을 통제한 이후에도 유의미하게 존재하는 것으로 밝혀졌다. 주변효과의 방향은 사용하는 민족구성의 지표에 따라 다르게 나타났다. 거주지역의 외국인 아내 비중이 높아질수록 단기적으로는 혼인이주 여성의 출산수준을 높이고 사회활동을 촉진시키는 것으로 밝혀졌다. 그러나 거주지역에 같은 민족의 인구가 많을수록 이들과의 접촉과 상호작용이 많아지고, 한국사회에 동화되기보다는 고립되는 적응형태를 나타내는 혼인이주 여성이 많은 것으로 확인되었다. 그리고 이에 따라 출산수준을 낮추고 자신의 건강상태를 부정적으로 인식하게 하는 효과가 있는 것으로 드러났다.

앞으로 교통과 통신이 더욱 발달하고 세계화의 흐름이 유지된다고 가정하면, 인종, 문화와 국가의 장벽을 넘어 이루어지는 국제결혼은 지속적으로 활성화될 것으로 전망된다. 단지, 국제결혼과 혼인이주자의 규모가 앞으로 지속적으로 증가할 것인지에 대해서는 전문가들 사이에도 다양한 견해가 있다. 일부에서는 앞으로 혼인적령인구의 절대 규모가 감소하면서 2005년 이후의 혼인이주 여성의 점진적 감소추세가 당분간 이어질 것으로 예측하기도 한다. 또한 혼인이주 여성의 주요 송출국가인 중국과 베트남의 인구 변화도 장기적으로는 국제결혼을 감소시키는 방향으로 작용할 것으로 전망된다. 특히, 최근 중국에서 출생성비가 극단적으로 높은 현상이 지속되는 기간에 태어난 출생코호트가 결혼연령에 도달하는 시점에는 중국 결혼시장에서 심각한 신부 부족현상이 초래되고, 이에 따라 한국인과 중국인의 국제결혼 규모도 불가피하게 영향을 받을 것으로 예상된다. 경우에 따라서는 상당한 규모의 한국 여자가 중국 남자와 결혼하여 중국으로 이주해 나갈 가능성도 완전히 배제할 수는 없다.

이 연구의 분석결과는 국제결혼 부부의 사회경제적 및 문화적 상이성이 결혼안정성에 미치는 영향력에 초점을 맞추어 분석할 필요성을 제기한다. 결혼안정성에 관한 장래 연구는 결혼생활의 질적 측면을 다루는 심리적 변수들도 보완해야 할 것으로 판단된다. 또한 외국인 아내의 적응 유형은 이 연구의 분석에 도입된 변수들 이외에도 다양한 요인들의 상호작용에 의해 결정된다는 것을 지적할 수 있다. 어떠한 요인들이 적응 유형의 인과기제 안에서 언제, 왜, 어떻게 작동하는지에 관해 보다 세밀한 가설들이 연역적으로 도출되고 검증되어야 할 것으로 판단된다. 아울러 특정 종교가 미치는 영향에 관해서도 보다 정교한 분석이 요구된다. 예를 들어, 통일교를 믿는 일본인 아내들의 대부분이 다자녀 지향의 규범과 가치관을 수용하고, 피임을 제한하여 출산력이 높아진다는 점에 대해서도 이론적 · 경험적 후속연구의 필요성이 제기된다.

한국사회에서는 아직도 많은 혼인이주 여성들이 경제적인 어려움과 아울러 문화적 편견과 차별로 인해 결혼생활에 순조롭게 적응하지 못하고 있는 실정이다. 최근에 이르러 다문화가족 지원에 대한 사회적 공감대가 형성됨에 따라, 한국 정부는 이들의 사회경제적·문화적 적응을 돕고 결혼의 안정성을 제고시키며, 각종 차별대우로부터 보호하기 위한 제도적 장치와 다양한 프로그램들을 마련하고 추진하는 단계에 있다(〈부표 23〉 및 〈부표 24〉 참조).

혼인이주자의 통합을 도모하는 정책들은 이들이 지닌 차이와 다양성을 존중하고 포용하며 지역사회의 구성원으로 자리매김할 수 있도록 지원하는 방향으로 이루어져야 할 것이다. 그리고 결혼중개업체에 대한 관리를 보다 강화하고, 법 및 제도적 개선을 통해 국제결혼이 보다 건전한 방향으로 이루어지도록 유도하는 것을 기본방향으로 설정해야 한다. 연령, 교육수준 등 사회인구학적 특성에 있어서 배우자간의 격차가 더 이상 확대되지 않도록 노력할 정책적 필요성도 제기된다. 사회적 관계 형성에 어려움을 겪거나 혼인의 안정성이 심각하게 훼손된 상황에 처해 있는 혼인이주 여성들에 대해 정책적인 차원에서 보다 적극적으로 배려하거나 대처할 수 있는 제도적 장치와 상담 프로그램들이 조속히 마련되어야 한다.

거주지역에 외국인 아내 및 외국인 인구의 비중이 높아지는 것과 같은 민족의 인구가 많아지는 상황의 영향력이 혼인이주 여성의 출산력, 사회문화적 적응과 삶의 만족도, 그리고 건강인식에 각기 다른 방향으로 작용한다는 이 연구의 분석결과는 중요한 정책적 함의를 지닌다. 한국의 혼인이주 여성은 출신국가나 민족에 따라 사회인구학적, 경제적, 문화적 특성이 현저한 차이를 보인다. 그리고 지역에 따라 민족별 인구구성의 뚜렷한 편차가 관찰된다. 따라서 지역사회에 외국인 아내 및 외국인인구의 규모나 비중이 커질수록 집중되기 마련인 중앙정부나 지방자치단체의 정책과 행동 프로그램이 보다 효율적으로 운영되기 위해서는 민족구성 자료를 분석하여 각 지역사회별로 맞춤형 프로그램을 구축할 필요성이 제기된다. 혼인이주자들의 다양성을 감안하여 각종 지원정책이나 프로그램을 대상에 따라 선별적으로 적용하는 방식으로 정책의 효율성을 높여야 한다. 또한 혼인이주자를 일방적이고 시혜적인 지원대상으로만 인식하기보다는 이들의 자립과 역량을 강화하는 데 초점을 맞추는 것이 바람직하다. 아울러 혼인이주자의 초기 정착을 주로 지원하는 정책에서, 결혼의 안정성을 높이고 이들의 사회적 통합과 적응을 중장기적으로 지원하는 방향으로 전환할 필요성이 제기된다.

그런데 적절하고 효율적인 정책의 입안과 추진을 위해서는 국제결혼의 당사자 및 가족과 아울러, 이들의 사회경제적 활동이 이루어지는 환경에 대한 체계적인 정보가 요구된다. 지금까지 국제결혼이나 혼인이주 여성에 관한 연구들의 상당 부분이 소규모 조사대상자의 서술과 경험에 치중하고, 인과적 모형이나 이론적 설명들의 구축에 소홀했던 것은 가용한 전국 규모의 조사자료가 제한되어 있다는 사실에 기인하는 바 크다. 보다 정교한 분석을 위해서는 양질의 경험적 자료가 광범위하게 가용해야 한다.

분석대상이 되는 집단을 확장하고, 개인수준뿐만 아니라 집합수준의 다양한 변수들을 분석에 도입할 필요성도 제기된다. 예를 들어, 주변효과의 검증을 위해 이 연구에서는 시·군·구 행정구역을 기반으로 하는 주변효과의 검증에 초점을 맞추었으나, 보다 세분화된 지역을 대상으로 하는 분석도 고려할 수 있을 것이다. 또한, 지역을 단위로 하는 분석 이외에도 동료집단 등 다양한 집합수준을 대상으로 할 수 있을 것이다. 아울러 인구학적, 정치적, 사회경제적, 문화적, 종교적, 환경적 특성을 반영하는 집합수준의 다양한 변수들이 활용 가능해지고 보완된다면 보다 정교한 수준의 분석과 주변효과 이론의 정교화가 가능해질 것이다. 그리고 양질의 자료를 활용한 후속연구들이 활발하게 이루어질 때 비로소 국제결혼 부부에 대한 이해와 아울러 다문화정책의 효율성을 한 차원 높일 수 있을 것으로 판단된다.

# | 부 록 |

〈부표 1〉 외국인 아내의 출신국가별 국제결혼, 2000-2013

| | 2000 | 2003 | 2005 | 2008 | 2010 | 2011 | 2012 | 2013 |
|---|---|---|---|---|---|---|---|---|
| 중국 | 3,566 | 13,347 | 20,582 | 13,203 | 9,623 | 7,549 | 7,036 | 6,058 |
| 베트남 | 77 | 1,402 | 5,822 | 8,282 | 9,623 | 7,636 | 6,586 | 5,770 |
| 필리핀 | 1,174 | 928 | 980 | 1,857 | 1,906 | 2,072 | 2,216 | 1,692 |
| 일본 | 819 | 844 | 883 | 1,162 | 1,193 | 1,124 | 1,309 | 1,218 |
| 캄보디아 | 1 | 19 | 157 | 659 | 1,205 | 961 | 525 | 735 |
| 미국 | 231 | 322 | 285 | 344 | 428 | 507 | 526 | 637 |
| 태국 | 240 | 345 | 266 | 633 | 438 | 354 | 323 | 291 |
| 우즈베키스탄 | 43 | 328 | 332 | 492 | 317 | 324 | 365 | 269 |
| 몽골 | 64 | 320 | 561 | 521 | 326 | 266 | 217 | 193 |
| 네팔 | 2 | 22 | 16 | 159 | 202 | 211 | 255 | 186 |
| 러시아 | 70 | 297 | 234 | 110 | 119 | 125 | 94 | 90 |
| 기타 | 658 | 576 | 601 | 741 | 894 | 1,136 | 1,185 | 1,168 |
| 합계 | 6,945 | 18,750 | 30,719 | 28,163 | 26,274 | 22,265 | 20,637 | 18,307 |

자료: 통계청 (2014a, 2014b).

〈부표 2〉 외국인 남편의 출신국가별 국제결혼, 2000-2013

| | 2000 | 2003 | 2005 | 2008 | 2010 | 2011 | 2012 | 2013 |
|---|---|---|---|---|---|---|---|---|
| 미국 | 1,084 | 1,222 | 1,392 | 1,347 | 1,516 | 1,632 | 1,593 | 1,755 |
| 중국 | 210 | 1,190 | 5,037 | 2,101 | 2,293 | 1,869 | 1,997 | 1,727 |
| 일본 | 2,630 | 2,250 | 3,423 | 2,743 | 2,090 | 1,709 | 1,582 | 1,366 |
| 캐나다 | 150 | 219 | 283 | 371 | 403 | 448 | 505 | 475 |
| 호주 | 78 | 109 | 101 | 164 | 194 | 216 | 220 | 308 |
| 베트남 | 3 | 12 | 28 | 61 | 67 | 93 | 180 | 279 |
| 영국 | 64 | 88 | 104 | 144 | 178 | 195 | 196 | 197 |
| 독일 | 82 | 94 | 85 | 115 | 135 | 114 | 134 | 157 |
| 파키스탄 | 36 | 130 | 219 | 117 | 102 | 126 | 130 | 99 |
| 기타 | 323 | 711 | 965 | 878 | 983 | 1,095 | 1,151 | 1,293 |
| 합계 | 4,660 | 6,025 | 11,637 | 8,041 | 7,961 | 7,497 | 7,688 | 7,656 |

자료: 통계청 (2014a, 2014b).

〈부표 3〉 국제결혼의 비중, 2000-2013

| 연 도 | 한국 남녀의 혼인 | 국제결혼 | | | 총 계 |
|---|---|---|---|---|---|
| | | 한국 남자 + 외국 여자 | 외국 남자 + 한국 여자 | 합 계 | |
| 2000 | 320,485 | 6,945 | 4,660 | 11,605 | 332,090 |
| 2001 | 303,884 | 9,684 | 4,839 | 14,523 | 318,407 |
| 2002 | 289,675 | 10,698 | 4,504 | 15,202 | 304,877 |
| 2003 | 277,727 | 18,751 | 6,025 | 24,776 | 302,503 |
| 2004 | 273,958 | 25,105 | 9,535 | 34,640 | 308,598 |
| 2005 | 271,948 | 30,719 | 11,637 | 42,356 | 314,304 |
| 2006 | 291,875 | 29,665 | 9,094 | 38,759 | 330,634 |
| 2007 | 305,999 | 28,580 | 8,980 | 37,560 | 343,559 |
| 2008 | 291,511 | 28,163 | 8,041 | 36,204 | 327,715 |
| 2009 | 276,459 | 25,142 | 8,158 | 33,300 | 309,759 |
| 2010 | 291,869 | 26,274 | 7,961 | 34,235 | 326,104 |
| 2011 | 299,325 | 22,265 | 7,497 | 29,762 | 329,087 |
| 2012 | 298,748 | 20,637 | 7,688 | 28,325 | 327,073 |
| 2013 | 296,844 | 18,307 | 7,656 | 25,963 | 322,807 |

자료: 통계청 (2014a, 2014b).

〈부표 4〉 광역시도별 국제결혼 건수 및 전체 결혼에 대한 비중, 2011, 2013

| | 전체 결혼 | | 국제결혼 | | 전체 결혼에 대한 비중(%) | |
|---|---|---|---|---|---|---|
| | 2011 | 2013 | 2011 | 2013 | 2011 | 2013 |
| 서울 | 71,519 | 68,819 | 6,348 | 5,559 | 8.9 | 8.1 |
| 부산 | 20,224 | 20,734 | 1,592 | 1,414 | 7.9 | 6.8 |
| 대구 | 13,813 | 13,601 | 968 | 867 | 7.0 | 6.4 |
| 인천 | 18,013 | 18,010 | 1,473 | 1,328 | 8.2 | 7.4 |
| 광주 | 8,946 | 8,820 | 635 | 537 | 7.1 | 6.1 |
| 대전 | 9,726 | 9,621 | 651 | 537 | 6.7 | 5.6 |
| 울산 | 7,768 | 7,998 | 515 | 465 | 6.6 | 5.8 |
| 세종 | - | 743 | - | 62 | - | 8.3 |
| 경기 | 79,137 | 77,649 | 7,019 | 6,216 | 8.9 | 8.0 |
| 강원 | 8,338 | 7,946 | 806 | 591 | 9.7 | 7.4 |
| 충북 | 9,542 | 9,307 | 856 | 725 | 9.0 | 7.8 |
| 충남 | 13,216 | 12,482 | 1,288 | 1,049 | 9.7 | 8.4 |
| 전북 | 10,353 | 9,823 | 1,111 | 934 | 10.7 | 9.5 |
| 전남 | 10,266 | 9,995 | 1,275 | 1,058 | 12.4 | 10.6 |
| 경북 | 15,942 | 15,421 | 1,394 | 1,111 | 8.7 | 7.2 |
| 경남 | 20,769 | 20,291 | 1,691 | 1,379 | 8.1 | 6.8 |
| 제주 | 3,582 | 3,638 | 370 | 365 | 10.3 | 10.0 |
| 국외 | 7,933 | 7,909 | 1,770 | 1,766 | 22.3 | 22.3 |
| 전국 | 329,087 | 322,807 | 29,762 | 25,963 | 9.0 | 8.0 |

注: 부부의 국내 주소지를 기준으로 집계되었으며, 부부가 모두 국내 주소지가 있는 경우에는 남편의 주소지를 기준으로 작성되었음. 전국의 통계값들은 국외 영사관에 신고된 결혼을 포함함.
자료: 통계청(2014a, 2014b, 2014c).

〈부표 5〉 광역시도별 결혼이민자, 2008-2013

| | 2008 | 2009 | 2010 | 2011 | 2012 | 2013 |
|---|---|---|---|---|---|---|
| 서울 | 29,560 | 29,455 | 31,913 | 31,217 | 30,775 | 29,818 |
| 부산 | 5,476 | 5,488 | 6,375 | 6,498 | 6,619 | 6,824 |
| 대구 | 3,692 | 3,773 | 4,177 | 4,241 | 4,514 | 4,731 |
| 인천 | 7,201 | 7,171 | 7,947 | 8,202 | 8,486 | 8,794 |
| 광주 | 2,413 | 2,501 | 2,860 | 2,966 | 3,089 | 3,164 |
| 대전 | 2,731 | 2,862 | 3,270 | 3,359 | 3,440 | 3,515 |
| 울산 | 2,273 | 2,338 | 2,611 | 2,627 | 2,751 | 2,947 |
| 세종 | - | - | - | - | 361 | 387 |
| 경기 | 31,722 | 32,578 | 37,541 | 38,953 | 40,208 | 41,293 |
| 강원 | 2,976 | 3,029 | 3,740 | 3,837 | 3,865 | 3,828 |
| 충북 | 3,795 | 3,795 | 4,397 | 4,511 | 4,696 | 4,738 |
| 충남 | 5,714 | 5,997 | 7,011 | 7,413 | 7,570 | 7,905 |
| 전북 | 4,930 | 5,125 | 5,800 | 5,765 | 5,795 | 5,858 |
| 전남 | 5,453 | 5,756 | 6,657 | 6,758 | 6,861 | 6,830 |
| 경북 | 6,261 | 6,332 | 6,992 | 7,109 | 7,470 | 7,673 |
| 경남 | 7,308 | 7,723 | 8,878 | 9,133 | 9,288 | 9,514 |
| 제주 | 1,047 | 1,164 | 1,485 | 1,625 | 1,803 | 1,945 |
| 전국 | 122,552 | 125,087 | 141,654 | 144,214 | 147,591 | 149,764 |

자료: 법무부(2013b, 2014b).

〈부표 6〉 광역시도 및 성별 결혼이민자, 2012, 2013

| | 2012 | | | 2013 | | |
|---|---|---|---|---|---|---|
| | 남자 | 여자 | 합계 | 남자 | 여자 | 합계 |
| 서울 | 7,486 | 23,289 | 30,775 | 7,529 | 22,289 | 29,818 |
| 부산 | 838 | 5,781 | 6,619 | 881 | 5,943 | 6,824 |
| 대구 | 506 | 4,008 | 4,514 | 550 | 4,181 | 4,731 |
| 인천 | 1,291 | 7,195 | 8,486 | 1,386 | 7,408 | 8,794 |
| 광주 | 249 | 2,840 | 3,089 | 268 | 2,896 | 3,164 |
| 대전 | 350 | 3,090 | 3,440 | 374 | 3,141 | 3,515 |
| 울산 | 262 | 2,489 | 2,751 | 313 | 2,634 | 2,947 |
| 세종 | 23 | 338 | 361 | 33 | 354 | 387 |
| 경기 | 6,925 | 33,283 | 40,208 | 7,354 | 33,939 | 41,293 |
| 강원 | 243 | 3,622 | 3,865 | 249 | 3,579 | 3,828 |
| 충북 | 377 | 4,319 | 4,696 | 406 | 4,332 | 4,738 |
| 충남 | 537 | 7,033 | 7,570 | 609 | 7,296 | 7,905 |
| 전북 | 255 | 5,540 | 5,795 | 289 | 5,569 | 5,858 |
| 전남 | 201 | 6,660 | 6,861 | 208 | 6,622 | 6,830 |
| 경북 | 430 | 7,040 | 7,470 | 486 | 7,187 | 7,673 |
| 경남 | 747 | 8,541 | 9,288 | 820 | 8,694 | 9,514 |
| 제주 | 167 | 1,636 | 1,803 | 198 | 1,747 | 1,945 |
| 전국 | 20,887 | 126,704 | 147,591 | 21,953 | 127,811 | 149,764 |

자료: 김두섭 (2014a); 법무부 (2014b).

〈부표 7〉 농림어업 종사 한국 남자와 외국 여자의 거주지역별 혼인건수, 2005-2013

| | 한국 남자의 거주 지역 | | | |
|---|---|---|---|---|
| | 읍부 | 면부 | 동부 | 전체[1)] |
| 2005 | 435 | 1,936 | 498 | 2,883 |
| 2006 | 528 | 2,463 | 529 | 3,525 |
| 2007 | 490 | 2,159 | 522 | 3,171 |
| 2008 | 392 | 1,646 | 434 | 2,472 |
| 2009 | 344 | 1,335 | 307 | 1,987 |
| 2010 | 374 | 1,310 | 338 | 2,023 |
| 2011 | 249 | 1,042 | 267 | 1,559 |
| 2012 | 257 | 919 | 219 | 1,396 |
| 2013 | 210 | 771 | 197 | 1,180 |

주: 1) 국외거주자 포함.
자료: 통계청(2014a).

〈부표 8〉 농림어업 종사 한국 남자의 거주지역별 국제결혼의 비중, 2005-2013

| | 한국 남자의 거주 지역 | | | |
|---|---|---|---|---|
| | 읍부 | 면부 | 동부 | 전체[1)] |
| 2005 | 34.9 | 41.8 | 29.9 | 38.0 |
| 2006 | 37.7 | 48.5 | 29.5 | 42.5 |
| 2007 | 36.5 | 46.9 | 30.4 | 41.3 |
| 2008 | 34.3 | 43.1 | 29.0 | 38.3 |
| 2009 | 33.2 | 40.4 | 23.7 | 35.2 |
| 2010 | 33.7 | 38.8 | 22.8 | 33.9 |
| 2011 | 25.5 | 34.9 | 19.1 | 29.1 |
| 2012 | 25.5 | 30.3 | 16.2 | 25.9 |
| 2013 | 20.9 | 28.0 | 13.7 | 22.7 |

주: 1) 국외거주자 포함.
자료: 통계청 (2014a).

〈부표 9〉 외국인 아내의 출신국가별 이혼, 2000-2013

| | 2000 | 2003 | 2005 | 2008 | 2010 | 2011 | 2012 | 2013 |
|---|---|---|---|---|---|---|---|---|
| 중국 | 94 | 274 | 1,425 | 5,398 | 4,705 | 4,783 | 4,204 | 3,797 |
| 베트남 | 1 | 28 | 289 | 1,078 | 1,552 | 1,931 | 1,992 | 2,057 |
| 필리핀 | 0 | 43 | 140 | 268 | 299 | 328 | 395 | 435 |
| 일본 | 112 | 89 | 116 | 205 | 259 | 292 | 254 | 259 |
| 우즈베키스탄 | 1 | 16 | 75 | 160 | 174 | 133 | 141 | 158 |
| 캄보디아 | 0 | 0 | 6 | 178 | 167 | 192 | 180 | 152 |
| 태국 | 1 | 12 | 36 | 85 | 128 | 137 | 129 | 133 |
| 몽골 | 1 | 6 | 116 | 213 | 154 | 157 | 132 | 125 |
| 기타 | 37 | 79 | 179 | 316 | 414 | 396 | 451 | 472 |
| 합계 | 247 | 547 | 2,382 | 7,901 | 7,852 | 8,349 | 7,878 | 7,588 |

자료: 통계청 (2011a, 2012a, 2014a, 2014b).

〈부표 10〉 외국인 남편의 출신국가별 이혼, 2000-2013

| | 2000 | 2003 | 2005 | 2008 | 2010 | 2011 | 2012 | 2013 |
|---|---|---|---|---|---|---|---|---|
| 일본 | 1,007 | 1,113 | 1,306 | 1,556 | 1,638 | 1,466 | 1,396 | 1,196 |
| 중국 | 29 | 34 | 123 | 1,041 | 1,025 | 1,139 | 1,051 | 1,080 |
| 미국 | 192 | 219 | 217 | 238 | 277 | 240 | 233 | 249 |
| 파키스탄 | 0 | 9 | 25 | 32 | 38 | 51 | 49 | 55 |
| 캐나다 | 2 | 19 | 21 | 34 | 43 | 32 | 52 | 48 |
| 타이완 | 2 | 4 | 11 | 23 | 29 | 24 | 23 | 33 |
| 방글라데시 | 0 | 5 | 11 | 33 | 32 | 31 | 29 | 20 |
| 기타 | 19 | 62 | 75 | 122 | 154 | 163 | 176 | 211 |
| 합계 | 1,251 | 1,465 | 1,789 | 3,079 | 3,236 | 3,146 | 3,009 | 2,892 |

자료: 통계청(2011a, 2012a, 2014a, 2014b).

〈부표 11〉 외국인 배우자와의 이혼의 비중, 2000-2013

| 연 도 | 한국 남녀의 이혼 | 외국인 배우자와의 이혼 | | | 총 계 |
|---|---|---|---|---|---|
| | | 한국 남자 + 외국 여자 | 외국 남자 + 한국 여자 | 합 계 | |
| 2000 | 117,957 | 247 | 1,251 | 1,498 | 119,455 |
| 2001 | 132,914 | 387 | 1,307 | 1,694 | 134,608 |
| 2002 | 143,166 | 380 | 1,364 | 1,744 | 144,910 |
| 2003 | 164,605 | 547 | 1,465 | 2,012 | 166,617 |
| 2004 | 135,632 | 1,567 | 1,733 | 3,300 | 138,932 |
| 2005 | 123,864 | 2,382 | 1,789 | 4,171 | 128,035 |
| 2006 | 118,388 | 3,933 | 2,203 | 6,136 | 124,524 |
| 2007 | 115,778 | 5,609 | 2,685 | 8,294 | 124,072 |
| 2008 | 105,555 | 7,901 | 3,079 | 10,980 | 116,535 |
| 2009 | 112,526 | 8,246 | 3,227 | 11,473 | 123,999 |
| 2010 | 105,770 | 7,852 | 3,236 | 11,088 | 116,858 |
| 2011 | 102,789 | 8,349 | 3,146 | 11,495 | 114,284 |
| 2012 | 103,429 | 7,878 | 3,009 | 10,887 | 114,316 |
| 2013 | 104,812 | 7,588 | 2,892 | 10,480 | 115,292 |

자료: 통계청(2011a, 2012a, 2014a, 2014b).

〈부표 12〉 광역시도별 국제결혼 부부의 이혼 건수 및 전체 이혼에 대한 비중, 2011, 2013

| | 전체 이혼 | | 국제결혼 부부의 이혼 | | 전체 이혼에 대한 비중(%) | |
|---|---|---|---|---|---|---|
| | 2011 | 2013 | 2011 | 2013 | 2011 | 2013 |
| 서울 | 21,440 | 20,904 | 3,426 | 2,879 | 16.0 | 13.8 |
| 부산 | 7,692 | 7,583 | 768 | 678 | 10.0 | 8.9 |
| 대구 | 4,706 | 4,847 | 367 | 430 | 7.8 | 8.9 |
| 인천 | 7,004 | 7,404 | 803 | 814 | 11.5 | 11.0 |
| 광주 | 2,895 | 2,972 | 282 | 300 | 9.7 | 10.1 |
| 대전 | 3,095 | 3,038 | 275 | 260 | 8.9 | 8.6 |
| 울산 | 2,398 | 2,601 | 217 | 236 | 9.0 | 9.1 |
| 세종 | - | 242 | - | 27 | - | 11.2 |
| 경기 | 29,214 | 29,368 | 3,667 | 3,369 | 12.6 | 11.5 |
| 강원 | 3,615 | 3,778 | 328 | 328 | 9.1 | 8.7 |
| 충북 | 3,728 | 3,769 | 416 | 405 | 11.2 | 10.7 |
| 충남 | 4,886 | 4,879 | 530 | 580 | 10.8 | 11.9 |
| 전북 | 4,215 | 4,186 | 552 | 545 | 13.1 | 13.0 |
| 전남 | 4,179 | 4,135 | 573 | 501 | 13.7 | 12.1 |
| 경북 | 5,379 | 5,466 | 566 | 586 | 10.5 | 10.7 |
| 경남 | 7,270 | 7,614 | 752 | 731 | 10.3 | 9.6 |
| 제주 | 1,442 | 1,491 | 186 | 163 | 12.9 | 10.9 |
| 전국 | 114,284 | 115,292 | 14,450 | 13,482 | 12.6 | 11.7 |

주: 부부의 국내 주소지를 기준으로 집계되었으며, 부부가 모두 국내 주소지가 있는 경우에는 남편의 주소지를 기준으로 작성되었음. 전국의 통계값들은 국외 영사관에 신고된 이혼을 포함함.
자료: 통계청 (2014c).

〈부표 13〉 광역시도별 등록외국인, 2010-2013

| | 2010 | 2011 | 2012 | 2013 |
|---|---|---|---|---|
| 서울 | 262,902 | 279,220 | 247,108 | 244,410 |
| 부산 | 32,471 | 35,116 | 35,049 | 35,943 |
| 대구 | 20,401 | 22,014 | 21,922 | 23,302 |
| 인천 | 49,992 | 50,217 | 47,305 | 50,382 |
| 광주 | 13,360 | 14,106 | 14,492 | 15,557 |
| 대전 | 14,876 | 15,047 | 14,571 | 14,798 |
| 울산 | 16,043 | 18,421 | 19,247 | 22,427 |
| 세종 | - | - | 2,271 | 2,462 |
| 경기 | 285,262 | 302,447 | 288,251 | 314,715 |
| 강원 | 13,737 | 13,332 | 12,901 | 13,409 |
| 충북 | 24,453 | 25,730 | 24,830 | 27,481 |
| 충남 | 42,753 | 48,091 | 46,230 | 49,937 |
| 전북 | 20,152 | 21,851 | 22,030 | 23,067 |
| 전남 | 21,970 | 23,797 | 23,602 | 24,544 |
| 경북 | 36,895 | 39,984 | 40,067 | 43,499 |
| 경남 | 57,718 | 65,960 | 64,371 | 69,126 |
| 제주 | 5,932 | 7,128 | 8,736 | 10,864 |
| 전국 | 918,917 | 982,461 | 932,983 | 985,923 |

자료: 법무부(2011, 2012, 2013a, 2014a, 2014b).

〈부표 14〉 성별 국적 취득자, 2006-2014

| | 남자 | 여자 | 합계 |
|---|---|---|---|
| 2006 | 8,431 | 31,094 | 39,525 |
| 2007 | 9,408 | 44,643 | 54,051 |
| 2008 | 12,628 | 52,883 | 65,511 |
| 2009 | 15,798 | 57,927 | 73,725 |
| 2010 | 18,268 | 78,193 | 96,461 |
| 2011 | 21,264 | 89,846 | 111,110 |
| 2012 | 22,829 | 100,684 | 123,513 |
| 2013 | 24,461 | 109,243 | 133,704 |
| 2014 | 26,834 | 119,244 | 146,078 |
| 합계 | 159,921 | 683,757 | 843,678 |

자료: 김두섭 (2014a); 통계청 (2014a); 행정자치부 (2014).

〈부표 15〉 국민의 배우자 자격 입국자 및 혼인귀화자, 2007-2014

| | 국민의 배우자 자격 입국자 | 혼인귀화자 |
|---|---|---|
| 2007 | 110,362 | 14,609 |
| 2008 | 122,252 | 22,525 |
| 2009 | 125,087 | 39,666 |
| 2010 | 141,654 | 56,584 |
| 2011 | 144,681 | 69,804 |
| 2012 | 147,591 | 76,473 |
| 2013 | - | 83,929 |
| 2014 | - | 90,439 |
| 합계 | - | 287,117 |

자료: 김두섭 (2014a); 행정자치부 (2014); 법무부 (2014b).

〈부표 16〉 내국인 부모와 국제결혼 부모의 연령집단별 출생아 구성률, 2013

| | 전체 | 내국인 부모 | 국제결혼 부모 |
|---|---|---|---|
| 아버지의 연령 | | | |
| 20세 미만 | 0.2 | 0.2 | 0.0 |
| 20-24세 | 1.5 | 1.5 | 0.7 |
| 25-29세 | 11.6 | 12.0 | 6.2 |
| 30-34세 | 45.0 | 46.4 | 17.9 |
| 35-39세 | 30.5 | 30.7 | 27.1 |
| 40-44세 | 9.3 | 8.2 | 30.0 |
| 45세 이상 | 1.9 | 1.1 | 18.1 |
| 합계 | 100.0 | 100.0 | 100.0 |
| 어머니의 연령 | | | |
| 20세 미만 | 0.6 | 0.4 | 2.4 |
| 20-24세 | 5.1 | 3.9 | 25.7 |
| 25-29세 | 23.6 | 23.3 | 30.5 |
| 30-34세 | 50.5 | 52.0 | 27.1 |
| 35-39세 | 17.7 | 18.0 | 11.6 |
| 40-44세 | 2.5 | 2.4 | 2.5 |
| 45세 이상 | 0.1 | 0.1 | 0.1 |
| 합계 | 100.0 | 100.0 | 100.0 |

자료: 통계청 (2014c).

〈부표 17〉 다문화가정 학생의 증가추이, 2010-2014

| | 2010 | 2011 | 2012 | 2013 | 2014 |
|---|---|---|---|---|---|
| 국제결혼가정 자녀 | | | | | |
| 초등학교 | 23,602 | 27,207 | 31,979 | 35,896 | 44,843 |
| 중학교 | 4,814 | 7,198 | 9.182 | 10,318 | 11,714 |
| 고등학교 | 1,624 | 2,134 | 3,167 | 4,522 | 6,543 |
| 합　계 | 30,040 | 36,539 | 44,328 | 50,736 | 63,100 |
| 외국인가정 자녀 | | | | | |
| 초등학교 | | 1,460 | 1,813 | 3,534 | 3,454 |
| 중학교 | | 436 | 465 | 976 | 811 |
| 고등학교 | | 243 | 348 | 534 | 441 |
| 합계 | | 2,139 | 2,626 | 5,044 | 4,706 |

자료: 교육과학기술부(2011, 2012); 교육부(2013, 2014); 김두섭(2014a).

〈부표 18〉 다문화가정 학생 수 및 전체 학생 수에 대한 비중, 2008-2014

| | 다문화가정 학생 수 | 전체 학생 수에 대한 비중(%) |
|---|---|---|
| 2008 | 20,180 | 0.26 |
| 2009 | 26,015 | 0.35 |
| 2010 | 31,788 | 0.44 |
| 2011 | 38,678 | 0.55 |
| 2012 | 46,954 | 0.70 |
| 2013 | 55,780 | 0.86 |
| 2014 | 67,806 | 1.07 |

주: 다문화가정은 국제결혼으로 구성된 가정과 외국인 가정을 합한 것임.
자료: 김두섭(2014a); 교육과학기술부(2010); 교육부(2013, 2014).

〈부표 19〉 국제결혼가정 자녀 시도별 학교급별 재학생, 2013

| | 국제결혼가정 학생 | | | | 외국인가정 학생 | | | |
|---|---|---|---|---|---|---|---|---|
| | 초등학교 | 중학교 | 고등학교 | 합 계 | 초등학교 | 중학교 | 고등학교 | 합 계 |
| 서울 | 5,211 | 1,384 | 634 | 7,229 | 1,034 | 286 | 178 | 1,498 |
| 부산 | 1,555 | 440 | 183 | 2,178 | 192 | 66 | 26 | 284 |
| 대구 | 976 | 234 | 84 | 1,294 | 96 | 22 | 11 | 129 |
| 인천 | 1,951 | 509 | 211 | 2,671 | 215 | 52 | 28 | 295 |
| 광주 | 856 | 246 | 74 | 1,176 | 60 | 13 | 2 | 75 |
| 대전 | 762 | 191 | 110 | 1,063 | 59 | 15 | 9 | 83 |
| 울산 | 652 | 147 | 44 | 843 | 126 | 16 | 8 | 150 |
| 세종 | 99 | 30 | 14 | 143 | 4 | 2 | 1 | 7 |
| 경기 | 7,988 | 2,094 | 1,034 | 11,116 | 999 | 247 | 100 | 1,346 |
| 강원 | 1,637 | 660 | 274 | 2,571 | 57 | 12 | 20 | 89 |
| 충북 | 1,646 | 505 | 313 | 2,464 | 46 | 9 | 1 | 56 |
| 충남 | 2,357 | 732 | 318 | 3,407 | 143 | 43 | 21 | 207 |
| 전북 | 2,209 | 697 | 304 | 3,210 | 109 | 39 | 42 | 190 |
| 전남 | 2,747 | 995 | 378 | 4,120 | 177 | 69 | 54 | 300 |
| 경북 | 2,406 | 669 | 273 | 3,348 | 38 | 22 | 4 | 64 |
| 경남 | 2,434 | 689 | 243 | 3,366 | 158 | 57 | 29 | 244 |
| 제주 | 410 | 96 | 31 | 537 | 21 | 6 | 0 | 27 |
| 전국 | 35,896 | 10,318 | 4,522 | 50,736 | 3,534 | 976 | 534 | 5,044 |

주: 2013년 4월 1일 기준임.
자료: 교육부(2013).

〈부표 20〉 부모의 출신국가별 다문화가정 학생 수, 2008-2013

| | 2008 | 2010 | 2012 | 2013 |
|---|---|---|---|---|
| 중국 | 4,878 | 8,853 | 15,882 | 19,292 |
| 일본 | 8,601 | 10,937 | 12,933 | 13,117 |
| 필리핀 | 3,120 | 5,142 | 7,553 | 8,639 |
| 베트남 | 894 | 1,306 | 3,408 | 6,326 |
| 태국 | 321 | 727 | 1,136 | 1,310 |
| 몽골 | 584 | 361 | 1,021 | 1,135 |
| 기타 | 1,782 | 2,714 | 5,021 | 6,114 |
| 합계 | 20,180 | 30,040 | 46,954 | 55,933 |

자료: 교육과학기술부 (2010); 김두섭 (2014a); 교육부 · 한국교육개발원 (2013).

〈부표 21〉 다문화가정 자녀의 연령별 구성, 2009-2014

| | 2009 | 2010 | 2011 | 2012 | 2013 | 2014 |
|---|---|---|---|---|---|---|
| 6세 이하 | 64,040 | 75,776 | 93,537 | 104,694 | 116,696 | 121,310 |
| 7-12세 | 28,922 | 30,587 | 37,590 | 40,235 | 45,156 | 49,929 |
| 13-15세 | 8,082 | 8,688 | 12,392 | 15,038 | 18,395 | 19,499 |
| 16-18세 | 6,645 | 6,884 | 7,635 | 8,616 | 11,081 | 13,466 |
| 합계 | 107,689 | 121,935 | 151,154 | 168,583 | 191,328 | 204,204 |

자료: 통계청 (2014c); 행정자치부 (2014).

〈부표 22〉 다문화가정 자녀와 전체 청소년의 취학률, 2012

| | 다문화가정 청소년 | 전체 청소년 |
|---|---|---|
| 초등학교 | 97.9 | 98.6 |
| 중학교 | 92.3 | 96.1 |
| 고등학교 | 85.1 | 92.6 |
| 고등교육기관 | 49.3 | 68.4 |

주: 전체 청소년에는 다문화가정 청소년이 포함되었음.
자료: 여성가족부(2013).

〈부표 23〉 정부 부처별 주요 다문화가족 정책과 예산

| 정부 부처 | 주요 정책 | 예산(억 원) |
|---|---|---|
| 여성가족부 | | 827 |
| | 다문화가족 지원센터 운영 | |
| | 1366 긴급지원 콜센터 운영 | |
| | 취업역량 강화 | |
| | 국제결혼중개업체 관리 | |
| 교육과학기술부(현 교육부) | | 532 |
| | 다문화가족 방과후 교육 | |
| | 불법 체류 자녀 교육권 보장 | |
| 보건복지부 | | 231 |
| | 결혼이민자 의료지원 | |
| | 공공부조(기초생활보장 등) | |
| 법무부 | | 196 |
| | 외국인 근로자 인권 보호 | |
| | 사회통합 프로그램 | |
| 고용노동부 | | 159 |
| | 취업지원 서비스 | |
| | 다문화가족 채용 기업에 대한 지원 | |
| 문화체육관광부 | | 72 |
| | 문화센터 운영 | |
| | 아시아 열린문화축제사업 | |
| 농림부, 지식경제부,<br>행전안전부, 중소기업청 | | 87 |
| 합계 | | 2,104 |

자료: 이상림(2012).

〈부표 24〉 여성가족부의 단계별 다문화가족 지원정책

| 단계 | 주요 정책 |
|---|---|
| 제1단계: 입국 전 결혼준비기 | |
| | 국제결혼 과정의 인권보호와 교육프로그램 |
| | • 결혼중개업의 관리에 관한 법률 제정 및 개정 |
| | • 결혼중개업자 전문지식 및 윤리의식 향상 교육 |
| | • 결혼이민(예정)자 현지 사전교육 운영의 내실화 |
| 제2단계: 입국 초 가족관계 형성기 | |
| | 결혼이민자의 조기 적응 및 안정적 생활지원 |
| | • 한국어 교육, 다문화기족통합 교육, 취업/상담 등 종합서비스 제공 |
| | • 다국어판 생활·정책정보 매거진, 한국생활 가이드북 발간배포 |
| | 다양한 매체를 통한 한국어 교육 |
| | 위기개입 및 가족통합 교육 |
| | • 이주여성 긴급전화 및 전용 쉼터 |
| | • 다문화가족(이혼 가족 포함)의 개인·가족 상담 |
| 제3단계: 자녀양육 및 정착기 | |
| | 다문화가족 자녀의 양육·교육 지원 |
| | • 부모의 자녀양육 능력 향상을 위한 부모교육서비스 실시 |
| | • 학업성취 낮거나 발달장애 겪고 있는 자녀에게 생활서비스 실시 |
| | • 다문화가족 자녀 언어발달 지원 |
| | • 이중언어 기족환경조성사업 |
| 제4단계: 역량 강화기 | |
| | 다문화가족의 경제·사회적 자립 지원 |
| | • 다문화가족 취업연계 및 취업 기초소양교육 |
| | • 결혼이민자 적합 직종 개발 및 직업교육훈련 |
| | - 통·번역사, 진료 코디네이터 등 이민자 적합 직종을 개발 |
| | - 직장에 적응할 수 있는 인턴 기회 제공 |
| | • 자조모임 및 봉사단 운영지원 |

자료: 여성가족부(2014).

## 통계관련 자료

교육과학기술부. 2010. 『2010년 다문화 가정 학생 현황』. 교육복지정책과.

______. 2011. 『2011년 다문화 학생 현황 통계』. 학생복지정책과.

______. 2012. 『2012년 다문화 학생 현황 통계』. 학생복지정책과.

교육부. 2013. 『2013년 다문화 학생 현황 통계』. 학생복지정책과.

______. 2014. 『2014년 다문화 학생 현황 통계』. 학생복지정책과.

교육부 · 한국교육개발원. 2013. 『2013 교육통계 분석자료집 — 유 · 초 · 중등 교육통계편』. 학생복지정책과. http://www.moe.go.kr.

김두섭 · 유정균. 2013. 『다문화 시 · 군 · 구 통계 Data Sheet, 2010, 2012』. 원자료. 한양대 SSK 다문화사업단.

법무부. 2011. "2010년 12월말 기준 등록외국인 지역별 현황." 이민정보과. 법무부 홈페이지. http://www.moj.go.kr.

______. 2012. "2011년 12월말 기준 등록외국인 지역별 현황." 이민정보과. 법무부 홈페이지. http://www.moj.go.kr.

______. 2013a. "2012년 12월말 기준 등록외국인 지역별 현황." 이민정보과. 법무부 홈페이지. http://www.moj.go.kr.

______. 2013b. 『2012년도 출입국 · 외국인정책 통계연보』. 출입국 · 외국인정책본부.

______. 2014a. "2013년 12월말 기준 등록외국인 지역별 현황." 이민정보과. 법무부 홈페이지. http://www.moj.go.kr.

______. 2014b. 『2013년도 출입국 · 외국인정책 통계연보』. 출입국 · 외국인정책본부.

______. 2014c. 『출입국 · 외국인정책 통계월보』. 2014년 10월호. 출입국 · 외국인정책본부.

보건복지부 · 법무부 · 여성부. 2010. 『2009년 전국 다문화가족 실태조사』. 원자료. 한국보건사회연구원.

여성가족부. 2013. 『2012년 전국다문화가족실태조사』. 다문화가족정책과 보도자료.

______. 2014. “다문화가족 지원.” 다문화가족정책과. 여성가족부 홈페이지. http://www.mogef.go.kr.

인구및고령사회연구소. 2007. 『아시아 여성의 한국으로의 혼인이주와 정착과정에 관한 조사』. 원자료. 한양대학교.

통계청. 2008. 『혼인통계』. 2008년도 혼인신고 원자료.

______. 2009a. 『혼인통계』. 2009년도 혼인신고 원자료.

______. 2009b. 『이혼통계』. 2009년도 이혼신고 원자료.

______. 2010a. 『2009년 혼인통계 결과』. 인구동향과 보도자료.

______. 2010b. 『2009년 이혼통계 결과』. 인구동향과 보도자료.

______. 2010c. 『2010년 인구주택총조사』. 2% 표본자료 CD.

______. 2010d. 『혼인통계』. 2010년도 혼인신고 원자료.

______. 2010e. 『이혼통계』. 2010년도 이혼신고 원자료.

______. 2011a. 『2010년 혼인 · 이혼통계』. 인구동향과 보도자료.

______. 2011b. 『다문화인구동태통계』. 인구동향과 보도자료.

______. 2011c. 『2010년 출생통계(확정)』. 인구동향과 보도자료.

______. 2011d. 『2010년 사망원인통계 결과』. 인구동향과 보도자료.

______. 2011e. 『2010 인구주택총조사 전수집계 결과』. 인구총조사과 보도자료.

______. 2011f. 『장래인구추계: 2010년–2060년』. 인구동향과 보도자료.

______. 2011g. 『2010년 사회조사』. 2010년도 사회조사 원자료.

______. 2011h. 『혼인통계』. 2011년도 혼인신고 원자료.

______. 2012a. 『2011년 혼인 · 이혼통계』. 인구동향과 보도자료.

______. 2012b. 『혼인통계』. 2012년도 혼인신고 원자료.

______. 2013a. 『2012년 다문화인구동태통계』. 인구동향과 보도자료.

______. 2013b. 『혼인통계』. 2013년도 혼인신고 원자료.

______. 2013c. 『이혼통계』. 2013년도 이혼신고 원자료.
______. 2014a. 한국통계정보시스템 (KOSIS). http://kosis.nso.go.kr.
______. 2014b. 『2013년 혼인 · 이혼통계』. 인구동향과 보도자료.
______. 2014c. 『2013년 다문화인구동태통계』. 인구동향과 보도자료.
______. 2014d. 『2013년 출생통계(확정)』. 인구동향과 보도자료.
한국보건사회연구원. 2005. 『전국 결혼 및 출산력 조사, 2005』. 원자료.
______. 2011. 『외국인 · 이민자 유입에 대한 국민인식조사』. 원자료.
한국학중앙연구원. 2008. 『다민족, 다인종 사회통합 관련 조사』. 원자료.
행정안전부. 2010. "2009년 1월 1일 기준 외국인주민 현황." 행정안전부(현재 행정자치부) 홈페이지. http://www.mopas.go.kr.
행정자치부. 2014. "2014년 지방자치단체 외국인주민 현황(2014년 1월 1일 기준)." 행정자치부 홈페이지. http://www.mogaha.go.kr.
MPDA(Mongolian Population and Development Association). 2009. *2009 Survey on International Labor and Marriage Migration of Mongolian Women*. 보고서/원자료. UlanBaartaar: MPDA.
한양대 SSK 다문화사업단. 2012. 『다문화 시 · 군 · 구 통계 Data Sheet』. 원자료. 한양대 SSK 다문화사업단 홈페이지. http://csmr.kr.

## 관련 문헌

강유진. 1999. "한국 남성과 결혼한 중국 조선족 여성의 결혼생활 실태에 관한 연구." 『한국가족관계학회지』 4(2): 61-80.
고령화및미래사회위원회. 2005. 『외국인정책의 과제와 추진방안』. 대통령자문위원회.
권태환 · 김두섭. 2002. 『인구의 이해』. 개정판. 서울대학교 출판부.
김두섭. 1998. "중국인과 한국인 이민자들의 소수민족사회의 형성과 사회문화적 적응: 캐나다 벤쿠버의 사례연구." 『한국인구학』 21(2): 114-181.
______. 2006. "한국인 국제결혼의 설명틀과 혼인 및 이혼신고자료의

분석.” 『한국인구학』 29(1): 25-56.

______. 2008. “외국인 배우자의 지위와 사회적 자본이 출산력에 미치는 영향.” 『한국인구학』 31(3): 1-26.

______. 2010. “인구 부문의 주요 변화.” 『한국의 사회동향 2009』. 통계청·통계개발원. 6-16.

______. 2011a. “인구 부문의 주요 변화.” 『한국의 사회동향 2010』. 통계청·통계개발원. 4-13.

______. 2011b. “제6장: 국제결혼과 다문화사회.” 한국인구학회(편). 『대학인구교육교재 개발』. 보건복지부. 153-187.

______. 2012a. “국제결혼 부부의 연령 및 교육수준 격차와 결혼안정성: 국제결혼개방성 가설의 검증.” 『한국인구학』 35(1): 1-30.

______. 2012b. 『그림과 표로 보는 외국인 통계 2012』. 한양대 SSK 다문화사업단.

______. 2014a. 『그림과 표로 보는 외국인 통계 2013』. 한양대 SSK 다문화사업단.

______. 2014b. “거주지역의 민족구성이 혼인이주여성의 사회활동과 적응유형에 미치는 영향: 주변효과의 검증.” 『한국인구학』 37(1): 1-29.

김두섭·강남준. 2008. 『회귀분석: 기초와 응용』. 나남.

김두섭·송유진. 2013. “거주지역 외국인 아내의 비중과 가구구조가 혼인이주여성의 출산력에 미치는 영향: 주변효과의 검증.” 『한국인구학』 36(1): 51-74.

김두섭·이명진. 2007. “국제결혼 부부의 사회인구학적 상이성과 결혼안정성.” 『한국인구학』 30(3): 33-56.

김두섭·차승은·Harris Kim. 2008. 『혼인인주 여성의 사회연결망과 적응』. 한양대 인구및고령사회연구소.

김석호·신인철. 2011. “한국인의 외국인에 대한 사회적 거리감.” 한국인구학회 2011년 후기학술대회.

김석호·신인철·김병수. 2011. “이주노동자에 대한 태도에 영향을 미치

는 교육의 효과분해: 한국, 일본, 대만 비교연구." 『한국인구학』 34(1): 129-157.

김숙자. 1998. "한국 남성과 중국 조선족 여성과의 섭외혼인 실태와 그 대책." 『가족법 연구』 12: 93-137.

김애령. 1998. 『충남 거주 조선족여성의 결혼과정과 적응에 관한 연구』. 충남도청.

김이선 · 민무숙 · 김경미 · 주유선. 2011. 『결혼이민자의 사회적 관계증진을 위한 정책지원방안』. 한국여성정책연구원.

김정석. 2009. "필리핀 신부의 결혼관과 국제결혼 사례연구." 『한국인구학』 32(2): 1-27.

김한성 · 이유신. 2013. "결혼이주여성의 삶의 만족도: 지역사회 특성과 차별경험을 중심으로." 『한국사회학』 47(2): 177-209.

김현숙. 2006. "부산지역 여성결혼이민자의 사회통합에 관한 연구." 『여성학연구』 16(1): 163-176.

김현식 · 김두섭. 2014. "다문화가족 청소년과 자살행위." 『한국사회학』 48(2): 35-66.

김현지 · 최혜영. 2010. "부산지역 다문화가정 생활실태 분석." 부산여성가족개발원 연구보고서 2010-06.

김혜순. 2010. 『이민자 사회통합정책 기초연구: 결혼이민자와 다문화가족을 중심으로』. IOM이민정책연구원.

민경자. 2003. 『충남 거주 외국인 주부의 정착 지원방안 연구』. 충남여성정책개발원.

민지선 · 김두섭. 2013. "거주지역의 외국인 비중이 외국인에 대한 사회적 거리감에 미치는 영향." 『한국인구학』 36(4): 71-94.

박세훈 · 이영아 · 김은란 · 정소양. 2009. 『다문화사회에 대응하는 도시정책 연구(Ⅰ): 외국인 밀집지역의 현황과 정책과제』. 국토연구원.

박현정. 2004. "광주 · 전남지역 국제결혼한 이주여성 실태보고." 광주 · 전남지역 국제결혼한 이주여성 실태보고 및 토론회. 광주 여성의 전화 부설 가정폭력상담소. 1-34.

박정숙 · 박옥임 · 김진희. 2007. “국제결혼 이주여성의 가족갈등과 생활만족도에 관한 연구.” 『한국가정관리학회지』 25(6): 59-70.

박형수 · 유진호 · 박부연. 2013. “한국 다문화가정 청소년의 스트레스와 자살생각과의 관련성.” 『한국전자통신학회논문지』 8(5): 771-777.

보건복지부. 2006. “저출산고령사회 기본정책.” 보건복지부 보도자료. 2006년 7월.

서혜정 · 김형모. 2009. “여성결혼이민자의 결혼의 질과 결혼안정성에 관한 연구.” 『사회복지정책』 36(2): 359-389.

석현호. 2000. “국제이주이론: 기존이론의 평가와 행위체계론적 접근의 제안.” 『한국인구학』 23(2): 5-37.

설동훈. 2006. “한국의 결혼이민자 가족: 현황과 정책.” 한국가정관리학회 추계 학술대회 자료집.

______. 2011. “다문화가족 사회통합정책의 비교연구: 한국과 신대륙 이민국, 유럽 · 동아시아 이민수용국을 중심으로.” 2011년 한양대학교 사회학과 30주년 기념 세미나 발표 논문.

설동훈 · 김윤태 · 김현미 · 윤홍식 · 이혜경 · 임경택 · 정기선 · 주영수 · 한건수. 2005. 『국제결혼 이주여성 실태조사 및 보건 · 복지 지원 정책 방안』. 미래인력연구원. 보건복지부 용역연구 보고서.

성상환. 2010. “어려서부터 정체성 확립이 중요… 자연스레 어울릴 환경 조성부터.” 한국일보 2010년 7월 7일 인터뷰 기사.

송유진. 2008. “한국, 대만, 일본의 이민자에 대한 태도.” 『한국인구학』 31(2): 1-20.

______. 2013. “외국인과의 접촉 경험이 외국인 수용정도에 미치는 영향.” 『한국인구학』 36(3): 1-19.

여성(가족)부. 2007. “결혼이민자를 위한 지원정책.” 여성(가족)부 보도자료 2007년 12월 3일.

윤정숙 · 임유경. 2004. “성별화된 이주 방식으로의 국제결혼과 여성에 대한 폭력: 필리핀여성과 한국남성의 결혼을 중심으로.” 한국여성학회 추계학술대회 발표논문.

윤형숙. 2004a. “국제결혼 배우자의 갈등과 적응.” 최협·김성국·정근식·유명기(편). 『한국의 소수자: 실태와 전망』. 한울. 321-349.

______. 2004b. “외국인 출신 농촌주부들의 갈등과 적응: 필리핀 여성을 중심으로.” 2004년 한국여성학회 심포지엄 발표 논문.

이명진·최유정·최샛별. 2010. “다문화사회와 외국인에 대한 사회적 거리.” 『조사연구』 11(1): 63-85.

이삼식. 2011. “외국의 이민정책 현황과 시사점.” 『보건·복지 Issue & Focus』 110. 2011-42. 한국보건사회연구원.

______. 2012. “외국인 유입에 관한 국민인식과 시사점.” 『보건·복지 Issue & Focus』 121. 2012-02. 한국보건사회연구원.

이상림. 2012. “혼인이주 현상에 대한 인구학적 조망: 전망과 과제.” 한국인구학회 학술토론회. 2012년 6월 15일. 한국프레스센터.

이상림·김혜진. 2010. 『혼인이주여성의 건강 장애요인과 건강 정책 제안』. IOM이민정책연구원.

이윤애. 2004. 『전북지역 외국인여성 정착지원 방안』. 전라북도 여성발전연구원.

이혜경. 2005. “혼인이주와 혼인이주 가정의 문제와 대응.” 『한국인구학』 28(1): 73-106.

장승진. 2010. “다문화주의에 대한 한국인들의 태도: 경제적 이해관계와 국가정체성의 영향을 중심으로.” 『한국정치학회보』 44(3): 97-119.

장온정·박정윤. 2010. “가정폭력 피해 결혼이민자여성의 경험과 지원체계 개선에 관한 연구.” 『한국가정관리학회지』 28(6): 221-234.

조경욱·조무현. 2010. “전라북도 다문화가족 생활실태 및 정책지원방안.” 전북발전연구원 연구보고서 2010-PR-05.

차승은·김두섭. 2008. “혼인이주 여성의 출산 및 경제활동과 우울증.” 『한국인구학』 31(3): 131-157.

홍기혜, 2000. “조선족 여성과 한국 남성간의 결혼을 통해 본 이주의 성별 정치학.” 이화여자대학교 여성학과 석사학위논문.

Abbasi-Shavazi, Mohammad Jalal and Peter McDonald. 2000. "Fertility and Multi-culturalism: Immigrant Fertility in Australia, 1977-1991." *International Migration Review* 34(1): 215-242.

Abma, Joyce C. and Lauren J. Krivo. 1991. "The Ethnic Context of Mexican American Fertility." *Sociological Perspectives* 34(2): 145-164.

Abraido-Lanza, A. F., M. T. Chao and C. Y. Gates. 2005. "Acculturation and Cancer Screening among Latinas: Results from the National Health Interview Survey." *Annals of Behavioral Medicine* 29(1): 22-28.

Atkinson, M. P. and B. L. Glass. 1985. "Marital Age Heterogamy and Homogamy, 1900 to 1980." *Journal of Marriage and the Family* 47(3): 685-691.

Becker, Gary S. 1974. "A Theory of Marriage." in Theodore W. Schultz. *Economics of the Family: Marriage, Children, and Human Capital.* Chicago: University of Chicago Press. 299-344.

______. 1981. *A Treatise on the Family*. Cambridge: Harvard University Press.

Bélanger, Danièle. 2007. "The House and the Classroom: Vietnamese Immigrant Spouses in South Korea and Taiwan." *Population and Society* 3(1): 39-59.

Bélanger, Danièle and Hong-zen Wang. 2012. "Transnationalism from Below: Evidence from Vietnam-Taiwan Cross-Border Marriages." in Doo-Sub Kim (ed.). *Cross-Border Marriage: Global Trends and Diversity.* Seoul: Korea Institute for Health and Social Affairs.

Bernard, J. 1966. "Marital Stability and Patterns of Status Variables." *Journal of Marriage and the Family* 28(4): 421-439.

Berry, J. W. 1987. "Finding Identity: Segregation, Integration, Assimilation, or Marginality?" in Leo Driedger (ed.). *Ethnic in Canada: Identities and Inequalities.* Toronto: Coop, Clark, Pitman. 223-239.

Bian, Y. 1997. "Bringing Strong Ties Back in: Indirect Ties, Network Bridges, and Job Searches in China." *American Sociological Review* 62: 366-385.

Birkelund, Gunn Elisabeth and Jahan Heldal. 2003. "Who Marries

Whom? Educational Homogamy in Norway." *Demographic Research* 8(1): 1-30.
Bitter, R. G. 1986. "Late Marriage and Marital Instability: the Effects of Heterogeneity and Inflexibility." *Journal of Marriage and the Family* 48(3): 631-640.
Blau, P. M. and J. E. Schwartz. 1984. *Crosscutting Social Circles: Testing a Macrostructural Theory of Intergroup Relations.* New York: Academic Press.
Bongaarts, John and Susan C. Watkins. 1996. "Social Interactions and Contemporary fertility Transition." *Population and Development Review* 22: 639-682.
Bornschier, V., C. Chase-Dunn and R Rubinson. 1978. "Cross-national Evidence of the Effects of Foreign Investment and Aid on Economic Growth and Inequality: A Survey of Findings and a Reanalysis." *American Journal of Sociology* 84(3): 651-683.
Bowerman, C. E. 1964. "Predication Studies." in H. T. Christensen (ed.). *Handbook of Marriage and the Family.* Chicago: Rand Mcnally & Company. 215-246.
Boxman, Ed A. W., Paul M. De Graaf and Hendrik D. Flap. 1991. "The Impact of Social and Human Capital on the Income Attainment of Dutch Managers." *Social Networks* 13: 51-73.
Brien, Michael J., Lee A. Lillard and Steven Stern. 2006. "Cohabitation, Marriage, and Divorce in a Model of Match Quality." *International Economic Review* 47(2): 451-494.
Bruze, Gustaf. 2010. "New Evidence on the Causes of Educational Homogamy." *Working Paper 10-18.* Department of Economics, Aarhus University. Aarhus, Denmark: Aarhus University.
Bumpass, Larry L. and James A. Sweet. 1972. "Differentials in Marital Instability: 1970." *American Sociological Review* 37(6): 754-766.
Burt, Ronald S. 1997. "The Contingent Value of Social Capital." *Administrative Science Quarterly* 42: 339-365.
Carrère, Sybil, Kim T. Buehlman, John M. Gottman, James A. Coan and Lionel Ruckstuhl. 2000. "Predicting Marital Stability and Divorce in Newlywed Couples." *Journal of Family Psychology*

14(1): 42-58.

Çelikaksoy, Aycan, H. S. Nielson and M. Verner. 2006. "Marriage Migration: Just Another Case of Positive Assortative Matching?" *Review of Economics of the Household* 4(3): 271-293.

Chase-Dunn, Christopher. 1975. "The Effects of International Economic Dependence on Development and Inequality: A Cross-national Study." *American Sociological Review* 40(Dec.): 720- 738.

Chee, Heng Leng, Brenda S. A. Yeoh, and Rashidah Shuib. 2012. "In-between (Il)legality and Legitimacy: Marriages between Foreign Workers and Citizens in Malaysia." in Doo-Sub Kim (ed.). *Cross-Border Marriage: Global Trends and Diversity.* Seoul: Korea Institute for Health and Social Affairs.

Chen, Yu-Hua. 2007a. "Individual and Structural Determinants of Marital Stability: An Exploration of Cross-Border Marriage in Taiwan." *Population and Society* 3(2): 1-28.

______. 2007b. "The Rise of Cross-Border Marriage and Its Impact on Fertility in Taiwan." Presented at the Asia Research Institute Workshop on Low Fertility. February 22-23. National University of Singapore. Singapore.

______. 2008a. "The Significance of Cross-Border Marriage in a Low Fertility Society: Evidence from Taiwan." Mimeo.

______. 2008b. "Individual and Structural Determinants of Marital Stability: An Exploration of Cross-border Marriage in Taiwan." in Doo-Sub Kim (ed.). *Cross-Border Marriage: Process and Dynamics.* Seoul: Institute of Population and Aging Research, Hanyang University. 35-61.

Clarkwest, Andrew. 2007. "Spousal Dissimilarity, Race, and Marital Dissolution." *Journal of Marriage and Family* 69(3): 639-653.

Coleman, David A. 1994. "Trends in Fertility and Intermarriage among Immigrant Population in Western Europe as Measures of Integration." *Journal of Biosocial Science* 26: 107-136.

______. 2006. "Immigration and Ethnic Change in Low-Fertility Countries: A Third Demographic Transition." *Population and Development Review* 32(3): 401-446.

Coleman, James. 1988. *Foundations of Social Theory.* Cambridge, MA.:

Harvard University Press.
Curtright, P. 1971. "Income and Family Event: Marital Stability." *Journal of Marriage and the Family* 33(2): 291-306.
De Graaf, N. D. and H. D. Flap. 1988. "With a Little Help from My Friends: Social Resources as an Explanation of Occupational Status and Income in West Germany, the Netherlands, and the United States." *Social Forces* 67: 452-472.
Delacroix, J. 1977. "The Export of Raw Materials and Economic Growth: A Cross-national Study." *American Sociological Review* 42 (Oct.): 795-808.
Dietz, R. 2002. "The Estimation of Neighborhood Effects in the Social Sciences: An Interdisciplinary Approach." *Social Science Research* 31(4): 539-575.
Ellen, I. G. and M. A. Turner. 1997. "Does Neighborhood Matter? Assessing Recent Evidence." *Housing Policy Debate* 8(4): 833-866.
Entwisle, Barbara, Ronald R. Rindfuss, David K. Guilkey, Aphichat Chamratrithirong, Sara R. Curan and Yothin Sawangdee. 1996. "Community and Contraceptive Choice in Rural Thailand: A Case Study of Nang Rong." *Demography* 33: 1-11.
Esteve, Albert, Clara Cortina and Anna Cabré. 2009. "Long Term Trends in Marital Age Homogamy Patterns: Spain, 1922-2006." *Population (English edition)* 64(1): 173-202.
Esteve, Albert, Joan Garcia, and Robert McCaa. 2012. "Comparative Perspectives on Marriage and International Migration, 1970-2000: Findings from IPUMS-International Census Microdata Samples." in Doo-Sub Kim (ed.). *Cross-Border Marriage: Global Trends and Diversity.* Seoul: Korea Institute for Health and Social Affairs. 51-80.
Fisher, N. A. and J. P. Marcum. 1984. "Ethnic Integration, Socioeconomic Status and Fertility among Mexican Americans." *Social Science Quarterly* 65(2): 583-593.
Ford, Kathleen. 1990. "Duration of Residence in the United States and the Fertility of U.S. Immigrants." *International Migration Review* 24(1): 34-68.
Gabbay, S. M. and E. W. Zuckerman. 1998. "Social Capital and

Opportunity in Corporate R&D: The Contingent Effect of Contact Density on Mobility Expectations." *Social Science Research* 27: 189-217.

Galster, George C. 2010. "The Mechanism(s) of Neighborhood Effects: Theory, Evidence, and Policy Implications." Paper presented at the ESRC Seminar *Neighborhood Effects: Theory and Evidence,* St. Andrews University, Scotland, UK, February 4-5, 2010.

Glazer, Nathan and Daniel Moynihan. 1963. *Beyond the Melting Pot.* Cambridge, MA: M.I.T. Press.

Gold, Thomas, Douglas Guthrie, and David Wank. 2002. *Social Connections in China: Institutions, Cultures and the Changing Nature of Guanxi.* Cambridge, UK: Cambridge University Press.

Goldscheider, Calvin. 1999. "Religious Values, Dependencies and Fertility: Evidence and Implications from Israel." in R. Leete (ed.). *Dynamics of Values in Fertility Change.* Oxford: Oxford University Press. 311-330.

Goldscheider, Calvin and Peter R. Uhlenberg. 1969. "Minority Group Status and Fertility." *The American Journal of Sociology* 74(4): 361-372.

Goode, Williams J. 1966. "Family Disorganization." in Robert K. Merton and Robert A. Nibset (eds.). *Contemporary Social Problems.* New York: Harcourt, Brace and World, Inc. 479-552.

Gordon, Milton M. 1964. *Assimilation in American Life.* New York: Oxford University Press.

Granovetter, Mark. 1973. "Strength of Weak Ties." *American Journal of Sociology* 78: 1360-1380.

______. 1974. *Getting a Job: A Study of Contacts and Careers.* Cambridge, MA: Harvard University Press.

______. 1985. "Economic Action and Social Structure: The Problem of Embeddedness." *American Journal of Sociology* 91: 481-510.

______. 2002. "A Theoretical Agenda for Economic Sociology." in M. Guillen, R. Collins, P. England, and M. M. Russell (eds.). *The New Economic Sociology.* New York: Sage.

Guo, Shenyang. 2005. "Analyzing Grouped Data with Hierarchial Linear Modeling." *Children and Youth Services Review* 27(6): 637-652.

Héran, François. 2005. "Demography and Population Policy: Is It Possible to Draw Any Lesson from the French Case?" Presented at the KIPP (Korea Institute of Population Problems) Demographic Forum, April 8, 2005, Seoul, Korea.

Hsia, Hsiao-Chuan. 2004. "Internationalization of Capital and the Trade in Asian Women: The Case of 'Foreign Brides' in Taiwan." in Delia D. Aguilar and Anne E. Lacsamana (eds.). *Women and Globalization*. Amherst, NY: Humanity Books. 181-229.

Jean, Lin. 2005. "Foreign Spouse Bill Passes Review." *Taipei Times*. November 11, 2005.

Johnson, Nan E. 1979. "Minority-Group Status and the Fertility of Black Americans, 1970: A New Look." *American Journal of Sociology* 84(6): 1386-1400.

Jones, Gavin W. 2012. "International Marriage in Asia: What do We Know, and What do We Need to Know?" in Doo-Sub Kim (ed.). *Cross-Border Marriage: Global Trends and Diversity*. Seoul: Korea Institute for Health and Social Affairs. 13-49.

Kahn, Joan R. 1994. "Immigrant and Native Fertility during the 1980s: Adaptation and Exceptions for the Future." *International Migration Review* 28(3): 501-519.

Kalmijn, M. 1993. "Spouse Selection among the Children of European Immigrants: A Comparison of Marriage Cohorts in the 1960 Census." *International Migration Review* 27(1): 51-78.

______. 1998. "Intermarriage and Homogamy: Causes, Patterns, Trends." *Annual Review of Sociology* 24: 395-421.

Kaufman, R. R., H. Chernotsky and D. Geller. 1975. "A Preliminary Test of the Theory of Dependency." *Comparative Politics* 7(3): 303-330.

Kennedy, Robert E. Jr. 1973. "Minority Group Status and Fertility: The Irish." *American Sociological Review* 38(1): 85-96.

Kim, Cheong-Seok. 2007. "Micro-Level Analysis of International Marriage between Men in Korea and Women from Four Major Countries." Presented at the PAK and IPAR Conference on International Marriage Migration in Asia. Seoul. September 13-14, 2007.

Kim, Doo-Sub. 2004a. "Le déficit de filles en Corée du Sud: évolution, niveaux et variations régionales." *Population* (French edition) Vol. 59(6). Paris: Institute National D'études Démographiques.

______. 2004b. "Missing Girls in South Korea: Trends, Levels and Regional Variations." *Population* 59(6): 865-878. Paris: Institute National D'études Démographiques.

______. 2005a. "Changing Trends and Regional Differentials in Sex Ratio at Birth in Korea: Revisited and Revised." in Isabelle Attané and Jacques Véron (eds.). *Gender Discriminations among Young Children in Asia*. Pondicherry, India: French Institute of Pondicherry. 227-251.

______. 2005b. "Theoretical Explanations of Rapid Fertility Decline in Korea." *The Japanese Journal of Population* 3(1): 2-25. Also appeared in 小島 宏 (Hiroshi Kojima, ed.). 『韓國・臺灣・シンガポール等における少子化と少子化對策に關する比較研究』. 厚生勞動科學研究報告書, 2005, 171-198.

______ (ed.). 2008a. *Cross-Border Marriage: Process and Dynamics*. Institute of Population and Aging Research, Hanyang University. Seoul.

______. 2008b. "Status of Foreign Wife and Fertility: A Comparative Analysis of Korean and Taiwanese Data." in Doo-Sub Kim (ed.). *Cross-Border Marriage: Process and Dynamics.* Seoul: Institute of Population and Aging University, Hanyang University. 285-319.

______. 2009. "Immigrant Social Capital, Adaptation and Fertility among Foreign Wives in Korea." *Population and Society* 5(2): 25-50.

______. 2010. "The Rise of Cross-border Marriage and Divorce in Contemporary Korea." in Wen-Shan Yang and Melody Chia-Wen Lu (eds.). *Asian Cross-border Marriage Migration: Demographic Patterns and Social Issues.* Amsterdam: Amsterdam University Press. 127-153.

______. 2012. "Does Spousal Dissimilarity Matter? An Explanation of Marital Stability among Transnational Couples in Korea." in Doo-Sub Kim (ed.). *Cross-Border Marriage: Global Trends and Diversity.* Seoul: Korea Institute for Health and Social Affairs. 163-203.

Kim, Doo-Sub and Cheong-Seok Kim (eds.). 2004. *The Population of*

*Korea*. Daejeon, Korea: Korea National Statistical Office.

Kim, Doo-Sub and Myoung-Jin Lee. 2008. "Spousal Dissimilarity and Marital Instability: An Analysis of Divorced Couples of International Marriage in Korea." in Doo-Sub Kim (ed.). *Cross-Border Marriage: Process and Dynamics.* Seoul: Institute of Population and Aging Research, Hanyang University. 7-34.

Kim, Doo-Sub and Yoo-Jean Song. 2013. "Does the Ethnic Composition Environment Matter? Peer Effects on Fertility among Foreign Wives in Korea." Presented at the 27th IUSSP International Population Conference, Bexco, Busan, Korea, August 30, 2013. Downloadable from http://www.iussp.org/sites/default/files/event_call_for_papers/PeerEffects_Kim_Song_IUSSP_130817.pdf.

Kim, Harris H., Doo-Sub Kim, and Seung-Eun Cha. 2008. "Network Determinants of Immigrant Social Capital: The Case of Foreign Wives in Korea." in Doo-Sub Kim (ed.). *Cross-Border Marriage: Process and Dynamics.* Seoul: Institute of Population and Aging Research, Hanyang University. 99-124.

Kim, Seokho, Sang-Wook Kim, and Ji-Eun Han. 2009. "Social Distance between Foreign Workers and Koreans: From Foreign Workers' Viewpoint." *Korea Journal of Population Studies* 32(2): 115-140.

Kim, Hyung-Seog, Kyunghee Kim, and Kwang-Hee Jun. 2012. "Mate Selection Pattern and Fertility Differentials among Marriage Immigrants in Korea." in Doo-Sub Kim (ed.). *Cross-Border Marriage: Global Trends and Diversity.* Seoul: Korea Institute for Health and Social Affairs. 235-278.

Koelet, Suzana, Julia H. Schroedter, Clara Cortina, Helga de Valk, and Cathelijne de Busser. 2012. "Bi-national Marriages between European Citizens: From Intermarriage to Intramarriage?" in Doo-Sub Kim (ed.). *Cross-Border Marriage: Global Trends and Diversity.* Seoul: Korea Institute for Health and Social Affairs. 123-162.

Kohler, Hans-Peter, Jere R. Behrman and Susan C. Watkins. 2001. "The Density of Social Networks and Fertility Decisions: Evidence from South Nyanza District, Kenya." *Demography* 38(1): 43-58.

Kuziemko, Ilyana. 2006. "Is Having Babies Contagious? Estimating Fertility Peer Effects between Sibling." Working paper, Harvard University.

Lanzieri, Giampaolo. 2012. "Mixed Marriages in Europe, 1990-2010." in Doo-Sub Kim (ed.). *Cross-Border Marriage: Global Trends and Diversity.* Seoul: Korea Institute for Health and Social Affairs. 81-121.

Leao, T. S., J. Sundquist, S.-E. Johansson and K. Sundquist. 2009. "The Influence of Age at Migration and Length of Residence on Self-rated Health among Swedish Immigrants: A Cross-sectional Study." *Ethnicity and Health* 14(1): 93-105.

Lee, S., A. H. O'Neill, E. S. Ihara and D. H. Chae. 2013. "Change in Self-reported Health Status among Immigrants in the United States: Associations with Measures of Acculturation." *PLoS ONE 2013*, 8(10), pp.e76494.

Lee, S.-K., J. Sobal and E. A. Frongillo, Jr. 2000 "Acculturation and Health in Korean Americans." *Social Science and Medicine* 51(2): 159-173.

Lee, Sunmin and Doo-Sub Kim. 2014. "Acculturation and Self-rated Health among Foreign Women in Korea." *Health and Social Welfare Review* 34(2): 453-483.

Lee, Yean-Ju, Dong-Hoon Seol and Sung-Nam Cho. 2006. "International Marriages in South Korea: The Significance of Nationality and Ethnicity." *Journal of Population Research* 23(2): 165-182.

Lenthall, Gerald. 1977. "Marital Satisfaction and Marital Stability." *Journal of Marriage and Family Counseling* 3(4): 25-31.

Levinger, G. 1976. "A Social Psychological Perspective on Martial Dissolution." *Journal of Social Issues* 32(1): 21-47.

Li, Chun-Hao and Wen-ShanYang. 2012. "The Effect of Parenting on Children's Attitudes toward their School Work and Performance: A Comparison between Children of Native Taiwanese and the ASEAN Immigrant Brides." in Doo-Sub Kim (ed.). *Cross-Border Marriage: Global Trends and Diversity.* Seoul: Korea Institute for Health and Social Affairs. 205-233.

Li, Chun Hao, Wen Shan Yang and Shu Tao Hsu. 2008. "School Performance of Children from Cross-Border versus Local Marriages: A Comparative Study in Rural Taiwan." *Population and Society* 4(1): 91-115.

Li, Hongbin and Junsen Zhang. 2009. "Testing the External Effect of Household Behavior: The Case of the Demand for Children." *Journal of Human Resources* 44(4): 890-915.

Lichter, D. T. 1990. "Delayed Marriage, Marital Homogamy, and the Mate Selection Process among White Women." *Social Science Quarterly* 71(4): 802-811.

Lievens, J. 1998. "Interethnic Marriage: Bringing in the Context through Multilevel Modeling." *European Journal of Population* 14(2): 117-155.

Lin, Nan. 1999. "Social Networks and Status Attainment." *Annual Review of Sociology* 25: 467-487.

______. 2001. *Social Capital: A Theory of Social Structure and Action*. Cambridge, UK: Cambridge University Press.

Lin, Nan and Yanji Bian. 1991. "Getting Ahead in China." *American Journal of Sociology* 97: 657-688.

Lyngstad, Torkild Hovde and Alexia Prskawetz. 2010. "Do Siblings' Fertility Decisions Influence Each Other?" *Demography* 47(4): 923-934.

MacMillan, Jennifer. 2008. "Birthplace a Big Factor in Immigrants' Success." *The Globe and Mail*. April 9, 2008, Canada.

Maffioli, Dionisia, Anna Paterno, and Giuseppe Gabrielli. 2012. "Transnational Couples in Italy: Characteristics of Partners and Fertility Behavior." in Doo-Sub Kim (ed.). *Cross-Border Marriage: Global Trends and Diversity*. Seoul: Korea Institute for Health and Social Affairs. 279-319.

Mare, D. 1991. "Five Decades of Educational Assortative Mating." *American Sociological Review* 56(1): 15-32.

Massey, Douglass S. 1994. "An Evaluation of International Migration Theory: The North American Case." *Population and Development Review* 20(4): 699-751.

Massey, Douglass S. and Kristin E. Espinosa. 1997. "What's Driving

Mexico-U.S. Migration? A Theoretical, Empirical, and Policy Analysis." *The American Journal of Sociology* 102(4): 939-999.

Massey, Douglass S. and Rene M. Zenteno. 1999. "The Dynamics of Mass Migration." *Proceedings of the National Academy of Sciences of the United States of America* 96(9): 5328-5335.

McDonald, Peter. 2000. "Gender Equity in Theories of Fertility Transition." *Population and Development Review* 26(3): 427-440.

MOI. 2007. *Taiwan-Fuchien Demographic Fact Book, 1985-2006.* Taipei: Ministry of the Interior, Republic of China.

NIPSSR. 2006. *Population Statistics of Japan 2006.* Tokyo: National Institute of Population and Social Security Research.

OECD. 2004. *Trends in International Migration: SOPEMI 2003.* Paris: OECD.

Oppenheimer, V. K. 1988. "A Theory of Marriage Timing: Assortative Mating under Varying Degrees of Uncertainty." *American Sociological Review* 94(4): 563-591.

Pearl, Judea. 2000. *Causality: Models, Reasoning, and Inference.* New York: Cambridge University Press.

Piper, Nicola. 1999. "Labor Migration, Trafficking and International Marriage: Female Cross-Border Movements into Japan." *Asian Journal of Women's Studies* 5(2): 69-99.

______. 2003. "Wife or Worker? Worker or Wife? Marriage and Cross-Border Migration in Contemporary Japan." *International Journal of Population Geography* 9: 457-469.

Piper, Nicola and Mina Roces (eds.). 2003. *Wife or Worker? Asian Women and Migration.* Lanham, MD: Rowman and Littlefield Publishers.

Podolny, J. M. and J. Baron. 1997. "Resources and Relationships: Social Networks and Mobility in the Workplace." *American Sociological Review* 62: 673-693.

Poppel, F. V., A. C. Liefbroer, J. K. Vermunt and W. Smeenk. 2001. "Love, Necessity and Opportunity: Changing Patterns of Marital Age Homogamy in the Netherlands, 1850-1993." *Population Studies* 55(1): 1-13.

Portes, Alejandro (ed.). 1995. *The Economic Sociology of Immigration*

*Essays on Networks. Ethnicity and Entrepreneurship.* New York: Russell Sage Foundation.

Portes, Alejandro and J. Sensenbrenner. 1993. "Embeddedness and Immigration: Notes on the Social Determinants of Economic Action." *American Journal of Sociology* 98: 1320-1350.

Portes, Alejandro and R. L. Bach. 1995. "Economic Sociology and the Sociology of Immigration." in A. Portes (ed.). *Economic Sociology of Immigration: Essays on Networks. Ethnicity and Entrepreneurship*. New York: Russell Sage Foundation. 1-41.

Putnam, Robert D. 1995. "Turning In, Turning Out: The Strange Disappearance of Social Capital in America." *Political Science and Politics* 28(4): 664-683.

Putte, B. V. de, F. V. Poppel, S. Vanassche, M. Sanchez, S. Jidkova, M. Eeckhaut, M. Oris and K. Matthus. 2009. "The Rise of Age Homogamy in 19th Century Western Europe." *Journal of Marriage and Family* 71(5): 1234-1253.

Qian, Z. 1999. "Who Intermarries? Education, Nativity, Region, and Interracial Marriage, 1980 and 1990." *Journal of Comparative Family Studies* 30(4): 579-597.

Qian, Z., S. L. Blair and S. D. Ruf. 2001. "Asian American Interracial and Interethnic Marriages: Differences by Education and Nativity." *International Migration Review* 35(2): 557-586.

Qian, Z. and S. H. Preston. 1993. "Changes in American Marriage, 1972 to 1987: Availability and Forces of Attraction by Age and Education." *American Sociological Review* 58(4): 482-495.

Ramos, Madalena and Ana Cristina Ferreira. 2012. "Marriage with Immigrants in Portugal." in Doo-Sub Kim (ed.). *Cross-Border Marriage: Global Trends and Diversity.* Seoul: Korea Institute for Health and Social Affairs. 321-357.

Raudenbush, Stephan W. and Anthony S. Bryk. 2002. *Hierarchical Linear Models: Applications and Data Analysis Methods.* Second Edition. Thousand Oaks, CA: Sage Publication.

Raymo, James M. and Yu Xie. 2000. "Temporal and Regional Variation in the Strength of Educational Homogamy." *American Sociological Review* 65(5): 773-781.

Ritchey, P. Neal. 1975. "The Effect of Minority Group Status on Fertility: A Re-examination of Concepts." *Population Studies* 29(2): 249-257.

Roberts, Robert and Eun Sul Lee. 1974 "Minority Group Status and Fertility Revisited." *The American Journal of Sociology* 80(2): 503-523.

Rockwell, R. C. 1976. "Historical Trends and Variations in Educational Homogamy." *Journal of Marriage and the Family* 38(1): 83-95.

Rogler, L. H. and M. E. Procidano. 1989. "Marital Heterogamy and Marital Quality in Puerto Rican Families." *Journal of Marriage and the Family* 51(2): 363-372.

Rosenbaum, Paul R. 2002. *Observational Studies*, 2nd Ed. New York: Springer.

Sampson, Robert J. Jeffrey D. Morenoff and Thomas Gannon-Rowley. 2002. "Assesing 'Neighborhood Effects': Social Processes and New Directions in Research." *Annual Review of Sociology* 28: 443-478.

Sandefur, R., E. O. Laumann, and J. P. Heinz. 1999. "The Changing Value of Social Capital in an Expanding Social System." in A. J. Leenders and S. M. Gabbay (eds.). *Corporate Social Capital and Liability*. Boston, MA: Kluwer. 217-236.

Schans, Djamila. 2012. "'Every Successful African Has a Japanese Wife!' Motivations for International Marriage among Sub-Saharan African Immigrants in Japan." in Doo-Sub Kim (ed.). *Cross-Border Marriage: Global Trends and Diversity*. Seoul: Korea Institute for Health and Social Affairs.

Schultz-Nielsen, Marie Louise. 2010. "Peer Effects in Fertility: The Effect of Children in the Neighborhood." Ph.D. Dissertation. Aarhus University, Denmark.

Schwartz, Christine R. and Robert D. Mare. 2005. "Trends in Educational Assortative Marriage from 1940 to 2003." *Demography* 42(4): 621-646.

Shen, B. J. and D. T. Takeuchi. 2001. "A Structural Model of Acculturation and Mental Health Status among Chinese Americans." *American Journal of Community Psychology* 29(3): 387- 418.

Sly, David. 1970. "Minority-Group Status and Fertility: An Extension of Goldscheider and Uhlenberg." *The American Journal of Sociology*

76(3): 443-459.

Smits, Jeroen. 2003. "Social Closure among the Higher Educated: Trends in Educational Homogamy in 55 Countries." *Social Science Research* 32(2): 251-277.

Smits, Jeroen, Wout Ultee and Jan Lammers. 1998. "Educational Homogamy in 65 Countries: An Explanation of Differences in Openness Using Country-Level Explanatory Variables." *American Sociological Review* 63(2): 264-285.

______. 2000. "More or Less Educational Homogamy? A Test of Different Versions of Modernization Theory Using Cross-Temporal Evidence for 60 Countries." *American Sociological Review* 65(5): 781-788.

Solis, J. M., G. Marks, M. Garcia and D. Shelton. 1990. "Acculturation, Access to Care, and Use of Preventive Services by Hispanics: Findings from HHANES 1982-84." *American Journal of Public Health* 80 (Suppl.): 11-19.

Song, Yoo-Jean. 2007. "Comparative Analysis of Individual Attitudes toward Immigrants in Korea, Japan, and Taiwan." Presented at the PAK and IPAR Conference on International Marriage Migration in Asia. Seoul. September 13-14, 2007.

Sorenson, Ann Marie. 1985. "Fertility Expectations and Ethnic Identity among Mexican American Adolescents: An Expression of Cultural Ideals." *Sociological Perspectives* 28(3): 339-360.

______. 1988. "The Fertility and Language Characteristics of Mexican-American and Non-Hispanic Husbands and Wives." *Sociological Quarterly* 28(1): 111-130.

Stuart, T. E. 1999. "Interorganizational Alliances and the Performance of Firms." *Administrative Science Quarterly* 44: 315-349.

Stuart, T. E., H. Hoang, and R. Hybels. 1999. "Interorganizational Endorsements and the Performance of Entrepreneurial Ventures." *Administrative Science Quarterly* 44: 315-349.

Stumpp, M., R. M. Marsh and D. Lake. 1978. "The Effects of International Economic Dependence on Development: A Critique." *American Sociological Review* 43(Aug.): 600-604.

Suzuki, Toru. 2010. "The Latest Development in Population of Japan:

The 2008 Revision." *The Japanese Journal of Population* 8(1): 95-98.

Teitler, Julien. 1998 "The Impact of the Los Angeles Neighborhood Variation in Youth Sexual, Fertility and Educational Outcomes." Working paper of Center for Research on Child Wellbeing, Princeton University.

The Economist. 2011. "International Marriage: Herr and Madame, Señor and Mrs." *The Economists* November 12, 2011: 70-72.

Toyota, Mika and Leng Leng Thang. 2012. "'Reverse Marriage Migration': Japanese Brides in Southeast Asia." in Doo-Sub Kim (ed.). *Cross-Border Marriage: Global Trends and Diversity.* Seoul: Korea Institute for Health and Social Affairs.

Tsay, Ching-Lung. 2004. "Marriage Migration of Women from China and Southeast Asia to Taiwan." in Gavin W. Jones and Kamalini Ramdas (eds.). *(Un)tying the Knot: Ideal and Reality in Asian Marriage.* Singapore: Asia Research Institute, National University of Singapore. 173-191.

Tumen, Semih. 2012. "Fertility Decisions and Endogenous Residential Sorting." *Regional Science and Urban Economics* 42(1): 78-87.

Udry, J. R. 1966. "Marital Instability by Race, Sex, Education, and Occupation Using 1960 Census Data." *American Journal of Sociology* 72(2): 203-209.

UNDP (United Nations Development Plan). 2001. *Human Development Report.* New York: Oxford University Press.

United Nations. 2000. *Replacement Migration: Is It A Solution to Declining and Ageing Populations?* ESA/P/WP. 160, New York: UN.

UNPD. 2001. *Replacement Migration: Is It a Solution for Declining and Ageing Populations?* United Nations Population Division, New York: United Nations.

U.S. Bureau of the Census. 2008. *International Data Base (IDB).* On-Line Statistics Database. Washington, D.C.: U.S. Census Bureau http://www.census.gov/ipc/www/idb.

van Ham, M., D. Manley, N. Bailey, L. Simpson and D. Maclennan. 2012. *Neighborhood Effects Research: New Perspective.* Dordrecht, The Netherlands: Springer.

van Heek, F. 1956. "Roman-Catholicism and Fertility in the Netherlands: Demographic Aspects of Minority Status." *Population Studies* 10(2): 125-138.

Vera, H., D. H. Berardo and F. M. Berardo. 1985. "Age Heterogamy in Marriage." *Journal of Marriage and the Family* 47(3): 553-566.

Wasserman, S. and K. Faust. 1994. *Social Network Analysis: Methods and Applications.* New York: Cambridge University Press.

Weeks, John R., Arthur Getis, Allan G. Hill, Samuel Agyei-Mensah and David Rain. 2010. "Neighborhoods and Fertility in Accra, Ghana: An AMOEBA-based Approach." *Annals of the Association of American Geographers* 100(3): 558-578.

Yang, Wen-Shan and Melody Lu (eds.). 2010. *Asian Cross-border Marriage Migration: Demographic Patterns and Social Issues*. Amsterdam: Amsterdam University Press.

Yang, Wen-Shan and Marloes Schoonheim. 2006. "Minority Group Status and Fertility: The Case of the 'Foreign Brides' in Taiwan." Presented at an International Conference on Intermediated Cross-Border Marriages in Asia and Europe. September 18-20, 2006. Academia Sinica, Taipei, Taiwan.

Yang, Wen-Shan and Ying-Ying T. Liu. 2005. "Gender Imbalances and the Twisted Marriage Market in Taiwan." Presented at the Ceped-Cicred-Ined Conference on *Female Deficit in Asia: Trends and Perspectives.* Asian MetaCenter for Population and Sustainable Development Analysis, Singapore. December 5-7, 2005.

Young, Christabel M. 1991. "Changes in the Demographic Behavior of Migrants in Australia and the Transition between Generations." *Population Studies* 45(1): 67-89.

Yu, Kojima. 2001. "In the Business of Cultural Reproduction: Theoretical Implications of the Mail-Order Bride Phenomenon." *Women's Studies International Forum* 24(2): 199-210.

## | 찾아보기 | 주제

ㄴ



ㄷ



ㄹ



ㅁ

## ㅇ

## ㅈ

**ㅊ**



**ㅌ**



**ㅍ**



**ㅎ**

## A · B



## C



## D ~ H

## I · L



## M · N



## O · P



## R · S



## T · U



## W · X

## | 찾아보기 | 인 명

## J · K



## L · M



## O · P · Q